Dinheiro
uma história
da humanidade

"Um *tour de force* da história da economia que consegue ser erudito e envolvente ao mesmo tempo. A narrativa é salpicada de detalhes coloridos (e às vezes picantes). Depois de ler este livro, você nunca mais vai olhar para a sua conta bancária da mesma forma." – Gillian Tett, colunista do *Financial Times* e autora de *Um novo olhar*

"Um passeio de tirar o fôlego pela história e pelo futuro do dinheiro, conduzido por quem realmente o entende." – Brian Cox, físico e apresentador da BBC

"Um relato extremamente ambicioso, perspicaz e envolvente sobre nossa relação com o dinheiro." – *Financial Times*

"Tão divertido quanto esclarecedor." – Yanis Varoufakis, ex-ministro da Economia da Grécia

"Uma jornada impressionante e que transborda fatos históricos."
– *The Economist*

"Como boa pesquisa, é repleto de histórias que ajudam a dar vida a um assunto árido. Será muito apreciado, tanto pelo leitor leigo quanto por economistas." – *The Guardian*

David McWilliams

Dinheiro
uma história
da humanidade

Traduzido por Melissa Lopes

SEXTANTE

Título original: *Money*

Copyright © David McWilliams, 2024
Copyright da tradução © 2025 por GMT Editores Ltda.
Mapas © Martin Lubikowski

Todos os direitos reservados. Nenhuma parte deste livro pode ser utilizada ou reproduzida sob quaisquer meios existentes sem autorização por escrito dos editores.

coordenação editorial: Sibelle Pedral
produção editorial: Livia Cabrini
preparo de originais: Sheila Louzada
revisão: Luis Américo Costa e Milena Vargas
projeto gráfico e diagramação: Ana Paula Daudt Brandão
capa: Rafael Brum
imagens de capa: studiocasper / iStockphoto (moeda) e whyframestudio / iStockphoto (mármore)
impressão e acabamento: Associação Religiosa Imprensa da Fé

Os editores agradecem ao professor José Francisco de Lima Gonçalves pelos esclarecimentos.

CIP-BRASIL. CATALOGAÇÃO NA PUBLICAÇÃO
SINDICATO NACIONAL DOS EDITORES DE LIVROS, RJ

M149d

McWilliams, David

Dinheiro : uma história da humanidade / David McWilliams ; tradução Melissa Lopes. - 1. ed. - Rio de Janeiro : Sextante, 2025.

368 p. : il. ; 23 cm.

Tradução de: Money: a story of humanity
ISBN 978-85-431-1035-6

1. História social. 2. Economia - História. 3. História econômica. 4. Moeda - História. I. Lopes, Melissa. II. Título.

25-96220   CDD: 332.49009
              CDU: 336.74(09)

Gabriela Faray Ferreira Lopes - Bibliotecária - CRB-7/6643

Todos os direitos reservados, no Brasil, por
GMT Editores Ltda.
Rua Voluntários da Pátria, 45 – 14º andar – Botafogo
22270-000 – Rio de Janeiro – RJ
Tel.: (21) 2538-4100
E-mail: atendimento@sextante.com.br
www.sextante.com.br

Para Sian, por tudo

Sumário

Prefácio 13
Introdução 15

PARTE 1
ANTIGUIDADE 25
1. Os primórdios 27
2. Junto aos rios da Babilônia 35
3. Dos contratos às moedas 43
4. O dinheiro e o pensamento grego 53
5. O império do crédito 63

PARTE 2
ERA MEDIEVAL 81
6. O crepúsculo da economia feudal 83
7. Magia sarracena 95
8. Das trevas para a luz 109
9. A impressora de Deus 127

PARTE 3
REVOLUÇÕES 145
10. Dinheiro invisível 147
11. O pai da economia monetária 163
12. O bispo do dinheiro 175
13. A república americana 189

PARTE 4
ERA MODERNA 203
14. O empirismo e a economia evolucionária 205
15. O dinheiro em julgamento 219
16. A estrada dos tijolos amarelos 235
17. Era moderna 249
18. Queda livre 261

PARTE 5
SEM LASTRO 279
19. Quem controla o dinheiro? 281
20. A psicologia do dinheiro 299
21. A evolução do dinheiro 313

Agradecimentos 327
Uma observação sobre leituras complementares 331
Créditos das imagens 337
Notas 339

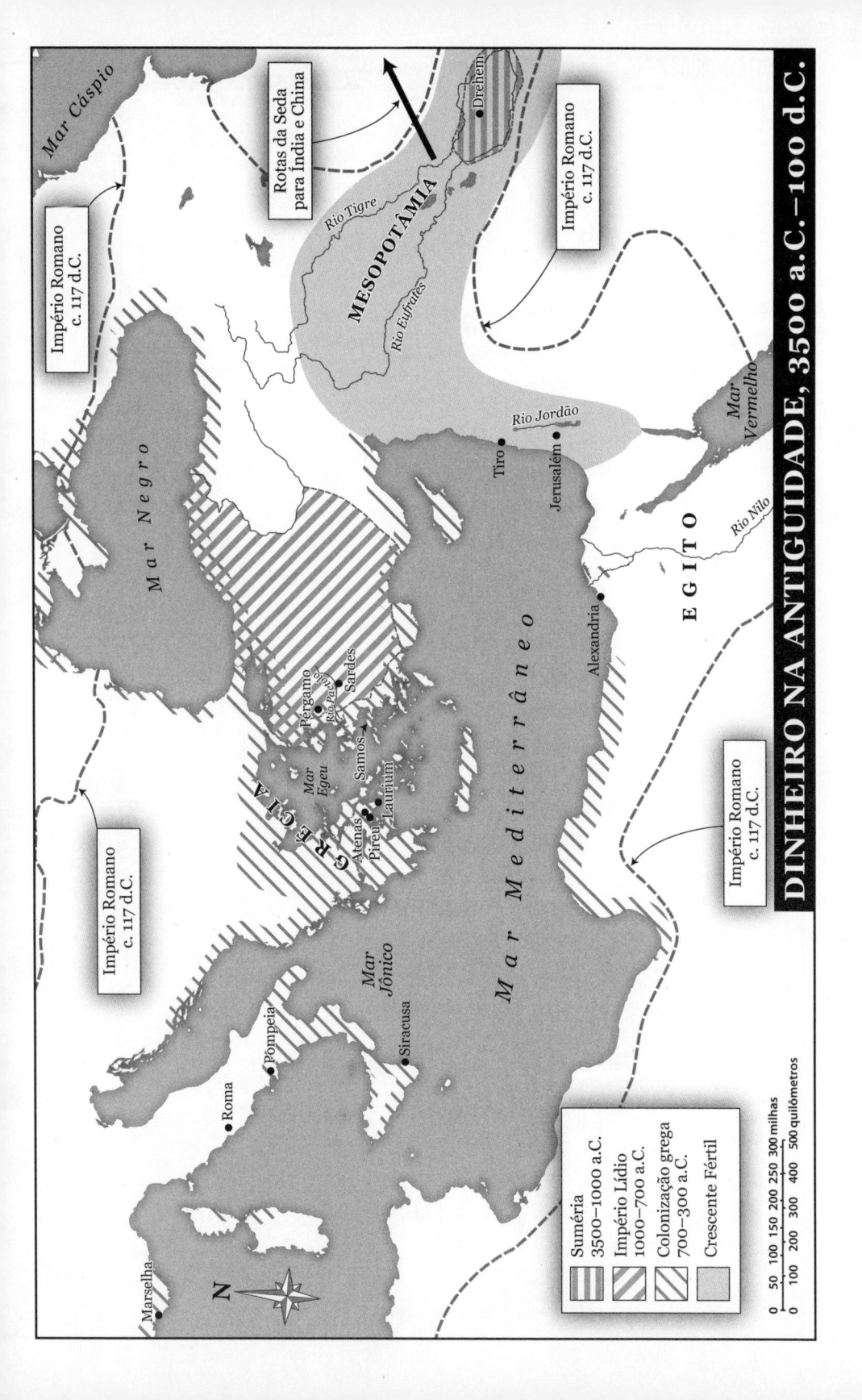

DINHEIRO NA ANTIGUIDADE, 3500 a.C.–100 d.C.

- Suméria 3500–1000 a.C.
- Império Lídio 1000–700 a.C.
- Colonização grega 700–300 a.C.
- Crescente Fértil

Império Romano c. 117 d.C.

Rotas da Seda para Índia e China

Mesopotâmia — Rio Tigre, Rio Eufrates, Drehem

Egito — Rio Nilo, Alexandria, Mar Vermelho

Grécia — Atenas, Pireu, Laurium, Samos, Sardes, Pérgamo, Mar Egeu

Mar Cáspio, Mar Negro, Mar Mediterrâneo, Mar Jônico

Rio Jordão, Tiro, Jerusalém

Marselha, Roma, Pompeia, Siracusa

0 50 100 150 200 250 300 milhas
0 100 200 300 400 500 quilômetros

ROTAS COMERCIAIS BRITÂNICAS, SÉCULO XVIII

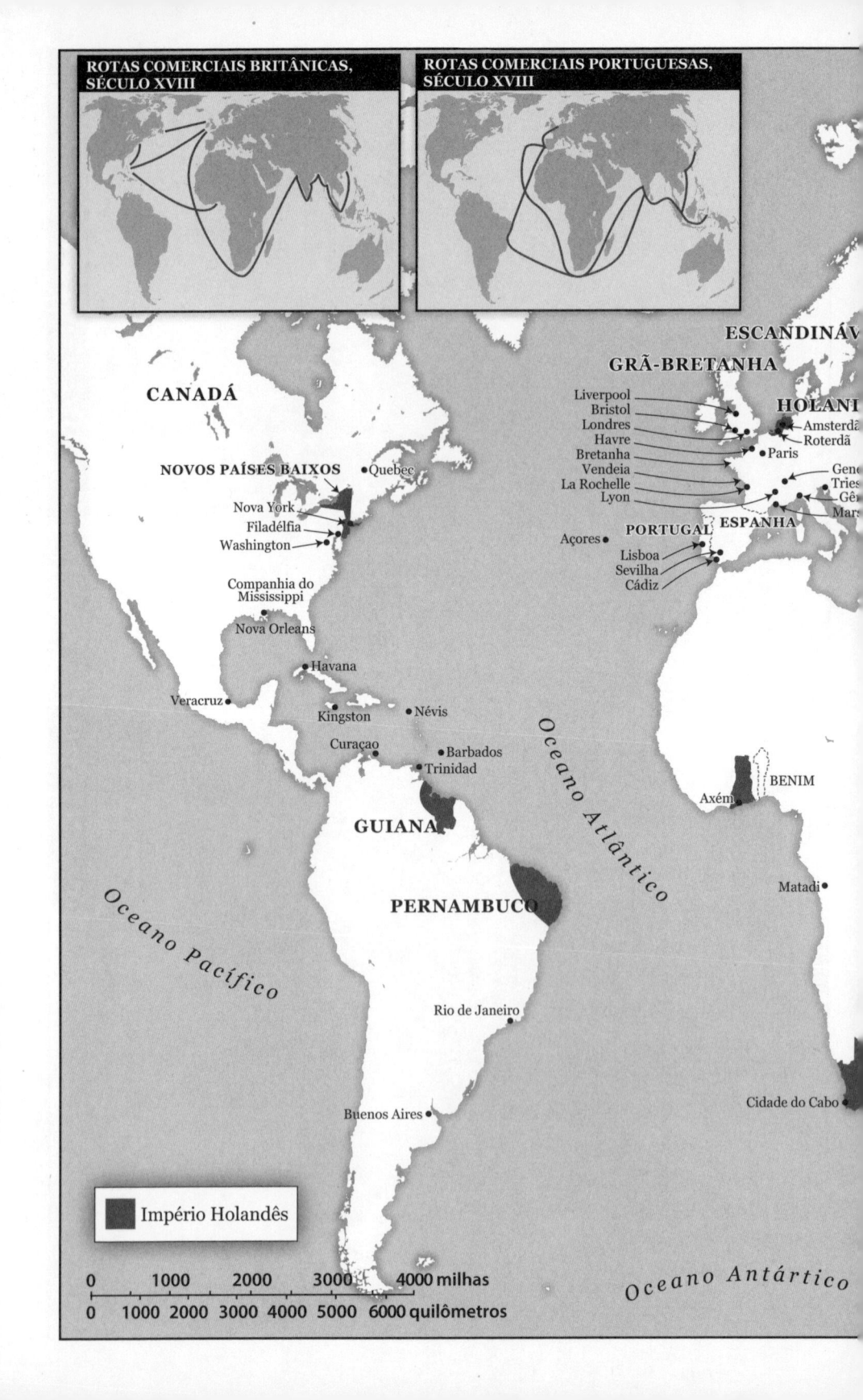

ROTAS COMERCIAIS PORTUGUESAS, SÉCULO XVIII

ESCANDINÁV[IA]
GRÃ-BRETANHA
Liverpool
Bristol
Londres
Havre
Bretanha
Vendeia
La Rochelle
Lyon
HOLAN[DA]
Amsterdã
Roterdã
Paris
Gen[ebra]
Tries[te]
Gê[nova]
Mar[selha]
Açores
PORTUGAL ESPANHA
Lisboa
Sevilha
Cádiz

CANADÁ
NOVOS PAÍSES BAIXOS
Quebec
Nova York
Filadélfia
Washington
Companhia do Mississippi
Nova Orleans
Veracruz
Havana
Kingston
Curaçao
Névis
Barbados
Trinidad

GUIANA
PERNAMBUCO
Rio de Janeiro
Buenos Aires

BENIM
Axém
Matadi
Cidade do Cabo

Oceano Pacífico
Oceano Atlântico
Oceano Antártico

■ Império Holandês

0 1000 2000 3000 4000 milhas
0 1000 2000 3000 4000 5000 6000 quilômetros

DINHEIRO MARÍTIMO, 1694–1804

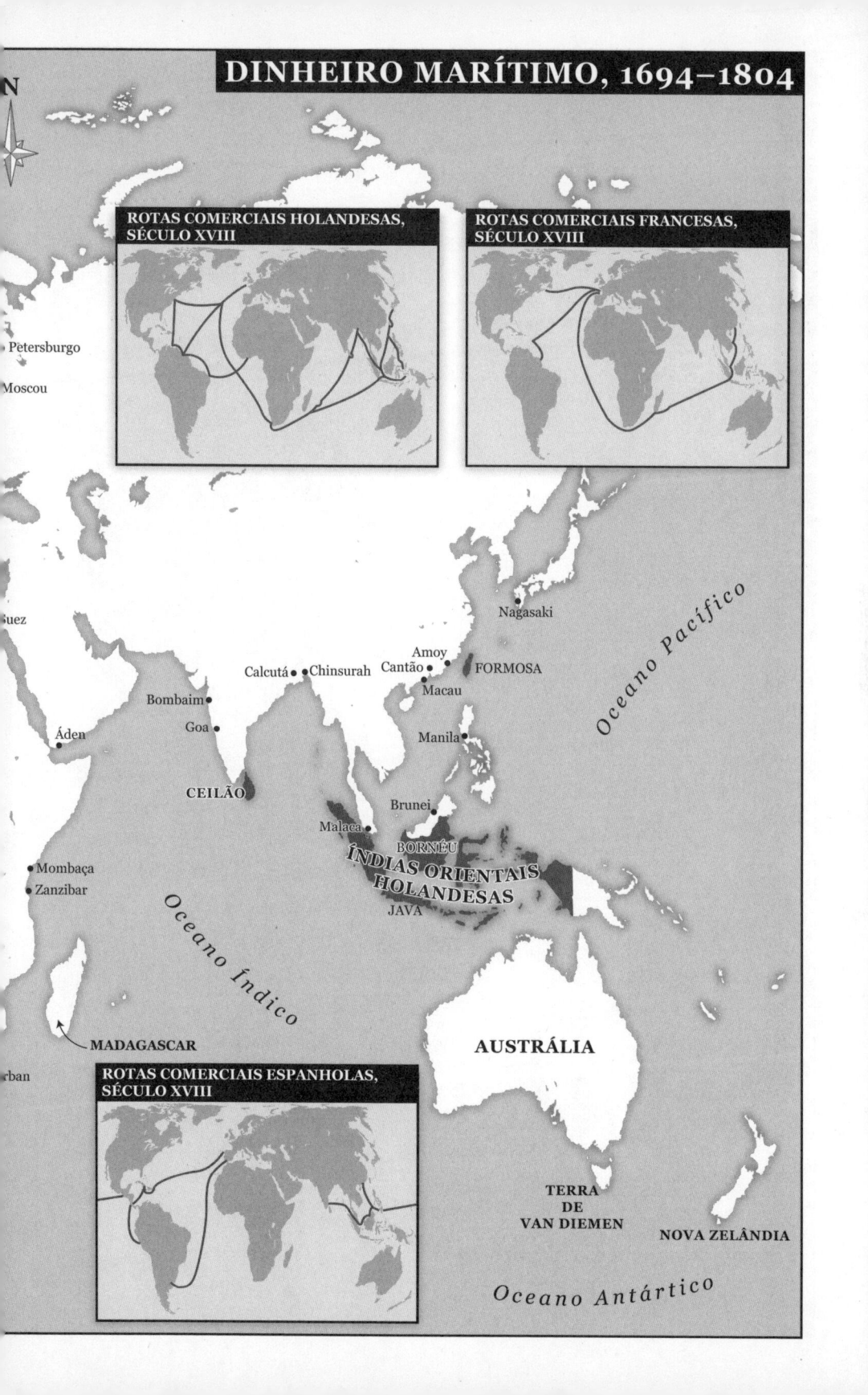

ROTAS COMERCIAIS HOLANDESAS, SÉCULO XVIII

ROTAS COMERCIAIS FRANCESAS, SÉCULO XVIII

ROTAS COMERCIAIS ESPANHOLAS, SÉCULO XVIII

Petersburgo
Moscou
Suez
Áden
Mombaça
Zanzibar
Bombaim
Goa
Calcutá
Chinsurah
CEILÃO
Madagascar
Malaca
BORNÉU
ÍNDIAS ORIENTAIS HOLANDESAS
JAVA
Brunei
Manila
Macau
Cantão
Amoy
FORMOSA
Nagasaki
AUSTRÁLIA
TERRA DE VAN DIEMEN
NOVA ZELÂNDIA

Oceano Pacífico
Oceano Índico
Oceano Antártico

DINHEIRO MEDIEVAL, 1100–1500
Novgorod
Danzig
Lübeck
Rio Tâmisa
Londres
Bruges
Amsterdã
Bremen
Arnhem
Cantuária
Goslar
Wittenberg
NOROESTE DA EUROPA
TERRAS VARANGIANAS
Rio Volga
Rio Don
Rio Vístula
Rio Óder
Kiev
Rio Dniepre
Oceano Atlântico
Colônia
Aachen
Mainz
Frankfurt
Tréveris
Worms
Praga
Paris
Estrasburgo
Rio Reno
Rio Danúbio
Viena
Rio Dniestre
Rio Loire
Genebra
Lyon
Rio Ródano
Milão
Rio Pó
Veneza
Gênova
Avignon
Marselha
Pisa
Florença
Rio Danúbio
Mar Negro
Rio Douro
Rio Ebro
Roma
Constantinopla
IMPÉRIO BIZANTINO
Lisboa
CALIFADO DE CÓRDOVA
Ilhas Baleares
Guadalquivir
Córdoba
Granada
Alicante
Cádiz
Mar Mediterrâneo
Palermo
Messina
SICÍLIA
Siracusa
Atenas
Bugia
N
0 100 200 300 400 milhas
0 200 400 600 quilômetros
Trípoli
Jerusalém
Alexandria

PREFÁCIO

Um dos aspectos mais fascinantes deste livro é que ele nos revela conexões geralmente não percebidas entre o dinheiro e acontecimentos históricos importantes. Você talvez saiba que vários imperadores romanos financiaram seu estilo de vida reduzindo o teor de metais preciosos das moedas em circulação, mas provavelmente nunca associou a queda do Império a essa desvalorização da moeda. E quem de nós teria conhecimento de que Charles Darwin perdeu uma fortuna na bolha das ferrovias britânicas? Ou que seu interesse por economia contribuiu para a teoria da evolução das espécies? David McWilliams não traz apenas uma história das inovações monetárias e financeiras – ele apresenta um novo argumento que comprova a importância dessa história.

Em essência, o argumento de McWilliams é o seguinte: nos locais onde há dinheiro (e inovação financeira) ocorre uma variedade de eventos profícuos que não se manifestam onde não há dinheiro (nem inovação financeira). O comércio exterior é um exemplo desses eventos, mas há muitos outros menos evidentes. A história da inovação financeira se entrelaça intimamente com a história da arte, por exemplo – ao menos com a visão tradicional da história. Ao peregrinar pelos santuários da civilização ocidental (a Grécia antiga, a Florença renascentista, a Holanda setecentista), o viajante estará percorrendo, sem saber, a história da inovação financeira. Todo grande período de florescimento das artes parece ter sido desencadeado pela invenção de alguma versão do derivativo de crédito CDS.

O perfil dos inovadores financeiros traçado por McWilliams é outro destaque. É como se houvesse uma lei da natureza segundo a qual os homens – e são sempre homens – que se envolvem em inovação financeira são justamente do tipo pouco louvável. Johannes Gutenberg, papa Pio II, John Law... A história narrada por McWilliams é uma corrida de revezamento em que trapaceiros passam o bastão para malandros, que o passam a vigaristas. Um time que possui o dom de conquistar a confiança das pessoas para pegar o dinheiro delas e criar novas formas de usá-lo.

A confiança, a propósito, é um tema central neste livro. Cada uma das tantas invenções envolvendo dinheiro e finanças – moedas, balanços, demonstrações contábeis, moedas de reserva, papel-moeda, bancos centrais, hipotecas e assim por diante – expressa uma espécie de confiança capaz de sobreviver às piores violações. Na mesma época em que os holandeses criaram a famosa bolha das tulipas, por exemplo, inventaram também os bônus perpétuos, títulos de dívidas que jamais são pagas. "Você consegue imaginar o nível de confiança no dinheiro que precisa haver em uma sociedade para que as pessoas financiem um empréstimo sabendo que ele nunca será de todo pago e ainda considerem isso um investimento prudente?", escreve McWilliams. É como se todos nós tivéssemos feito um acordo tácito de que a confiança financeira, ainda que possa ser quebrada muitas vezes, é valiosa demais para ser eliminada.

As criptomoedas são, é claro, a última reviravolta desta narrativa. Nascidas da desconfiança em relação a governos e bancos, elas acabaram replicando a mesma necessidade de confiança e violando-a de todas as formas usuais. McWilliams vê os acontecimentos atuais na história do dinheiro como uma guerra pelo direito à confiança. "Nos próximos anos, uma grande batalha se dará entre o dinheiro emitido por entidades privadas e o dinheiro emitido pelas instituições do Estado em nome do cidadão", afirma ele. O que quer que o futuro nos reserve, McWilliams é digno de confiança no assunto. Alguém precisa ser.

Michael Lewis, maio de 2024

INTRODUÇÃO

Dinheiro caindo do céu

Imagine que está caindo dinheiro do céu. Você enfiaria uma nota de 10 no bolso antes de contar a alguém? É provável que a maioria das pessoas pegasse algumas cédulas em vez de informar as autoridades.

Era exatamente isso que Hitler esperava com seu plano de fazer chover milhões de libras pela Inglaterra no auge da Segunda Guerra Mundial. Ele compreendia o que acontece quando o dinheiro perde valor. Tinha vivido a hiperinflação da República de Weimar e sabia que o dinheiro é uma arma inigualável, capaz de desestabilizar um país. Essa era uma opinião que Hitler tinha em comum com seu antagonista ideológico Vladimir Lênin, para quem, supostamente, a maneira mais fácil de arruinar uma sociedade era "corromper sua moeda".

Em entrevista ao *Daily Chronicle* publicada em 23 de abril de 1919, Lênin teria dito que pretendia aniquilar o poder do dinheiro a fim de destruir o que restava do antigo Estado russo após a Revolução de Outubro em 1917:

> Centenas de milhares de notas de rublos são emitidas diariamente pelo nosso Tesouro (…) com a intenção deliberada de destruir o valor do dinheiro (…). A forma mais simples de erodir o capitalismo é inundar o país de notas de valor nominal elevado sem garantias financeiras de qualquer espécie. A nota de 100 rublos já não vale quase nada na Rússia. Em breve até o camponês mais inculto perceberá que se trata ape-

nas de um pedaço de papel (...) e a grande ilusão do valor e do poder do dinheiro, na qual se baseia o Estado capitalista, terá sido destruída.[1]

Hitler e Lênin podem ter estado em lados opostos em termos ideológicos, mas ambos compreendiam o poder fenomenal do dinheiro: ao enfraquecê-lo, enfraquecemos o tecido da sociedade. O plano da Luftwaffe de lançar milhões de cédulas falsas sobre o Reino Unido era ultrassecreto, conhecido por um grupo restrito de altos oficiais nazistas. Embora alguns poucos cidadãos honestos talvez procurassem as autoridades, Hitler previa que a maioria dos britânicos guardaria um punhado de notas debaixo do colchão. A ideia era mobilizar o povo britânico – que Napoleão sabidamente descreveu como uma "nação de lojistas" obcecados por dinheiro – contra si mesmo. Ao colocar as notas falsas em circulação pelo país, a inflação arrasaria o sistema, sobretudo porque grande parte dos recursos econômicos britânicos estava alocada no esforço de guerra. Os preços eram voláteis, já que apenas uma pequena quantidade de bens de consumo e itens essenciais estava sendo comercializada. Nessas condições de privação, a cascata de dinheiro novo faria os preços dos produtos dispararem. Hitler esperava que os pacatos e diligentes britânicos experimentassem um momento de pânico. O caos resultante derrubaria sua notória resiliência, comprometendo o esforço de guerra.

Em julho de 1942, a nova arma de Hitler entrou em produção. Seria a maior falsificação já vista. Um telegrama foi enviado aos dirigentes dos campos de concentração convocando impressores, gravadores, artistas, coloristas, tipógrafos, especialistas em papel e bancários. A operação também precisava de matemáticos e decodificadores para decifrar a sequência numérica da libra esterlina. Um grupo de homens traumatizados e emaciados foi levado para Sachsenhausen, vindos de campos de todo o Terceiro Reich. Eram 142 almas desesperadas com a incumbência de quebrar o Banco da Inglaterra.

Os falsificadores imprimiram 132.610.945 libras esterlinas em notas falsas, o equivalente a cerca de 7,5 bilhões em valores atuais.[2] Para lançar tudo isso em território britânico, seriam necessários esquadrões de bombardeiros que estavam à disposição de Hitler quando o plano foi arquitetado, em maio de 1942. No entanto, quando as notas falsas ficaram prontas, no ano seguinte, o cenário era outro:[3] a Alemanha perdia no campo de batalha e os recursos da Luftwaffe estavam sendo drenados na Rússia. O esforço de guerra não podia abrir mão dos aviões.

Hitler não controlava o Banco da Inglaterra, mas Lênin tinha em seu poder a casa da moeda nacional, que poderia utilizar para alcançar o caos desejado. Ambos tinham objetivos semelhantes: destroçar "a grande ilusão do valor e do poder do dinheiro", como disse o russo. E ambos, como diabólicos observadores da psicologia, compreendiam a fragilidade humana, a dinâmica das multidões e os níveis mais baixos de degradação a que as pessoas podem descer.

O dinheiro pode ser mais poderoso que religião, ideologia ou exércitos. Mexer com o dinheiro é mexer com muito mais que o sistema de preços, a inflação e a economia – é mexer com a cabeça das pessoas. A história da falsificação de Hitler lança luz sobre esse imenso poder.

O ponto cego dos economistas

Nos últimos tempos, minha tribo se apropriou da discussão global sobre o tema. Como sumos sacerdotes de uma nova religião, nós, economistas, assumimos a responsabilidade de explicar os mistérios do dinheiro ao povo. Minha carreira começou no Banco Central da Irlanda, o próprio tabernáculo onde se cria dinheiro magicamente. Tal como um padre que transforma a hóstia no corpo de Cristo durante a Comunhão, os bancos centrais criam dinheiro a partir de meros papéis sem valor. É um milagre e tanto. Todos acreditamos nessa transformação, portanto só pode ser real. Mas será que é mesmo? Na verdade, o dinheiro é algo abstrato, que só tem valor enquanto todos nós (ou boa parte de nós) acreditarmos que tem. Assim como a fé, o dinheiro é um produto da imaginação humana.

Do banco central fui para o setor de investimentos, onde o dinheiro criado magicamente pelo banco central é turbinado e transformado na promessa incendiária que chamamos de crédito. Juntos, os bancos centrais e os demais tipos de instituição bancária governam o mundo do dinheiro, controlando a quantidade disponível, quem o recebe e a que preço. Essas instituições, fundamentais para a história objetiva do dinheiro, podem explicar a parte mecânica da economia, enquanto os economistas podem apontar o que fazer se houver dinheiro de mais ou de menos em circulação.

Mas compreender o encanamento – como o dinheiro flui pelo sistema econômico – não capta a parte interessante da história. Um encanador entende como a água corre pelos canos, mas talvez não consiga explicar por que ela é essencial à vida. O aspecto mais empolgante do dinheiro é o que ele faz conosco: como nos muda, o que nos possibilita e como traz à tona nossos desejos mais profundos – alguns bons, outros deploráveis. Apesar de ser membro de carteirinha da tribo dos economistas há muitos anos, concluí que a maioria de nós não compreende verdadeiramente o dinheiro.

Os economistas acabam com a graça do assunto. Substância altamente emocional, o dinheiro pode ser transgressor, sexy, perigoso e perturbador. Dinheiro é poder, é dominação, mas também pode ser libertação ao comprar independência. O dinheiro motiva – cabe a nós decidir o que fazer com a energia que ele proporciona. Alguns querem espalhar as possibilidades de obtê-lo, outros preferem o acúmulo individual. O dinheiro não se impõe sobre a moral humana; ele a amplifica. Se a pessoa acredita que a ganância é boa, será gananciosa com o dinheiro. Se acredita na igualdade e nos direitos humanos, é possível que o use para atingir esses objetivos. Os fatos essenciais são: imaginamos o dinheiro para que ele exista, o dinheiro muda à medida que mudamos e o dinheiro muda quem somos.

Hoje, gostemos ou não, todo o nosso mundo gira em torno dessa estranha invenção que Lênin definiu como a "grande ilusão". Introduzido no mundo milênios atrás, o dinheiro está no centro da cultura moderna – uma linguagem universal compreendida tanto por investidores ricos do Vale do Silício quanto por humildes condutores de riquixás em Nova Déli. Pessoas que vivem a milhares de quilômetros de distância umas das outras, que falam idiomas diferentes e têm costumes diferentes compreendem o dinheiro e se comunicam por intermédio dele. O dinheiro é uma força que dita o fluxo de pessoas, produtos e ideias por todo o planeta. Nossos esforços e talentos são avaliados por ele, bem como o próprio futuro. Como veremos, uma das características mais antigas do dinheiro é colocar o preço de hoje no amanhã. O que é a taxa de juros senão o preço do tempo expresso em dinheiro? Quando alguém contrata um financiamento para pagar em 30 anos, ainda que não pare para pensar sobre isso, está pintando um quadro de quais serão suas circunstâncias dali a 30 anos. Está imaginando seu futuro pela lente do dinheiro.

O dinheiro define a relação entre trabalhador e empregador, comprador e vendedor, mercador e produtor. E vai além: define também o vínculo entre governados e governantes, entre Estado e cidadão. O dinheiro abre portas para o prazer e põe um preço no desejo, na arte e na criatividade. Motiva o ser humano a se esforçar, a conquistar, a encontrar novas soluções e a correr riscos. Também traz à tona o lado mais sombrio da humanidade, invocando ganância, inveja, ódio, violência e, é claro, o colonialismo, que tantas vezes foi impulsionado pela perspectiva de vastos ganhos financeiros. O dinheiro é complexo como o ser humano.

Uma ferramenta mágica

O dinheiro é uma tecnologia engenhosa que criamos para nos ajudar a negociar em um mundo cada vez mais complexo e interconectado. No entanto, não costumamos vê-lo como uma ferramenta ou uma tecnologia. E não porque não pensemos em dinheiro – provavelmente pensamos bem mais do que gostaríamos. Precisamos de dinheiro para viver e, por causa dessa urgência, raramente podemos nos dar ao luxo de pensar nele de forma mais ampla. Quem não tem o suficiente se preocupa em conseguir mais. Quem tem muito se preocupa em não perdê-lo. A maioria das pessoas gostaria de ter um pouco mais de dinheiro, e, se descobríssemos uma maneira fácil de obtê-lo, é bem provável que optássemos por ela. O dinheiro compra liberdade. A promessa que o torna tão atraente é que, com dinheiro, você pode ganhar mais controle sobre sua vida e assim mudar seu mundo.

Graças a esse papel central em nossa vida, é difícil refletir sobre o dinheiro de forma mais conceitual. O que é dinheiro? De onde ele vem? Ele pode acabar? Podemos gerar mais dinheiro? Não paramos para nos fazer perguntas relativamente simples como essas, o que talvez seja uma medida do verdadeiro sucesso do dinheiro. Enquanto ele estiver fluindo, fazendo o mundo girar, estaremos felizes com sua existência, sem nos importarmos com detalhes sobre suas origens.

Até algum tempo atrás, toda tentativa de explicar o desenvolvimento humano apontava para alguma fonte de energia ou uma tecnologia *física* como auxiliar do progresso – a invenção da roda, a descoberta do carvão, a criação do arado. E quanto às tecnologias *sociais* que, ao potencializar a cooperação, ajudaram populações a se organizarem na busca de objetivos comuns? Uma dessas ferramentas foi a linguagem, que, evoluindo ao longo de dezenas de milhares de anos, permitiu que nos comunicássemos de maneira mais sofisticada, precisa e colaborativa. No entanto, foi com o advento da agricultura, há alguns milênios, que a cooperação social realmente decolou. Começamos a ocupar assentamentos permanentes muito maiores, passando a conviver também com desconhecidos, não apenas com familiares.

Todo mundo já ouviu o mantra de que o dinheiro é a raiz de todos os males, mas podemos vê-lo também como um instrumento de paz. Em vez de matar seus vizinhos para obter alimentos e propriedades, as sociedades agrícolas recém-sedentárias começaram a fazer transações usando dinheiro. Se podíamos fazer trocas com nossos pares e com tribos diferentes a preços acordados de bom grado, por que nos daríamos ao trabalho de brigar?

O comércio foi um elemento adicional a contribuir para uma coexistência mais pacífica entre os povos, mesmo entre desconhecidos de regiões e culturas diferentes. Além de mercadorias, trocávamos também ideias, costumes e inovações. Desde o advento da agricultura, a humanidade se viu em uma trajetória de desenvolvimento que acabaria levando à formação de cidades, nações e impérios com estruturas de poder centralizadas e hierarquias sociais. Antes, como caçadores-coletores, vivíamos em uma batalha com a Natureza, mas, à medida que colonizávamos a Terra, passamos a gerar excedentes de alimentos que podiam ser tributados pelo Estado. Desenvolvemos a escrita, a geometria, a astronomia, os números, a matemática, a filosofia, a arquitetura e a teoria política – tudo aquilo que hoje associamos à chamada civilização. Sucessivos avanços tecnológicos faziam as engrenagens da civilização humana girarem: domesticação de animais, cultivo e plantio cruzado de vegetais diversos, métodos aprimorados de armazenamento de alimentos, distribuição e transporte de mercadorias por via marítima. O dinheiro foi uma tecnologia fundamental, muitas vezes subestimada, que sustentou e estimulou o desenvolvimento humano.

Quanto mais complexas as sociedades, mais o dinheiro se enraizava. As primeiras civilizações que o adotaram ganharam uma vantagem competitiva sobre as demais, resultando em inovações que mudaram radicalmente a história moderna. Veremos que o dinheiro é uma tecnologia disruptiva e que novas formas de usá-lo estão sempre subvertendo antigos sistemas. Essa contínua evolução monetária desencadeia a evolução também nas esferas econômica, social e política, constituindo um ciclo de retroalimentação.

Plutófitos

Nos últimos 5 mil anos, o dinheiro alterou profundamente a humanidade, bem como nossas relações uns com os outros e com o restante do planeta. É a tecnologia *definidora* do *Homo sapiens*. Evoluímos junto com o dinheiro: nós o moldamos, mas ele também nos moldou. Os antropólogos se referem aos seres humanos como uma espécie "pirófita", ou seja, que é moldada pelo fogo.[4] O fio condutor deste livro é que, no decurso dos últimos cinco milênios, nos tornamos (peço desculpas aos puristas linguísticos por ter inventado esta palavra) uma espécie *plutófita*, isto é, que se adaptou ao dinheiro e foi por ele moldada. Por 400 mil anos, a tecnologia que mais influenciou o desenvolvimento humano foi o fogo. Aqui defendo que a tecnologia crucial que moldou a humanidade nos últimos 5 mil anos foi o dinheiro. *Éramos* uma espécie pirófita, mas aos poucos nos tornamos plutófitos. Este livro trata da relação entre um primata curioso e uma tecnologia assombrosa.

Ao contrário de outras tecnologias, o dinheiro é efêmero. Ele reside em nossa mente, pois intrinsecamente não tem valor. Para que o dinheiro funcione, é necessário um salto de abstração mental. De maneira contraintuitiva, ele é valioso não quando é escasso, mas quando é abundante. Nesse sentido, assemelha-se a outra tecnologia humana assombrosa: a linguagem. Ambos são fenômenos de massa. Assim como no caso da linguagem, quanto mais pessoas o usam, mais valioso o dinheiro se torna. Da mesma maneira que dialetos são assimilados por línguas mais abrangentes e mais úteis, várias formas de dinheiro, concebidas originalmente para trocas comerciais dentro de pequenos grupos, são absorvidas por formas mais abrangentes, mais úteis e mais adaptáveis. A mais proeminente no momento é o dólar americano.

Como o dinheiro representa um valor universal, compreendido e aceito por todos, a propriedade central dele é hoje um dos alicerces das sociedades organizadas, consolidando-o como uma das ideias mais sedutoras e duradouras dos últimos cinco milênios. Ao longo desse tempo, todas as demais formas de organizar sociedades humanas complexas (fossem sistemas feudais baseados na terra, hierarquias aristocráticas ou nirvanas comunistas) acabaram substituídas por sociedades baseadas no dinheiro.

De caçadores-coletores a coletores de dados

Uma advertência: você está prestes a embarcar em uma aventura com um economista que, pode-se dizer, se tornou um pouco cético quanto à capacidade de sua própria tribo de contar a história do dinheiro. Vamos examinar muitas culturas que desempenharam algum papel no desenvolvimento dessa fascinante tecnologia e as inovações trazidas por cada uma delas. Veremos que a proficiência com o dinheiro coincidiu com outros avanços, como a escrita, a matemática, as leis, a democracia e a filosofia. Essa coevolução levanta a seguinte questão: o dinheiro foi a razão para outros desenvolvimentos ou foram esses outros desenvolvimentos que levaram à evolução do dinheiro? Qual foi a galinha e qual foi o ovo?

Começaremos na África, com a primeira evidência arqueológica de contagem, que pode até ter sido uma contabilidade rudimentar – algo que não costumamos associar à Idade da Pedra. A partir daí, passaremos para o dinheiro primitivo existente nos assentamentos urbanos da Mesopotâmia por volta de 3500 a.C.

Veremos que a civilização grega, com seu conhecimento de lógica, democracia e filosofia, tinha como alicerces o comércio e a cunhagem de moedas e que o grande Império Romano foi edificado não apenas sobre a conquista de territórios, mas também sobre o crédito.

O uso do dinheiro entrou em declínio na Europa no período inicial da Idade Média, juntamente com alguns outros pilares da civilização clássica. O volume menor de dinheiro em circulação obstruiu o progresso, mas sua recuperação no século XI impulsionou a Europa Ocidental para o avanço florentino, abrindo caminho para o Renascimento e, mais tarde, para a Reforma.

Observaremos o dinheiro na era revolucionária, desde a República Holandesa dos séculos XVI e XVII até as revoluções Americana e Francesa, no século XVIII.

O lado sombrio do dinheiro é revelado pela colonização europeia, quando os interesses financeiros entraram em rota de colisão com a dignidade humana – e, lamentavelmente, o dinheiro venceu.

Examinaremos as conexões entre dinheiro, pensamento liberal e progresso intelectual no século XIX, passando das teorias de Darwin ao modernismo e chegando até os dias de hoje.

Vamos constatar que cada avanço na aplicação do dinheiro (como a taxa de juros, a introdução de moedas de metal e a utilização de balancetes) levou a outras inovações, em que um desenvolvimento funcionou como trampolim para outro. Cada capítulo se concentra nas inovações monetárias que, na minha opinião, ajudam a explicar a ligação entre o dinheiro e o progresso humano, em que um se segue ao outro, impulsionando a história da civilização. Este é um livro escrito em Dublin por um irlandês branco, quase rosado. Se fosse escrito por outra pessoa, em outro lugar, as histórias seriam diferentes e igualmente válidas. Espero que você considere estas que escolhi tão interessantes de ler quanto eu achei ao selecioná-las.

No caminho vamos cruzar com Kushim, a primeira pessoa cujo nome sobreviveu na forma escrita; com Xenofonte, o primeiro economista do mundo; com os imperadores Nero e Vespasiano; e com o próprio Jesus. Daremos uma guinada para os mundos de Dante, Fibonacci, Gutenberg e Pedro, o Grande, e passaremos um tempo com Jonathan Swift, Charles Talleyrand e Alexander Hamilton, para então visitarmos Charles Darwin, Roger Casement, James Joyce e Judy Garland. Antes de um breve flerte com a criptomoeda, conheceremos o maior falsificador do mundo, acompanharemos o caos nos estúdios da Fox News em Nova York no dia em que o banco Bear Stearns entrou em colapso, em 2008, e encontraremos as pessoas que hoje controlam o dinheiro global.

Na mitologia grega, Zeus puniu Prometeu por dar aos humanos o fogo, tecnologia poderosa a ponto de os deuses temerem que a usássemos para subjugá-los. Os gregos reconheceram que o domínio do fogo marcou uma mudança profunda na relação entre os seres humanos e o restante do planeta. Eles acreditavam terem sido criados a partir dos quatro elementos: terra, ar, fogo e água. Essas forças moldavam seu universo. Cerca de 5 mil anos atrás, inventamos outra força, um quinto elemento. Se o fogo era a força prometeica do mundo antigo, o dinheiro é a do mundo moderno. O primata mais inteligente moldou o mundo, para melhor ou para pior, de uma forma que, acredito eu, teria sido impossível sem o dinheiro.

A história do dinheiro é a história da própria humanidade.

PARTE 1
ANTIGUIDADE

1
OS PRIMÓRDIOS

Um blockchain da Idade da Pedra?

O Osso de Ishango, que remonta a cerca de 18000 a.C., encontra-se no Real Instituto Belga de Ciências Naturais, em Bruxelas. O item foi descoberto em 1950, no lago Eduardo, na fronteira da atual República Democrática do Congo, cerca de um século depois de os colonos europeus se maravilharem com as possibilidades comerciais do até então quase inexplorado rio Congo. Atravessando a África Central, esse rio foi e ainda é a espinha dorsal da região, usado há milênios como uma supervia comercial.

O Osso de Ishango é o fêmur de um babuíno com uma série de traços entalhados. Não há consenso entre os arqueólogos em relação à finalidade do artefato, mas especula-se que cada traço indique um montante devido por alguém a outra pessoa e que, juntos, sejam o registro de uma transação ou um conjunto de créditos e débitos. Os entalhes talvez fossem registros de que as transações foram pagas e, portanto, liquidadas, ou que estavam pendentes.[1] Se o Osso de Ishango era de fato uma talha numérica comercial, seus traços representam também o primeiro exemplo conhecido de valor, que é um conceito extremamente sofisticado. Atribuir valor é um exercício de pensamento abstrato, até porque o que eu valorizo e o preço que estou disposto a pagar por algo podem ser bem diferentes daquilo que você valoriza e de quanto está disposto a pagar pelo mesmo item.

Será que, para resolver essa situação, nossos antepassados africanos desenvolveram uma forma rudimentar de comércio para a qual precisavam de contabilidade? Se a própria história da humanidade começa na África, não deveria surpreender que a história do dinheiro também comece lá. Afora as conjecturas, o que de fato sabemos é que esses africanos estavam contando. O Osso de Ishango é uma ferramenta de registro muito antiga, e, se esses ancestrais estavam fazendo contagem para realizar transações, é provável que a moeda-base fossem pessoas. A escravidão foi o pecado original do dinheiro.

No relato tradicional da história humana, nossa espécie foi nômade, sedentária, depois nômade de novo antes de se fixar, por volta de 5000 a.C., em pequenas comunidades que viriam a ser organizadas predominantemente em torno do dinheiro. Porém a teoria acerca do Osso de Ishango, de um comércio primitivo, sugere que nossos ancestrais africanos pensaram em dinheiro muito antes disso. As pessoas que entalharam o Osso de Ishango eram caçadores-coletores no limiar de um novo mundo. No centro de sua sociedade, na Idade da Pedra, estava a tecnologia temida por Zeus: o fogo.

A cozinha de Eva

Arqueólogos, antropólogos, biólogos e historiadores enfatizam quão dependente do fogo foi nossa domesticação como espécie. O antropólogo americano James C. Scott vai mais longe, chamando-nos de espécie adaptada ao fogo ou "pirófita".[2] O próprio corpo humano sofreu alterações graduais à medida que nos adaptávamos ao fogo. Nosso ambiente foi alterado pelo fogo, assim como os animais que caçávamos e com que convivíamos. Embora ainda fôssemos nômades, nossa caça e coleta foi se tornando cada vez mais restrita à medida que usávamos o fogo para garantir que mais e mais nutrientes estivessem disponíveis com cada vez menos esforço.[3]

Há mais de 400 mil anos utilizamos o fogo, que nos permitiu estabelecer assentamentos, ainda que temporários, ao longo de pelo menos uma estação. Muitos talvez imaginem o caçador-coletor colhendo as frutas silvestres que encontrasse ao acaso pelo caminho, totalmente à mercê da natureza, porém é mais razoável pensar que havia uma organização. Podemos dizer que esses acampamentos contavam com uma economia primitiva. Não uma economia com moedas, impostos e similares, mas uma estrutura social e hierarquias que a tribo compreendia.

Na economia de nossos ancestrais nômades, a maior parte do terreno era coberta por florestas densas, quase impenetráveis. Ao interferir nessa paisagem, eles poderiam tornar a vida cotidiana mais fácil. Os caçadores-coletores observaram que os incêndios florestais naturais desobstruíam enormes áreas de mata, revelando esconderijos e ninhos de animais que poderiam comer. Eles então notaram que, após a queima, a vegetação mudava depressa e que gramíneas de crescimento rápido substituíam a mata densa.[4]

É difícil expressar o enorme impacto do fogo para a evolução humana. Essa descoberta nos deu a possibilidade de cozinhar, o que aumentava a variedade de alimentos que se podia consumir e, consequentemente, proporcionava mais energia. Antes, nossos ancestrais subsistiam à base de carnes e vegetais crus. O fogo nos proporcionou uma alimentação muito mais fácil de digerir, já que o cozimento reduz grande parte do trabalho de mastigação e digestão, fornecendo assim mais calorias com menos esforço. Cozinhar também adquiriu uma dimensão social que ancorava a tribo. Podemos visualizar nossos ancestrais reunidos em volta da fogueira, cozinhando, mastigando, conversando, aquecendo-se, flertando, fofocando, observando as estrelas, imaginando o universo e contando histórias.

Não é difícil vislumbrar as pessoas que fizeram as pinturas rupestres há 17 mil anos em Lascaux, na atual França (imagens que retratam cavalos, cervos e outros animais selvagens locais) concebendo juntas, ao redor da fogueira, o que desenhar. Ao economizar tempo, o fogo abriu espaço para nos envolvermos em noções abstratas como pintura, autoexpressão, imaginação e arte.

Explosão populacional

Por volta de 12000 a 9000 a.C. surgiu a agricultura no Crescente Fértil, na América Central e na China.[5] Não existem evidências de que esses povos tenham aprendido a plantar uns com os outros. Cada civilização deve ter descoberto a agricultura em resposta a alguma força elementar superior – essa força superior foi o aquecimento global.

Durante a Era do Gelo, o planeta era não apenas muito mais frio, com placas de gelo cobrindo grande parte do que hoje chamamos de hemisfério Norte, como também muito mais seco. Na Irlanda, é comum associarmos frio a chuva, mas quando o frio é intenso há bem menos evaporação, menos nuvens e menos chuva. Nosso mundo na Era do Gelo era frio e seco, o que dificultava o crescimento das plantas. Nesse tipo de clima, a agricultura não é uma opção: é arriscado demais depender de um pedaço de terra para produzir a energia necessária à sobrevivência.

Conforme a temperatura subia e as calotas polares derretiam, a humanidade experimentou uma súbita abundância de vida. O mundo ficou mais quente e mais úmido e as pessoas começaram a viver em regiões onde podiam fazer os alimentos crescerem de maneira mais intensiva. Isso não aconteceu da noite para o dia; é possível que tenha levado milhares de anos. Caçadores-coletores provavelmente coletavam e caçavam enquanto mantinham plantações, e essa configuração deve ter se estendido por milênios, até dominarmos as técnicas agrícolas. Vale lembrar que a palavra-chave aqui é energia. Quanta energia podemos obter da agricultura, quão intensivamente podemos cultivar essa energia e quão estável essa fonte de energia pode ser? Aos poucos, os grãos de cereais se tornaram uma fonte de energia mais estável.

Os seres humanos que viviam em pequenas aldeias, ainda dependendo parcialmente da caça e da coleta, procuravam culturas com bom valor nutricional, simples de cultivar, rápidas de colher e fáceis de armazenar. Os cereais atendiam a tudo isso, e mais: cresciam depressa e a colheita era farta. Para completar, a evolução tinha lhes dado a vantagem da autopolinização. Com esses atributos, foram essenciais para permitir que os caçadores nômades se fixassem.

Com o aumento da fertilidade decorrente de um planeta mais quente, o advento da agricultura e a domesticação de animais para obtenção fácil de proteína, seria de esperar que a população humana crescesse depressa. Não foi o que aconteceu.

Os primeiros milhares de anos de sedentarismo foram um holocausto epidemiológico para a humanidade. Quando começamos a trocar a itinerância pela agricultura, doenças transmitidas pelos animais – como gripe, sarampo, varíola, tifo e pestes de todos os tipos – assolaram os primeiros agricultores. Os patógenos passavam de animais recém-domesticados para os pobres humanos, cujo sistema imunológico nunca conhecera esses invasores microscópicos. Nos primeiros milhares de anos de domesticação – de cerca de 10000 a.C. a cerca de 5000 a.C. –, o boi e o porco representavam uma ameaça tão grande para nós quanto nós para eles.

Demógrafos que estudam o mundo antigo estimam que a população humana no planeta era de cerca de 4 milhões em 10000 a.C. Cinco mil anos depois, esse número tinha aumentado para apenas 5 milhões, com o crescimento desacelerado por pandemias devastadoras. O sistema imunológico herdado pelo agricultor não estava preparado. Foram necessárias muitas gerações para se construir imunidade.

Por volta de 5000 a.C., a evolução estava fazendo sua parte: transmitindo códigos de sobrevivência que permitiam ao sistema imunológico identificar invasores e, assim, tornavam as pessoas resistentes a um número crescente de agentes patogênicos reconhecidos. A população humana parece ter deslanchado nessa época. Quando Jesus expulsou os mercadores do templo, chegava a 100 milhões – um aumento de 20 vezes em apenas 5 mil anos.

Estratégias de enfrentamento

À medida que o ser humano deixava de ser nômade, as comunidades se tornavam maiores e mais complexas, mas algumas de suas características de caçadores-coletores, entre as quais a chamada capacidade social, mantiveram-se preservadas. O antropólogo britânico Robin Dunbar, ao tentar compreender a variação do tamanho do cérebro entre diferentes tipos de primata, levantou a hipótese de o tamanho do grupo social ser o que causava essas diferenças.[6] E ele estava certo: o neocórtex, a parte do nosso cérebro responsável por processar pensamento e raciocínio complexos, cresce nos primatas na proporção do número de companheiros com quem eles provavelmente vão conviver. O cérebro evolui para conseguir lidar com o número de contatos sociais que teremos. Já que nós, seres humanos, buscamos alimento em pequenos bandos nômades durante a maior parte da nossa existência como espécie, nosso cérebro evoluiu de acordo. A chegada da agricultura e da domesticidade fez com que, muito subitamente em termos evolutivos (ao longo de apenas alguns milhares de anos), estivéssemos vivendo em comunidades muito maiores. Para dar sentido a essa nova complexidade, nosso cérebro precisava de ferramentas ou tecnologias.

Tendemos a pensar em tecnologias como objetos físicos (um martelo ou um carro, por exemplo), mas existem também tecnologias sociais, que nos ajudam a atuar de modo mais eficiente em grandes grupos. A linguagem, as leis e as religiões são exemplos de tecnologias sociais que surgiram com a urbanização e evoluíram conosco, organizando a energia humana coletiva em torno de objetivos comuns regidos por regras claras. O dinheiro é uma tecnologia social, um mecanismo de enfrentamento concebido para que conseguíssemos lidar com essa mudança abrupta em nossa forma de viver.

Os desafios impostos pela natureza às necessidades de alimentação e abrigo dos caçadores-coletores eram típicos de grupos pequenos. Já os problemas da domesticação eram típicos de grupos grandes, ou o que podemos chamar de desafios organizacionais. Saúde, riqueza, distribuição, relacionar-se com desconhecidos, negociar com gente de fora e lidar com muitas pessoas vivendo lado a lado são questões complicadas.

Depois que os cereais se estabeleceram como alimento de preferência dos nossos ancestrais, a trajetória humana começa a parecer familiar ao observador moderno. Não é por acaso que civilizações se formaram dentro das latitudes propícias ao cultivo de cereais, desde o Crescente Fértil até as planícies centrais da China e da Mesoamérica. Com a expansão da população mundial de 5 milhões para 100 milhões de pessoas nos últimos cinco milênios a.C., esses locais onde as populações cresceram de forma mais espetacular necessitavam de tecnologias sociais para sobreviver. É nesses lugares que vemos a primeira evidência de dinheiro, juntamente com seus companheiros mais próximos: a escrita e a religião organizada.

Os cereais tinham características que mudaram profundamente os seres humanos e sua organização social: podiam ser armazenados após colhidos, gerando assim uma fonte de energia excedente a ser distribuída ao longo do tempo. Isso permitia construir um sistema de valor baseado em uma unidade de medida de fácil compreensão: determinada quantidade de grãos. Um montante específico de grãos correspondia a alguma outra coisa – por exemplo, um dia de trabalho –, estabelecendo assim uma relação entre o preço dos alimentos e o preço de todo o resto.

O dinheiro primitivo era baseado em grãos de cereais e seu valor era universal. Na Suméria (atual região centro-sul do Iraque), por exemplo, 1 siclo (ou shekel) equivalia a 1 alqueire de cevada.[7] O siclo podia ser contado e trocado facilmente. O silo, uma das instituições mais importantes de qualquer cidade da Antiguidade, regulava a oferta de grãos e, portanto, a oferta de dinheiro, em uma atuação muito semelhante à dos modernos bancos centrais. Quanto mais grãos estocados, melhor tinha sido a colheita e maior era a quantidade de dinheiro em circulação.

Com uma moeda (apenas conceitual, por enquanto) vinculada a uma commodity (cereais) que lhe atribuía valor intrínseco, os débitos e os créditos, bem como os ativos e as dívidas, podiam ser aferidos em balancetes rudimentares.

Além disso, as economias cerealíferas geravam excedentes, que podiam ser tributados pelo Estado, e parte da arrecadação era direcionada para os governantes e seus burocratas. Quanto maior o excedente de cereais, mais produtiva era a agricultura de uma sociedade e mais complexa era a sociedade em si. Uma sociedade que conseguisse ir além de suprir as próprias necessidades com sua produção agrícola se tornava mais sofisticada, podendo sustentar sacerdotes, soldados, mercadores, comerciantes e escribas, bem como a aristocracia, a família real e vários outros parasitas.

Com o dinheiro baseado em grãos, a humanidade transitava de um mundo determinado pela tecnologia natural do fogo para um mundo movido por uma tecnologia humana. O bastão prometeico mudava de mãos. Essa transição não aconteceria da noite para o dia, mas a trajetória estava definida.

2
JUNTO AOS RIOS DA BABILÔNIA

Noites insones

Mais de 5 mil anos atrás, na Mesopotâmia (onde, segundo os gregos, Zeus e Prometeu criaram os humanos), um homem chamado Kushim recebeu um lote de cevada, muito provavelmente para produzir cerveja.[1] Ele o tomou como empréstimo por um período de tempo especificado em contrato: dois anos e meio. Com uma taxa de juros anual de 33,33%, o que era normal na época, Kushim estava sob pressão.[2] Dois anos e meio era tempo suficiente para produzir a cerveja, vendê-la, gerar receitas, saldar o empréstimo e começar tudo de novo. Mas as coisas podiam dar errado, claro. Não é difícil para nós estimar as preocupações de Kushim. Será que ele vai conseguir fazer a cerveja a tempo? Será que seus clientes vão pagá-lo? Que taxa de juros de mora poderá ser aplicada caso ele não consiga quitar o empréstimo? Levando-se em conta que nos tempos antigos não era incomum que o próprio mutuário ou seus filhos servissem como caução, é certo dizer que os riscos eram altos.

Podemos imaginar Kushim tarde da noite, rezando por uma colheita abundante. Ele acabou de pegar um empréstimo de cevada. Para quitá-lo, precisará comprar uma quantidade maior de cevada, para incluir os juros, e a um bom preço, para que a transação tenha valido a pena. O pior que pode acontecer é uma colheita fraca entre os produtores de sua região, o que faria o preço do grão subir. Por outro lado, se a colheita na região for boa, o preço da cevada vai cair e Kushim terá um bom lucro. A taxa de juros é crucial aqui, porque é o que convence o credor a emprestar a cevada. É também o preço que leva Kushim, o mutuário, a tomar o empréstimo, e ele levará em consideração a taxa de juros em seu cálculo de preço, custos e lucro na produção de cerveja. A flutuação do preço futuro da cevada é o fator de risco.

Imaginar as noites insones de Kushim e suas preocupações financeiras faz com que ele pareça um de nós. O fato de lhe serem cobrados juros também implica que, a essa altura, o dinheiro já tinha evoluído a tal ponto que, embora fosse uma coisa que representava outra, havia se tornado valioso o suficiente para ter seu próprio preço, completamente dissociado de qualquer coisa real. Com a dívida veio a noção do valor do tempo, que, por sua vez, trouxe o conceito do preço do dinheiro: a taxa de juros.

Esse conceito, hoje em dia tão comum para nós, foi uma aplicação transformadora do dinheiro.

O preço do dinheiro

A taxa de juros transformava o dinheiro em uma mercadoria, que podia ser negociada, emprestada e tomada como empréstimo a um preço próprio. Essa inovação foi um avanço gigantesco, pois nos permitiu conectar nossa realidade econômica presente a um cenário futuro imaginado. Se a taxa de juros é baixa demais, o credor não empresta e a trajetória de investimentos no futuro é interrompida. Por outro lado, se a taxa é alta demais, uma pessoa realista não se arrisca a tomar empréstimos e os investimentos caem. Sem investimento no amanhã, há pouco progresso e nenhuma inovação. A taxa de juros proporciona tranquilidade para emprestar e incentivo para investir, de modo que as receitas fluam entre devedores e credores. A taxa de juros não é apenas um preço; é também um código, uma minienciclopédia de informações sobre a pessoa a quem emprestamos, as chances de recebermos o pagamento devido, o risco na região, a concorrência no mercado, a infraestrutura e muitas outras variáveis.

Para entender como os empréstimos mudam nossa visão de mundo, considere como a taxa de juros afeta sua percepção de tempo. Imagine que você está emprestando dinheiro a alguém a uma taxa de 10% ao ano, a um prazo de cinco anos. Essa taxa informa que a quantia emprestada tem um custo que reflete o risco de você não receber seu dinheiro de volta e o custo de oportunidade, isto é, de você mesmo não gastá-lo. Quanto mais longo for o prazo do empréstimo, maior será a probabilidade de você não ser pago, por estar mais distante (já que o futuro é, por definição, incognoscível), e precisará esperar mais tempo para poder gastar esse dinheiro. Para que isso valha a pena para o credor, o dinheiro precisa ter um preço – um custo para o mutuário e uma receita para o credor. Esse preço considera o valor do tempo. Parafraseando o ditado, um pássaro na mão vale o mesmo que dois voando.

A taxa de juros foi revolucionária: pela primeira vez um mutuário podia usar a receita futura para gastar no presente. Essa inovação foi essencial para fazer as receitas fluírem e evitar que o dinheiro ficasse acumulado nas mãos de seus detentores, tornando-o disponível a pessoas como nosso herói Kushim. Imagine uma sociedade que ainda tentava entender os fenômenos naturais como o nascer do sol, por exemplo, mas já compreendia o valor do tempo. O que faltava aos sumérios em termos de compreensão prática do mundo natural eles compensavam com a compreensão e o uso do pensamento abstrato. Reféns dos caprichos da colheita e do ritmo do mundo natural, atormentados pela fome e por doenças, os sumérios se envolveram em um nível elevado de abstração mental sobre o valor do tempo em um ambiente em que conceitos como risco, compensação e probabilidade eram preocupações cotidianas. Em termos de dinheiro, nossos ancestrais eram surpreendentemente modernos. Por exemplo, os sumérios aplicavam não apenas juros simples, mas também compostos, em que o montante devido cresce exponencialmente ao longo do tempo.[3] Não era à toa que Kushim estava preocupado.

Pesos, escrita e dinheiro

O sistema da cevada é bastante interessante por si só, mas Kushim tem outra distinção: é o primeiro registro de um nome que se tem na história da humanidade. A primeira pessoa cujo nome conhecemos e sobre cuja vida podemos especular não foi um rei poderoso nem um grande sábio. Nosso amigo Kushim era um empreendedor comum. Em um documento em escrita cuneiforme, que antecede em muitos séculos a suméria *Epopeia de Gilgámesh*, Kushim foi registrado como fabricante de cerveja caseira em algum momento entre 3400 e 3000 a.C.

Pode não ser a história mais sublime, mas uma das tecnologias humanas mais engenhosas, a escrita, surgiu em função de outra tecnologia revolucionária: o dinheiro. Esse foi o primeiro tema sobre o qual o ser humano escreveu. E, ao escrever sobre dinheiro, estávamos escrevendo também sobre pesos.

Durante boa parte da história econômica o dinheiro girou em torno de pesos. As pessoas negociavam todo tipo de bem entre si (cevada, azeite, gado, cerveja) e o valor devido era expresso em um peso. Na Mesopotâmia, o siclo foi estabelecido já em 3000 a.C. e equivalia a determinada quantidade de grãos de cereais.[4] Dependendo de condições como a colheita, essa quantidade variava. O valor do siclo ("shekel" significa "peso" em hebraico antigo) flutuava.

Ouro, prata e cobre eram pesados e expressos em siclos para liquidar transações ao fim de determinado período de tempo, como um mês ou um ano. Arqueólogos concluíram que, em geral, os metais preciosos em si não trocavam de mãos; em vez disso, havia grandes lingotes de metais, armazenados quase como uma reserva de valor.[5] Devedores e credores anotavam suas dívidas e seus créditos em uma placa de ardósia – uma evolução do Osso de Ishango – e essas dívidas eram liquidadas periodicamente com uma transferência de itens de valor, como pessoas escravizadas ou grãos. No dia a dia, o comércio mesopotâmico se baseava no valor de 1 siclo de cevada, usado como referência entre mercadores de uma mesma cidade para realizar pequenas transações e pagamentos de dívidas. Isso significa que o siclo tinha *liquidez*. Ao contrário de algo *sem liquidez*, como uma propriedade, seu valor era fácil de transferir, podendo ser facilmente convertido em outros bens de valor equivalente.

Era bastante simples realizar transações, pois todos compreendiam as regras e, graças à estocagem em silos, raramente havia falta repentina de cevada. Ao negociar com estrangeiros, mercadores locais aceitavam receber em blocos de prata. Como não existiam minas de prata na região e há pouquíssima evidência de que se fizesse mineração na área, as cidades comerciais da civilização sumeria deviam trocar seu excedente agrícola por prata com estrangeiros a quilômetros de distância. De que outra maneira conseguiriam o metal?

O Código de Eshnunna é o mais antigo conjunto conhecido de leis escritas, datando provavelmente do século XVIII a.C. Foi encontrado em Bagdá, na área de Tell Harmal, em 1945,[6] e descreve valores expressos em siclos de prata:

O preço de 1 *gur* de cevada é 1 siclo de prata.
O preço de 3 *qas* de azeite puro é 1 siclo de prata.
O preço de 1 *sut* e 5 *qas* de óleo de gergelim é 1 siclo de prata.
O preço de 6 *suts* de lã é 1 siclo de prata.
O preço de 2 *gurs* de sal é 1 siclo de prata.
O preço de 1 semente de *hal* é 1 siclo de prata.[7]

Rigorosamente controlados pelo Estado, os pesos eram uma prioridade significativa nas civilizações primitivas. A santidade dos pesos era considerada fundamental para o bom funcionamento da economia. No próprio Antigo Testamento encontramos a seguinte passagem: "O Senhor repudia balanças desonestas, mas os pesos exatos lhe dão prazer."[8] O que pode soar fortuito (por exemplo, a moeda grega desde os tempos antigos até a adoção do euro era a dracma, que significa "punhado") era, na verdade, para ser levado a sério. A origem da dracma, assim como a do siclo, destaca a ligação evidente entre pesos e o dinheiro que circulava na Antiguidade.

A história da civilização às vezes se concentra excessivamente nos grandes dramas, prevalecendo as narrativas de batalhas, heróis e mitos. Mas existe outra história – da monotonia, do cotidiano. A realidade maçante, burocrática e repetitiva de como os lugares eram administrados. Para que os Estados mantenham o funcionamento diário, é preciso coordenação. E coordenação exige listas. Listas de habitantes, terras, propriedades, produtividade, animais, safras, estoques de grãos. Estados centralizados dependem de tributação, e a tributação só funciona se o cobrador de impostos souber quem tributar, onde encontrar os pagadores e quanto exigir. Ele precisa de recibos, prazos, volumes e meios de comparação. Um Estado sem estatísticas não é um Estado. A lista, portanto, é um instrumento fundamental de governos centralizados.

Na época de Kushim, todo um sistema jurídico já havia sido formulado em torno dos direitos de propriedade, sem os quais é complicado realizar atividade agrícola. O dinheiro dá liquidez aos direitos de propriedade e atribui a eles um valor. O direito sumério era sobretudo comercial, ressaltando a importância dos direitos de propriedade, das disputas legais e da profissão jurídica na sociedade. A escrita primitiva cuneiforme surgiu para permitir o controle sobre as atividades comerciais.

A escrita, as leis e o dinheiro nasceram em resposta à urbanização e à complexidade política. De todas essas tecnologias, o dinheiro foi sem dúvida a mais fascinante e mais útil, porque possibilitou muitas outras conquistas.

O dinheiro e os números

Com a intensificação do comércio nas antigas cidades mesopotâmicas, as pessoas precisavam saber quem devia quanto e a quem. Registros contábeis se tornaram essenciais. Alguém precisava tomar notas para que se conseguisse acompanhar o carrossel de dívidas. Quanto mais atividade comercial entre os sumérios, mais fluentes eles precisavam ser em cálculos básicos. Um negociante que não soubesse somar não duraria muito.

No início, as pessoas contavam com os dedos, o que explica em grande parte a estrutura de 5 e 10 como nossos numerais básicos. Muitas culturas antigas contavam usando os dedos das mãos e dos pés, tendo o 20 como base. Considere a palavra francesa para 80: *quatre-vingts*, "quatro vintes", enquanto os falantes de português chamam de "oitenta", oito dezenas. Obviamente, algumas tribos que circulavam pela França muito antes de César devem ter usado a base 20, empregando todos os dedos para calcular. Apesar das inúmeras invasões posteriores e das novas culturas se sobrepondo às antigas, os franceses ainda usam a base 20 em seu idioma.

Já os sumérios desenvolveram como base o 60. Essa escolha foi uma inovação tecnológica, porque o dinheiro e o comércio exigiam um número que fosse divisível por uma enorme variedade de números menores (e 60 é divisível por 30, 20, 15, 12, 10, 6, 5, 4, 3 e 2). Para os sumérios, 60 era um número mágico. Hoje, um eco dos antigos sumérios é visto no fato de termos 60 segundos em um minuto e 60 minutos em uma hora. O bazar de negociações exigia mais pragmatismo que elegância: se você não entendesse os cálculos básicos em uma sociedade monetizada, os riscos de ser enganado disparavam. A introdução do dinheiro forçou as pessoas a pensar em números.

A partir da circulação das dívidas na sociedade, surgiram inovações financeiras. Na Mesopotâmia, se eu devesse algo a alguém e outra pessoa devesse a mim, eu poderia sair da jogada e o contrato ser refeito entre o meu credor e a outra pessoa (meu devedor). Desde 3000 a.C. já existia uma espécie de nota promissória, quase como o cheque, criação do século XX.

A primeira planilha

Tendemos a presumir que os modelos de fluxo de caixa são uma inovação recente. Todos os anos, no mundo atual, jovens inteligentes com diplomas das melhores universidades são contratados por bancos para elaborar relatórios financeiros que permitam avaliar se uma empresa está sub ou supervalorizada. Essas previsões financeiras feitas a partir de dados como receitas e despesas constituem a base para decisões de empréstimo. Os primeiros MBAs surgiram apenas na década de 1920, mas o mundo antigo já contava com taxas de juros que propiciavam inovações financeiras em uma época em que as pessoas ainda acreditavam em deuses, sacrificavam animais pela bênção de uma boa colheita e previam o clima examinando as entranhas das galinhas.

O grau de sofisticação financeira dos comerciantes sumérios era impressionante. Arqueólogos encontraram uma tabuleta com inscrições da cidade mesopotâmica de Drehem datada de cerca de 2100 a.C.,[9] que pode ser descrita como a primeira planilha do mundo. As linhas e colunas revelam um fantástico software financeiro primitivo. A tabuleta traz projeções e previsões para o investimento em um negócio de criação de gado. Tal como modelos de investimento atuais, contém pressupostos sobre nascimento e morte de animais, associados a projeções de fertilidade, produtos alimentícios e outros insumos, levando a um modelo específico de lucros e perdas à taxa de juros vigente.[10] Essa estrutura, com proporções e fórmulas, permitia aos investidores inserir diferentes cenários e obter um número como resultado.

A tabuleta de Drehem é um "modelo" plurianual para um negócio de pecuária, com projeções de crescimento baseadas na produção de leite. Em termos de planejamento financeiro e análise de tabelas contábeis, não está assim tão distante dos planos de negócios que startups utilizam hoje na hora de levantar capital. Esse antigo modelo cuneiforme traz vários cenários de alto e baixo crescimento, baseados em dados como a taxa de mortalidade animal. Não é exatamente um modelo de "lucro por ação", mas não está muito longe disso. O que essa planilha nos revela é que, mais de 2 mil anos antes de Cristo, os sumérios já pensavam sobre finanças, juros, dinheiro e comércio a ponto de conseguirem avaliar negócios a serem feitos no futuro, estimando quais rendimentos e lucros poderiam ser obtidos e seus impactos não apenas nos resultados financeiros, mas também no valor do empreendimento em si.

A civilização suméria inventou a escrita, a contabilidade, um sistema jurídico complexo e uma arquitetura financeira sofisticada, tudo ancorado na taxa de juros. Em essência, a taxa de juros atribui um valor ao tempo. Esse foi um nível impressionante de pensamento abstrato que deu origem a um mercado de capitais, financiado por mutuários e credores. A taxa de juros pegou algo inanimado – a prata – e lhe deu vida. Com os sumérios, o dinheiro se tornou um combustível para a energia humana, o que fica nítido no risco assumido por Kushim ao tomar seu empréstimo. Os juros tornaram o dinheiro algo dinâmico: a prata como dinheiro vale mais que a prata como joia, porque, ao ser emprestada, pode render juros, e juros são receitas, são dinheiro que entra. Com os sumérios, o dinheiro de fato gerava mais dinheiro.

Sofisticados como eram, os sumérios – e seus sucessores na região, os babilônios – haviam criado sistemas comerciais e organizacionais baseados em contratos. Nessa época, o dinheiro ainda estava apenas na mente das pessoas, mas em breve estaria nos bolsos delas. E, quando isso acontecesse, o comércio veria uma explosão, impulsionado por uma formidável inovação: as moedas.

3
DOS CONTRATOS ÀS MOEDAS

Armaram para Midas?

Midas era um rei pobre mas extraordinariamente generoso de uma terra árida chamada Frígia, atravessada pelo rio Pactolo. Magnânimo apesar das circunstâncias difíceis de seu reino, Midas tinha por hábito acolher visitantes. Um desconhecido que acabou em sua mesa foi Sileno, pai adotivo de Dioniso, o deus das farras, das noitadas e da libertinagem em geral. Como era seu costume, Midas estendeu o tapete vermelho para o estranho, oferecendo-lhe todos os seus escassos suprimentos. Impressionado com essa generosidade espontânea, Sileno, ele próprio um apreciador de bebidas, contou a Dioniso a história daquele rei pobre porém caridoso. Em reconhecimento à hospitalidade de Midas, Dioniso lhe concedeu um desejo.[1]

O Midas da Antiguidade sofria de uma aflição moderna: a ânsia por status. Ele possuía o título de rei, mas não tinha dinheiro. Dado o contraste entre sua concepção de realeza e seus cofres vazios, Midas se via como motivo de escárnio e piedade. O dinheiro podia mudar isso. Ele então pediu que tudo que tocasse se transformasse em ouro. Nos dias de hoje, em algumas culturas, o nome Midas é sinônimo de falta de visão, ganância e avareza, mas, pensando bem, Midas era apenas um sujeito decente e sem sorte. Infelizmente, ele não refletiu muito bem antes de realizar seu experimento econômico. Tocou uma maçã e ela se transformou em ouro, tornando-a valiosa mas inútil, ornamental mas inviável. Sua amada filha correu para abraçar o bondoso pai e também virou ouro.

Dando-se conta de sua insensatez, Midas, transtornado, implorou a Dioniso que o libertasse dessa maldição.

Jovial e de disposição misericordiosa, Dioniso teve pena de Midas e, lembrando-se de sua humildade e generosidade, orientou-o a se banhar no rio Pactolo (esse rio já secou há muito tempo, mas acredita-se que a história tenha acontecido na Anatólia Central, perto do monte Tmolo).[2] Segundo a lenda, enquanto Midas se banhava, todo feliz, o rio adquiriu uma cor amarelada e cintilante, com metais preciosos fluindo por suas águas, permitindo assim que Midas enriquecesse sem a inconveniência de metalizar tudo à sua volta. Os sucessores das terras de Midas, os lídios, foram abençoados com uma abundância de ouro que a lenda atribui à bondade de Dioniso.

Com esse mito, os gregos tentavam explicar a história do surgimento de um império que usava moedas de ouro como dinheiro e criou uma vasta rede comercial da Pérsia ao mar Egeu. O rio Pactolo realmente brilhava como ouro, mas isso nada tinha a ver com o banho de Midas. Suas águas carregavam uma liga metálica chamada eletro, conhecida como ouro branco (a palavra "elétrico" deriva do grego antigo *elector*, que significa "aquele que brilha"),[3] formada por ouro, prata, cobre e outros metais. O ouro era valorizado pelos babilônios sobretudo como ornamentação, mas os lídios o utilizaram para algo novo: fundiram-no e criaram um sistema econômico totalmente novo, baseado em moedas.[4] O dinheiro virtual dos sumérios, sustentado por contratos, leis, dívidas e uma taxa de juros variável, estava prestes a se tornar dinheiro físico, sob a forma de moedas de ouro, prata e cobre. As moedas metálicas, atreladas a um metal-base escasso, aos poucos alterariam nossa percepção do dinheiro. Esse foi o momento em que o ouro deixou de ser mero ornamento para se tornar dinheiro, dando origem a um sistema monetário amplamente aceito no qual um pedaço de metal, inútil antes de ser cunhado, seria transformado em algo muito maior.

A utilização de moedas é uma abstração e tanto. Para que se sustente, é preciso aceitar uma nova fé em que objetos "representam" valor. No tabernáculo da mente humana, a moeda funciona como um atalho, denotando o valor de uma imensa variedade de mercadorias e experiências reais em um pequeno pedaço de metal portátil compreendido universalmente. Esse pedaço de metal, uma vez transformado em moeda e validado por um cunho, adquire um valor superior ao valor intrínseco do metal. Tal abstração permitiu que as pessoas operassem em um mundo muito mais complexo do que era possível antes.

Este capítulo fala sobre essa transformação. Sobre dinheiro simbólico. Partindo da contabilidade e de uma era de dívidas liquidadas de vez em quando, passaremos para um sistema que utiliza moedas para negociações rotineiras. Durante esse período, a sociedade progrediu dos grãos nos armazéns para as moedas no bolso. Com as moedas, o comércio, o dinheiro e as transações deixaram de estar centrados em eventos de compensação pontuais e passaram a fazer parte do cotidiano.

As moedas foram inventadas pelos lídios, civilização que entre 1000 e 600 a.C. ocupou a região que hoje é a Turquia.[5] A cunhagem era uma tecnologia tão útil que se espalhou depressa por todo o Mediterrâneo oriental, ajudando a criar um sistema comercial interligado que se tornaria o Império Grego.

De cima para baixo versus de baixo para cima

Apesar das muitas variações, existem duas formas principais de conduzir o espetáculo econômico. Uma delas é a abordagem *top-down* (de cima para baixo), em que o magnata no topo determina que a economia se comporte de determinada maneira e controla o processo do início ao fim, de acordo com um plano abrangente. As economias da Antiguidade tendiam para esse tipo de abordagem. O poder nas grandes civilizações, como a suméria, fluía a partir de uma elite de governantes e guerreiros, aconselhados por um druida ou uma casta de sacerdotes. Na base, os camponeses cultivavam a terra, pagando arrendamentos e dízimos para quem estava no topo. O comércio era confiado a um pequeno número de atacadistas investidos e licenciados, tidos como uma casta comercial – como Kushim, que conhecemos no capítulo anterior, na Mesopotâmia.

Já a economia *bottom-up* (de baixo para cima) é orgânica. É um sistema evolutivo de tentativa e erro em que o mercado, com base em preços, preferências e escassez, organiza a economia e a sociedade. São os preços e os lucros, e não os planos e os sacerdotes, que determinam se algo está funcionando. As pessoas se envolvem nesse tipo de economia de maneira *voluntária*, e não por terem uma espada apontada para elas. Em termos de tecnologia organizadora, um sistema monetário e de cunhagem amplamente aceito possibilita a economia *bottom-up*.

O sistema econômico *top-down* se baseava, muito provavelmente, em reciprocidade – permuta e redistribuição.[6] A reciprocidade, a troca de bens ou trabalho por outros bens ou trabalho, era fundamentada na tradição e nos costumes, e não no preço. Dependia da reputação. Podemos imaginar que isso funcionasse em pequenos grupos, mas já não serve tão bem em grupos maiores. Imagine tentar permutar com milhares de pessoas. A introdução das moedas de ouro foi empurrando a economia lídia, pouco a pouco, para um sistema *bottom-up* organizado em torno do dinheiro. Em última instância, essa mudança transferiu para algumas pessoas um mínimo de poder e soberania, ainda que dentro da hierarquia hereditária dominante. Dado que uma moeda nas mãos de um príncipe tem o mesmo valor que uma moeda nas mãos de um plebeu, essa nova estrutura contribuiu de alguma forma para afrouxar o controle da classe dominante. Essa ideia de valor universal – em que uma moeda tem sempre o mesmo valor, não importando quem a utiliza – é um desdobramento social importante. Antes disso, se você nascesse pobre, morreria pobre. O advento da cunhagem marcou o início de um movimento em direção à mobilidade social para uma pequena minoria. Se você conseguisse obter moedas, obteria status.[7]

Em comparação com as economias burocráticas que a precederam, a embrionária economia de mercado lídia conectou mais pessoas, de forma mais eficiente e muito menos rígida, permitindo que esse pequeno império superasse seus vizinhos bem maiores tanto no comércio quanto no pensamento e na engenhosidade. De aproximadamente 700 a.C. até o reinado de Creso, que começou por volta de 560 a.C., o Império Lídio floresceu ao introduzir moedas e seguir com inovações: padronizou-as, criou uma casa da moeda centralizada, administrada pelo Estado, e introduziu valores nominais menores, que trouxeram cada vez mais pessoas para essa rede, estimulando assim o comércio.

O historiador grego Heródoto escreveu, por volta de 600 a.C., que os lídios eram "o primeiro povo que conhecemos a usar moedas de ouro e prata e (...) os primeiros varejistas".[8] Ao chamá-los assim, o altivo Heródoto constata que são comerciantes, e afirma isso de maneira depreciativa, da mesma forma que Napoleão desprezou os ingleses ao descrevê-los como uma nação de lojistas. Mas o mundo foi construído por comerciantes. Os varejistas têm energia própria – um dinamismo monetário em vez de militar. O comércio dotava os lídios de um poder imenso. Sua vibrante capital, Sardes, era um centro de atividade comercial, ancorando um império mercantil que se estendia por grande parte da atual Turquia ocidental.

Heródoto menciona que esses artífices independentes e orientados para o lucro tinham os mesmos costumes que os gregos civilizados, com a exceção de que não "prostituíam suas filhas".[9] O comércio e a cunhagem parecem ter elevado o status das mulheres lídias, que podiam fazer negócios lado a lado com os homens. Em um mundo onde as mulheres raramente eram mais que posses, as lídias tinham o direito de recusar um pretendente e escolher elas próprias com quem se casariam. Não é exagero dizer (lembremos que eram sociedades caracterizadas pela escravização em massa) que esses primeiros sinais de mínima emancipação feminina simbolizam o poder libertador do dinheiro.

A magia do dinheiro

Antes do Império Lídio, a quantidade de dinheiro disponível em um reino dependia das colheitas e da conquista de territórios. Com seu sistema monetário revolucionário, os lídios romperam o vínculo entre os ciclos sazonais da natureza e o dinheiro, criando um suprimento autônomo de moedas de ouro. Romper o elo entre o dinheiro e uma âncora agrícola de base energética, como os cereais, pode ter levantado algumas questões filosóficas. Por exemplo: O que é de fato o dinheiro? Pode haver dinheiro útil e dinheiro improdutivo? O lucro é legítimo? Pode haver excesso de dinheiro? Se os lídios se fizeram essas perguntas, não sabemos, mas são questões com as quais ainda nos debatemos hoje e que, como veremos, certamente atormentaram os grandes filósofos gregos, herdeiros dessa maravilhosa inovação lídia.

Graças às suas evidentes vantagens, a cunhagem, uma vez adotada, ganhou todo o Mediterrâneo oriental. Mais moedas levaram a mais comércio, e mais comércio levou a um aumento da circulação e da velocidade do dinheiro (a rapidez com que mudava de mãos). As moedas fizeram o dinheiro trabalhar mais.

Com todo esse dinheiro circulando, os mercados floresceram. Os mercados públicos, onde se encontrava uma enorme variedade de mercadorias estrangeiras e locais, levaram a um imenso salto na estrutura econômica e na organização da sociedade. O mercado era o mecanismo crucial que distribuía recursos pela sociedade. Os níveis de escassez se refletiam nos preços, que subiam e desciam junto com os altos e baixos da oferta e da demanda. Aos poucos se criava um sistema econômico que começava a parecer reconhecível hoje.

Além de terem eletro para cunhar suas moedas, os lídios tinham também acesso à Rota da Seda através de sua capital, Sardes. Essa posição estratégica lhes abria oportunidades comerciais de leste a oeste, ligando o Egeu e o Mediterrâneo ao Eufrates, à Pérsia e, mais além, até a Índia e a China.[10] Um eixo do norte para o sul também os ligava à estepe euroasiática através do Mar Negro, abrindo novas rotas de trocas. Ponto de articulação vital no cinturão viário comercial mais movimentado do mundo antigo, Sardes atraía negociantes e mercadorias de todo o planeta. Ao longo do caminho, as estalagens hospedavam caixeiros-viajantes que falavam vários idiomas e compravam e vendiam artigos do cotidiano, como cerveja, grãos, azeite, vinho e utensílios de barro, bem como itens mais valiosos, como pérolas, perfumes, cerâmica, tecidos, marfim e mármore. As moedas eram o grande nivelador. Sendo um meio prontamente aceito, elas tornavam o forasteiro menos forasteiro, permitindo que as pessoas estabelecessem conexões em larga escala.

Dinheiro padronizado

Antes de os lídios introduzirem as moedas, o comércio era trabalhoso e lento. As peças de ouro tinham que ser verificadas por cambistas, com o auxílio de pesos. Imagine quanto tempo isso levava, com a confusão de balanças, instrumentos e coisas do gênero. É claro que existia um complicado sistema de débitos e créditos. Milênios antes, os sumérios tinham introduzido os juros, atribuindo um preço ao dinheiro e um valor ao tempo. Os lídios herdaram esse sistema, mas foram além. No início, as moedas eram emitidas pelo rei, mas em pouco tempo passaram a ser cunhadas também por ourives e mercadores, que fabricavam suas próprias moedas com base no peso e na pureza. À medida que as moedas chegavam a Sardes, vindas de todos os lugares, os ourives as derretiam e as cunhavam outra vez, gerando moedas concorrentes. Isso causava atritos, pois os mercadores não sabiam imediatamente quanto valia cada moeda.

E se esse sistema fosse padronizado? Sob o rei Giges (680–645 a.C.),[11] os lídios introduziram um monopólio estatal sobre a emissão de moedas. Outra sacada de gênio foi passarem a cunhar em cada moeda o selo real, uma cabeça de leão. Ao equiparar dinheiro a Estado, os lídios estavam concebendo um modelo que duraria milênios. Os gregos o adotaram, assim como os romanos. Na verdade, quase todos os outros Estados e impérios desde então confiaram nesta inovação lídia: a moeda oficial, emitida pelo Estado.

A cunhagem era uma fonte de enorme poder centralizado, como é até hoje. Antes da padronização, as moedas eram como uma mistura de línguas: algumas pessoas entendiam o que significavam; outras, não. Graças à padronização, a moeda oficial se tornou o idioma oficial do comércio. Passou a haver menos atritos, menos barreiras e um mercado muito mais integrado, oferecendo uma variedade maior de opções.

Sob o reinado de Creso (c. 560–c. 546 a.C.), o Estado lídio passou de uma pequena comunidade mercantil, localizada entre os persas a leste e pelo mar Egeu a oeste, para o primeiro império que tinha como alicerces também a riqueza e o comércio em vez de se sustentar exclusivamente na guerra e nas conquistas militares.[12] O monopólio estatal sobre o dinheiro criou dois agentes distintos na nova economia monetária: havia o "emissor" (o Estado) e os "usuários" (o povo). Você e eu somos usuários. Por mais que a ideia de ser um emissor o atraia (meus filhos juram que sou um), a verdade é que não somos. Os usuários procuram poupar, acumular e, o mais importante, ater-se ao orçamento. Podemos ficar sem dinheiro. Acontece bastante. Trabalhamos para obtê-lo, cedendo horas do nosso tempo em troca de dinheiro.

O emissor não precisa fazer isso. O poder de emitir dinheiro legalmente pertence ao Estado. Dentro de suas fronteiras, somos obrigados a utilizar a moeda emitida por esse Estado. Não podemos usar o dólar em um país do euro e vice-versa. Podemos tentar falsificar dinheiro, mas provavelmente acabaríamos na prisão. Já o Estado pode emitir tanto quanto quiser, o que é um poder enorme, sem dúvida o mais significativo que qualquer Estado possui além da capacidade de declarar guerra.

O ouro lídio fortaleceu o Estado, e o Estado, por sua vez, fortaleceu o valor do ouro ao convertê-lo em dinheiro. Com o tempo, os lídios perceberam que seria útil dividir suas moedas em lingotes cada vez menores para que pudessem negociar cada vez mais mercadorias com cada vez mais pessoas.[13] Valores nominais menores – equivalentes a um dia de trabalho ou a uma pequena parte de uma colheita – os ajudaram a estabelecer uma economia *bottom-up*, de livre comércio e baseada no mercado, parcialmente impulsionada por pequenos varejistas: os tais lojistas e comerciantes desprezados por grandes homens como Napoleão e Heródoto. Essa guinada, da dependência da vida agrícola para a relativa independência comercial do varejista, com certeza mudou radicalmente a visão de mundo das pessoas.

A lei do preço único

Assim como fez com as conexões comerciais, o dinheiro também ampliou o pool genético da Lídia. Ao contrário do que acontecia nas ultrapassadas economias *top-down*, as pessoas agora não precisavam necessariamente se casar com alguém da mesma tribo. Os dotes baseados em moedas permitiam formar família com um membro de outra tribo e colocavam mais pessoas em contato umas com as outras. O dinheiro se infiltrou em todas as esferas da sociedade: as religiões o aceitavam como oferendas, a arte e a cultura eram avaliadas em dinheiro e as disputas eram resolvidas com ele. Uma pessoa que tivesse cometido um roubo não precisava mais ser apedrejada até a morte como punição: podia apenas pagar uma multa.

Em uma sociedade que compreendia o dinheiro, qualquer situação cotidiana podia ser expressa em termos de um denominador comum. O grande poder do dinheiro como facilitador na organização social, que os economistas chamam de lei do preço único, simplificava o que era complexo, deixando a vida dos lídios e sua economia muito mais fáceis de compreender. Como qualquer coisa podia ser avaliada em relação a tudo mais, os lídios conseguiam fazer escolhas embasadas entre um pão, um jarro de azeite, uma taça de vinho, uma túnica de lã e o pagamento de impostos, porque o preço de tudo isso podia ser calculado tendo como referência o que se ganhava em um dia de trabalho, usando a cunhagem como árbitro inequívoco.

A promessa de status proporcionada pelo dinheiro é um dos motivadores mais comuns na vida, mas adquirir status exigia uma nova forma de pensar e uma nova habilidade. Era preciso entender o dinheiro. Em vez de relatar que os deuses lhe haviam dado poder para governar, a pessoa precisava saber fazer contas. E a numeracia conduz à racionalidade, porque números desmistificam o mundo. Um mundo mediado pelo dinheiro constitui um grande salto adiante, uma revolução pessoal, social e intelectual que deu origem a uma forma inteiramente nova de organizar a sociedade. As moedas e a numeracia básica marcam a gênese da transformação do celestial ao racional, processo que levaria séculos. No entanto, se os lídios o iniciaram, seus vizinhos gregos, mestres da lógica, abraçaram-no com um entusiasmo inédito.

4

O DINHEIRO E O PENSAMENTO GREGO

Do *mythos* ao *logos*

Nascido a 19 quilômetros de Atenas durante os anos da Guerra do Peloponeso, Xenofonte (c. 430 a.C.–c. 354 a.C.) foi descrito por Diógenes como "um homem de grande modéstia e o mais belo que se pode imaginar".[1] Vinha de uma família ateniense da aristocracia menor, que dependia da lavoura e não da riqueza proveniente da posse de grandes extensões de terras ou escravizados. Ter que trabalhar para ganhar a vida, ao contrário dos filósofos mais ricos, deve tê-lo influenciado. A necessidade de se ater a um orçamento costuma tornar o pensamento mais estratégico e focado. Liderar homens em batalha também.

Assim como outros gregos em busca de aventura, Xenofonte se alistou como mercenário no esforço de guerra de Ciro, o Jovem, que tentava destronar o irmão mais velho, o rei persa Artaxerxes II. A empreitada não foi bem-sucedida: Ciro acabou morto em batalha e seus generais mercenários, o espartano Clearco e o ateniense Próxeno, foram executados. Com isso, o exército ficou isolado a centenas de quilômetros de Atenas, em terra estrangeira, sem liderança e em pleno inverno. Incumbido de comandar os 10 mil homens, o jovem e brilhante Xenofonte conseguiu conduzi-los através do território que hoje é a Armênia até a costa do Mar Negro. Essa história está documentada na *Anábase* de Xenofonte (conforme citado por James Joyce no capítulo de abertura de *Ulysses*). Graças à sua prosa relativamente direta e ao detalhamento meticuloso do terreno encontrado, *Anábase* foi, por muitos séculos, um texto fundamental no ensino da língua grega clássica. Alexandre, o Grande, o usou como guia para sua empreitada de conquista da Pérsia.

Se *Anábase* revela Xenofonte como geógrafo, sua outra obra, *Oeconomicus* (*Econômico* na edição em português), escrita com a mesma atenção aos detalhes, o apresenta como economista. *Oeconomicus* é o primeiro livro de economia da história. Nossa palavra "economia" vem desse termo, que deriva das palavras do grego clássico para "casa" (*oikos*) e "gerenciar" (*nemein*) e cuja tradução literal é "gestão doméstica".

Xenofonte escreveu sua obra seminal numa época em que a cunhagem e o dinheiro já tinham sido adotados na Grécia. Se comparamos seus escritos (por volta de 500 a.C.) com outros de uma sociedade pré-cunhagem – os mitos de Homero sobre os heróis gregos da Antiguidade, por exemplo, foram escritos por volta de 700 a.C. –, podemos identificar uma guinada no pensamento grego nesse intervalo de dois séculos.[2] As sociedades descritas são bastante diferentes em termos de preocupações, filosofias, normas e princípios morais. Algo havia mudado. As antigas lendas tratavam de heróis e vilões realizando proezas fantásticas, enquanto Xenofonte se aproximava mais da realidade: descrevia pessoas expressando dúvidas, buscando evidências e fazendo atividades práticas e corriqueiras. Na época de Homero, os deuses respondiam a todas as grandes questões, mas, de aproximadamente 500 a.C. em diante, os gregos começaram a desenvolver processos mentais mais sofisticados. Em um curto espaço de tempo deixaram de se concentrar no pensamento metafórico, que orientava sua compreensão do mundo por meio de concepções e mitos divinos, para o pensamento analítico, em que a lógica e o raciocínio individuais desafiam a religião e o mito.[3] Foi uma mudança do chamado *mythos* para o chamado *logos*. O *mythos* se apoiava na narrativa, enquanto o *logos* implicava uma análise lógica e racional – a base da economia.

O que aconteceu para que a mentalidade grega mudasse tanto entre a época de Homero e a de Xenofonte? Será que o dinheiro e a cunhagem tiveram algo a ver com essa mudança?

Corujas de prata

Os gregos construíram um império imenso, sediado em Atenas e frouxamente interligado pelo comércio, pela cultura e por uma moeda comum, a tetradracma. Ao contrário do antecessor Império Persa, que se baseava na agricultura e dependia dos excedentes de cereais, os atenienses, mesmo no auge da cultura grega, não conseguiam alimentar a própria população,[4] dependendo da importação. Como raramente procuraram conquistar vastas extensões de terras agrícolas, tiveram que encontrar uma forma de convencer outros povos a cultivar para eles. Até esse momento da história, não houvera grandes aumentos populacionais que não fossem sustentados por grandes excedentes agrícolas. Mesmo os inexperientes varejistas lídios detinham grandes extensões de terra fértil. No entanto, entre 480 e 450 a.C. a população de Atenas, de aproximadamente 30 mil habitantes, teve um aumento de 80%, chegando a 54 mil.[5] Como isso aconteceu?

É aqui que se revela a genialidade das finanças gregas. O vasto império concebeu um sistema jurídico e inovações tão eficientes em moedas e dinheiro que postos comerciais podiam ser estabelecidos a centenas de quilômetros de distância uns dos outros. O império dependia inteiramente da produção estrangeira para alimentar Atenas – no século V a.C., três quartos de sua alimentação básica era importada.[6] De rota comercial em rota comercial, os gregos expandiram seu império.

Os atenienses não tinham muitas terras, mas tinham o mar, o porto e muita prata. Em Laurium, ao sul de Atenas, ficava uma das maiores jazidas do mundo antigo. Assim como as moedas de ouro transformaram a sociedade lídia, as moedas de prata transformaram a Grécia. No final do século VI a.C., os gregos entraram em um ritmo acelerado de mineração, cunhando sua famosa moeda de prata com uma coruja em uma das faces e a deusa Atena na outra. A coruja tem na boca um ramo de oliveira, simbolizando um dos produtos mais importantes da cidade: o azeite. Chamada de tetradracma, a moeda de prata correspondia a 4 dracmas, a unidade local mais básica. Foi a moeda mais cunhada na Antiguidade, permanecendo em uso contínuo por mais de 700 anos. Durante esse período, estima-se que tenham sido emitidas mais de 120 milhões de moedas.[7]

Com uma produção tão alta, em algum momento pode ter havido milhões de dracmas em circulação. Considerando que 1 dracma equivalia a aproximadamente um dia de trabalho,[8] isso dá uma ideia do dinamismo da economia grega. As moedas saíam de Atenas pelo porto de Pireu e as mercadorias chegavam por todo o litoral do Egeu e outros lugares, gerando atividade econômica em todo o império e sustentando os muitos postos comerciais interligados pela moeda da coruja. Matérias-primas, artigos luxuosos, escravizados, sexo – tudo recebia um preço e um valor nominal. Com a dracma, agricultores, artesãos e mercadores tinham um meio de troca estável.

Nas sociedades precedentes, baseadas no escambo, o comércio dependia de uma rede de relacionamentos definidos por hierarquia, tradição, partilha e reciprocidade. A abundância de moedas permitiu que os gregos avançassem na jornada iniciada pelos lídios. As moedas, afinal, simplificavam tudo. O lucro podia ser calculado por um indivíduo de modo mais pontual e imediato, sem a necessidade de se preocupar com reciprocidade e recorrência. O dinheiro dava às pessoas um pouco mais de autonomia, mas isso era uma faca de dois gumes: a estabilidade social havia sido abalada pelas moedas; antigas tradições vinham sendo substituídas por novas regras.

Havia um problema: se algumas pessoas estavam se tornando mais autônomas, como saber quem é que mandava? Em quem confiar? Como viver juntos? Os gregos começaram a criar uma forma inteiramente nova de pensar sobre direitos e responsabilidades nessa sociedade moderna baseada em moedas em rápida expansão. É fácil governar uma sociedade que se assenta em um sistema rígido de castas. O terror é uma ferramenta dominante de controle, e as instituições e religiões tendem a se fundamentar no medo e nas restrições. Em uma sociedade mediada pelo dinheiro, na qual o status social tem relativa mobilidade, a racionalidade se sobrepõe à emoção e o pensamento analítico desafia o cumprimento de regras.[9]

À medida que a economia ficava mais e mais monetizada, mais sofisticado se tornava o pensamento grego. Isso levou a muitos avanços filosóficos relevantes até hoje. Cidadãos instruídos financeiramente pensam de modo muito diferente daqueles que não são instruídos. Xenofonte, por exemplo, reflete em sua obra sobre o conceito abstrato de valor, distinguindo entre bens que têm o que hoje chamaríamos de "valor de uso" e aqueles que têm mero "valor de troca". Para ilustrar essa ideia, ele fala que uma flauta não tem utilidade para uma pessoa que não sabe tocar o instrumento, porém pode ser dada em troca de dinheiro ou outros bens. E não foi apenas nessas questões abstratas que *Oeconomicus* desbravou novos caminhos. Embora dificilmente possa ser considerado um feminista pelos padrões modernos, Xenofonte também argumentou que "as esposas e os maridos devem ser colaboradores no lar"[10] e que "a esposa que é uma boa companheira na gestão do lar contribui tanto para a prosperidade do patrimônio quanto o marido".[11]

Por toda a obra *Oeconomicus* se percebe uma preocupação geral com questões do cotidiano, sobretudo com a organização da sociedade e dos lares – em outras palavras, a economia moderna. No cerne dos interesses de Xenofonte estão os fundamentos dinâmicos e filosóficos do dinheiro e seu uso para criar sociedades prósperas e cooperativas. Ele escreve sobre como organizar o sistema, maximizar recursos, manter registros contábeis, estabelecer o valor das coisas e comparar custos e lucros. São questões complicadas, mas, na época de Xenofonte, o cidadão comum das cidades gregas estava se tornando mais qualificado financeiramente.

Xenofonte foi influenciado em suas investigações pelo filósofo Protágoras de Samos, nascido em 490 a.C. É dele a famosa declaração de que "O Homem é a medida de todas as coisas".[12] Protágoras quis dizer com isso que, se só temos certeza do que vemos diante de nossos olhos, precisamos descobrir as coisas por nós mesmos, em vez de terceirizar o raciocínio aos deuses – em outras palavras, precisamos confiar em nosso próprio intelecto, em nossa inteligência. Junto com Platão, Xenofonte estudou sob a tutela de Sócrates, que foi pioneiro em um método de raciocínio lógico. Ao questionarem tudo, esses pensadores começaram a desafiar os fundamentos filosóficos que sustentavam os antigos sistemas econômicos e políticos, o que lhes permitiu começar a criar novos sistemas. Nessa sociedade curiosa e intelectualmente aventureira surgiram historiadores como Heródoto, que documentou as Guerras Persas, o médico Hipócrates de Cós e o filósofo Aristóteles.

O principal produto dessa mudança no zeitgeist foi um novo regime de governo, baseado na soberania popular. Seu criador, o estadista ateniense Clístenes, o chamaria de *demokratia*, ou "governo do povo".[13] É importante ressaltar que essa ideia de democracia se aplicava apenas a uma pequena parte da sociedade, afinal, cerca de uma em cada quatro pessoas em Atenas era escravizada e metade da população eram mulheres. Em vez de imaginar Atenas como uma espécie de democracia de livre mercado, provavelmente é mais correto imaginar que fosse um lugar como o Sul dos Estados Unidos antes da Guerra Civil, em que a democracia não era para *todas* as pessoas. Aquelas a quem era permitido abraçar esse regime político se envolviam em muitas outras ideias revolucionárias em termos intelectuais.

Por que houve tamanho florescimento na filosofia, na economia, na medicina, na democracia e, em última análise, na ideia completamente moderna do cidadão participativo e da república? A correlação entre a evolução do pensamento grego e a disseminação generalizada do dinheiro, sobretudo na forma de moedas de prata, é estreita demais para ser considerada mera coincidência. O dinheiro dá origem ao elemento do controle individual e da responsabilidade pessoal. Assim como haviam feito os lídios, os gregos provavelmente perceberam que um padeiro com 2 dracmas tinha o mesmo poder de compra no mercado que uma princesa com 2 dracmas. Essa igualdade relativa, em que a hierarquia é aplainada pelo comércio, certamente promoveu uma revolução social.

A pólis: participação e política

O Império Grego não era apenas uma entidade comercial, mas também uma entidade urbana, composta por muitas dezenas de cidades-Estado livres e autônomas – um experimento descentralizado completamente novo em termos de governo. Para organizar esse novo tipo de sociedade, surgiu uma nova ideia: a pólis. Por volta do século VI a.C., após o governo de Sólon (o grande reformador), a pólis estava plenamente estabelecida como a base de toda a civilização grega. Era a pedra angular cívica, social, econômica, militar e política da Grécia antiga, e suas regras definiam os direitos e as obrigações dos cidadãos.[14]

Ancorando a pólis estava a participação. O cidadão ativo era um indivíduo livre no comércio, na política e no pensamento. O comércio era mediado por um sistema judicial, a política era sustentada pela democracia e o pensamento independente era constantemente estimulado pelo questionamento filosófico. Em termos gerais, a economia era governada pelo mercado, que, por sua vez, era mediado pelo dinheiro. A civilização grega era um conceito urbano, e os aspectos organizacionais do dinheiro tornavam mais fácil lidar com a complexidade da vida urbana.

É claro que, como todo bom urbanoide, os gregos torciam o nariz aquilino para os outros. O poeta Focílides de Mileto, comparando as cidades-Estado gregas com outras da Antiguidade, vangloria-se de que "uma pólis sobre um rochedo árido, pequena mas ordenada, é mais grandiosa que a irrelevante Nínive" (a enorme capital do Império Assírio).[15] As cidades gregas, coladas ao litoral, eram polos de atividade comercial em torno dos mares Mediterrâneo, Egeu e Negro. Platão as descreveu como "sapos ao redor de um lago".[16]

O coração de cada cidade grega, fosse ela Atenas, Pérgamo ou Marselha, era a ágora, o mercado – uma profusão vibrante de comércio, apresentações artísticas, flertes, infidelidade, ideias, insubordinação, bebida e comida, tudo organizado em torno do dinheiro. Era o lugar aonde as pessoas iam fazer compras, aprender, conversar, inspirar os aromas, ouvir os sons e sentir o pulsar da cidade. O sistema monetário baseado em moedas tornava os diversos negócios na ágora mais eficientes, e os valores nominais menores das moedas permitiam absorver cada vez mais pessoas: era possível, por exemplo, comprar uma taça de vinho com uma moeda muito pequena.

No entanto, os mercados não eram somente para os pragmáticos. Além da atividade comercial, a ágora também era um centro para poetas e filósofos. O poeta Êubulo descreveu a ágora ateniense, que ocupava quase 14 hectares: "Você encontrará tudo à venda num mesmo lugar: figos, testemunhas para intimações, cachos de uvas, nabos, peras, maçãs, fornecedores de evidências, rosas, nêsperas, mingau, favos de mel, grão-de-bico, ações judiciais, colostro, canteiros, máquinas, íris, cordeiros, clepsidras, leis e acusações."[17] A atividade nas ruas era o coração pulsante das cidades gregas. Nada de largas avenidas para procissões, cerimônias religiosas e paradas militares: o centro da cidade grega era um labirinto de ruas movimentadas, fervilhando de gente. O jovem Sócrates frequentava a área de Cerâmico, em Atenas, na época uma região perigosa – o tipo de lugar onde as coisas acontecem. Lá conversava com as prostitutas, os apostadores e os beberrões nas tabernas. Ouvia suas histórias, considerava suas opiniões e dificuldades; absorvia as experiências dos imigrantes, oportunistas e sonhadores. Depois, dirigia-se à ágora, onde questionava as pessoas sobre seus pontos de vista, exercendo o método socrático.[18]

A mente grega não se ocupava apenas do comércio, da lógica e da filosofia, tendo gerado também grandes inovações na mecânica. Os gregos clássicos eram práticos, mas também românticos. Ao adotar e refinar ideias de todo o mundo comercial, sua economia vibrante produziu inovações industriais como o pistão, as engrenagens, os parafusos, o moinho de água e a polia e o guindaste para descarregar navios no porto de Pireu. Além disso, eles tinham interesse em manter os impostos baixos. É difícil ser mercantilista se o rei cobra tributos altíssimos – para operar em um mercado, era preciso reservar o máximo possível de sua produção para venda.

Sólon, que governou no final do século VII a.C., via a tributação elevada como uma forma de "escravização". Ele optou por direcionar os impostos para um fundo de amortização fiscal, uma espécie de reserva estatal, que financiava a defesa e outras atividades, como serviços coletivos. No século V a.C., a alíquota tributária em Atenas permanecia abaixo dos 8%. Para que você tenha uma ideia do que isso representava, basta pensar que no Egito os camponeses entregavam ao rei até 50% de suas colheitas de cereais e um sexto de sua produção de vinhas, e os artesãos, entre um quarto e um terço de sua produção. Ou seja, a maior parte do excedente acabava nas mãos do faraó.[19] Já os gregos, com sua tributação baixa, tinham mais para vender e assim colocar as mãos naqueles pequenos discos de prata com coruja. Nesse sentido, o novo sistema monetário era mais democrático.

O multiplicador de dinheiro

As moedas foram inicialmente cunhadas para pagar soldados. Antes do moderno Estado de bem-estar social, a grande maioria dos gastos públicos ia para o Exército, cujos principais beneficiários eram os soldados e os fabricantes de armas – uma forma arcaica de complexo militar-industrial. Evidências numismáticas apontam para uma proliferação de moedas em circulação durante períodos de guerra. Por exemplo, houve um aumento de cunhagem na época das conquistas de Alexandre, o Grande, e das Guerras Púnicas,[20] e o pico de produção coincidiu com a Guerra do Peloponeso. Assim, os soldados se tornavam embaixadores do comércio. Juntamente com os mercenários, voltavam para casa trazendo moedas e as trocavam por mercadorias, o que aumentava o volume de moeda em circulação localmente e criava mais demanda por produtos.

As moedas conectaram lugares e povos díspares, Estados e territórios concorrentes. Ampliaram horizontes econômicos e geraram riqueza. Também foram incorporadas nas esferas religiosa e cultural, como na prática popular de oferecer uma moeda ao consultar o oráculo de Fáris – até mesmo os adivinhos da Antiguidade precisavam ser pagos. Ao vincular moedas à religião como oferendas aos deuses, a superstição, ironicamente, foi responsável por levá-las muito mais longe que o comércio poderia.

A produção de moedas reflete o crescimento econômico e cultural da civilização grega. Embora a cidade de Atenas tenha entrado em declínio por volta de 200 a.C., o mundo criado por ela na região mediterrânea permaneceu grego. Sendo o idioma do comércio, o grego se tornou uma segunda língua-padrão, mais ou menos como o inglês é hoje em tantos países. De cerca de 300 a.C. até a época de Cristo, o mundo viveu três séculos seguidos de expansão econômica. Se considerarmos também os outros grandes produtores de moedas, os romanos, teremos um período de 500 anos (de 300 a.C. a 200 d.C.) em que a era das moedas coincide com um dinamismo econômico sustentado nunca antes visto de modo contínuo.[21]

É difícil atribuir a mero acaso a ligação entre a Era de Ouro greco-romana – sofisticada, intelectualmente curiosa e culturalmente expressiva – e a ascensão do dinheiro. O desenvolvimento dessa tecnologia *bottom-up* permitiu ao mercado desafiar a velha economia *top-down*, impulsionando o comércio e resultando em padrões de vida mais elevados em várias regiões do mundo antigo. (Evidências arqueológicas e científicas apontam que a expansão econômica se deu em conjunto com a monetização: níveis crescentes de poluição por chumbo e cobre na atmosfera, o número de naufrágios evidenciando atividade comercial e aumento do tamanho médio das casas e dos restos mortais humanos.)[22] Quando uma sociedade começa a mudar, aquilo em que ela acredita, como a religião, também se altera.

O dinheiro e uma nova religião

Por que o cristianismo, com sua mensagem radical de "os primeiros serão os últimos e os últimos serão os primeiros", surgiu justo naquela época e naquele lugar? Religiões anteriores enalteciam as capacidades sobre-humanas dos fortes. O cristianismo exaltava os fracos.

Ao contrário do mundo pré-monetário de rígidos sistemas de castas, o atrativo das moedas de prata era a possibilidade, ainda que remota, de ascensão social. Se você fosse inteligente e trabalhasse bastante, com alguma sorte poderia melhorar de vida. Isso implicava que o oposto também era verdadeiro: se você fosse um fracassado nessa nova economia monetária, isso não seria também, até certo ponto, uma questão de mérito? Essa possibilidade suscitava novos dilemas filosóficos e existenciais. A maneira pré-dinheiro de organizar a sociedade era exclusivamente um sistema de castas: você era pobre porque tinha nascido pobre, os deuses haviam decidido que esse era seu destino e a culpa não era sua. Bem, havia algum consolo nisso.

O grego era não apenas a língua do comércio como também das ideias naquela região multiétnica do Mediterrâneo oriental. À medida que as pessoas abraçavam um novo sistema de valores baseado no dinheiro, algumas começaram a se interessar por uma contrafilosofia. Uma nova religião emergia, espalhando-se pelos mercados de cidades e vilarejos, lugares onde o dinheiro era usado. Essa nova religião estava em total desacordo com a ética dos antigos deuses: dignificava a pobreza e pregava o perdão, a generosidade e a humildade. Basta pensarmos em trechos bíblicos como "Os mansos herdarão a terra" e "É mais fácil um camelo passar pelo buraco de uma agulha que um rico entrar no reino de Deus". Nesse novo mundo comercial, não surpreende que a promessa de salvação na próxima vida para aqueles que saíam perdendo na economia monetária começasse a atrair as pessoas.

Centrada na desigualdade, a mensagem cristã respondia ao contexto social da época. Concebido numa época em que a economia de mercado já se espalhava por toda a região, o cristianismo muitas vezes é visto, ainda hoje, como o contrapeso às armadilhas do dinheiro. Oferecia uma promessa verdadeiramente radical. Seu surgimento se deu após alguns séculos de crescimento econômico, materialismo e uma profusão de comércio e dinheiro. O posicionamento cristão contra o dinheiro viria a se tornar uma das maiores narrativas do mundo ocidental – e uma de suas imagens mais duradouras é a traição de Cristo por Judas em troca de 30 moedas de prata. Será que seu surgimento foi, em parte, uma reação ao impacto disruptivo da moeda?

5
O IMPÉRIO DO CRÉDITO

Alta sociedade

Nas décadas que se seguiram à morte do pregador radical Jesus Cristo, seus discípulos falantes do grego se espalharam pelas cidades da região semeando novas ideias sobre moralidade e dinheiro, humildade e altruísmo. Em 79 d.C., porém, o povo de Pompeia ainda não tinha recebido o memorando sobre resignação, abstinência e autossacrifício. Ou, se ouviram a mensagem na sauna comunitária, não a assimilaram.

Assim como todo ano a elite de Manhattan vai passar o verão nos Hamptons, os romanos abastados buscavam refúgio do calor sufocante da cidade no litoral. As baías de Nápoles, Amalfi e Sorrento eram os lugares preferidos de senadores, generais, chefs famosos, um ou outro imperador e pessoas influentes no geral. Não havia vitrine melhor, com festas e festivais, bebida alcoólica e boa comida, concubinas e jovens patrícios posando ao sol. Com suas muitas tavernas, no alto verão Pompeia fervilhava com fofocas, boatos e insinuações. Para a alta sociedade de Roma, agosto era o mês da diversão. O clima mediterrâneo normalmente muda em meados de agosto, o calor intenso dando lugar a chuvas torrenciais que encharcam o solo e tornam os dias abafados. O clima perfeito para devassidão. Ainda hoje os italianos chamam essa época festiva de *Ferragosto*, a festa de Augusto, em homenagem ao antigo imperador.

Para nossa sorte, entre a elite que relaxava à beira-mar no verão de 79 d.C. estava Plínio, o Jovem, principal cronista de sua época. É pelos seus olhos que hoje podemos entrever a vida romana da época. Na manhã de 24 de agosto, na ressaca pós-noitada, os relaxados patrícios bebiam água aromatizada com limão e laranja, devoravam tâmaras e figos e se espreguiçavam, lânguidos, relembrando a noite anterior e criando expectativas para a noite seguinte. Enquanto se recuperavam, com a cabeça latejando e a língua matraqueando, seu mundo foi repentina e terrivelmente arrasado pela erupção do Vesúvio. Aterrorizados, eles correram em todas as direções. Uma fumaça acre e sulfurosa encobriu o céu. Tossindo e arfando em suas luxuosas *villas* espalhadas pela baía, eles viram, horrorizados, as movimentadas cidades mercantis de Pompeia e Herculano desaparecerem, sepultadas em um sarcófago liquefeito.

Dias depois, quando a fumaça tóxica se dissipou, um cenário inesperado se descortinou diante deles. Tudo estava calmo. A quietude do manto de poeira parecia neve. Deve ter sido uma visão impressionante após a violência da explosão que destruíra o topo do Vesúvio, projetando rocha derretida e lava do núcleo da Terra para o límpido firmamento napolitano. Eclipsado, o sol não mais brilhava, e flocos de uma poeira quente caíam suavemente do céu escurecido. Estariam os deuses adulterando as evidências, abafando o crime do século, fingindo que tudo não passara de um pesadelo? O pó descia feito neve sobre Pompeia e Herculano – e parecia cobrir todo o universo.

Ambas as cidades eram entrepostos comerciais e agora se encontravam sob uma espessa camada de cinzas vulcânicas. Com o tempo, o mundo seguiu em frente e esqueceu esses lugares. O fertilizante à base de potássio gerado a partir das cinzas de árvores de madeira de lei queimadas criou condições ideais para o cultivo. Pouco a pouco, campos verdejantes e pastagens revestiram a baía, escondendo um segredo extraordinário. Em 1860, enquanto escavava ao redor da base do vulcão agora adormecido, uma equipe de arqueólogos liderada por Giuseppe Fiorelli descobriu todo um microcosmo de atividade econômica sob esse manto de cinzas.[1] A cada cuidadosa raspada na lava endurecida, Fiorelli e sua equipe eram apresentados a seus ancestrais. *Villas* luxuosas, estátuas pomposas, estádios de gladiadores, mosaicos requintados, moinhos para fabricação de pão, bordéis, termas, teatros, ginásios e até tigelas com restos de sopa – uma cidade dinâmica e plena de vitalidade econômica, porém soterrada, ganhou vida diante dos arqueólogos. Pompeia é um testemunho da vida econômica e social dos romanos: onde comiam, como se comunicavam, como gastavam dinheiro, com quem o gastavam, para onde viajavam e como votavam.

Os vestígios dessa vibrante cidade portuária revelam os frutos de um império econômico que colocou o dinheiro no centro da vida cotidiana. Mosaicos nos átrios das residências de Pompeia proclamavam "*lucrum gaudium*" (lucro é alegria) e "*salve lucrum*" ("bem-vindo, lucro!").[2] A arte de se virar, de criar algo a partir do nada, corria no sangue romano. Essa cidade comercial havia superado em muito as limitações de sua economia local. Pompeia era uma versão em miniatura de Roma no sentido de que, tal como Atenas, Roma não tinha capacidade produtiva para alimentar sua população e dependia do comércio para obter trigo.

Para uma região com um interior relativamente descampado, com pouco a oferecer em produção agrícola além da viticultura e da produção de flores, a prosperidade de Pompeia foi consequência de sua adesão ao comércio. Evidências arqueológicas mostram até onde os habitantes estavam dispostos a ir em busca de oportunidades comerciais. A escavação de 1860 encontrou uma ossada com um colar de ouro e esmeraldas lapidadas de forma grosseira, disponíveis apenas no Egito, além de outras duas ossadas de origem africana e uma estatueta de marfim indiana. Plínio, o Velho, que era tio de Plínio, o Jovem, já havia alertado algumas décadas antes que a Índia se tornaria o destino de grandes quantidades de ouro romano.[3] Os romanos que gostavam de ostentar, obcecados pelas mais refinadas joias, sedas e musselinas indianas, pagavam em ouro sua enorme dívida com a Índia. Para Plínio, essa extravagância sinalizava o caminho desregrado que Roma estava trilhando. Ele não se deixava impressionar. Pelo que foi descoberto em Pompeia, incluindo grandes quantidades de moedas das cidades de Ébuso e Massália, do oeste do Mediterrâneo, ficou evidente que os habitantes locais faziam negócios com diversas partes do mundo, comprando, vendendo, negociando e barganhando.[4]

Cum Merx

Os cidadãos de Pompeia veneravam o lucro, conforme representado por sua divindade favorita: por toda a cidade, em mosaicos e afrescos lindamente ornamentados, se via a imagem de um homem alado carregando um saco de moedas. O deus Mercúrio estava retratado em 19 das 29 fachadas comerciais pintadas que foram encontradas nas escavações.[5] Um grande santuário em sua homenagem adornava o mercado central de alimentos, vigiando as trocas comerciais na arena. Os pompeanos o tinham em alta conta não por seu poder de lançar raios ou alguma outra característica olímpica; eles oravam e lhe ofereciam sacrifícios porque ele era o deus do comércio – um negociador, vendedor, sedutor, ora um parceiro de confiança, ora trapaceiro, agiota e articulador. Mercúrio também é o único metal que pode permanecer líquido à temperatura ambiente, em constante metamorfose, nunca sólido ou fixo. Mercúrio e sua principal ferramenta, o dinheiro, contornam obstáculos fazendo transações, negociações e acordos.

Foram os romanos, afinal de contas, que cunharam a frase: "Banhos, vinho e sexo estragam o corpo, mas são a essência da vida."[6] E é preciso dinheiro para usufruir de todos esses prazeres. Mercúrio, deus de raciocínio ágil, munido de astúcia e inteligência, bem como de sua tecnologia (o dinheiro), dominava as feiras e os mercados de Pompeia. O cidadão comum compreendia o poder transformador do comércio. A própria palavra "comércio" vem da expressão romana *"cum Merx"*, que significa "com Mercúrio". De fato, *cum Merx* os romanos transformariam a si mesmos e o seu império.

Os romanos eram financistas que turbinaram o império com a inovação do crédito, isto é, dinheiro na forma de promessa. Por meio do crédito, o capital fluía das províncias para a sede e, a partir dali, assumia diversas roupagens financeiras. Havia bancos e banqueiros (também conhecidos como *mensari* ou cambistas), empresas, contratos de seguros e sistema jurídico, capitalismo de acionistas e especulação. Havia empréstimos e dívidas de longo prazo para levantar capital, corporações privadas e uma infinidade de outros instrumentos financeiros. Na base dessa arquitetura financeira estava o crédito. O crédito exige uma compreensão profunda da natureza mercurial do dinheiro, que, tal como o deus romano, podia ser ao mesmo tempo um grande parceiro e um vigarista – sempre em movimento, nunca parado, raramente deixando vestígios.

Pecunia non olet

Uma das faces das moedas romanas era estampada pelo imperador Vespasiano, que tinha a mesma aparência de qualquer figurão romano de meia-idade. Na outra face se via a desolada imagem de uma recém-conquistada Judeia, representada por uma figura humana sentada sob uma palmeira. Depois de anos de conflitos e problemas tentando subjugar essa província, Vespasiano – ainda um general – estava farto dos judeus, que vinham incomodando os romanos na Galileia, rebelando-se e deixando de pagar tributos. Por volta de 70 d.C. ele atacou Jerusalém, mobilizando suas melhores tropas, os legionários, a quem pagava mensalmente com moedas lastreadas na commodity mais valorizada na época: o sal. A palavra moderna "salário" vem dessa ideia de ser pago em sal ou com uma moeda atrelada ao sal. Vespasiano não brincava em serviço.

Após sua vitória na Judeia, que o alavancou à posição de imperador, Vespasiano prontamente mandou cunhar novas moedas com uma mensagem clara para outros territórios inquietos: *Se vocês gostam de tumultuar, vão acabar como os judeus insolentes retratados na moeda, autorizados a viver sob palmeiras em sua terra natal, mas como escravizados, não como um povo livre.* Durante o domínio romano, as moedas também serviam de propaganda política para lembrar aos milhões de súditos quem é que mandava ali.

O império agora se estendia da Síria a York, de Colônia a Tiro. As pessoas se deslocavam e faziam negócios usando as leis, a tecnologia e o dinheiro romanos. Comercializavam especiarias, seda e joias do Oriente, escravizados e lã do Ocidente, peles do Norte e sal e ouro do Sul, tudo comprado e pago com moedas romanas. Seguindo o exemplo grego, Roma se tornou um dos impérios mais monetizados que o mundo já vira, em parte graças aos seus banqueiros-legionários esbanjadores, o que integrava o vasto território, unificando culturas, religiões e idiomas sob a moeda imperial. Exames de DNA feitos recentemente em quatro ossadas do período vespasianino descobertas onde hoje se situa Londres revelaram que duas tinham herança norte-africana, uma era mediterrânea e apenas uma era bretã nativa.

Quando não estava mandando e desmandando por aí, Vespasiano estava erguendo construções. Ciente do simbolismo das grandes estruturas públicas

– que agradavam os habitantes das periferias e ao mesmo tempo sinalizavam aos estrangeiros o poderio de Roma –, ele saiu construindo desenfreadamente. A Cidade Eterna seria o centro do mundo, abrigando os maiores teatros, as muralhas mais resistentes, as ruas mais largas, o fórum mais dinâmico, as casas de banho mais luxuosas, a melhor pista de corrida de bigas e, é claro, a melhor diversão, que acontecia no Coliseu (construção iniciada por Vespasiano). Nenhuma outra metrópole poderia eclipsar Roma.

Para dar conta dessa rápida expansão, era preciso dinheiro. E foi aqui que o estrategista fiscal Vespasiano brilhou. O Tesouro estava sempre em baixa, o que poderia ser fatal para o imperador. Por isso, um bom planejamento fiscal poderia prolongar seu governo. Sendo o primeiro de sua dinastia, Vespasiano estava ciente de que bastaria um passo em falso para tirá-lo do jogo. Ao captar um elemento essencial da gestão econômica moderna – a importância de uma ampla base tributária –, ele compreendeu que não se deve colocar todos os ovos na mesma cesta e seguiu a estratégia sensata de pouco imposto sobre muitas coisas em vez de muito imposto sobre poucas coisas. A ideia era atirar para todo lado.

Quando não estavam vibrando com o espetáculo de cristãos sendo devorados vivos por leões, os romanos se ocupavam de seus outros costumes bizarros, entre eles o de limpar os dentes e as togas com urina. Como qualquer pessoa que gosta de ler rótulos poderá comprovar, um dos principais agentes dos desinfetantes é um derivado da amônia que está presente na urina humana. Essa substância remove manchas, e qualquer dona de casa romana sabia que bastava esfregar um pouco de amônia na toga manchada de vinho. Os romanos também escovavam os dentes com uma pasta à base de xixi e água, tentando mascarar o envelhecimento com clareamento dental.

A amônia tinha tanto valor que os gigantescos banheiros públicos de Roma contavam com um profissional bastante inconveniente: o coletor de urina. Os banheiros públicos são parte da civilização romana desde seus primórdios. Sua compreensão da hidráulica é evidente nos aquedutos, concebidos para higienizar as cidades, o que incluía seus sanitários coletivos, com água corrente. Vespasiano, grande entusiasta da ampliação da base tributária, viu ali uma oportunidade e passou a cobrar uma taxa por garrafa de xixi, o que significa que existiam não apenas coletores de urina como também fiscais especializados em cobrar tributos dos coletores de urina.

Vespasiano era um soldado que se aproveitou do caos do fim da dinastia claudiana. A dinastia que fundou, os flavianos, não era patrícia. E como poderia, se ele era um mero soldado? Talvez sua destreza com dinheiro e impostos decorresse justamente do fato de não ser aristocrata. Vespasiano apreciava mais que os convencionais patrícios a capacidade do dinheiro de comprar influência e poder, sobretudo quando não se tinha isso de berço. Mas nem todos morriam de amores por suas táticas. Tito, o filho legítimo de Vespasiano que herdaria o cargo com a morte do pai, adorava gastar a riqueza herdada, mas torcia o nariz para a origem dos recursos. Considerava-se um esteta, e o imposto da urina ofendia sua sensibilidade.

Falando em nome de outros aristocratas que compartilhavam seu desgosto, Tito argumentava que aumentar o imposto sobre a urina era indigno de Roma. Como poderiam usar o dinheiro de uma fonte dessas? Valia tudo quando se tratava de *cum Merx*? Até hoje o desdém dos aristocratas pelo comércio é um distintivo de honra. Ninguém melhor que os verdadeiramente sofisticados para fingir não gostar de dinheiro – ainda mais quando não têm o suficiente. O fanfarrão Cícero, em seu *De Officiis* (*Dos deveres* na edição brasileira), comenta: "O comércio, se for em pequena escala, deve ser considerado degradante (...) não existe nenhum tipo de trabalho remunerado que seja melhor, mais frutífero, mais agradável e mais digno de um homem livre que a agricultura."[7]

Por trás do esnobismo está o medo da usurpação. O dinheiro é uma energia incendiária, e um de seus atributos mais revolucionários é o potencial de impulsionar a ascensão social. Pessoas privilegiadas entendem e temem isso. Clubes exclusivos, escolas de elite e outras redes excludentes são criados precisamente para içar a ponte levadiça de classe contra os novatos mais capitalizados. A velha guarda romana, ameaçada pelo dinheiro novo de legionários aventureiros e provincianos oportunistas, precisava erguer barreiras de refinamento, tais como etiqueta, cultura e outras formas de discriminação, para proteger os ricos de berço dos novos-ricos. A urina era uma afronta.

Vespasiano, o imperador-soldado, observou o desprezo dos aristocratas, saboreou-o e reagiu com igual desdém, retrucando ao esnobismo filial com a observação "*Pecunia non olet*": "Dinheiro não tem cheiro." Ele abraçava a qualidade fugaz do dinheiro, a ausência de vestígios em seu rastro. O dinheiro é efêmero, e os romanos o adoravam.

Foi essa aceitação da abstração do dinheiro, de sua fluidez e transferibilidade, que permitiu a criação de uma das maiores inovações de Roma. Na tentativa de se libertarem da tirania das moedas, limitadas pela disponibilidade de ouro e prata, os criativos romanos aperfeiçoaram uma das facetas mais poderosas do dinheiro: o crédito. Não foram eles os inventores desse recurso (como vimos, os sumérios já emprestavam dinheiro e o tomavam emprestado muito antes), mas a inovação romana o elevou a outro nível.

Transformando poderio militar em crédito

À medida que as legiões romanas conquistavam mais e mais territórios, mais impostos podiam ser cobrados dos novos súditos. A escravatura reduzia o custo da produção agrícola ao mesmo tempo que aumentava o retorno para os expropriadores de terras e capital. Esses excedentes eram receitas que funcionavam como a fonte do crédito. Todo empréstimo exige receitas para saldar o principal – os romanos a tiravam do bolso de seus súditos.

Consideremos uma província rica como a Síria, lar de comerciantes, mercadores e artesãos do mais alto calibre, com cidades vibrantes e agricultura fértil. O direito de aumentar os impostos cobrados nesse território rico era um excelente ativo, que o Fórum Romano leiloava a empresas privadas. Os aristocratas proprietários dessas empresas, chamados *publicani*, alavancavam esse ativo vendendo ações a investidores romanos de porte menor. Não é muito diferente do processo moderno de privatização. Com isso, a riqueza dos cidadãos estava vinculada às proezas do Exército e aos interesses da aristocracia. Enquanto existisse um fluxo de receitas provenientes das províncias, uma rede de crédito era disponibilizada a diversas classes de romanos, de modo que muitos tivessem participação no projeto imperial. Os investidores pagavam por ações para comprar uma fonte perpétua de receitas, que poderiam ser aumentadas pela corporação romana sem enfrentar praticamente nenhuma resistência por parte dos tributados. Existem numerosos relatos de províncias extorquidas por esses cobradores de impostos vorazes por ordem de acionistas romanos.

Muitas pessoas detinham ações dessas empresas, havendo inclusive especulação e rumores sobre o desempenho do Exército nas incursões militares, o que fazia oscilar os valores de negociação no Fórum. Roma era um império privatizado. Já no século II a.C. o escritor Políbio observou que quase todos os estratos da sociedade romana estavam envolvidos, de um jeito ou de outro, no jogo do crédito e da participação acionária:

> Por toda a Itália, uma quantidade imensa de contratos é concedida para a construção e reparação de edifícios públicos e para a arrecadação de receitas sobre rios navegáveis. Portos, plantações, minas, terras, em suma, todas as transações sob o controle do governo romano são arrendadas. Todas essas atividades são realizadas pelo povo. Dificilmente existe alguém que não tenha interesse nesses contratos e nos lucros que deles derivam.[8]

A criação de sociedades e clubes de investimento, em que as pessoas reuniam seus recursos para comprar ações, permitiu que o sistema absorvesse até segmentos sociais um pouco inferiores. A classe plebeia era mantida à base do famoso pão e circo (trigo subsidiado ou gratuito e entretenimento gratuito no Coliseu), financiados pelo saque dos territórios conquistados, ao passo que as elites e as classes mercantis recebiam uma espécie de participação nos lucros do império por um fluxo contínuo de receitas que emanava diretamente dos infelizes contribuintes das províncias. Dessa maneira, o projeto imperial expansionista bancava o Estado de bem-estar básico criado pelos romanos para os mais pobres, enquanto os mais ricos, com crédito abundante, desfrutavam do luxo. É lógico que não eram apenas as províncias que alimentavam a máquina monetária: na própria Roma, quase uma em cada três pessoas era escravizada e a exploração de seu trabalho também enriqueceu Roma.

Além disso, surgira uma classe de "rentistas", que chegaram a esse nível não apenas graças ao jogo do crédito, mas principalmente por meio de conexões políticas. Uma imagem moderna que pode ajudar a visualizar como era a interação entre as finanças e a política romanas é a da Rússia atual e das maquinações em torno do Kremlin, com os oligarcas ora sendo favorecidos, ora sendo prejudicados. Garantir o monopólio para extrair ou extorquir valor de alguém ou do solo, como é o caso na Rússia hoje, era essencial no jogo imperial romano.

Como os contratos firmados com o governo e a cobrança de impostos eram uma via significativa de obtenção de riqueza em Roma, a margem para corrupção, propina e suborno era imensa – e igualmente sedutora. O ambiente era fervilhante, com empresas criadas unicamente para financiar obras públicas, como estradas e pontes, em que a cobrança de pedágio representava uma fonte de receitas para seus proprietários. Porém, embora essas grandes obras da engenharia fossem até certo ponto lucrativas, o grosso do dinheiro vinha da arrecadação de impostos, que se tornava ainda mais atraente graças ao papel dos leais legionários, longe de casa, entediados e prontos para lutar por seu soldo. Não é de admirar que, com uma estrutura de incentivos financeiros desse tipo, as legiões romanas avançassem continuamente, estendendo as fronteiras do império sob o estímulo do dinheiro e do crédito.

Durante os anos de expansão imperial, o sistema subjacente de capitalismo baseado em licenças, crédito fácil, participação em massa e corrupção enredou a política e o dinheiro como nunca antes. Sob uma perspectiva atual, as finanças da Roma antiga parecem incrivelmente contemporâneas. Tendemos a pensar nas crises de crédito como fenômenos modernos, mas o ciclo de crédito era tão implacável na época como é agora. A utilização extensiva desse instrumento financeiro tornou a política e a sociedade romanas suscetíveis aos caprichos desse novo e errático inimigo interno, o ciclo do crédito, e seu protagonista: o especulador.

A primeira crise de crédito do mundo

Em 31 d.C., o imperador Tibério, figura-chave da dinastia claudiana, estava curtindo a semiaposentadoria em Capri. O imperador preferia a diplomacia à guerra. Com um Tesouro bem administrado e um império pacífico, o dinheiro enchia os cofres de Roma e as taxas de juros estavam reduzidas. A paz gera confiança: as pessoas esquecem os tempos difíceis e os mercados de crédito costumam se manter saudáveis, com poucas nuvens no horizonte. Todas as crises financeiras são precedidas por um período de taxas de juros muito baixas.

A reclusão de Tibério foi abalada pela notícia de um suposto golpe liderado pelo jovem cônsul Sejano, com o apoio de um grande número de senadores e aristocratas – com tanto dinheiro em jogo, estar do lado certo de um golpe podia ser altamente lucrativo.

Mas a família claudiana não havia chegado ao poder sem cartas na manga. Reunindo informações, o astuto e implacável Tibério deu corda ao ambicioso cônsul, forçando-o a se expor. Depois que o imperador e seus espiões avaliaram quais de seus antigos aliados poderiam ficar do lado do golpista, Tibério fez sua jogada. Sejano foi morto e os senadores e patrícios que o apoiaram foram presos. Para que todos soubessem quem mandava, Tibério ordenou que as cabeças ensanguentadas dos conspiradores fossem colocadas em estacas que se projetavam do rio Tibre. Ao saírem para seu passeio noturno às margens do rio, em uma cidade convulsionada pela comoção e pela revolta, os cidadãos não tinham dúvidas quanto ao que aconteceria se apostassem no cavalo errado no Fórum.

Enfurecido com o grande número de senadores dispostos a traí-lo, Tibério revidou atacando-os no lugar que mais lhes doía: o bolso.

O império do crédito estava em pleno boom imobiliário, o Tesouro estava cheio e as baixas taxas de juros tinham elevado os preços das terras. A economia romana prosperava. E em nenhum lugar essas riquezas se acumulavam tão fortemente quanto no Senado. De acordo com o historiador Tácito, por volta de 33 d.C. muitos senadores tinham se tornado agiotas. Eles usavam sua posição para ter acesso a capital a taxas de juros baixas na cidade, depois emprestavam dinheiro por toda a Itália e para as províncias a taxas draconianas, embolsando margens robustas.

Vendo que a traiçoeira classe senatorial estava atolada em dívidas e especulação imobiliária, Tibério exigiu que os senadores mantivessem determinada porcentagem de seu rendimento total em terras italianas, o que os forçou a vender propriedades nas províncias, adquiridas com fins de especulação, para levantar dinheiro e comprar terrenos na Itália. Com tantas terras ofertadas no mercado em tão pouco tempo, os preços caíram, mas as dívidas que os senadores tinham contraído para comprar propriedades italianas permaneceram as mesmas. Assim, suas finanças implodiram. Ao mesmo tempo, os bancos, que até pouco tempo antes vinham concedendo empréstimos, começaram a cobrar as dívidas. A oferta monetária disponível se contraiu subitamente, já que os romanos ricos que possuíam ouro e prata acumulavam esses metais preciosos.

A crise de crédito tiberiana pode ter acontecido há 2 mil anos, mas o comportamento humano em relação ao dinheiro não mudou muito desde então. Vimos dinâmicas semelhantes durante a Grande Depressão. Após a quebra da bolsa de valores americana em 1929, a bolha estourou e, em meio ao pânico, o preço de terrenos e outros ativos caiu. As pessoas acumulavam ouro ansiosamente, percebendo que era uma reserva de valor preciosa, porém isso fazia o preço do ouro subir e drenava liquidez do sistema. O mesmo se passou na Roma de Tibério quase dois milênios antes. Uma crise de liquidez logo se transformou em uma crise de insolvência, aumentando a ansiedade e o medo. Toda Roma queria ouro e prata, mas esses metais estavam sendo acumulados. A liquidez – a oferta efêmera de crédito que se baseia na confiança e é necessária para lubrificar o motor financeiro – tinha desaparecido. Roma estava em crise.

Emprestador de última instância

Quando as coisas azedam e os preços começam a cair, os devedores precisam vender bons ativos para pagar as dívidas decorrentes de ativos ruins. Os romanos endividados tiveram que vender imóveis de primeira linha em Roma, Capri ou Nápoles para pagar seus investimentos imprudentes em lugares como Síria ou Egito. Com o colapso nos valores das terras nas províncias, os valores das terras prestigiadas na Itália também caíram. Assim como aconteceu com a crise do subprime em 2008, o mercado na Roma de 33 d.C. estava propenso a esse tipo de contágio por estar intrinsecamente interligado: crédito novo tinha sido emprestado para especulação com cauções que eram quase sempre uma *villa* em Roma ou nas redondezas. Os romanos estavam presos uns aos outros como homens amarrados a uma corda, e o peso de cada balanço financeiro arruinado arrastava o seguinte para o penhasco. Os bancos nas grandes cidades comerciais de Tiro e Alexandria faliram. A contração do crédito destruiu tanto a reputação quanto a riqueza dos senadores.

Após muita deliberação, Tibério se deu conta de que tinha ido longe demais. As coisas estavam saindo do controle. Sempre atento à atmosfera da cidade, ele percebeu que, ao tentar dar uma lição nos conspiradores e mostrar quem mandava, havia colocado em perigo todo o sistema romano de crédito. Ficou claro que as forças desencadeadas pelo dinheiro em um ciclo de crédito são mais poderosas que qualquer político ou governante. Veremos isso acontecer repetidamente à medida que a história do dinheiro se desenrola.

Tibério então mudou de tática. Ora, qual é a solução para a escassez de dinheiro? Mais dinheiro, e em grande quantidade. Segundo Tácito, o imperador socorreu os bancos injetando 100 milhões de sestércios nos mercados de crédito. Como caução, o imperador recebeu terras que valiam o *dobro* do valor concedido em empréstimo. O mercado se recalibrou. Tibério se tornou o "emprestador de última instância" – o banco central do mundo antigo. Ele ditou a cartilha para Ben Bernanke, que era o presidente do Federal Reserve (o banco central dos Estados Unidos) durante a crise de 2008, ao introduzir a flexibilização quantitativa, ao estilo romano. Ao contrário do Fed, que em 2008 operou um resgate "sem compromissos",[9] Tibério usou seu controle sobre a casa da moeda para exigir cauções com o dobro do valor de quaisquer valores ofertados. Raras vezes a liquidez foi mais dispendiosa que nesse contexto. Mas os senadores não puderam dizer não. Recusar os termos do imperador os levaria à falência, por isso cederam suas propriedades com um grande desconto para evitar a prisão dos devedores e a vergonha da ruína financeira. A intervenção de Tibério foi uma aula magna sobre o que um banco central e um Tesouro poderiam – e deveriam – fazer em uma crise de crédito.

O dinheiro no período derradeiro de Roma

A crise de 33 d.C. e a gestão do ciclo de crédito feita por Tibério revelam como dinheiro e poder estão intrinsecamente ligados pelo mecanismo mágico do crédito. O ciclo de crédito dá e tira. A guinada das moedas para o crédito permitiu a Roma expandir o império, mas também o fragilizou financeiramente. Com crédito, crescimentos súbitos e colapsos são mais frequentes. São eventos ligados à psicologia das massas e ao pêndulo da ganância e do medo. O ciclo de crédito afeta profundamente o ciclo político-econômico. A energia liberada pelo crédito aumenta o preço de tudo, afetando o humor nacional, levando a gastos, tomada de riscos e todo tipo de atividade econômica desencadeada pela disponibilidade de crédito. As retomadas podem levar a erros dispendiosos. Por outro lado, a efervescência e o otimismo impulsionam a economia – e, no caso romano, o império. Essa propulsão é dinheiro em ação. Sem dinheiro – em sua roupagem mais volátil, que é o crédito –, a expansão econômica, por mais desigual que seja, começa a retroceder. E foi isso que aconteceu.

Roma havia criado um império do crédito para sustentar um vasto empreendimento comercial intercontinental. Porém, por mais integrada e hábil que fosse a infraestrutura jurídica e de crédito, a base do sistema monetário ainda eram as moedas – de ouro e de prata. A principal fonte de prata de Roma eram as abundantes minas da Ibéria. Porém, quanto mais intenso o ritmo de transações, mais prata os romanos demandavam. Assim, com o passar dos séculos a oferta de ouro e prata ficou aquém da demanda, apesar da voracidade romana pela expansão e pela pilhagem dos povos conquistados. Isso não deveria nos surpreender. Há um limite físico para a quantidade de ouro e prata existente, e, em uma economia em expansão, com redes comerciais em proliferação e uma classe alta consumidora querendo crescer e adquirir coisas novas, em algum momento a procura por moedas acabará por superar a oferta. Embora os alquimistas tenham tentado durante séculos, ainda não é possível fabricar ouro a partir do nada.

O crédito pode preencher essa lacuna, mas funciona melhor quando as pessoas confiam no dinheiro, no valor das moedas que têm no bolso. Em última análise, crédito é dívida, e dívidas devem ser pagas. Os romanos as pagavam com moedas e com propriedades cujo valor era determinado e expresso na moeda corrente. Da mesma forma que uma dívida hoje em dia (por mais complexa que seja a estrutura atual) é expressa e liquidada em determinada moeda, como o dólar, as dívidas romanas eram expressas e liquidadas em denários. Se o valor-base dessa moeda é manipulado, a confiança no sistema é destruída. Na época de Tibério, as moedas romanas estavam cem por cento atreladas à prata. Isso mudaria ao longo dos séculos. A ambiciosa Roma enfrentava um dilema: como continuar a expandir a economia do império contando com uma oferta fixa de prata e, ao mesmo tempo, manter o valor de suas moedas?

Quando a oferta monetária de uma nação é insuficiente para satisfazer as necessidades da economia, ela tem três opções.

A primeira é manter a oferta monetária no mesmo nível, isto é, não emitir mais moedas. Nesse caso, se houver um crescimento no comércio ou na produção que conduza a um aumento nas mercadorias em circulação, todos os preços vão cair, assim como os salários. Com a queda dos salários, as pessoas não conseguirão pagar as dívidas existentes e trabalharão cada vez mais para saldar a mesma dívida, o que, é claro, leva a inadimplência. Em economia, esse processo é chamado de deflação da dívida. Isso aconteceu nos Estados Unidos na década de 1930, resultando em inadimplência em massa e em uma recessão que se transformou na Grande Depressão.

A segunda opção para um país com déficit de prata ou ouro é adquirir mais metais preciosos, seja por meio de comércio, empréstimos ou pilhagem. Os romanos até comercializavam e contraíam empréstimos, mas, no final, uma sociedade tão militarista sempre dependeria da pilhagem. Mesmo assim, esgotaram-se os locais com minas de prata e ouro que eles poderiam conquistar.

A terceira opção é o subterfúgio: tentar enganar o povo e depreciar a moeda. Isso pode dar certo por um tempo, mas chega um momento em que a verdade vem à tona e, no fim, a moeda desvalorizada leva a hiperinflação.

Os romanos adotaram a terceira opção.

Para depreciar as moedas de metal, a casa da moeda altera o componente metálico usado para fabricá-las, utilizando menos prata ou ouro em favor de metais mais abundantes e menos valiosos, como o cobre. Pouco depois do reinado de Tibério, o imperador Nero não resistiu a seguir pela via do subterfúgio. Ele calculou que conseguiria enganar a população e desviar ouro para cunhar moedas extras para si.

Nero tem uma forte reputação de libertino, mas veremos que, em termos de depreciação, sua posição é irrelevante em comparação com o que veio depois dele.

Depressão pós-desvalorização

Em 260 d.C., quando Galiano era o imperador, as moedas de prata de Roma tinham 60% menos do metal precioso que na época de Tibério. Considerando que foram necessários dois séculos para depreciar a moeda em 60%, essa desvalorização gradual era aceitável, porque a economia tinha crescido muito mais que 60% no mesmo período. No entanto, o que aconteceu com o dinheiro romano nos oito anos seguintes foi anormal.

No século III d.C. Roma enfrentou diversas crises que se manifestaram tanto externa quanto internamente, ameaçando a ordem imperial. Única superpotência do mundo havia séculos, os romanos tinham a sensação de serem um reino inatingível, mas começavam a surgir fissuras no sistema estabelecido pelo fundador Augusto. Nesse sistema, desde que a receita tributária fosse mantida, o exército fosse alimentado, pago e cuidado, e as fronteiras se mantivessem seguras e estáveis, o império conseguiria permanecer próspero, unificado e coeso. No século III d.C., no entanto, Roma se defrontou pela primeira vez com um poder à sua altura: o Império Sassânida, no Oriente. Mais ou menos na mesma época, o Exército romano sofreu derrotas surpreendentes a oeste, nas fronteiras germânicas.

Com divisas menos seguras e a possibilidade de o império estar recuando pela primeira vez em 400 anos, a receita tributária começou a encolher. Tornou-se cada vez mais difícil aplicar impostos no exterior e, para compensar, a tributação interna foi às alturas.

Ao mesmo tempo, Galiano continuava a esbanjar, e sua extravagância exigia repetidas depreciações da moeda, reforçando a sensação de um império à deriva. Será que a desvalorização do dinheiro romano levou ao enfraquecimento do império, ou será que foi o contrário, o enfraquecimento do império é que levou à desvalorização da moeda?

Galiano conseguiu reduzir o teor de prata para míseros 4% em seus breves oito anos no trono, cunhando moedas com valor cada vez menor. Uma depreciação tão rápida sugere um colapso do lendário sistema tributário romano, afinal, não é necessário depreciar a moeda se os impostos continuam a encher os cofres públicos. É somente quando o Estado fica sem dinheiro que um país precisa recorrer a esse artifício para evitar a estagnação econômica. A aceleração do ritmo de depreciação sob Galiano é mais uma evidência do caos e comprova que Roma estava perdendo poder nos territórios.

Em desespero, Galiano introduziu uma nova moeda para substituir o já depreciado porém centenário denário. Essa nova moeda, chamada antoniniano, deveria valer 2 denários, mas continha muito menos prata. A hiperinflação resultante causou pânico entre os romanos comuns. Em quem eles podiam confiar? No final, as moedas romanas tinham tão pouco metal e eram tão frágeis que a marca do imperador só podia ser cunhada em um dos lados.

Em 284 d.C., em meio a esse pandemônio monetário, um novo imperador chegou ao poder.

As condições de colapso institucional completo, em que a confiança no poder central de Roma havia evaporado, permitiram que um homem como Diocleciano – um soldado da Dalmácia – despontasse como imperador. Em uma economia estável, a sucessão tende a ser um processo razoavelmente tranquilo. Quando o mundo está em constante mudança, porém, tudo entra em disputa. Na anarquia da hiperinflação, Diocleciano, um homem severo, assumiu o poder. Uma espécie de Harry Truman romano, ele passou 20 anos tentando organizar as finanças do império, recorrendo imprudentemente a uma variedade de mecanismos de regulação de preços e de estabelecimento de um teto para as taxas de juros. Seus esforços podem até ter feito os preços ao consumidor baixarem, mas, em uma época em que a inflação ainda era elevada e a hiperinflação estava fresca na memória, minaram o frágil sistema de crédito.

Todo sistema de crédito se sustenta sobre a condição de que os credores tenham incentivo para emprestar e os tomadores tenham incentivo para contrair empréstimos, *de bom grado*, a uma taxa de juros que recompense um mas não puna demais o outro. Os estudiosos do período observam que, por volta da época de Diocleciano, vemos o desaparecimento de referências ao sistema bancário de depósitos que outrora havia sido a base do dinheiro romano.[10] Após a negligência de Galiano, será que os esforços de Diocleciano para restabelecer a ordem monetária tinham piorado as coisas?

Consideremos o teto de 12% para as taxas de juros legais, introduzido por ele para impedir empréstimos predatórios. Se o índice de inflação permanecesse acima de 12%, o que de fato aconteceu, que incentivo haveria para emprestar dinheiro? Os empréstimos secaram, o que pode explicar o desaparecimento de referências a depósitos bancários nas fontes históricas romanas após 300 d.C. Não é difícil entender como o sistema de crédito não conseguiu se recuperar de um período de hiperinflação como esse. Nos últimos anos do império, os mercadores romanos faturavam suas transações em mercadorias e não em dinheiro – exatamente o que acontece quando as pessoas têm pavor da inflação.

Não há dúvida de que destruir o Estado com a inflação não era a intenção dos líderes romanos do século III d.C, mas será que esse não foi o resultado de suas ações? A queda de Roma é um assunto que atrai interesse imenso, e há pouco consenso sobre a razão pela qual o Império Romano Ocidental se desintegrou. Algum tempo atrás, uma investigação exaustiva das diversas explicações existentes revelou que 210 causas já haviam sido propostas por historiadores desde a Antiguidade até hoje.[11] Esse é um debate que talvez possamos encerrar aqui, mas vale a pena considerar que o dinheiro e o crédito sustentavam o Império Romano, levando a grandes feitos de inovação financeira que durante séculos potencializaram a coesão e o alcance de Roma. A destruição do dinheiro romano e o início da destruição do Império Ocidental aconteceram mais ou menos na mesma época. Mera coincidência?

Assim como a expansão do império levou tempo, a desintegração aconteceu gradualmente. Será que foi desencadeada pela hiperinflação e pela ruína do sistema de crédito? Será que foi o dinheiro que derrotou o Império Romano? Nunca saberemos ao certo, mas, das 210 razões citadas pelos historiadores, a morte do dinheiro romano sem dúvida está entre as principais.

PARTE 2
ERA MEDIEVAL

6
O CREPÚSCULO DA ECONOMIA FEUDAL

Idade das Trevas

Imagine que estamos em algum momento entre os anos 900 e 1000 e que você é um camponês no noroeste da Europa. Você não sabe dizer exatamente onde vive porque nunca viu um mapa e tem pouco conhecimento do mundo além da sua aldeia. Tudo que sabe tem relação com a lavoura. Um barão local é dono da sua terra e professa lealdade a um rei. Ninguém que você conhece sabe ler, escrever ou contar além dos dedos das mãos e dos pés. Cada um está à própria sorte. Infelizmente, você não tem recursos. Como veremos, isso é um problema.

Ser um camponês no noroeste europeu nos primeiros anos do século X é dureza. Você ganha a vida tentando cultivar comida suficiente para se alimentar e qualquer excedente deve ser entregue ao barão. Nunca ouviu falar de economia de comando e controle, mas vive em uma desse tipo. Poderíamos chamá-la também de economia do opressor e da pilhagem. Nas sociedades feudais, os grupos dominantes intimidavam e saqueavam aqueles que estavam abaixo. Estamos muito longe (mais de 13 séculos) da ideia grega de um cidadão com espírito cívico em uma república representativa. Nessa parte da Europa, a civilização retrocedeu.

A vida talvez fosse melhor se você morasse em um lugar com mais sol e menos chuva, mas você não tem como sair daqui. Sua casa é cercada por uma floresta impenetrável e assustadora. As próprias histórias que você conta aos seus filhos retratam o horror da mata escura. O pedaço de terra que você teve um trabalho extenuante para desmatar está sempre inundando. O inverno se aproxima e, por causa da quebra de safra, parece que será mais um ano cozinhando cascas de árvores e dependendo de caridade para não morrer de fome.

O único breve alívio é quando, no fim da semana, você e sua família caminham 15 quilômetros até a paróquia mais próxima. Lá, um homem com vestes especiais e um chapéu pontudo recita parábolas em uma língua que você não entende. Mas a essência das histórias lhe foi transmitida: sofrer em vida é aceitável porque, quando morrer, você vai para o céu. Por falar nisso, as pessoas da capela lhe cobram um dízimo pelo privilégio de levá-lo para o céu, para garantir uma passagem segura. Suas colheitas menos deterioradas devem ir para o padre. E você deve ser grato por isso.

Não foi à toa que esse período ficou conhecido como Idade das Trevas.

Sem dinheiro não há progresso

Em termos de desenvolvimento econômico, a Europa no período que hoje chamamos de início da Idade Média pode ser dividida em quatro áreas. O quadrante sudeste, ou bizantino, era o mais desenvolvido, e ali o dinheiro continuava a ser cunhado e usado amplamente. O segundo colocado era o quadrante sudoeste, ou ibérico, a fronteira com o mundo islâmico desenvolvido. Em terceiro lugar estava o quadrante nordeste, ou varangiano (essencialmente, vikings bálticos conectados com o sul pelos rios Volga e Dniepre), que ligava a economia bizantina à região rica em matérias-primas e peles que hoje são a Rússia e a Ucrânia. Por último vinha o quadrante noroeste, a região da Europa hoje ocupada pela Alemanha, o sul da Suécia, a Dinamarca, a Holanda, o norte da França, a Grã-Bretanha e a Irlanda.

No início da Idade Média, o noroeste da Europa cunhava moedas apenas esporadicamente, apesar dos abundantes depósitos de prata da Boêmia.[1] As moedas de prata e de cobre desapareceram por volta do final do século VI,[2] ao passo que as de ouro circulavam em quantidade cada vez menor. Como sabemos após conhecermos os lídios, moedas com valor nominal baixo caminham junto com a vida urbana, pois facilitam as transações pequenas envolvendo produtos artesanais – o que poderíamos chamar de comércio. Não por acaso, a vida urbana na região andou para trás nessa época.

Ao contrário dos romanos, que de tanto cunhar moedas ficaram sem metal, nesse período os europeus do noroeste basicamente regrediram a uma espécie de economia de escambo. O mosteiro ocupava o centro da economia local e os dízimos e arrendamentos eram pagos em produtos agrícolas e animais. Exceto pelos itens artesanais mais básicos, não se produzia mais nada, e o máximo de centro comercial que se tinha era também o centro teológico, o mosteiro. Sem comércio, o mundo encolheu. As grandes rotas comerciais dos romanos, que ligavam Londres a Marselha, definharam. Sem a força propulsora do dinheiro, das moedas e do crédito, um conhecimento fundamental foi perdido. As pessoas pararam de fazer certas coisas. Por exemplo, alguns avanços cotidianos usados pelos romanos caíram em desuso, como tecidos tingidos, concreto, cerâmica esmaltada, aquedutos (para água potável e saneamento), estradas pavimentadas, afrescos, esculturas e retratos realistas, papel de papiro, banheiros internos com descarga, pontes complexas, prensas de rosca, guindastes hidráulicos, armaduras de placas segmentadas, selas de cavalaria, estufas, faróis, a maior parte da fabricação de vidro e de prataria, uso de ópio e escopolamina como analgésicos e de vinagre como antisséptico, sistema de aquecimento central e instrumentos cirúrgicos.[3]

O progresso estagnou em diversas frentes – política, econômica, cultural e social. Na ausência de cunhagem extensiva, é altamente improvável que houvesse algum sistema de crédito. Sem crédito não há muito comércio, e, sem comércio, que motivação se tem para inovar, quanto mais para adquirir novas habilidades?

As comunidades ficaram isoladas; o contato com pessoas distantes diminuiu. E isso é relevante porque tendemos a aprender e progredir copiando uns aos outros. A era de ouro dos greco-romanos foi um período de imitação descarada. Os gregos imitaram os lídios e os fenícios, que se inspiraram nos egípcios e nos persas, depois os romanos imitaram os gregos, e assim por diante. Esse processo ganhou vida por meio das redes comerciais, que trocavam não apenas dinheiro e mercadorias, mas também ideias e conhecimentos. Os antropólogos chamam essa constante aquisição de conhecimento de nossa "inteligência coletiva", aquele poço profundo de macetes, costumes e habilidades transmitidos e disseminados coletivamente de geração em geração, que sobrepomos e atualizamos à medida que avançamos. No início da Idade Média, esse processo iterativo desacelerou de forma drástica.

No Oriente, na região conhecida como Império Romano Oriental ou Bizantino, o dinheiro e o comércio continuaram a florescer, como veremos mais tarde, e o mesmo aconteceu com a vida cultural, científica e econômica. O quadrante ibérico da Europa progrediu sob a influência do Califado Andaluz e de suas ligações com o mundo islâmico mais comercial, enquanto o quadrante varangiano, ligado à rica esfera bizantina, também avançou gradualmente. Já os habitantes do noroeste definharam, cercados por grandes florestas. O noroeste da Europa levaria algum tempo para recuperar o atraso, mas, quando isso acontecesse, seu desenvolvimento mudaria o mundo.

Catedrais

Às vésperas do novo milênio, no ano 1000, vemos emergir uma nova Europa. A partir do século XI, o noroeste do continente começou a experimentar uma transformação econômica, financeira, social e política.

O século XI é uma época indistinta. Antes da invenção da imprensa, os documentos eram escassos. Mas a arquitetura pode ajudar o observador curioso a preencher algumas lacunas.[4] As catedrais góticas europeias são as pirâmides da Idade Média e contam uma história sobre o que estava acontecendo com o dinheiro nessa época. As celebrações cristãs para marcar a passagem do primeiro milênio após o nascimento de Cristo provocaram uma explosão de fervor religioso. Aparições e ocorrências místicas estavam a todo vapor. Ao longo dos 200 anos seguintes, homens quase contemporâneos do nosso oprimido camponês construiriam algumas das catedrais mais famosas da Europa, de Canterbury a Notre-Dame. Como eles foram da lama e da miséria para isso em tão pouco tempo?

Em termos de tamanho e majestade, essas gigantescas catedrais ressaltam o poder da Igreja – instituição central na economia feudal. A sociedade se fundamentava no duplo eixo entre Igreja e senhor feudal. Os mosteiros eram financiados pelos dízimos cobrados dos camponeses locais e por doações polpudas dos nobres, que extraíam ainda mais receitas dos camponeses arrendatários pobres. Os nobres mantinham o campesinato sob controle por meio da força e a Igreja mantinha os nobres sob controle por meio de Deus; os monges e os senhores dividiam os despojos entre si, apoiando um ao outro em um casamento de conveniência. Mas a questão-chave aqui é que esse sistema feudal era estável. A economia se mantinha no mesmo tamanho, sem crescer nem se contrair.

As novas megaigrejas são evidência de uma mudança radical na quantidade de dinheiro que os homens santos estavam recebendo por meio dos dízimos. A economia, que ficara praticamente estabilizada por mil anos, cresceu no espaço de cerca de um século. Na verdade, explodiu. Isso foi resultado de uma tecnologia revolucionária que impulsionou a economia e alimentou um novo sistema monetário, transformando o noroeste da Europa em uma potência econômica.

Que venham os arados

Nessa época, toda a riqueza ainda provinha da terra. Entre os anos 1000 e 1350, aproximadamente, estima-se que a cobertura florestal na Europa Central e na Ocidental tenha diminuído de 40,2% para 18,6% das terras. Por todo o continente se viam desmatamento e queimadas, abrindo espaço para que as terras fossem aradas e cultivadas. Tamanha transformação sugere o surgimento de alguma tecnologia agrícola revolucionária.

Com terra úmida e pesada e clima chuvoso, a Europa setentrional tinha um solo difícil de revolver – etapa necessária para torná-lo arável. Ao contrário do sul mediterrâneo, onde a principal preocupação era a falta de água, o problema no norte era o excesso. O arado que nosso camponês vinha usando era adaptado de um projeto romano e apenas arranhava a superfície da terra, criando sulcos rasos. Essa ferramenta é ideal para utilização no Crescente Fértil, onde a camada superficial do solo é seca e a água é escassa, mas esses frágeis arados de madeira se despedaçavam no solo encharcado e pesado do norte da Europa. Por causa disso, os europeus do norte cultivavam pequenos lotes, deixando o restante do território para a floresta. O solo podia estar alagado, mas continha nutrientes abundantes e muito potencial. Enormes rendimentos poderiam ser gerados se conseguissem revolver os campos com um arado profundo e contundente.

Havia duas maneiras de fazer a economia crescer durante o início da Idade Média: obter mais pessoas ou obter mais terras. No capítulo anterior vimos que os romanos invadiram o norte da Europa para adquirir mais terras e expandir sua economia. No entanto, quando eles se foram, seus exércitos gigantescos, sua capacidade logística e seu dinheiro também se foram. Nos tempos que se seguiram, o crescimento da população europeia foi achatado por sucessivos ciclos de fome, altas taxas de mortalidade e doenças. Se a população aumentasse muito depressa, os padrões de vida caíam, afetando gravemente a alimentação e tornando as pessoas mais vulneráveis a colheitas fracas, peste, fome ou inundações. Esse dilema, em que o crescimento populacional se choca com a limitação da terra, seria mais tarde chamado de "armadilha malthusiana", e o resultado é que os padrões de vida, ou o rendimento per capita, quase não se alteravam. Conheceremos Malthus daqui a pouco, mas por ora vamos apenas absorver a ideia de que o tamanho da população era limitado pela produtividade da terra.

Como a extensão de terra era fixa e o número de pessoas era limitado pelo que se podia cultivar, esse sistema permaneceu estagnado por séculos. Havia pouca gente para produzir mais comida e comida insuficiente para produzir mais gente. Sem excedente de alimentos não há urbanização, portanto eram raras as localidades que ultrapassavam a dimensão de aldeias, e a grande maioria das pessoas vivia da terra e na terra. Porém, se conseguissem descobrir uma forma de tirar mais proveito da terra, elas se libertariam dessa restrição. Se a mesma quantidade de terra pudesse gerar mais alimentos com o trabalho do mesmo número de pessoas, a produtividade agrícola cresceria.

Introduzido por volta do ano 1000, supostamente na Hungria, o pesado arado de metal fez tudo mudar. Grandes extensões de terra foram liberadas para a lavoura e, por causa do peso da nova ferramenta, os agricultores só precisavam arar o campo uma vez. Passaram a extrair mais e investir menos. O arado trouxe colheitas mais abundantes e previsíveis, levando a um crescimento econômico sólido pela primeira vez desde os romanos. O novo arado aumentou os excedentes agrícolas, o que baixou o preço dos alimentos, facilitando o crescimento populacional e levando ao surgimento de algo novo: renda disponível, ainda que escassa.[5] E, talvez, algo ainda mais novo: tempo livre. A economia moderna aos poucos começava a tomar forma.

Mas o arado, ainda que fundamental, não era suficiente por si só. Essa tecnologia física exigia uma tecnologia social para organizar a população crescente e o comércio com mais eficiência.

A tecnologia social era o dinheiro, que ressurgiria após séculos de declínio na região.

O retorno do dinheiro

Os alemães adoram cerveja; quanto mais local, melhor. Uma dessas cervejas regionais é a *gose*, um tipo de cerveja *sour* produzida há mais de mil anos em Goslar, cidadezinha da Baixa Saxônia, nas montanhas do Harz. Ela é imortalizada pelos versos escatológicos *"Die erst Gose ok meist in die Hose"* ("A primeira *gose* vai direto para as calças"), já que a grande concentração de sal causa um choque no sistema digestivo, com consequências comprometedoras. A *gose* salgada já estava bem estabelecida no início do século XI. Era popular em todas as rotas comerciais da Alemanha Central, consumida pelos milhares de mineiros que iam a Goslar em busca de prata na virada do segundo milênio. A abundância da nova prata alemã de Goslar faria o dinheiro voltar a circular no noroeste da Europa e alteraria o caminho do desenvolvimento da região. Com o arado em uma das mãos e a bolsa cheia de prata na outra, os europeus do noroeste iniciaram sua marcha rumo ao progresso.

Enormes quantidades da prata de Goslar foram usadas na produção de moedas. Só na Suécia, arqueólogos encontraram mais de 70 mil fênigues (*pfennigs*) alemães e mais de 30 mil pennies anglo-saxões, quase todos cunhados entre 990 e 1050. Vestígios de várias pequenas impurezas indicam que a maioria dessas moedas foi cunhada na montanha Rammelsberg, acima de Goslar.[6] A descoberta sueca sugere que as moedas alemãs seguiram para Inglaterra e Suécia, onde foram cunhadas de novo e depois utilizadas no comércio através do Mar do Norte e nos países bálticos.

À medida que o comércio decolava, estimulado por novas moedas de prata, a região passava por outro desenvolvimento. Durante o século XI, tanto na Alemanha quanto na Inglaterra, houve uma expansão significativa de vilas e centros comerciais criados por instrução real. O arado tinha aumentado significativamente a produtividade agrícola, libertando os camponeses da dependência total das terras, e as novas vilas comerciais começaram a se encher de gente. Essas vilas recebiam o direito de sediar um mercado e também de cunhar moedas por carta régia. De repente, as duas tecnologias – o arado e o dinheiro reemergente – se fundiram, criando um mundo urbano.[7]

A prata alemã viajou tanto para oeste quanto para leste, com casas da moeda instaladas em Dublin (então um assentamento viking) e Kiev. Em toda a região, o número de casas da moeda explodiu, o que, se tomarmos como uma medida grosseira do volume de moedas em circulação, sugere um aumento fenomenal na monetização. Em cada vila, as moedas alemãs originais circulavam em paralelo com as locais, que eram recunhadas e regravadas. A virada do milênio, tantas vezes desprezada como uma época sombria, monótona e violenta, assinalou o início de uma nova economia monetária no noroeste europeu.

Com o dinheiro vieram outras mudanças. Em muitos reinos – Boêmia, Hungria, Polônia, Rus de Kiev, Noruega e Dinamarca –, a primeira cunhagem aconteceu na mesma época ou pouco depois da oficialização do cristianismo. Para que esses reinos anteriormente pagãos se convertessem (pense nos vikings, que trocaram Thor e Odin por Jesus), as cortes devem ter sido influenciadas por sacerdotes, missionários e conselheiros cristãos de sociedades do leste, como a Bizâncio cristã. Como vimos, as moedas continuaram a circular no Império Bizantino – ao contrário do que aconteceu na maior parte da Europa –, sendo um emblema de soberania bem compreendido por aquela região. O historiador Peter Spufford afirma com convicção que o fato de a difusão do cristianismo ter praticamente coincidido com a difusão das moedas não foi mero acaso.[8] Ambos eram forças centralizadoras. A ideia cristã de um só deus, de um monarca representando Deus na terra e de uma moeda cunhada oficialmente (estampando o rosto do rei) reforçando seu domínio terreno se combinaram em um harmônico triunvirato de poder: mundano, celestial e financeiro.

Deixando a roça para trás

Enquanto, no topo, o rei consolidava seu poder, na base a sociedade estava mudando. Com mais dinheiro em circulação e menos camponeses necessários na agricultura, a população agora passava menos tempo na lavoura, o que significava mais tempo para explorar o mundo e, em certo sentido, até para se dedicar às artes e ao conhecimento. Trabalhadores que deixavam o campo passaram a se especializar em ofícios e, movidos por rumores de uma vida melhor, se fixaram nas novas cidades estabelecidas oficialmente. Boatos e fofocas desempenharam um papel crítico na migração. Sempre foi assim. Na minha adolescência, na Irlanda deprimida da década de 1980, todo mundo dizia ter algum primo ou irmão que estava se dando muito bem em Londres, e a cada história de sucesso uma nova pessoa embarcava na aventura. Deixar o local que se habita é, muitas vezes, um ato de transformação pessoal, e a atitude soberana de acreditar na própria capacidade pode ser bastante libertadora, desencadeando todo tipo de ideias e ambições pessoais.

O comércio se expandiu, mediado pelo novo dinheiro de prata, e indústrias artesanais instaladas nas casas se desenvolveram, estabelecendo uma economia de mercado rudimentar. Artesãos especializados forneciam produtos aos "altos escalões" agora mais ricos, gerando valor ao transformar matéria-prima, como madeira, em um bem secundário, como uma mesa. Nos novos vilarejos e cidades começou a se constituir uma economia intrincada, em que a renda do padeiro dependia dos gastos do alfaiate. A renda de todos se baseava nos gastos de todos: à medida que algumas pessoas gastavam, a renda de outras pessoas aumentava, e assim por diante. O dinheiro ganho se tornava uma renda discricionária, que a pessoa podia gastar ou poupar. Naquela parte do mundo, pela primeira vez em um milênio, um pequeno artesão poderia ter uma espécie de poupança. À medida que essa economia inter-relacionada evoluía, crescia a necessidade de mais moedas em circulação e de bancos – ou pelo menos de locais seguros – onde o artesão produtivo pudesse colocar seu dinheiro.

Com o tempo surgiria a demanda por roupas, produtos manufaturados e vários artigos de luxo – desde jantares sofisticados a sedas e especiarias, couros e peles. Esses itens eram importados dos países bálticos, da Rússia e da Crimeia. Acompanhando o aumento do comércio vieram redes, relacionamentos e novas ideias. As normas ganharam importância e a classe de artesãos desenvolveu regras comuns, unindo-se a fim de somar recursos para a compra de matérias-primas e formulando regulações para o setor. O que os ligava era o interesse de estabelecer uma reputação. Reconhecendo que o todo é melhor que a soma das partes e que a colaboração é o caminho para a inovação, os artesãos criaram guildas, em que compartilhavam competências e força financeira, permitindo uma ação em bloco. Vemos evidências de associações de artesãos no final do século XI e início do século XII.

Essa nova economia exigia um local onde os agricultores e artesãos pudessem vender suas mercadorias, o que, juntamente com as cidades criadas por instrução real, levou a uma rápida expansão do número de vilas comerciais, praças de mercado e dias de feira. Em termos sociais, a emergência do artesão acrescentou uma nova camada à pirâmide social. Esse novo personagem era urbanizado, mais soberano em termos de renda e pensamento e motivado pelo lucro e pelo dinheiro.

Urbanização

Se você fosse um artesão na Idade Média, viveria em um ambiente urbano, bem diferente do de seus ancestrais – aqueles camponeses que estavam sempre em dívida com algum nobre. Essa mudança social é expressa pelo provérbio alemão "*Stadluft macht frei*" (O ar da cidade liberta). Pairavam na atmosfera da cidade ideias radicais de liberdade e soberania individual, encorajadoras para dissidentes e forasteiros. Nas cidades, as dimensões da tradição, da família e da linhagem começavam a perder importância, ao passo que as habilidades, as redes de relacionamentos e a garra eram recompensadas. Um artesão burguês subindo na vida representava um desafio à velha ordem e à base de poder dos feudos familiares reforçada pelo dogma religioso. Essa força de contraposição do dinheiro – e de seu agente, o mercador, ausente desde os tempos de Roma – iria, aos poucos, perturbar o domínio da Igreja e da fidalguia.

As cidades propiciavam certo grau de anonimato. Assim, com o crescimento da população e os deslocamentos, os recém-chegados às cidades precisavam de sobrenomes para se distinguirem. Já não bastava ser John de Nottingham, porque havia muitos Johns de Nottingham. Os sobrenomes, ligados aos trabalhos que as pessoas realizavam, resolveram o problema. Os ofícios eram passados de mestre para aprendiz, o que muitas vezes era o mesmo que de pai para filho. De certa forma, o ofício definia o indivíduo, ou pelo menos o distinguia, de modo que vimos surgir na Inglaterra sobrenomes populares como Bowyer (o sujeito que fazia os arcos, ou *bows*, em inglês), Fletcher (o que fazia as flechas, ou *flechs* no termo derivado do francês/normando) e Stringer (o que fazia as cordas, ou *strings* em inglês).

A economia da proliferação de sobrenomes é bastante direta. O sobrenome Smith, o mais comum em inglês, tornou-se onipresente graças à forte demanda por ferreiros (*smiths*) para produzir arados. O ferreiro local tinha um fluxo constante de trabalho e renda, portanto seus filhos recebiam uma alimentação melhor e tinham mais chances de sobreviver para ter ainda mais filhos. Esse cenário atraía os ex-camponeses. A proliferação do artesão ferreiro com suas habilidades de forja, fole e ferraria também levou à popularidade do sobrenome Kovac (e variações) em muitas línguas eslavas, Schmidt em alemão, Forges em francês, Ferreira/Ferrera em português e espanhol, MacGowan em irlandês, e por aí vai.

Obtendo mais com menos

A produtividade é o elixir do crescimento econômico. Se ela aumenta, sobe também a produção per capita e caem os custos per capita, possibilitando o aumento dos salários e dos lucros. O resultado disso na Idade Média foi que os rendimentos dos camponeses aumentaram, mas o valor da terra também aumentou. O barão, o rei e a Igreja enriqueceram à medida que o arado elevou a produtividade, levando a algo inédito até então: a mecanização.

O trabalho dos artesãos fez surgir pouco a pouco uma série de inovações que incutiriam nas pessoas as ideias de produtividade, tempo e custo. A engenharia de precisão trouxe o relógio mecânico, e os relógios mudaram o mundo. Nas jovens cidades, nada marcou mais a mudança operada pela produtividade que o relógio comunitário. A torre do relógio se tornou o centro da vila mercantil, medindo nosso mundo em relação ao tempo. A produtividade e o relógio se reforçavam mutuamente, já que o relógio mecânico tornava a noção do tempo mais granular: a produção do camponês podia ser avaliada com base na quantidade de grãos de cereais colhidos em determinado período de horas e, logicamente, isso era expresso naquela outra tecnologia, o dinheiro de prata.

À medida que enriqueciam, os barões e bispos se tornavam aventureiros. Qual era o sentido de ficar rico graças à produtividade e ao dinheiro e não desfrutar disso? Assim, os senhores feudais normandos do noroeste da Europa começaram a ter ideias de conquista e, com a bênção da Igreja, usaram sua riqueza para financiar expedições militares a Jerusalém. As Cruzadas não teriam acontecido naquele momento se não fosse pelo excedente agrícola e pela riqueza gerada pelo arado.

A partir do início do século XI, após a introdução do arado e a reintrodução do dinheiro por meio das moedas de prata alemãs, o noroeste da Europa experimentou uma transformação extraordinária. Houve uma explosão populacional e os europeus do norte, mais saudáveis e mais ricos, começaram a se sentir inquietos. A Europa funcionava agora na base do relógio, e tempo era dinheiro. A Idade das Trevas havia definitivamente chegado ao fim.

7

MAGIA SARRACENA

Aritmética mental

No verão de 1185, um jovem se encontrava no mesmo cais por onde, anos depois, a peste negra adentraria, incólume, a Europa. O porto siciliano de Messina era um importante polo do comércio mediterrâneo. Repletos de mercadores, escravizados e agricultores, o porto e suas tabernas eram ponto de encontro de cruzados normandos a caminho do leste. Nos becos, cambistas trocavam diferentes moedas que vinham do outro lado do Mediterrâneo. No cais, mercadores norte-africanos vendiam especiarias orientais a serem levadas para oeste e o trigo local com destino ao norte da Europa compartilhava as docas com couros e cerâmicas finas com destino ao sul. As diferenças étnicas, tão fundamentais na época, se atenuavam quando se falava o idioma internacional do dinheiro.

Nosso jovem, Leonardo de Pisa, tomava nota de preços, quantidades e da qualidade dos produtos oferecidos. Longe de sua casa em Pisa, Leonardo vagava pelos mercados inalando os aromas de pimenta, canela, cardamomo, noz-moscada, amêndoas, cânfora, mirra, resinas africanas, goma da Etiópia e aroeira do Egito. Escutava atentamente, observando os negociantes árabes que deixavam no chinelo os experientes mercadores de Gênova, considerados os mais espertos da Europa.

Os árabes tinham uma vantagem sobre os europeus: sabiam fazer contas de cabeça. Leonardo de Pisa percebeu que, embora a aritmética mental estivesse além da capacidade até mesmo dos eruditos e monges mais estudiosos da Europa, um simples vendedor árabe de tâmaras conseguia calcular pesos, proporções e preços com exatidão e rapidez. Onde será que eles tinham aprendido aquela magia?

A ferramenta secreta dos sarracenos era a matemática. E ancorando essa nova forma de pensamento estava o conceito de zero, que permitia contar números grandes, fazer mentalmente balancetes com números positivos e negativos e usar uma ferramenta incrível: a álgebra, cuja base foi criada por Al-Khwarizmi, um matemático árabe do século VIII.[1] Essas vantagens colocavam os árabes numa posição comercial vantajosa em relação a seus concorrentes europeus. Enquanto estes dependiam do canhestro ábaco, que não evoluíra nada desde os tempos romanos, os árabes exibiam uma agilidade mental extraordinária que lhes permitia expressar quantidades de tâmaras, figos ou passas em termos de quantidades de trigo, milho ou noz-moscada. Eles aceitavam pagamento em moedas de vários lugares, como Alexandria e Chipre, e davam o troco na moeda local da Sicília, o *follaro*. Os europeus lidavam com dinheiro; os árabes, com finanças.

A Sicília era o centro de uma malha comercial que se estendia de Alexandria a Gênova, passando por Trípoli, Al' Cant (atual Alicante, na Espanha) e Marselha. Um desses postos comerciais era Bejaia, onde hoje é a Argélia. As escuras catedrais góticas dos normandos estimulavam a demanda por velas, de modo que a cera de abelha era a principal indústria de Bejaia – o que nos deu a raiz da palavra francesa moderna para vela, *bougie*. Os mercadores europeus que visitavam Bejaia, atraídos pelo negócio da cera de abelha, deparavam com os algarismos indo-arábicos.

O pai de Leonardo era um representante pisano baseado em Bejaia. Na infância, ele tivera professores árabes, o que o diferenciava de seus contemporâneos na Itália. Enquanto estes decoravam os poemas de Virgílio e as Escrituras, Leonardo, sob a orientação de tutores árabes, aprendia uma linguagem e uma tecnologia inteiramente novas: a álgebra. Enquanto eles usavam o raciocínio dedutivo, o rapaz aplicava a análise indutiva. Munido desse conhecimento, Leonardo de Pisa, mais conhecido como Fibonacci, mudaria o perfil da matemática europeia e estabeleceria um novo modelo para uma gestão sofisticada de balanços e contabilidade. Inovações como essas impulsionariam uma nova era de comercialismo, criação de riqueza e, em última análise, o financiamento das artes que foi a base do Renascimento. Talvez não seja exagero dizer que sem Leonardo de Pisa não existiria Leonardo da Vinci.

Nem todo mundo ficou satisfeito com esse novo desenvolvimento. Guilherme de Malmesbury, monge e célebre historiador inglês do século XII, referiu-se aos algarismos arábicos como "magia sarracena", provavelmente porque os árabes tinham a capacidade de chegar a conclusões matemáticas que pareciam feitiçaria. Quem estava sussurrando as respostas para eles? Como eles sabiam fazer cálculos complicados de cabeça? Malmesbury temia o poder da matemática e seu caráter estrangeiro. Em sua visão, os corajosos cruzados tinham acabado de recuperar Jerusalém das mãos dos pagãos pela glória de Deus. De que serviria conquistar a sede do cristianismo se a magia do islã capturasse as mentes dos mercadores de Veneza?

Zero

Adotado com efeito revolucionário pelos árabes, o conceito de zero havia sido rejeitado pelos cristãos e pelas filosofias em que o cristianismo se baseava. Afinal, zero é o vazio, e a filosofia grega refutava o vazio. Os homens que moldaram aquilo que se tornou o pensamento ocidental – Pitágoras, Aristóteles, Platão e Ptolomeu – concordavam que não poderia haver o nada. Os gregos pensavam que poderiam definir tudo por proporções demonstráveis, padrões e simetria geométrica em que cada coisa tem uma relação com todo o restante. Assim, por séculos o Ocidente evitou o zero, com graves consequências para a ciência, o comércio, a contabilidade e uma série de outras atividades cotidianas.

A civilização hindu da Índia não tinha os mesmos escrúpulos em relação ao vazio e ao infinito. Eles trabalhavam com o zero já no século III d.C. Enquanto os cristãos esperam que sua alma vá para o céu, o objetivo dos hindus é o nada. Para eles, além da cremação em Varanasi, a única maneira de libertar a alma do ciclo de renascimento é compreender a verdadeira natureza da realidade e assim alcançar o vazio. Quando a alma deixa o corpo que morre, seu destino em um novo corpo é determinado pelo carma bom ou ruim acumulado de acordo com o comportamento da pessoa em vida. Ao longo de ciclos intermináveis de renascimento, a alma aprende e, quando acumula o suficiente de carma bom, é libertada do corpo para uma existência puramente espiritual, em harmonia com o universo – em outras palavras, o infinito. Hoje os indianos riem da famosa piada: "O que os indianos deram ao mundo? Nada." Na verdade, tudo. Terá a fé hindu possibilitado que os matemáticos indianos chegassem ao conceito de zero com entusiasmo? Seria, talvez, parte de como eles compreendiam a imensidão do universo e o papel inconsequente da humanidade nele?

Em sua essência matemática, o zero permite ir dos números positivos aos negativos. Passamos por ele para chegar aos negativos. Se a sua matemática se limita à contagem de coisas, como era para os gregos e os babilônios, é difícil imaginar ir abaixo ou passar do zero para os números negativos. Números negativos significam a ausência de algo. Ainda hoje, esse conceito é extremamente difícil para as crianças – qualquer professor do primeiro ciclo do ensino fundamental pode confirmar isso. Para os gregos e os pensadores cristãos que vieram depois deles (e para nossas crianças), a matemática é real, não abstrata. Você ensina a uma criança que um mais um são dois segurando uma maçã em uma das mãos e outra maçã na outra. Juntando-as você tem duas. O mesmo acontecia com os cristãos antigos: duas vacas eram algo que eles conseguiam entender, mas duas vacas negativas, não.

O dinheiro torna o zero concreto

Há uma situação em que o conceito de zero, bem como o de menos que zero, faz todo o sentido: quando se fala de dinheiro. Os credores *têm* dinheiro (números positivos) e os devedores *devem* dinheiro (números negativos). Outro atributo do zero é que ele pode ser usado como marcador de posição. Sem o zero, como escrever números grandes, como 1.000.000, e como os subtrair, somar, dividir e multiplicar? Em termos práticos, o zero impulsionou o mundo antigo para a era digital, um mundo de numerais modernos, números grandes, precisão e empirismo, com diversas ramificações para o dinheiro e o comércio.

Quando conquistaram o grande Império Persa, no século VII, os árabes aprenderam os numerais hindus, que os persas haviam tomado emprestado do Extremo Oriente, representando um, dezenas e centenas. Os matemáticos árabes então adotaram essa tecnologia mágica. Chamaram zero de *sifr* ou *as-sifr*, derivado do sânscrito *shunya*, que significa "o vazio". No francês moderno, *chiffre* significa algarismo. Em hebraico, zero é *sifra*. Conforme essa terminologia contagiante foi se espalhando entre culturas e nacionalidades, o árabe *sifr* tornou-se *zefirum* na língua latinizada dos normandos, depois *zefiro*, *zephyr* e *zefro*, até se transformar em *zero* no inglês e no português modernos.[2]

Os eruditos árabes se puseram a brincar com as possibilidades do zero, estabelecendo escolas em seus grandes centros de aprendizagem, de Bagdá a Córdoba. Esses polos intelectuais serviam também de centros comerciais, em um sistema misto de comércio e cultura que proliferou em todo o mundo árabe, constituindo uma ampla zona de livre-comércio onde caravanas de camelos atravessavam o deserto e navios ligavam o Mediterrâneo às cidades costeiras do Levante. Especiarias, seda, sal e escravizados eram trocados por musselina e algodão trazidos da Índia através do Mar Vermelho por mercadores de Mascate, cujas tâmaras e figos também eram muito procurados. As mercadorias eram comercializadas do Egito para Gênova e para as grandes cidades carolíngias de Avignon e Marselha à medida que pessoas, ideias e dinheiro perambulavam pelo Mediterrâneo.

Agora sabemos como o zero e os numerais foram passados dos indianos para os árabes, mas como essa tecnologia árabe chegou às mãos dos cristãos durante as Cruzadas, quando árabes e cristãos eram inimigos declarados? O mecanismo de transmissão foi a Sicília normanda.

Por que a Sicília?

O advento do arado, o enriquecimento da Europa setentrional e o boom populacional tiveram uma consequência surpreendente e não intencional: as Cruzadas. Sem a riqueza do excedente agrícola propiciado pelo arado, as Cruzadas não teriam sido viabilizadas e todos os proprietários rurais locais teriam permanecido na zona pantanosa que chamavam de lar.

Contra todos os prognósticos, a Sicília não se envolveu nas destrutivas Cruzadas. Lar de gregos bizantinos, cristãos normandos latinizados, muçulmanos árabes e judeus sefarditas, a ilha se tornou rica e sofisticada no século XII, ajudada sobretudo por sua recusa em ir à guerra. O que estava acontecendo na Sicília que não ocorria em outros lugares?

Sua localização privilegiada, na fronteira entre a Europa e o norte da África, fazia da Sicília o epicentro do comércio mediterrâneo. Com todo tipo de gente indo e vindo, a ilha era cosmopolita havia muito tempo, permitindo que a diversidade religiosa e étnica florescesse. Onda após onda vinha e se instalava. Os fenícios foram seguidos pelos gregos, e a ilha foi um campo de batalha decisivo nas Guerras Púnicas entre romanos e cartagineses. Muito mais tarde, por volta do ano 535, os bizantinos a tomaram, apenas para serem vencidos pelos muçulmanos norte-africanos por volta do ano 900.[3] Esse padrão de conflito, ocupação e paz, decorrente da importância geográfica da ilha e da prosperidade econômica resultante, levou à formação de uma sociedade excepcionalmente multicultural, e entre os visitantes mais inesperados da Sicília estavam os normandos.

O sucesso dos mercenários normandos na Sicília é uma das histórias geoestratégicas mais impressionantes do século XII. Em 1160, um bando de valentões normandos que vinha se impondo na Calábria foi convidado a ir à Sicília por um dos dois emires árabes da ilha. Por uma bela quantia, o emir de Siracusa e da Catânia, Ibn Thumna, encorajou esses homens, sob a liderança de um sujeito chamado Roger, a atacar Ibn al-Hawwàs, o emir de Agrigento e Castrogiovanni.

Nessa época, os normandos atuavam por toda a Europa como mercenários, uma atividade privilegiada que lhes garantia acesso a bons vinhos, belas donzelas e poderosos estribos. Em 1167, no extremo norte da Irlanda, o apropriadamente intitulado Strongbow (arco forte, em inglês) foi "convidado", junto com seu grupo, a ajudar um chefe gaélico local em um momento de tensão entre clãs. A chegada de Strongbow constituiu a primeira – mas não a última – invasão da Irlanda pela Inglaterra. Isso porque normandos, originalmente estabelecidos na França, haviam dominado a Inglaterra e Gales, sendo esse grupo denominado cambro-normandos. Provavelmente se esperava que Strongbow, como capanga contratado, pegasse seu dinheiro ao terminar o serviço na Irlanda e partisse, mas ele e seus combatentes normandos decidiram ficar. De vez.

Assim como aconteceria na Irlanda, os normandos chegaram à Sicília, olharam em volta, compreenderam o potencial da ilha, exploraram as tensões internas entre os governantes locais e decidiram assumir o comando e colonizar o local. Ali eles se viram em uma cultura estranha, com línguas, costumes, clãs e afinidades diferentes. Em vez de combater a diversidade, eles a assimilaram, conseguindo se integrar e prosperar.

Na Irlanda, os francófonos normandos se adaptaram tão bem que até hoje são descritos como "mais irlandeses que os próprios irlandeses". A língua irlandesa coloquial é repleta de palavras do francês normando, como *airgead*, que vem de *argent* e significa "dinheiro"; *garsún*, de *garçon*, que significa "menino"; *seomra*, de *chambre*, que significa "quarto"; e *eaglais*, de *église*, que significa "igreja". Na Sicília, esses ex-justiceiros tomaram um novo rumo, evitando a violência em curso no exterior, certificando-se de que, quando o Mediterrâneo oriental mergulhasse na brutalidade sectária, a Sicília seguisse um caminho diferente.

O sociólogo francês Marcel Mauss observa que, para negociar, é preciso primeiro largar a lança. Isso se provou verdadeiro na Sicília, onde a dinâmica comercial amortecia os conflitos entre as principais tribos religiosas e étnicas. De fato, as trocas interculturais eram inerentes ao valor econômico da Sicília. O grande conde Rogério I e, mais tarde, o previdente Rogério II abraçaram não apenas o comércio, mas também a disseminação do conhecimento, em especial a matemática e a adoção do zero, levando à introdução dos algarismos indo-arábicos em substituição aos antigos e complicados algarismos romanos. Ao tornar a contagem, a multiplicação e a divisão muito mais fáceis (tente somar XXVIII e MXIV de cabeça sem antes "traduzi-los"), os algarismos indo-arábicos mostraram que a Sicília era um Estado comercial moderno, em contraste com os territórios em guerra ao redor.

Muitos séculos depois, Kemal Atatürk faria algo semelhante quando, como presidente da nova República da Turquia, abandonou a escrita árabe dos otomanos e do califado, que considerava atrasada, em troca da moderna escrita latina do Ocidente, a fim de mostrar ao mundo a nova Turquia secular – e, portanto, moderna. Para Atatürk, a mudança do alfabeto constituía uma ruptura bastante visível e prática com o antigo Império Otomano fraturado. Para os normandos reformadores da Sicília, a introdução desses numerais era um sinal igualmente poderoso. Os algarismos arábicos representavam o futuro; o mundo romano, com seu sistema de numeração pouco sofisticado, estava ultrapassado.

Na Sicília, cristãos e muçulmanos foram unidos pelos interesses comerciais. Os muçulmanos constituíam a maior parte da classe mercantil, sendo o restante composto por uma pequena porém vibrante comunidade judaica e alguns cristãos bizantinos. A maioria dos camponeses era muçulmana. Uma combinação de pastagens bem irrigadas e solo vulcânico rico em nutrientes, além de verões quentes e invernos amenos, tornava a Sicília perfeita para a agricultura – mil anos antes, era conhecida como o "celeiro de Roma". O trigo ainda era seu principal produto de exportação, e mercadores de toda parte do Mediterrâneo também comercializavam ali sal, coral, enxofre e ferro.

Poucas divergências étnicas são agravadas pelo lucro mútuo, e, de maneira astuta, os normandos tinham uma política de permitir que as comunidades muçulmanas operassem com bastante autonomia. Eles também adotaram muitos costumes muçulmanos considerados economicamente eficientes, como a instituição de um imposto baseado no modelo *jizya* que existira sob o domínio muçulmano, permitindo a tributação orientada para grupos. O árabe, a língua do comércio, em vez do francês normando, que era a língua da corte, continuou sendo o idioma oficial da chancelaria (ou do *diwan*). Tradicionalmente, os normandos na Europa batizavam suas vilas com nomes de santos, mas a sucursal siciliana optou por chamar o principal porto da ilha de Messina, em homenagem a "Al-Medina", que significa "cidade" em árabe, e os nomes de suas outras três cidades enfatizavam suas diferentes procedências culturais: Marsala é *mars al-Allah*, o porto de Alá; Siracusa é o nome grego para o pântano em Corinto de onde vieram os primeiros colonos gregos da ilha em 400 a.C.; e Palermo vem do grego *panormos*, que significa "porto protegido".

Normandos, árabes, judeus e bizantinos viviam em relativa harmonia. Como disse Rogério II, governante da Sicília no século XII, *"varietas populorum nostro regno subiectorum"*, "a variedade é o tempero da vida". Enquanto o resto do mundo – da Grã-Bretanha ao Egito – tomava partido nas Cruzadas, matando, massacrando e destruindo, essa excepcional sopa siciliana multiétnica de ideias, bens, dinheiro e pessoas se misturava e comercializava entre si. A tolerante Sicília normanda viveu uma era de ouro de exploração e inovação na arquitetura, na medicina e na ciência enquanto falava a linguagem universal do dinheiro, dos mercados e do lucro.

Pluralidade

No final do século XII, a rede marítima de rotas comerciais da Sicília ligava a Pérsia à Normandia, os berberes marroquinos aos gregos de Constantinopla, os bispos aos imãs e os padres ortodoxos aos rabinos cabalistas. Suseranos normandos, matemáticos árabes, mercadores bizantinos, astrônomos judeus e banqueiros lombardos conviviam e negociavam uns com os outros, trocando informações, conhecimento e técnicas numa miríade de idiomas: francês, latim, árabe, grego, castelhano e ladino.

Esse caráter inclusivo se evidencia nas moedas cunhadas pelos sicilianos. A moeda de uma nação é mais que uma unidade monetária; é um símbolo daquilo em que a nação acredita. Desde o dia em que Alexandre, o Grande, decidiu colocar a própria imagem em suas moedas, o poder de sinalização da moeda foi compreendido por todos os governantes. Por que você acha que as notas cubanas exibem a imagem de Che Guevara? Ou que a antiga nota de 10 rublos soviética tinha a imagem de Lênin ao lado da foice e do martelo?

O *follaro*, a moeda de prata cunhada que era o padrão na Sicília normanda, simbolizava a síntese das culturas da ilha. Em uma das faces, uma inscrição em árabe indicava a data da cunhagem de acordo com o calendário árabe; na outra, estavam inscritas a primeira e a última letras de "Cristo" no alfabeto latino.

Em 1132, Rogério II encomendou sua magnífica Capela Palatina, em Palermo, que reúne influências das três grandes civilizações da ilha. Em termos arquitetônicos, os normandos latinos, os bizantinos gregos e os árabes muçulmanos haviam desenvolvido estilos próprios, e, em vez de aderir a um deles, Rogério incorporou os três em sua cidadela de poder e fé.

Por conta da proibição islâmica de imagens do Profeta e da idolatria de qualquer espécie, e tendo absorvido o conhecimento persa para construção e produção de tapetes finos, jardins, fontes de água e edifícios suntuosos, a cultura árabe cultivara um estilo intrincado de escultura e design decorativos que ficou conhecido como arabesco. Porém, se os árabes se orgulhavam do estilo arabesco austero, sutil porém belo, os gregos bizantinos preferiam a pompa total e escancarada. As igrejas ortodoxas bizantinas eram altares para a ostentação da opulência. Compreendendo essas duas tendências culturais, Rogério construiu sua catedral cristã romana em Palermo com uma referência às tradições árabe e ortodoxa bizantina, em uma síntese arquitetônica de todas as três culturas. Com requintados desenhos sarracenos entalhados em madeira, o teto é puro arabesco, ao passo que os pilares são adornados com réplicas de mosaicos dourados bizantinos. O uso de inscrições gregas na Capela de São Pedro também é indicativo da paridade de símbolos em toda a concepção da catedral, o que era uma forma de Rogério declarar aos seus súditos árabes e bizantinos que eles tinham espaço não apenas na sociedade siciliana, mas também em seu local mais sagrado.

Até mesmo o manto cerimonial que Rogério teria usado em todas as ocasiões oficiais transmitia a valorização das três culturas. O soberano normando portava um manto de seda bordada em ouro com pérolas, placas de esmalte, safiras e um rubi. O tecido tinha sido confeccionado no Império Bizantino e bordado por artesãos muçulmanos na Sicília. A inscrição árabe ao longo da costura revelava que fora produzido em Palermo, no ano 528 do calendário islâmico hegírico (1133 d.C.), e listava as bênçãos e virtudes derramadas sobre o rei. Imagine o governante normando, chefe de uma civilização de cavaleiros religiosos, ao lado de seus bispos cristãos romanos celebrando a Páscoa em sua catedral com influências muçulmanas e ortodoxas, trajando uma peça de alta-costura que enfatizava a pluralidade da sociedade siciliana.

Com toda a riqueza da ilha, suas mercadorias requintadas e os benefícios tanto da paz quanto da cooperação, ainda surpreende que Rogério tenha decidido manter distância das Cruzadas?

O primeiro best-seller de negócios do mundo

Em 1202, depois de passar anos aprendendo os segredos da magia sarracena com os comerciantes de Bejaia e testemunhando a álgebra em ação nas transações comerciais nas docas de Messina, Leonardo de Pisa – o homem que hoje conhecemos como Fibonacci – publicou o livro que transformaria o comércio na Europa.[4] Chamava-se *Liber abaci* [O livro dos cálculos], e nele Fibonacci explicava princípios algébricos que, em essência, permitiam aos mercadores ganhar dinheiro.

Fibonacci tinha o dom jornalístico de fazer o estranho parecer corriqueiro e o tangencial parecer relevante. Ao apresentar exemplos reais de questões difíceis enfrentadas pelos mercadores, ele deu vida à matemática. Se tivesse usado uma linguagem acadêmica, o livro teria alcançado relevância limitada. Mas, ao escrevê-lo para os negociantes, Fibonacci revelou a verdadeira genialidade de um bom professor: a capacidade de escapar da tirania de seu grupo. Houvesse ele tentado convencer os monges eruditos, seu trabalho teria sido desconstruído por "especialistas" vingativos, e sua credibilidade, enfraquecida. Seguindo o caminho de todos os grandes comunicadores, Fibonacci contornou os guardiões do saber e foi direto àqueles que poderiam extrair o valor máximo dessa nova tecnologia: os mercadores.

Liber abaci tornou-se obra de referência para comerciantes e uma ferramenta essencial do comércio internacional. Pode ser considerado o primeiro livro de negócios best-seller da história. Revelador e revolucionário, ele explica como calcular taxas de juros, contornar as leis de usura da Igreja, distribuir lucros e aferir receitas e custos. Dava aos mercadores um roteiro para avaliarem seus produtos em comparação com produtos de terceiros, em frações e em uma moeda comum.

O fato de o livro dedicar muitas páginas a problemas matemáticos envolvendo taxas de juros, bancos e usura o tornava bastante provocador, de modo que a Igreja o viu com maus olhos, como um desafio ao seu monopólio no negócio de emprestar dinheiro. Condenar os agiotas ao inferno era uma boa maneira de a Igreja proteger seu território: a condenação tem a vantagem adicional de nunca ser contestada em um tribunal. De todos aqueles que eram mais ameaçados pela financeirização dos pequenos negócios europeus, a maior, mais bem-sucedida e mais duradoura multinacional que o mundo já vira – a Igreja, com sua sede corporativa em Roma – tinha muito com que se preocupar.

Um dos insights mais importantes de Fibonacci dizia respeito à relação entre dinheiro e tempo. Ele destrinchou aquilo que os economistas chamam de "valor do dinheiro no tempo", que é mais bem compreendido como o equivalente financeiro a "É melhor ter um ovo hoje que uma galinha amanhã". Essa ideia de que ter dinheiro hoje é melhor que uma promessa de ter dinheiro amanhã é o que sustenta todas as operações de conceder e tomar empréstimos. É o que chamamos de custo de oportunidade. Se eu emprestar para você, isso significa que você tem o dinheiro e eu não posso usá-lo, então há um custo para mim. O dinheiro que recebo de volta quando você quita sua dívida comigo deve ser ajustado de acordo com a oportunidade que perdi. A maneira de calcular isso é descontar todo o dinheiro que recebo de você pela taxa de juros vigente. Por que a taxa de juros? Porque essa taxa reflete o que eu teria obtido simplesmente mantendo meu dinheiro depositado. Todos nós entendemos isso de forma intuitiva hoje, mas, naquela época, foi revolucionário dar um valor ao dinheiro ao longo do tempo. Esse conceito também permitia que mercadores e banqueiros pudessem discernir melhor entre vários projetos que eram convidados a financiar.

Os sumérios haviam introduzido as taxas de juros milênios antes, mas Fibonacci tornou o valor do dinheiro no tempo mais acessível ao expressar essa teoria em termos algébricos fáceis de calcular. A clareza de Fibonacci levou essas ideias às classes mercantil e bancária. E isso resultou, inevitavelmente, na combinação das duas: o banqueiro mercantil.

A contabilidade

Em Florença, o Palácio Pucci, que remonta ao século XIV, tem vistas extraordinárias para a cúpula da Catedral de Brunelleschi. Digam o que quiserem sobre os príncipes mercadores florentinos, mas eles sabiam preservar sua riqueza. A biblioteca do Pucci contém volumosos arquivos com livros contábeis, documentos e correspondências enviadas ou recebidas por mercadores, representantes e compradores de todo o mundo. O mercador florentino era um profícuo escritor de cartas, e a maioria delas se apoiava no livro-razão, contendo os balanços de diversos negócios. O balanço era a principal arma da nova classe de mercadores e nunca teria surgido sem a evangelização numérica de Fibonacci.

Cerca de 200 anos depois de Fibonacci, o monge Luca Pacioli (que ensinou matemática a Leonardo da Vinci e Albrecht Dürer) descreveu a contabilidade "italiana". Esse método, conhecido como partidas dobradas, gira em torno de um conjunto de componentes patrimoniais chamados contas, que eram elaboradas por banqueiros mercantis e seus escriturários para famílias, empresas e indivíduos ricos. As movimentações de dinheiro nessas contas são registradas como débitos e créditos. De modo simplificado, cada débito deve ter um crédito correspondente no balanço, e, ao final do período em questão, a soma total dos débitos e a soma total dos créditos devem ser iguais, mantendo o equilíbrio das contas. Assim que as contas fossem acertadas e todos fossem pagos, o processo podia recomeçar. É claro que a meticulosa contabilidade por partidas dobradas reduz a margem de erro, mesmo em contas complicadas, porém vai além: quando as contas se tornam corriqueiras, as pessoas comuns começam a pensar o mundo em termos de contas. Hoje não é raro vermos notícias citando as contas do país – e é mais comum ainda quando se fala de empresas, clubes de futebol e famílias. Essa forma de ver o mundo, diferente de tudo que existia antes, começou quando Fibonacci introduziu a "magia sarracena" na Europa.

Provavelmente, o desdobramento mais profundo de *Liber abaci* foi ao mesmo tempo intelectual e prático: a obra incentivava cada vez mais pessoas a uma investigação quantitativa e racional. No cerne da matemática quantificável está a noção de precisão. O livro-razão é o alicerce da conclusão fundamentada. Como dizem, os números não mentem. O mundo antigo era feito de conjecturas, milagres e suposições. O novo mundo de Fibonacci se baseava em valores objetivos e quantificáveis e em empirismo – um conceito novo e fundamental. A capacidade da mente humana de raciocinar com precisão é um dos grandes avanços em nossa compreensão do universo que nos rodeia. A matemática é a tecnologia que nos permite passar do vago ao meticuloso, das suposições nebulosas aos fatos exatos. Fibonacci mudou a forma como aprendemos, ensinamos e calculamos. A economia feudal estava dando lugar à Era do Dinheiro.

De início, os florentinos tementes a Deus proibiram os algarismos arábicos; mas a repressão raramente funciona, sobretudo se uma nova tecnologia estiver dominando a imaginação das pessoas. É impossível deter uma tecnologia poderosa. Mais do que isso, é impossível deter uma tecnologia poderosa que facilita ganhar dinheiro. No final do século XIII, os florentinos se deram conta de sua insensatez e, como bons operadores comerciais, introduziram o zero em seu mundo por meio de escolas de negócios especiais. Em 1350, a matemática indo-arábica já era tão popular que mais de mil alunos dentro dos muros de Florença frequentavam "escolas de cálculo" especiais. Essas escolas de cálculo (os MBAs de Harvard do século XIV) tinham como base a matemática transformadora de Fibonacci. Assim como os MBAs no mundo todo criaram uma casta da gestão – os soldados rasos do mundo corporativo –, as escolas de cálculo produziram sua própria casta comercial. Entre os alunos notáveis dessas instituições florentinas estavam Nicolau Maquiavel e Leonardo da Vinci. Até Dante Alighieri, grande crítico dos excessos dos banqueiros em Florença, mandou seu filho para uma escola desse tipo para aprender as artes obscuras do comércio.

Ter números, balanços e matemática era uma coisa, mas, para tirar melhor proveito dessas inovações, os florentinos desenvolveram uma moeda estável em que podiam confiar, que daria segurança aos mercadores. Um novo tipo de dinheiro estava entrando no mundo por Florença. E Dante, o filho mais famoso da cidade, reservou um lugar especial em seu "Inferno" para aqueles que o violaram.

8
DAS TREVAS PARA A LUZ

Divina comédia

Amada por Seamus Heaney, Samuel Beckett e James Joyce, *A divina comédia* é considerada por muitos a melhor obra de literatura europeia de todos os tempos. Oscar Wilde pediu uma cópia de "Inferno", a primeira parte, para meditar em seu inferno pessoal, a prisão de Reading. Como muitos italianos, Primo Levi sabia de cor grande parte da obra e, em seu livro de memórias *É isto um homem?*, ambientado no inferno real de Auschwitz, relata sua tentativa de relembrar os versos do poema para provar que a arte e a civilização sobreviviam mesmo enquanto os nazistas tentavam extinguir ambas.

Nascido em 1265, Dante era filho da Florença medieval, uma cidade bastante diferente da cidadela resplandecente que surgiria e na qual produziria sua obra-prima.[1] *A divina comédia* (escrita no exílio político, mais ou menos entre 1308 e 1321) traça uma progressão das trevas góticas para a luz pré-renascentista. Dante testemunhou um crescimento econômico vertiginoso, uma enorme convulsão política e mudanças sociais disruptivas.

A Florença de Dante era uma experiência, uma metrópole presunçosa, uma cidade-república autônoma governada por leigos instruídos e guildas mercantis, que jogava as duas bases de poder continental, o Vaticano e o Sacro Império Romano, uma contra a outra. Em um dos lados estava Roma, uma hierarquia vertical estrita dirigida por clérigos, sob o comando do papa; do outro, o sacro imperador romano, descendente de Carlos

Magno, governante de vastos territórios que se estendiam desde a Itália até a Alemanha. No meio, entre essas duas superpotências – uma armada com artilharia e a outra armada com Deus –, estava a corajosa e pequena República de Florença, armada apenas com uma promessa: negócios de risco.

Embora o poder dessas duas potências fosse capaz de esmagar Florença, a cidade tinha como trunfo o fato de corporificar uma ideia. Essa ideia era a possibilidade de ascensão social baseada em uma nova forma de governo – uma sedutora promessa de transformação individual.

De 1250 a 1300, a população de Florença passou de cerca de 20 mil para 100 mil habitantes.[2] Giovanni Villani, famoso cronista da cidade, observa que em 1338 Florença abrigava 600 tabeliães, 146 padeiros, 100 boticários, 60 cirurgiões, 30 hospitais, 80 casas bancárias e firmas de prestamistas e 10 mil crianças em escolas primárias.[3] Os florentinos chamariam a cidade, com seus magníficos espaços públicos, arte, arquitetura e palácios, de Nova Atenas. A transformação de Florença de pequena vila provinciana para a cidade de Boccaccio e, mais tarde, de Brunelleschi, Leonardo e Galileu – o berço do Renascimento e o eixo de um extraordinário dinamismo artístico, intelectual e político – foi forjada por um período de intensa inovação financeira e cívica. Um Estado modelo, um centro de comércio, aprendizagem, beleza e uma forma de democracia, Florença era uma cidade mercantil, uma das primeiras de seu gênero. Em vez de se organizar em torno de títulos, nobres ou senhores feudais governando por direito divino ou privilégio aristocrático, Florença se estruturou em torno do dinheiro.

No centro desse universo estava o florim, a moeda de ouro florentina. Se o Vaticano tinha as Escrituras e o imperador tinha legiões, a Nova Atenas tinha dinheiro. E, com dinheiro, mudaria a forma como a civilização urbana europeia se desenvolveu.

Em um período de predomínio da aristocracia feudal, da Igreja e dos cavaleiros combatentes, Florença era muito, muito diferente. Distanciando-se do Estado medieval e agrário, ela evoluiu como uma espécie de democracia burguesa. Era governada pelas guildas de mercadores, que elegiam seus líderes, e por aqueles que as financiavam: os banqueiros mercantis, que viajavam a negócios pelo mundo todo, de Londres ao Cairo. Nos contos do livro *Decamerão*, de Bocaccio, percebemos a extensão das redes comerciais florentinas e o cosmopolitismo casual do povo: os personagens, na década de 1340, viajavam de Beirute para a Espanha e de Paris para Alexandria, vivendo histórias de grande abrangência geográfica.

A Itália do século XIV era a junção comercial da Europa, um ponto de parada natural entre Oriente e Ocidente. E a cidade-Estado de Florença estava rapidamente se tornando o epicentro comercial, financeiro e intelectual da península.

A Europa Ocidental vivia uma fase inicial de globalização sem precedentes, um processo de grande abertura. Nesse contexto, a classe mercantil emergia como os aventureiros em ascensão, explorando as oportunidades criadas pela expansão comercial. Na época, assim como hoje, a globalização era um fenômeno urbano, portanto foram as cidades que floresceram com o comércio, e não o campo. Em termos econômicos, as cidades criam o chamado "valor agregado". Os mercadores compravam lã dos camponeses, usavam-na para fabricar produtos e os vendiam ao consumidor final a um preço mais elevado que o da lã – assim agregavam valor ao que vendiam. Primeiros reformadores sociais, essa burguesia cívica construiu orfanatos, hospitais, escolas e redes de esgoto. Foram revolucionários sociais, transformando a Florença do fim do século XIII. Seu objetivo era sacudir a velha ordem – e o dinheiro era sua arma.

As guildas florentinas

Embora possa soar enfadonho e pouco heroico, os mercadores florentinos eram não apenas artesãos qualificados e empreendedores, mas também excelentes gestores. Sabiam como tirar o máximo proveito de seus recursos. No fim do século XII, eles organizavam cada ofício em uma guilda – uma forma inteiramente nova de administrar os negócios.

A manufatura florentina funcionava em coletivos, comunidades em que os membros ajudavam uns aos outros. As guildas facilitavam o pensamento comercial estratégico: os mercadores podiam conjugar recursos, emprestar maquinaria uns aos outros, negociar em bloco, financiar-se e reduzir os custos dos insumos comprando em grandes quantidades. Podiam também inovar mais, afinal, "duas cabeças pensam melhor que uma".

As guildas eram as incubadoras de startups da era medieval. Elas permitiam aos artesãos realizar experimentos e compartilhar informações. No final do século XII, por exemplo, um vidreiro florentino – provavelmente um soprador – percebeu que as formas estranhas de vidro que seu trabalho produzia poderiam ser usadas para melhorar sua visão. Fazia anos que as pessoas sabiam que o vidro de formato convexo ampliava a visão, mas ninguém tinha inventado uma pecinha que se apoiasse sobre o nariz humano e tivesse duas hastes de metal aproveitando as orelhas para proporcionar equilíbrio às lentes. Soa óbvio para nós, mas alguém precisou ter a ideia e depois ajustar um protótipo. Com esses óculos rudimentares, que melhoravam a visão deixando as mãos livres, os florentinos criaram uma tecnologia que prolongaria substancialmente a vida profissional dos artesãos.

Isso pode parecer banal, mas, ao permitir que um único mestre artesão se mantivesse ativo mesmo que sua visão natural tivesse se deteriorado, os óculos tiveram enorme impacto. Considerando as centenas de artesãos ativos, foi algo transformador.

Esse é um exemplo de que mesmo pequenas inovações, organizadas em escala por meio de guildas colaborativas, elevavam a produtividade local. A natureza cooperativa desses grupos ampliava o impacto de qualquer invenção. Pode-se dizer que as guildas ajudavam a transformar uma invenção em inovação – sendo a inovação a aplicação comercial da invenção.[4]

Dentro de um curto período de cerca de 50 anos, vemos surgirem as principais instituições que sustentariam a prosperidade florentina. Em 1190 foram estabelecidas as Sete Grandes Guildas, ou *Arti Maggiori* – para juízes e tabeliães, banqueiros e negociantes internacionais, cambistas, comerciantes de seda, médicos e boticários, comerciantes de lã e negociantes de peles. Os primeiros membros da guilda de médicos e boticários foram a família Medici, sobrenome derivado do termo em latim para "medicina". Por volta de 1200 surgiu a Liga dos Banqueiros Florentinos, que se articularia com os banqueiros de Londres; a Lombard Street, na cidade de Londres, recebeu esse nome graças aos banqueiros italianos medievais da Lombardia que emprestavam dinheiro aos ingleses menos sofisticados financeiramente. Em 1218 foi criada a primeira guilda de proprietários de casas de penhores, precursoras das grandes famílias de banqueiros. O método de penhor de receber uma caução em troca de dinheiro revolucionou o sistema bancário florentino no século XIV.

Em 1233, pela primeira vez um censo mercantil obrigava os habitantes a registrar sua profissão ou ocupação e a se filiar a uma guilda. As guildas elegiam o *podestà* (o poder) que governaria a cidade.

Uma moeda de ouro

Em 1252, empolgados com o ouro que fluía para a próspera indústria têxtil local, os mercadores florentinos decidiram inovar financeiramente: reuniram recursos e cunharam a própria moeda, o florim de ouro de 25 quilates. O florim exibia em uma das faces a imagem de João Batista, santo padroeiro da cidade, e, na outra, um lírio, emblema de Florença. Essa escolha mostrava que a cidade e a religião tinham igual importância. Em termos financeiros, o florim se tornou o símbolo do poder florentino, de sua força mercantil e reputação – uma moeda com credibilidade, respaldada pela riqueza da república, na qual a Europa podia confiar. Com o tempo, essa credibilidade fez com que o florim se tornasse a moeda de reserva da Europa.

Os florentinos faziam uma distinção nítida entre o dinheiro que usavam no cotidiano e o dinheiro que usavam em terras estrangeiras ou para o comércio de longa distância. Enquanto o florim de ouro era voltado para os negócios atacadistas ou de longa distância, havia também uma *moneta di piccoli* de prata para o comércio varejista local, ou pequeno comércio, como o próprio nome sugere. Eram dois sistemas monetários bem diferentes, com uma taxa de câmbio flutuante gerenciada criteriosamente em Florença. Em Gênova e Veneza havia sistemas locais semelhantes.

Por volta de 1275 em diante, Florença foi de vento em popa. Muitas das obras-primas da arquitetura que os turistas atuais associam à cidade foram planejadas, se não concluídas, durante um período de intensa atividade comercial que durou até a eclosão da peste negra, em 1348. Teve início a construção das igrejas de Santa Maria del Fiore (1296), Santa Cruz (1294), Santa Maria del Carmine (1268) e Santa Maria Novella (1279), bem como do Campanário de Giotto (1334) e do Palazzo Vecchio (1298) – palácio onde Nicolau Maquiavel viria a atuar como secretário da república tempos depois e que hoje abriga muitas pinturas e esculturas renascentistas.

Florença se propôs a desafiar Roma com seu esplendor, mas a arquitetura florentina era democrática. Suas construções foram erguidas para o povo, por mercadores com espírito cívico. Esses sábios anciãos visavam criar belos espaços públicos, não privados. Ao contrário das dinastias principescas europeias ou dos cardeais, que acumulavam riquezas, as guildas e os príncipes mercantes de Florença espalhavam sua prosperidade, competindo para tornar sua cidade "*la più bella che si può*", a mais bonita possível. A guilda de lã mais rica, por exemplo, financiou muitos projetos, entre eles Santa Maria del Fiore. Esse desejo por uma cidade bela levou a reduzidas expressões de riqueza particulares. Além disso, foram promulgadas leis para limitar a altura das torres – diferentemente de outras cidades toscanas, como Siena e San Gimignano, onde famílias abastadas erguiam torres altíssimas para ostentar sua fortuna. Democráticos, os florentinos determinaram uma altura mais uniforme dos palácios, dando às suas ruas uma uniformidade clássica e a sensação de poder de planejamento central. O planejamento urbano de Florença reforçava suas aspirações burguesas: o mecenato e a riqueza andavam lado a lado, sustentados pela confiança na moeda.

O pecado de Adão

Contrastando com essa paisagem urbana de beleza ordenada e democrática, a Florença da juventude de Dante era um lugar caótico – um labirinto de ruas escuras e sujas onde as pessoas viviam aglomeradas. O sapateiro, o seleiro, o alfaiate, o ourives e o barbeiro exerciam seu ofício na rua, que servia de loja, fábrica e matadouro. O lugar fedia a sangue, animais vivos, excremento humano, peixe e ao terrível cheiro proveniente dos curtumes. Nos rios e canais, tintureiros lavavam roupas – exceto durante a vindima, quando toda a água doce era reservada para o vinho. O arauto anunciava nascimentos, mortes, casamentos, adultérios, falências e outras notícias a partir de informações obtidas com os mercadores, cujas redes de contato se estendiam além da Itália. Prostitutas e ladrões eram arrastados nus e açoitados pelas ruas, ao passo que hereges eram queimados na fogueira por crimes contra Deus e ladrões ardiam em chamas por crimes contra o dinheiro.

Ao andar por esses becos, o jovem Dante teria testemunhado cenas de crueldade casual. A punição estava inserida na trama da sociedade – pecadores deveriam sofrer publicamente, o perdão era incomum e ofensas e insultos eram enfrentados com justiça, que por vezes incluía a morte. Quando criança, ele provavelmente sentia o cheiro de carne queimada e ouvia os gritos agonizantes dessas sentenças sendo executadas. Tais imagens permaneceram com Dante e formariam a base das abominações infligidas aos vários pecadores em seu "Inferno", obra que deu à nossa cultura as ideias que temos de inferno e a visualização de seus tormentos.

Dante reservou uma de suas punições mais medonhas ao crime de falsificação. No Canto 30, Dante e Virgílio, seu guia pelo submundo, encontram dois falsificadores, um dos quais é o infeliz mestre Adamo, um falsificador da vida real que tentou depreciar o florim florentino. Na obra de Dante, ele é condenado ao oitavo círculo do inferno, apenas um acima de Lúcifer.

Adamo (que era inglês) estudou em Brescia, cidade concorrente de Florença. Ele foi persuadido por prósperos mercadores brescianos a depreciar o florim substituindo três quilates da moeda de ouro puro por cobre. A moeda pesava quase o mesmo, mas era falsa. Dante equipara Adamo a outro mentiroso: Simão, o Grego, o homem que enganou os troianos fazendo-os acreditar que o cavalo de Troia era um presente bem-intencionado. A traição de Simão levou à destruição de toda uma civilização. Por que Dante o igualaria a Adamo, um mero falsificador oportunista? Parece desproporcional – mas somente para quem não compreende o papel central do florim como pilar de sustentação do poder de Florença.

Um florim valia cerca de 125 euros em valores atuais. Para se ter uma ideia do que isso significava na época, uma moça escravizada ou uma mula podiam ser compradas por 50 florins – cerca de 6 mil euros.[5] À medida que os florentinos expandiram suas redes de comércio por toda a Europa, o florim virou a marca registrada da força da cidade, tanto quanto um meio de troca. Pesando 3,53 gramas de ouro puro, tornou-se a moeda de reserva da Europa mercantil, o que lhe conferia um papel superior nas finanças internacionais – não muito diferente do dólar americano nos dias atuais. Em todo o continente, mercadorias eram trocadas em florins, dívidas eram pagas em florins, empréstimos eram concedidos em florins e a riqueza era medida e guardada em florins. A moeda húngara ainda hoje é chamada de florim (ou *forint*) e o território ultramarino holandês de Aruba usa o florim arubano. A moeda holandesa também tinha esse nome antes de o país adotar o euro.

O florim logo se tornou a moeda mais forte da Europa. Era amplamente aceito como unidade monetária desde Londres e Bruges, no norte, até

Alexandria e Tiro, no sul. Quando sua moeda é prontamente aceita pelo mundo, ela ganha a mais elusiva das qualidades: liquidez. Uma definição simples de liquidez é: a facilidade e o tempo necessários para concluir uma transação em uma moeda. Quanto mais liquidez, mais fácil é a transação. Se, no caso de uma moeda, houver uma procura significativa dos produtos que a lastreiam, a quantidade de moedas em circulação aumentará e, embora seu valor permaneça o mesmo, sua usabilidade intrínseca e, portanto, seu valor prático vão subir.

No caso de Florença, os produtos que lastreavam a moeda eram os têxteis. Em 1338, 10 anos antes da chegada da peste negra, Villani estimou que, de seus 100 mil habitantes, 30 mil trabalhavam com tinturaria e vestuário nas 200 oficinas de lã.[6] Florença importava as lãs inglesa, espanhola e francesa e as transformava em artigos de luxo de alta qualidade para exportação. Os lucros eram então reinvestidos pelo sistema bancário.

Por causa de sua liquidez, todos queriam acertar suas contas em florim. O Estado que cunha as moedas que todos desejam tem o chamado *soft power*. Trata-se de poder de persuasão. No contexto de hoje, pense no poder que o dólar americano confere aos Estados Unidos. Petróleo, cobre, aço, urânio, minerais terras-raras, madeira, algodão, seda, diamantes – todas essas commodities são cotadas internacionalmente em dólares, e, para adquiri-las, o comprador deve primeiro comprar dólares, que os Estados Unidos emitem. O florim desempenhou o mesmo papel na economia medieval, com vantagens financeiras significativas a seu emissor, Florença.

Cunhar a moeda de reserva dá ao seu emissor o privilégio escandaloso de ter algumas das commodities e de outros produtos do mundo precificados na sua moeda, mesmo que ele não os extraia nem produza. Vamos pensar no que acontece por conta disso. O dinheiro de toda a Europa e de outros lugares fluía para Florença, onde era recunhado. A demanda era pelo florim, a moeda em si, o que faz subir o preço do florim mas faz baixar o preço dos bens para os florentinos. Eles conseguem pechinchas em todos os lugares à medida que o valor de sua moeda aumenta. Enquanto isso, o restante do mundo precisa fornecer mais recursos para conseguir os florins necessários para suas negociações. Para os banqueiros florentinos, isso é uma vantagem porque eles podem investir no exterior de forma barata: abocanham bons negócios e, ao mesmo tempo, se beneficiam de mercados de capital líquidos em casa. Os florentinos se tornaram os compradores preferidos, porque tinham a moeda que todos desejavam.[7]

Para Dante, o falsificador era um criminoso atroz porque, sendo a probidade fiscal e financeira a base política, sabotar a moeda era sabotar o governo. O falsificador não estava apenas prejudicando a moeda; estava ameaçando a própria república. Um propósito prático do florim era promover o comércio ao dar ao usuário a confiança de uma moeda intocada por falsificações. Assim, o crime de Adamo era um crime contra a credibilidade florentina – não apenas interna, mas também externamente. Qualquer pessoa que interferisse no dinheiro florentino estava interferindo na ascensão de Florença.

A mente monetária

O dinheiro não estava apenas alterando a forma como os florentinos conduziam seus negócios; ele mudou sua visão de mundo, colocando-os em rota de colisão com o antigo regime, em um eco da heresia financeira de Fibonacci. A atividade bancária e, em particular, a atividade bancária mercantil em grande escala implicavam caminhar em uma linha tênue com a Igreja.

A Igreja condenava a prática de ganhar dinheiro com dinheiro porque contradizia uma doutrina central, aperfeiçoada por Tomás de Aquino, conhecida como "preço justo". O preço justo determinava que todo dinheiro deveria estar relacionado a algo real ou tangível, como trabalho ou terra. É aqui que o religioso São Tomás de Aquino encontra o ateu Karl Marx. Ambos rejeitavam um dos principais atributos do dinheiro – a abstração –, talvez porque a abstração confunde a mente dogmática. Em uma dança de elegância eclesiástica concebida para permitir que a Igreja continuasse a ser o único prestamista na cidade, o Vaticano surgiu com um enigma retórico: se a taxa de juros é o preço do tempo, medido pela taxa de juros do empréstimo para uma semana, um mês ou até mais, quem pode avaliar isso? Como pode um mero mortal saber o valor do tempo? Apenas o Senhor pode fazê-lo, obviamente, pois o Senhor é o criador do tempo. A usura era, portanto, um crime contra Deus porque Deus inventou o tempo e apenas Deus ou seus mensageiros na terra, os bispos, poderiam lhe atribuir um preço.

Seculares, as escolas de cálculo que tinham sido criadas para ensinar as inovações matemáticas de Fibonacci desafiavam a educação eclesiástica, substituindo o dogma pela lógica, a superstição pelos numerais e as suposições pelo rigor. E, à medida que o poder mercantil se expandia, um confronto entre Deus e Mamom tornava-se cada vez mais provável. As escolas de negócios, embora ainda reservadas aos filhos dos abastados, mudaram a forma como as pessoas eram educadas. A educação não era mais restrita às ciências humanas, com os monges na liderança. Os banqueiros e os comerciantes estavam agora na vanguarda de um novo tipo de educação numérica, que envolvia risco, probabilidade, mensuração e, em última análise, treinava pessoas para valorizar o futuro em vez de simplesmente desvendar o passado. Estávamos começando a testemunhar uma guinada do raciocínio dedutivo para o indutivo, escapando das amarras do que já sabemos e abraçando noções do que ainda podemos vir a descobrir. O mundo numérico, mediado pelo dinheiro, era incongruente com os ensinamentos da Igreja, mediados pelas Escrituras. O mercador, um figurante na época do nascimento de Dante, era onipresente na época de sua morte, em 1321. O dinheiro estava impulsionando a Europa a sair da escuridão pré-dantesca para a luz da Renascença.

O poder das redes

Existem poucos relatos melhores sobre o ritmo e a agitação diários da vida de um mercador que *The Merchant of Prato* [O mercador de Prato], de Iris Origo, publicado pela primeira vez em 1957. Baseado em 150 mil cartas e milhares de registros de Francesco di Marco Datini, nascido na Toscana por volta de 1335, permite conhecer a vida pessoal e empresarial de um mercador que fez fortuna a partir do zero, revelando como a economia global do final do século XIV era sofisticada e integrada. Nos livros contábeis do mercador de Prato estava inscrito o lema "Em nome de Deus e do Lucro".

Datini é apresentado no início do livro como um aprendiz ambicioso na cidade papal de Avignon. Ao longo de 35 anos, por meio de uma combinação de rigor, avaliação de riscos e ousadia – e munido da matemática de Fibonacci –, ele construiu uma empresa global com uma rede comercial que abrangia milhares de quilômetros por terra e mar. Seus registros incluem um diário de ansiedades cotidianas, juntamente com cartas de amor para a esposa, Margherita, que o repreende e consola, atuando como sua conselheira e confidente. O casal não teve filhos, mas, quando o mercador engravidou uma das escravizadas (uma tártara chamada Lucia), Margherita acolheu a criança e a criou como se fosse sua própria filha. Datini vivia em trânsito e Margherita, uma nobre florentina, segurava as pontas em Prato, efetivamente supervisionando os negócios em casa. Nessa configuração, as muitas cartas entre os dois os mantinham informados sobre o que estava acontecendo. Vemos um casal lidando com os altos e baixos de um casamento longo e nem sempre fácil. Datini também descreve sua amizade com Ser Lapo, um tabelião especialista em vinhos finos e bon vivant. A conversa deles mistura assuntos como comida e vinho, casa e família, o negócio têxtil e suas visões sobre dinheiro, política e religião – tornando familiares para nós as preocupações de sua vida cotidiana, ainda que tenha se desenrolado sete séculos atrás.

A abrangência geográfica dos negócios de Datini é extraordinária. Ele comprava a melhor lã das Cotswolds inglesas, e os corantes e fixadores que faziam seu produto brilhar (vermelhão, brasil, grana, açafrão e alúmen) eram adquiridos de uma rede comercial que cobria o mar Negro, a costa norte-africana, as ilhas Baleares, a Espanha e o Líbano.[8] Uma única peça de vestimenta podia ser o resultado de acordos com abades ingleses, franceses e flamengos, bem como de uma rede de contatos em Veneza, Gênova, Barcelona e Maiorca. Datini seguia o dinheiro, de olho em cada detalhe dessa complexa teia. E isso tudo era apenas para o segmento de roupas de seus negócios.

O poder mercantil não está no que a pessoa conhece, mas em *quem* ela conhece – embora, no caso de Datini, provavelmente tenha sido uma combinação de ambos. Sua influência não provinha de um exército, tampouco de algum título hereditário, mas de sua rede, evidenciada em milhares de suas cartas.

O arquivo de Datini revela um vasto sistema intercontinental de contratos, relações e obrigações. A matemática de Fibonacci permitiu esse sistema por ser a linguagem comum de mercadores diversos; Datini era um dentre muitos. A tecnologia de Pacioli – o balanço patrimonial e sua contabilidade pelo método das partidas dobradas – também era empregada, contribuindo para o desempenho máximo de cada empreendimento. A cola que mantinha unida essa rede dinâmica era o dinheiro. Sem esse mediador comum, redes comerciais complexas não fazem sentido. Há muita coisa acontecendo para que cada mercador possa manter o controle de tudo, de modo que eles tinham que confiar em algo para reduzir toda essa atividade a números compreensíveis. Esse algo era dinheiro – lucros e perdas, receitas e despesas, expressos em um denominador comum.

Uma forma útil de pensar sobre a economia das redes é considerar as redes sociais de hoje: uma plataforma como o Instagram depende dos seus milhões de usuários, e, quanto mais pessoas a utilizam, mais forte ela se torna. O dinheiro, por ser uma tecnologia social, sempre encorajou as redes e foi encorajado por elas. Sejam as redes básicas, tais como surgiram primeiro com os lídios e depois com os gregos, ou as redes florentinas, mais sofisticadas, as propriedades essenciais da economia de rede permanecem as mesmas. Estruturalmente, as redes são hierarquias horizontais e não verticais. Uma hierarquia vertical é um sistema antiquado, *top-down*, sustentado pela obediência. As duas bases de poder regional que ameaçavam a Florença medieval, o Vaticano e o Sacro Império Romano, eram hierarquias verticais clássicas.

A autoridade dos senhores da guerra e dos sacerdotes advinha da prática ou convenção de um sistema de organização social estruturado por subserviência, linhas de comando e uma esfera de poder que operava em torno do "Grande Homem", como um papa ou um rei. No entanto, se os recursos forem gastos com o único objetivo de satisfazer o Grande Homem e seus aliados, serão desperdiçados. Quando todos se curvam diante do Grande Homem, perder as graças dele é, na melhor das hipóteses, prejudicial, e na pior das hipóteses é mortal. Nas hierarquias verticais, a dissidência é perigosa, mas, se não há dissidência, de onde vem a inovação? Se todos estão em conformidade, como melhorar, como introduzir novas formas de fazer as coisas? E, se não se recompensa a disrupção, como progredir? As hierarquias verticais podem parecer sólidas, mas são frágeis.

Em contrapartida, as redes estão constantemente sujeitas a tensões, portanto se adaptam. As hierarquias horizontais têm maior probabilidade de promover indagação intelectual e comercial, condições que tornam possível a evolução econômica. As redes se beneficiam da força dos laços fracos.⁹ Se os laços de uma rede forem fortes demais – como no caso das religiões rígidas, do localismo intenso, do nacionalismo obstinado ou das famílias –, essas redes ficam restritas. As redes comerciais, mediadas pelo dinheiro, são mais flexíveis porque o dinheiro é o último elo fraco, unindo-nos de forma não exclusiva. O dinheiro é usado por todos. E quanto mais pessoas o utilizam, mais forte ele é, porém mais fracos são os laços absolutos. Quando visto como elemento formador de redes, o poder do dinheiro se torna imenso.

Algo estava acontecendo em Florença e outras cidades mercantis: as hierarquias verticais, governadas de cima para baixo, que dirigiam as sociedades havia milênios, começavam aos poucos a ser desafiadas por um novo tipo de estrutura de poder, a rede horizontal. Quanto mais dinâmico for o ambiente – digamos, uma economia urbana em rápida expansão –, mais pessoas entrarão na rede, criando mais produtos e ideias novos e assim a fortalecendo. As redes giram em torno de polos onde a atividade é intensa e as conexões são feitas facilmente. Esses lugares vibram de energia econômica. As cidades-Estados, como Florença, eram polos comerciais, unidos pelo elo fraco do dinheiro. As guildas da Florença do século XII eram redes localizadas, mas ao final do século XIV estavam se tornando globais, impulsionadas pelas finanças internacionais.

No mundo de reinos pré-renascentista, novas redes monetárias ameaçavam o status quo. As redes verticais são fechadas, baseadas em fronteiras e países, mas as horizontais não respeitam fronteiras nacionais, sendo ao mesmo tempo cosmopolitas e supranacionais. A classe mercantil vivia em cidades-Estados e não estava muito interessada em guerras de expansão territorial. Ela compreendia que a guerra é cara, um desperdício de recursos. E as guerras destroem as redes. Melhor evitar. O dinheiro e o mundo mercantil ofereciam um modo de vida inteiramente novo para pessoas ambiciosas e determinadas, e os mercadores logo descobriram como ampliar suas oportunidades usando uma arma mais potente que a espada e mais evocativa que as Escrituras. Ora, o poder mercantil se baseava no dinheiro; se essa nova casta conseguisse um jeito de tirar o controle do dinheiro das mãos do rei e da casa da moeda, seria imbatível. Estávamos prestes a passar de uma era do dinheiro para uma era das finanças.

Dinheiro criado do nada

Não obstante o status icônico do florim, havia um desenvolvimento financeiro igualmente importante em curso em Florença: o surgimento da atividade bancária. Em seu nível mais básico, o setor bancário é o negócio de captar e emprestar dinheiro. A gênese do sistema bancário moderno em Florença tinha três fontes: a penhora, o câmbio de moedas e o banco mercantil. Os penhoristas florentinos emprestavam dinheiro recebendo como caução uma ampla variedade de mercadorias. Os cambistas, por sua vez, frequentavam feiras e mercados, expondo caixas de moedas sobre uma bancada – um *banco*, em italiano –, e, usando balanças para verificar os pesos, compravam e vendiam moedas. Com mercadores afluindo de toda a Europa para os mercados de Florença, uma enorme variedade de moedas estrangeiras estaria em circulação. Com os lucros acumulados nessa atividade, os cambistas puderam se tornar prestamistas.

O banco mercantil, por sua vez, surgiu como uma evolução natural do sistema de "*putting out*", que eram empréstimos feitos aos agricultores para ajudá-los a se sustentar no período entre a semeadura e a colheita. Na era feudal, assim como na Mesopotâmia de Kushim, a economia era uma questão sazonal, ligada às vicissitudes da natureza. O comércio era baseado na terra. Comíamos o que vinha da terra, vestíamos o que vinha da terra, vivíamos no que vinha da terra, e, para a maioria das pessoas, depois de comida, roupa e abrigo não havia muito mais. Por causa dos intervalos sazonais, os mercadores florentinos haviam desenvolvido muitas técnicas de empréstimo, não só para cobrir a lacuna entre semeadura e colheita, mas também para o processo de transformar matérias-primas em mercadorias. Nesse intervalo de tempo entre a semente e o grão de cereal, entre a lã e a roupa, o ceifador, o trabalhador do campo, o fiandeiro e o tecelão, entre outros, precisavam de capital de giro.

A Arte della Lana florentina, a guilda dos tecelões de lã, emprestava matérias-primas, como lã crua, a trabalhadores a um preço predeterminado que seria pago quando o trabalhador devolvesse a roupa acabada – uma forma rudimentar de desconto de recebíveis. Os novos empreendedores emprestavam matérias-primas e ferramentas, que eram o capital necessário para iniciar a produção. Não foi necessário nenhum grande salto de imaginação para começarem a emprestar dinheiro diretamente para fins de investimento, cobrando uma taxa de juros razoável, ou, para contornarem as sanções da Igreja, cobrando outras taxas e valores para ter alguma vantagem.

A máquina de dinheiro

No início, quando um mercador desejava transferir dinheiro para outro, ele levaria fisicamente as moedas de um depósito para outro se estivesse lidando com bancos e cofres diferentes. Era um processo trabalhoso e demorado. Por que não simplesmente emitir um documento escrito ao banqueiro indicando que o depositante desejava transferir determinada quantia para outro depositante? Isso foi chamado de carta de crédito. Aí está a origem do cheque. Se você confiasse no banco em termos de crédito, então esses pedaços de papel seriam tão válidos quanto dinheiro. Um mercador que tinha dinheiro a receber poderia pedir a seu devedor que lhe emitisse uma carta de crédito. Ele poderia usar essa carta de crédito para pagar parte da própria dívida, trazendo assim para a rede um terceiro mercador, que talvez não tivesse conexão alguma com o devedor original. O importante é que o banco idôneo, em geral familiar, atuasse como uma câmara de compensação onde todas essas cartas de crédito poderiam ser liquidadas. Dessa forma, a carta de crédito ampliava a rede de confiança.

Um parente próximo da carta de crédito era a letra de câmbio, uma inovação bancária da Lombardia (embora possivelmente herdada dos árabes). Durante a vida de Datini, esse instrumento revolucionou o comércio internacional, ligando Florença a Lyon, Bruges a Barcelona, mercador a produtor e fornecedor a banqueiro. Uma letra de câmbio emitida a um mercador por um banco europeu era reconhecida no exterior como determinada quantia em dinheiro. Desde que o banco tivesse solvência, o mercador poderia usar essa letra de câmbio para pagar pelas mercadorias. A letra de câmbio se tornou uma espécie de moeda internacional, permitindo que o sistema mercantil crescesse de maneira exponencial: quanto mais letras de câmbio, mais mercadorias, mais comércio, mais dinheiro, mais cauções, mais letras de câmbio. Com o tempo, as grandes feiras comerciais da Europa já não se limitavam à troca de produtos, passando a ser também locais em que se liquidavam milhares de letras de câmbio, usadas no comércio por todo o continente. No topo do sistema estava o banqueiro mercantil.

As letras de câmbio são dinheiro virtual – dinheiro sem nenhuma restrição além de confiança e fé. Os bancos florentinos de confiança evoluíram, juntamente com os de Gênova, Nápoles, Milão e Veneza, para a área da criação de crédito ao passarem para aquilo que os economistas hoje chamam de sistema bancário de reservas fracionárias. A terminologia vem da ideia de que um banqueiro precisa manter apenas uma fração de suas reservas para cobrir a possibilidade de um depositante querer seu dinheiro de volta. Dessa forma, o banqueiro utiliza o restante do dinheiro depositado para conceder empréstimos, e o crescimento do crédito é exponencial. Esse desenvolvimento foi como passar do arado para a máquina a vapor. Vamos ver como funcionava.

Em tempos normais, você deixa seus depósitos no banco. O mesmo acontecia no século XIV. Esse dinheiro é altamente valioso para um banqueiro e está no coração do sistema bancário de reservas fracionárias. Os banqueiros mercantis perceberam que grande parte do dinheiro depositado neles não era sacada com frequência. Havia uma razão muito boa para isso: detentores de ouro e prata eram alvo fácil para ladrões. A retirada lenta de depósitos sugeria que o banqueiro mercantil poderia emprestar parte desse dinheiro a outros clientes. Desde que mantivesse uma reserva razoável para suprir retiradas repentinas, o banqueiro poderia se beneficiar emprestando o dinheiro a uma taxa de juros elevada.

Conforme o banqueiro mercantil fosse construindo sua reputação de confiabilidade e honestidade, mais depósitos receberia. Ele seria então capaz de ampliar ainda mais o crédito para a economia florentina. Em muitos casos, o dinheiro que ele emprestava circulava e acabava nas mãos de mercadores que depositavam esse dinheiro no mesmo banco. Era um processo de empréstimos levando a depósitos, que podiam ser usados para conceder mais empréstimos que levariam a mais depósitos, e assim sucessivamente, transformando os bancos em máquinas de dinheiro. Esse efeito multiplicador é a fonte de todas as finanças.

Em essência, as finanças quebraram o vínculo entre o rei e o dinheiro. Antes, apenas a casa da moeda podia "produzir dinheiro". Com o surgimento do banco mercantil, o banqueiro adquiriu esse poder. Assim, as finanças começaram a transferir o poder na sociedade do rei para o mercador, da rede vertical para a rede horizontal e do palácio para o escritório.

Banqueiro mercantil, o mediador do poder

Apesar de sua fé, Datini se tornou um banqueiro mercantil, ganhando dinheiro a partir de dinheiro. Assim como outros mercadores, ele contornava a proibição da Igreja à usura cobrando taxas alternativas, mas, na prática, o resultado final era o mesmo: dinheiro gerando dinheiro, o que levava a mais empréstimos concedidos, mais contratos assinados, mais devedores e mais credores. Esses desenvolvimentos geraram uma nova classe, a de escriturários, tabeliães e advogados. O direito comercial se desenvolveu em paralelo, estabelecendo as regras para mercadores, seus agentes, fornecedores, clientes e banqueiros.

E por que parar no financiamento para o comércio? Se o sistema de cartas de crédito estava funcionando, por que não emprestar para o consumo? Afinal, os mercadores precisavam ganhar a vida. Surgiu então uma nova camada de cartas de crédito, financiando o consumo das crescentes classes mercantis. Datini começou sua carreira em Avignon vendendo escudos, espadas e cota de malha. Agora, estendendo-se por um império global, seu próprio banco financiava toda a operação e a de muitos outros.

Na época de sua morte, em 1415, a Europa estava conectada por uma colcha de retalhos de rotas comerciais que percorria rios e cadeias de montanhas, estendendo-se de norte a sul, de leste a oeste, e no centro dessas rotas estavam os mercadores. Nem mesmo a peste negra, em 1348, conseguiu prejudicar o extraordinário desenvolvimento monetário, social, intelectual e político de Florença. O florim não se desvalorizou. A cidade pode ter perdido metade de seus habitantes, mas a adesão à moeda forte era absoluta.

No século seguinte à peste, impulsionada pelos mercadores e pela economia de rede, Florença irradiava a impressionante genialidade intelectual, artística e comercial de Cosimo de Medici, Leonardo da Vinci e Michelangelo. O brilhantismo intelectual se aliou ao virtuosismo artístico e foi ancorado pela musculatura econômica da classe mercantil, criando um modelo inteiramente novo de poder político. Essa aliança levaria ao questionamento de tudo que tinha vindo antes, e isso daria início ao Renascimento, que seria seguido pela Reforma e pelo Iluminismo. É difícil ver como qualquer um desses grandes avanços poderia ter ocorrido sem a inovação e o poder do dinheiro, do crédito e do comércio que os acompanharam, afastando a economia do feudalismo.

Um novo mapa da Europa estava emergindo, com a produtiva Itália no centro e tendo como uma das joias de sua coroa a cidade de Florença, cujo residente mais célebre viria a ser conhecido como o Homem da Renascença – um polímata perspicaz e talentoso, familiarizado com uma variedade de idiomas e animado pela arte, pela filosofia, pela matemática, pelas finanças e pelo comércio. Muito distante da pequena cidade murada da juventude de Dante. Mas isso não aconteceu por acaso. O catalisador dos mercadores foi o dinheiro e, em particular, o dinheiro criado pelos bancos, que rompeu com o poder da casa da moeda e a tirania da moeda de metal, a moeda palpável. Os banqueiros concediam empréstimos com base em reputação sólida, não em metais-base. O dinheiro criado pelos bancos privados – o que hoje chamamos de finanças – turbinou esse processo, com empréstimos impulsionando depósitos, que geravam mais empréstimos. Era o dinheiro deslocando o comércio da dimensão física para a abstrata. Um simples papel, respaldado pela reputação de um banco, era tão valioso quanto o próprio florim respaldado pelo ouro. Estávamos avançando para um mundo diferente, e o centro geográfico desse mundo iria se transferir da península Itálica para as regiões ultramontanas além dos Alpes.

9
A IMPRESSORA DE DEUS

O trambiqueiro

Johannes Gutenberg era bom de briga. Muitos de seus embates foram parar nos tribunais, o que nos deixou registros de um oportunista talentoso, que flertava com o perigo. Gutenberg se desentendeu com credores, sócios, ex-funcionários e potenciais sogros. Brigou por dinheiro, ações, promessas, patentes e mulheres – mais precisamente, suas intenções em relação às mulheres. Não é essa parte de sua biografia que costuma chegar até nós, mas certas pistas sugerem que Gutenberg era um canalha. Um colorido rastro de petições e contestações pinta a imagem nítida de um golpista-empreendedor sempre à beira do abismo na Europa do século XV.

Gutenberg vivia endividado, tinha uma pontuação de crédito duvidosa e constantes problemas financeiros. Ourives ambicioso, precisava de dinheiro, mas, com seu histórico de calotes, estava com a reputação manchada nas ruas, tabernas e becos de Mainz, Alemanha. O fato de estar sendo perseguido pelo pai de uma moça de Estrasburgo a quem prometera casamento sugere que não temia queimar pontes. Definitivamente, não era um homem convencional. Digamos apenas que J. G. não era um AAA no ranking de risco, mas um *junk bond*. No entanto, Gutenberg sabia que Deus dava dinheiro. Se conseguisse entrar na mina de ouro eclesiástica, estaria com a vida ganha.

Embora os banqueiros mercantis italianos tivessem criado sua própria máquina de dinheiro, nas planícies do interior da Alemanha o dinheiro continuava nas mãos daqueles que portavam chapéus pontudos e turíbulos para espalhar incenso pelos corredores das igrejas. O mais próximo que o jovem Gutenberg chegava do tabernáculo de ouro era ao atuar na precária extremidade do mercado religioso: o de suvenires. No início da década de 1430 ele podia ser visto na cidade sagrada de Aachen tentando vender espelhos "abençoados" aos peregrinos. Tem gente que até hoje ganha dinheiro vendendo lembrancinhas em festivais, e, como eles mesmos dizem, a diferença entre um dia lucrativo de vendas ao ar livre e um desastre comercial muitas vezes é o clima. Para infelicidade de Johannes, no dia do festival de 1432 caiu um temporal e o evento foi cancelado, deixando nosso personagem com um estoque encalhado – e, pior ainda, invendável – juntamente com uma pilha de contas a pagar, sem falar dos empréstimos pendentes.

Com 28 anos, desempregado e endividado até o pescoço, Johannes estava regredindo. Ele precisava de algo melhor que vender espelhos sagrados falsos. Sabia como o varejo funcionava; da próxima vez, tentaria o mercado de luxo. Foi então que, apesar de suas finanças arruinadas, Gutenberg teve uma ideia revolucionária. Ele estava diante de uma invenção que iria abalar para sempre o ofício de escrivães, tabeliães e monges. No curto prazo, imaginou que sua engenhoca beneficiaria a instituição financeira dominante na época: a Igreja. Não fazia ideia da importância desmedida que teria sua prensa tipográfica. Naquele momento, o jovem Gutenberg precisava de financiamento para executar seu plano de se tornar impressor-chefe do arcebispo de Mainz.

Para a sorte de Gutenberg, a Alemanha comercial do século XV estava repleta de títulos perpétuos, corretores e prestamistas. As inovações financeiras tinham aumentado o apetite pelo risco e havia dinheiro em abundância. A Alemanha era uma colcha de retalhos de reinos e cidades mercantis, cada um cunhando as próprias moedas. Com tantas moedas diferentes em circulação e sem taxa de câmbio oficial, abria-se uma brecha para a arbitragem – a prática de explorar as diferenças de preços entre mercados para obter lucro, comprando barato em um lugar e vendendo mais caro em outro. A Igreja proibia a usura, mas, nas feiras comerciais, negociantes astutos exploravam as taxas de câmbio imprecisas para extrair lucros cobrando empréstimos sem o conhecimento da Igreja. As taxas de câmbio flutuantes impulsionavam a atividade comercial por toda a Alemanha.

O Osso de Ishango, encontrado na fronteira da República Democrática do Congo e datado de cerca de 18000 a.C., é a evidência mais antiga que temos da matemática humana e, possivelmente, do dinheiro. Especula-se que os entalhes neste pequeno osso indiquem um balancete, o que faria dele a primeira evidência registrada de contabilidade.

Esta tabuleta é da cidade mesopotâmica de Drehem e data de cerca de 2100 a.C. Primeiro exemplo conhecido de software financeiro, contém prognósticos para um investimento ligado à criação de gado.

Com uma coruja em uma das faces e a deusa Atena na outra, a tetradracma grega foi a moeda mais cunhada na Antiguidade, permanecendo em uso contínuo por mais de 700 anos. Ela unificou as colônias gregas que se espalhavam pelo Mediterrâneo, o Egeu e o Mar Negro.

Mercadores gregos medindo e pesando mercadorias na ágora. Ao colocar o dinheiro e o comércio no centro da cidade, a ágora grega, um grande bazar urbano, funcionava como um local não apenas para o comércio, mas também para troca de ideias, debates, boatos e entretenimento.

Das 29 fachadas comerciais pintadas descobertas até hoje nas ruínas de Pompeia, 19 retratam Mercúrio, o deus do comércio. Aqui ele é o ponto focal em um afresco da Casa dos Vettii, residência luxuosa que sobreviveu à destruição da cidade.

Habitantes de Pompeia comprando pão com dinheiro miúdo. As moedas pequenas amplificaram o poder do dinheiro: quanto menor o valor, menor a transação e mais pessoas atraídas para as redes do mundo comercial.

O presente mais duradouro de Vespasiano a Roma foi o Coliseu (representado aqui em um desenho de Piranesi de 1776), cuja construção foi paga com saques a territórios conquistados. O imperador compreendia o poder do dinheiro e sabia que, desde que tenha valor, as pessoas que o possuem esquecem de onde ele veio.

Após séculos de declínio, o dinheiro reapareceu no norte da Europa na virada para o segundo milênio. Esta escultura em uma guilda medieval na praça central de Goslar, na Baixa Saxônia, mostrando um homem defecando moedas, enfatiza a riqueza que a cidade adquiriu graças a suas minas de prata.

ABAIXO:
O mercado medieval era o lar de uma nova classe poderosa: os mercadores. Ali, cambistas, banqueiros, comerciantes e negociadores liquidavam letras de câmbio, concediam empréstimos e alimentavam a economia em expansão.

O *follaro*, a moeda de prata cunhada que era o padrão da Sicília normanda, evidencia a síntese de culturas que predominava na ilha. Em uma das faces, uma inscrição árabe indica a data da cunhagem de acordo com o calendário árabe, ao passo que na outra está gravada uma referência cristã em latim.

O teto da Capela Palatina, em Palermo, mostra as três grandes civilizações da Sicília (normandos latinos, bizantinos gregos e árabes muçulmanos) vivendo em harmonia. Nessa construção normanda, o entalhe em madeira é de estilo sarraceno, o teto é em arabesco e os pilares trazem réplicas de mosaicos bizantinos.

Nascido em 1265, Dante Alighieri (retratado aqui por Botticelli) era filho da Florença medieval, e sua *Divina comédia* retrata a transição da escuridão gótica à luz pré-renascentista.

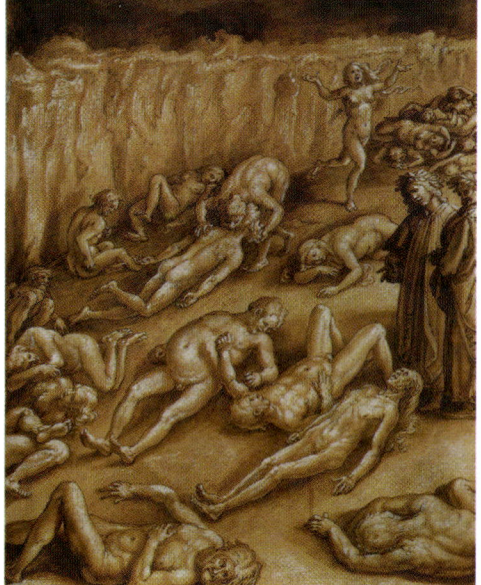

Nesta ilustração de Stradanus de 1587, mestre Adamo, o falsificador retratado no "Inferno" de Dante, é mostrado se contorcendo de dor e com a barriga inchada de hidropisia. Para Dante, um ataque ao florim era um ataque à integridade da própria Florença.

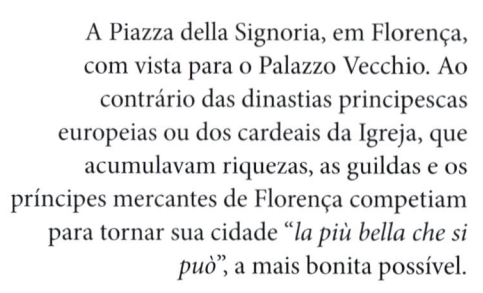

A Piazza della Signoria, em Florença, com vista para o Palazzo Vecchio. Ao contrário das dinastias principescas europeias ou dos cardeais da Igreja, que acumulavam riquezas, as guildas e os príncipes mercantes de Florença competiam para tornar sua cidade "*la più bella che si può*", a mais bonita possível.

A experiência de Johannes Gutenberg como ourives, trabalhando com metais preciosos, influenciou sua atenção aos detalhes. Quem visse uma bíblia de Gutenberg jamais a esqueceria. Completamente diferente das versões manuscritas que a precederam, era um vislumbre do futuro.

Amsterdã (aqui retratada em um mapa de 1766) era uma metrópole monetária, mas caracterizada pela modéstia pública, apesar da riqueza.

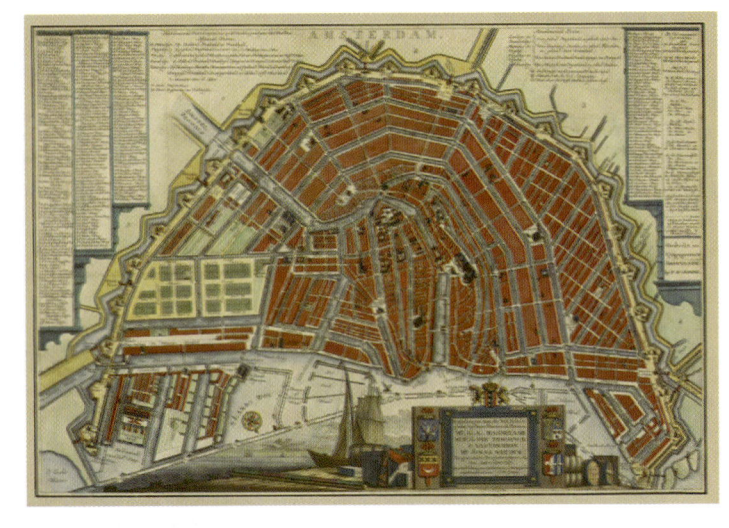

Jesus expulsa os vendilhões do templo (1626), de Rembrandt. A mente holandesa do século XVII ampliou os limites da arte e do dinheiro.

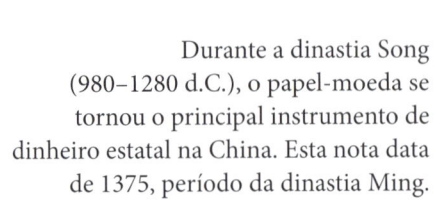

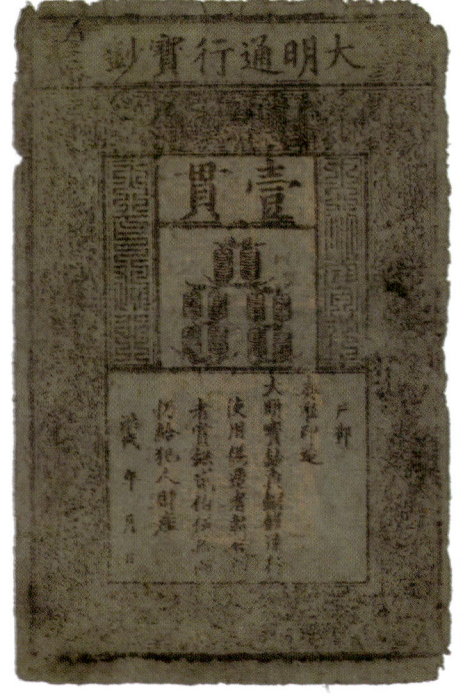

Durante a dinastia Song (980–1280 d.C.), o papel-moeda se tornou o principal instrumento de dinheiro estatal na China. Esta nota data de 1375, período da dinastia Ming.

Pegando emprestado do amanhã

De 1337 a 1453, a Guerra dos Cem Anos desviou o comércio para o leste. A Alemanha fez bom proveito das dificuldades das beligerantes França e Inglaterra. O comércio italiano se afastou do Ródano, que fluía através da França devastada pela guerra em direção ao rio Reno, subindo pela pacífica Alemanha. Na Itália, grandes embates geoestratégicos fizeram com que a península perdesse sua vantagem geográfica. A chegada dos otomanos encerrou a Rota da Seda, obrigando os cristãos europeus a encontrar outro caminho para a Índia, e, em vez de uma rota comercial, o Mediterrâneo virou um beco sem saída. Colombo abriu o Atlântico para o Novo Mundo, enquanto Vasco da Gama alcançou o Oriente através da África, mudando o eixo comercial marítimo da Europa do Mediterrâneo para o Atlântico.

Portugal, Espanha, Holanda e, mais tarde, Grã-Bretanha prosperaram nesse mundo. A melhoria do acesso aos mercados de ouro na África Ocidental e a mineração adicional nos Bálcãs aumentaram a oferta de prata e ouro na Europa; estima-se que a produção de prata na Saxônia, na Boêmia e na Hungria tenha crescido cinco vezes em meados do século XV. Ao mesmo tempo, surgiram novas potências nas terras tchecas, na Polônia e na Hungria, e, do Báltico hanseático ao Danúbio agrícola, o eixo financeiro central da Europa se deslocou do Mediterrâneo para o centro do continente e a nova economia alemã.

Enquanto esses acontecimentos alteravam a geografia econômica da Europa, as inovações monetárias transformavam a noção de tempo dos europeus. Na Idade Média, a maioria das pessoas tinha pouca necessidade de financiamento de longo prazo. Preocupadas com a fome, o clima, quebras de safra, a peste e Deus, enxergar além da colheita era um luxo que não tinham. O conceito de longo prazo não existia para o povo.

No entanto, para o proprietário de terras local, o longo prazo era real e o futuro era algo em que investir. Ainda hoje, uma das principais diferenças entre ricos e pobres são os horizontes temporais. Os das pessoas ricas são mais longos. Quando não está preocupado em pagar as contas do mês, você tem o privilégio de poder planejar o futuro – como cursar uma universidade ou construir uma carreira. Você pode esperar que um investimento seja recompensado. A riqueza possibilita o futuro; a pobreza o destrói. Era assim no final do século XIV e início do século XV, e é assim hoje.

A fonte básica de riqueza da economia predominantemente rural da Europa eram a agricultura e os impostos que incidiam sobre a atividade. A economia da Idade Média, apesar do mercador emergente, ainda girava sobretudo em torno dos aristocratas e clérigos arrancando dinheiro dos camponeses. O dízimo ou o arrendamento anual eram uma fonte de renda, a raiz da maior parte das finanças pré-industriais. A terra era a pedra fundamental. Mas a terra tem baixa liquidez, e parte da alquimia do dinheiro é transformar a riqueza inerte em rendimento líquido. Os romanos resolveram esse problema penhorando terras. Os alemães estavam prestes a experimentar um produto que existe até hoje – a hipoteca.

Na Alemanha medieval, os ricos proprietários de terras queriam dinheiro. Eles empenhavam suas terras ao prestamista, normalmente o mosteiro, e, com a caução no bolso, os monges – que tiravam parte de seu dinheiro da caixa de ofertas – emprestavam o montante total ao proprietário de terras. O proprietário pagava uma taxa de juros ao mosteiro pelo prazer de receber o montante em dinheiro. Os rendimentos da terra, aqueles arrendamentos extraídos dos camponeses, iam para o mosteiro. No final do prazo do empréstimo, o mosteiro esperava ser reembolsado. Como os aristocratas são notoriamente péssimos com o dinheiro dos outros, calotes eram comuns. Em caso de inadimplência, o credor se apoderava do título e adquiria as terras. (Como você acha que a Igreja Católica se tornou um dos maiores proprietários de terras do mundo?) O contrato, portanto, embutia a consequência em caso de inadimplência ou pagamento: de um modo ou de outro estaria finalizado – ou morto –, daí o termo *mortgage* para hipoteca, ou "contrato de morte" em francês. No entanto, ainda deixava o prestamista, que era o mosteiro, com um problema de liquidez. Embora a terra fosse valiosa, tinha baixa liquidez, e por que um mosteiro, que também precisava de dinheiro para comprar velas, sal e artigos do gênero, iria querer ainda mais terras?

E se houvesse outra maneira? E se, em vez de hipotecar sua propriedade inteira ao mosteiro, os aristocratas hipotecassem partes menores de suas terras a outra pessoa, com o mosteiro atuando como corretor? Assim o mosteiro não ficaria com a batata quente na mão, mas ainda receberia uma comissão, e o aristocrata poderia se livrar da Igreja contraindo empréstimos de vários credores menores. Em certo sentido, a Igreja e o proprietário de terras se libertavam um do outro encontrando credores alternativos em agricultores de médio porte, mestres de ofício ou artesãos que tivessem uma pequena quantia de dinheiro guardada debaixo do colchão, que poderiam colocar em uso para ganhar alguns juros. Ao repartir o risco entre muitos credores, a taxa de juros total cobrada ao aristocrata poderia ser mais baixa, mas o pequeno credor ainda assim obteria algum rendimento. E assim nasceu o título perpétuo. Contanto que a colheita fosse boa e o aristocrata não fosse um desvairado completo, o sistema funcionava bem. E, mesmo que ele *fosse* um desvairado, um pequeno risco de inadimplência poderia ser incorporado, de modo que o credor ainda receberia seu dinheiro de volta, porque as terras eram lucrativas.

Com a segurança de que a maior parte dos títulos perpétuos seriam pagos, esses contratos podiam ser negociados, utilizados para quitar dívidas e até transmitidos como herança aos filhos. Um artesão que tivesse algum dinheiro guardado poderia comprar um título perpétuo para assegurar uma fonte de renda mais tarde, uma promessa de ganhos futuros com a terra, enquanto o aristocrata receberia dinheiro. Os títulos perpétuos deram uma liquidez inédita às terras. Um sinal do sucesso das finanças alemãs foi a queda drástica das taxas de juros ao longo do século XIV, de cerca de 12% para 6% ao ano.

Quando o preço dos empréstimos cai, obviamente o volume aumenta, o que resultou em uma explosão no comércio desses títulos e no crédito em geral. Quanto mais títulos perpétuos em circulação, mais líquido será o mercado e mais atraentes os empréstimos se tornarão para os investidores, de modo que mais dinheiro estará disponível. Após o sucesso dos títulos baseados na agricultura, as cidades alemãs introduziram outro produto chamado financiamento municipal, em que as cidades contraíam empréstimos junto a seus cidadãos para financiar a infraestrutura pública. Os títulos municipais que as cidades emitiam a esses credores acabavam sendo negociados por propiciarem um fluxo de rendimentos. A Alemanha estava prestes a entrar em uma era de dinheiro fácil – uma época de liquidez –, e Gutenberg se beneficiaria disso.

Salvando almas

Embora o mundo conheça Gutenberg pela invenção da imprensa, sua primeira oportunidade de lucro veio de uma atividade paralela mais suja, embora rentável: o negócio de salvar almas alemãs. Urbana e emergente, governada por uma Igreja avarenta, a Alemanha ainda estava comprometida com a fé e a superstição. A Igreja medieval seguia como a principal máquina de fazer dinheiro. Nenhum monarca ou mercador chegava perto do claustro nesse quesito. Isso porque a Igreja detinha um poder que superava todos os outros: transformar fé em dinheiro, por meio das doações da congregação. Os dízimos eram pagos anualmente e a população era um público cativo, facilmente recrutado quando havia uma queda nas receitas.

Além de passar a sacolinha, a Igreja tinha outro truque imbatível para aumentar as receitas – e Gutenberg, o eterno oportunista, estava de olho nesse filão. Em um milagre das mesmas proporções que transformar água em vinho, a Igreja professava salvar a alma do fiel em troca de uma pequena taxa. De fato, transformar o céu em dinheiro é um poder impressionante. Difícil conceber um esquema de extorsão mais refinado. Funcionava assim: as pessoas podiam comprar uma "carta de indulgência" para um parente morto ou prestes a morrer. Com a confirmação de que seus pecados seriam perdoados, a alma evitaria o inferno, não importando qual tivesse sido seu comportamento na terra. Essa era uma fonte inesgotável de receita. Os familiares desembolsavam dinheiro em troca de um passe direto para o reino dos céus. Imagine uma pessoa que tivesse acabado de ler o "Inferno" de Dante, em circulação havia um século. Ela faria qualquer coisa para evitar aquelas abominações e degenerações.

A venda de indulgências transformava os pecadores em dinheiro vivo. Que negócio seria melhor que tirar proveito do amor incondicional das pessoas por seus entes queridos? Para a Igreja, apinhada de monges indolentes e outros parasitas, vender indulgências era uma mina de ouro, o equivalente a ter a casa da moeda dentro das paredes do claustro.

Um potencial gargalo para a Igreja nesse jorro de dinheiro era o processo de escrita das cartas de indulgência. No início do século XV, a escrita dependia de se matar um animal para usar seu couro como pergaminho, para então se recorrer aos caros serviços de um escriba. Era assim fazia mil anos. O custo era alto, porque exigia matadouros, calígrafos e um processo produtivo complexo. Para a Igreja, quanto mais eficiente fosse a linha de produção gráfica, mais lucrativo o negócio. Foi aí que Gutenberg viu uma oportunidade. A ideia dele era monopolizar o mercado de indulgências com sua recém-criada máquina de impressão e, assim, encher os próprios bolsos e os do chefe, o arcebispo de Mainz (ao qual retornaremos mais adiante).

Ourives e letrista de profissão, Gutenberg convenceu o arcebispo de que uma máquina de impressão rudimentar poderia render rios de dinheiro, produzindo mais indulgências que um monge meticuloso com uma pena vagarosa. Assim como os banqueiros italianos que emprestavam múltiplos de um depósito original graças a seu sistema bancário de reservas fracionárias, Gutenberg, com seu método de impressão, poderia multiplicar a produção dos escribas. Demostrando uma compreensão da psicologia humana típica de um vendedor, Gutenberg produziu cartas genéricas que, muito espertamente, deixavam um espaço extragrande para os orgulhosos compradores de indulgências assinarem, destacando sua generosidade. A grande sacada de Gutenberg foi saber que o que motivava as pessoas não era tanto salvar almas, mas adquirir o status público de ser o fiel mais generoso.

As indulgências seriam só o começo. Gutenberg estava de olho na Bíblia. Ao contrário das indulgências comuns, compradas por aqueles que tinham alguns trocados sobrando, as bíblias só eram adquiridas pelos ricos e doadas aos mosteiros em troca de orações pela alma do generoso benfeitor. Vender indulgências era café pequeno em comparação com a venda de bíblias. Além do mais, ele não venderia uma bíblia qualquer. Quanto mais bonita fosse, maior o preço – e Gutenberg não estava entrando no negócio das bíblias por Deus, mas por dinheiro.

Todos precisam de sorte, mesmo os mais obstinados dos trambiqueiros. E, em 1453, Gutenberg teve sorte.

Um papa vaidoso

Pio II era um personagem e tanto – farrista, mulherengo e beberrão. Ele teve pelo menos dois filhos, um deles na Escócia, em uma de suas primeiras viagens a trabalho. Embora tivesse jurado nunca mais voltar àquele "lugar intocado pelo sol de inverno",[1] sua estadia de meio ano na Escócia foi produtiva (e reprodutiva). Alguns anos depois, na França, nasceu seu segundo filho, fruto de mais uma viagem ao exterior. Além de arrastar a asa para as mulheres, Pio se dedicava à escrita de comédias obscenas. Ele é o único papa da história a receber a distinção adicional de romancista erótico, e seu poema "O conto dos dois amantes" não é o que se esperaria de um religioso.

Apesar de sua fraqueza carnal, Pio II se tornou um autor importante da época e conduziu um papado forte. Sem deixar que sua essência avessa a regras e dogmas falasse mais alto que sua posição pública dogmática, ele apoiou as Cruzadas e defendeu a primazia do papado sobre os arrogantes arcebispos. Conseguiu até mesmo formar aliança com outro modelo de virtude, Vlad, o Empalador, para proteger os cristãos dos Bálcãs durante a invasão dos muçulmanos otomanos. O que eram algumas cabeças em estacas quando toda a civilização europeia estava em perigo? Quando não estava fazendo alianças com seu velho companheiro conde Drácula, Pio estava escrevendo – forçando os olhos à luz das velas – seus 13 volumes de ensaios, os *Comentários*, em que relata sua vida e sua época.

Como qualquer pontífice que se preze, Pio gostava de um pouco de luxo, sendo um apreciador de vinhos sofisticados, pinturas e arquitetura. Com a Florença republicana e seus banqueiros mercantis ditando o ritmo e construindo a cidade mais bela do mundo, o papado tinha que reagir. Para não ficar para trás, Pio se aventurou na concepção urbana. Demoliu a vila onde foi criado, um lugar chamado Corsignano, na Toscana, e construiu em seu lugar uma Florença em miniatura, repleta de *duomi*, vários *palazzi* e algumas igrejas góticas. Com humildade, consagrou-a mudando seu nome para Pienza – a cidade de Pio. Trabalhar incansavelmente com projetistas, construtores, arquitetos e artistas, somado às escritas noturnas, prejudicou sua visão. Esse vaidoso sedutor odiava ter que usar óculos em público, mas, quando se espera que um papa leia para a congregação uma bíblia delicadamente manuscrita, a vaidade pode ser um problema. Ele precisava de uma bíblia que pudesse ler sem óculos – e Johannes Gutenberg forneceu a solução.

O rei do design

O plano de Gutenberg era deslumbrar o público com o design. Suas bíblias impressas não seriam apenas mais baratas e mais rápidas de produzir que os protótipos manuscritos, mas também mais bonitas. Compreendendo que seria mais fácil navegar pelo texto com títulos de capítulos nítidos e bom espaçamento, ele se pôs a reimaginar completamente o visual dos livros. O layout teria que encantar o leitor. Habituados à elegância, seus clientes – bispos, cardeais e o próprio papa – precisavam ficar encantados. Afinal, a primeira impressão é a que fica.

Sua marca registrada na diagramação era o título dos capítulos em cor escarlate, sustentado por uma divisão arrojada no meio da página, com uma coluna de texto de fácil leitura em cada lado, laqueada e em relevo com verniz. Ao usar verniz, Gutenberg deu um toque único e suntuoso às suas bíblias. As duas colunas de texto eram decoradas com lindas vinhetas de animais e plantas em ouro e cores vivas.[2] O design era deslumbrante e moderno. Parecia um vislumbre do futuro, completamente diferente das versões escritas à mão que a haviam precedido. O resultado era maravilhosamente legível e impressionou um importante influenciador da época, o míope papa Pio II, que escreveu sobre as páginas de Gutenberg: "É possível ler sem óculos."[3] O impressor de Deus, Johannes Gutenberg, estava no caminho certo.

Um dos atributos que definem um inovador é a capacidade de combinar várias invenções anteriores e aproveitá-las em um novo produto por meio de um processo de tentativa e erro. Muito se fala da genialidade da engenharia da prensa tipográfica, sem mencionar sua eficiência: no tempo que um escriba levava para escrever uma única bíblia, Gutenberg podia imprimir várias. Sem contar que as bíblias também eram lindas de ver e tocar. O visual era limpo, nítido e majestoso. É muito provável que a experiência de Gutenberg como ourives trabalhando com metais preciosos tenha influenciado sua atenção aos detalhes. Quem visse a nova Bíblia jamais a esqueceria. Parecia uma joia.

Gutenberg tinha observado os moradores de Mainz produzindo vinho. Eles usavam grandes prensas que extraíam o suco das uvas em barris empurrando a prensa para baixo com um saca-rolhas mecânico que espremia todas as uvas ao mesmo tempo, com a mesma pressão. Era uma antiga tecnologia romana. Pode ser que, depois de algumas taças em um vinhedo da região de Mosel, Gutenberg tenha experimentado seu momento de Arquimedes. Até então, as impressoras faziam muitos borrões de tinta, porque não aplicavam a mesma pressão em todas as letras de uma página. Por que não adaptar a tecnologia da prensa de vinho para sua máquina de impressão? Daí nos questionamos: se Mainz não fosse simultaneamente um polo de metalurgia e vinicultura, será que Gutenberg teria chegado a essa solução?

A inovação tende a emergir de uma confluência de fatores que determinam por que e onde uma inovação se desenvolve. Assim como Florença, Mainz fervilhava de atividade econômica, em grande parte graças à sua localização junto ao rio Reno, no ponto onde se junta aos rios Mosel e Meno. Mainz tinha capital, sem o qual o sempre falido Gutenberg nunca teria financiado sua maquinaria. A prensa tipográfica era um equipamento caro. Com suas intrincadas peças de ferro fundido e tipos móveis, a máquina exigia bolsos forrados. Um conjunto completo de letras manufaturadas custava o equivalente a algo entre quatro e dez anos de salário do artesão médio.[4] A técnica para fazer as letras era considerada tão valiosa que, quando um dos sócios de Gutenberg morreu, Johannes enviou um criado até a casa dele para desmantelar a prensa, recuperar seus componentes e "destruir as evidências de sua colaboração, para que esses materiais não caiam nas mãos de seus herdeiros".[5] Sem o boom de títulos perpétuos e títulos municipais que reciclaram poupanças e disponibilizaram capital de investimento para aventureiros como Gutenberg, é improvável que a prensa tipográfica tivesse surgido na Alemanha naquela época.

O frisson

A prensa tipográfica eletrizou o debate público, desencadeando uma sede de conhecimento. Cidadãos bem-informados são cidadãos loquazes. As implicações financeiras da prensa tipográfica eram óbvias: a demanda geral por livros começou a disparar, e, conforme a procura subia, os preços caíam. A economia de escala entrou em ação. Mais demanda gerou mais oferta. As oficinas de impressão de Mainz operavam a todo vapor, mantendo os custos baixos, embolsando lucros e fornecendo mais livros por um custo mais baixo. Entre 1450 e 1500, o preço dos livros caiu dois terços. Em 1460, quando Johannes imprimiu sua primeira bíblia, o preço equivalia a cerca de 100 dias do salário médio. Em 1600, um livro custava menos que um dia de salário.[6] A impressão mudaria a forma como pensávamos. Pessoas alfabetizadas podiam ler um livro impresso por conta própria, como uma atividade solitária, e esse estudo individual permitia reflexões e análises mais profundas.

Um novo formato revolucionário entrou em cena: o panfleto. Sempre apresentando uma polêmica unilateral, ele podia ser distribuído depressa, digerido de pronto e lido na praça do mercado por um pregoeiro alfabetizado, disseminando ideias para uma população que ainda era em grande parte analfabeta.

A impressão não alterou apenas nossa maneira de pensar, mas também de trabalhar. Graças a ela, o mercador foi exposto, talvez pela primeira vez, à magia dos ganhos de produtividade derivados da produção mecanizada. Os trabalhos de impressão estavam entre a primeira iteração daquilo que se tornaria o modelo fabril de produção industrial. O mercador estava a caminho de se tornar um industrialista, e a oficina de Gutenberg escreveu as frases iniciais da história que se tornaria a revolução industrial. A prensa tipográfica também introduziu um terceiro fator-chave de produção na economia: o capital. Ela foi um dos primeiros exemplos de uma máquina que afetou profundamente a produtividade dos trabalhadores, aumentando a rentabilidade por empregado, que é a essência do capitalismo. Os livros também mudaram a natureza do trabalho braçal, iniciando o processo de diferenciação entre trabalho industrial qualificado e não qualificado. Ambos os desenvolvimentos – capitalismo e mão-de-obra qualificada – teriam impactos profundos na sociedade e na política nos séculos seguintes.

Os municípios passaram a reunir recursos para comprar prensas tipográficas. A relação entre a instalação de uma prensa e o crescimento econômico é inequívoca. Entre 1500 e 1600, as cidades europeias com oficinas de impressão estabelecidas no final do século XV cresceram 60% mais depressa que aquelas sem oficinas de impressão.[7] A liberdade intelectual e a liberdade comercial andavam de mãos dadas. Assim que adquiriram uma prensa tipográfica, cidades da Alemanha e de outras partes da Europa que não tinham qualquer vantagem industrial, comercial ou financeira anterior experimentaram níveis mais elevados de crescimento econômico e um aumento na alfabetização. As pessoas devoravam livros, panfletos e periódicos, demonstrando uma nítida inclinação por atividades novas e voltadas para o futuro, como zoologia, anatomia e botânica.

Foi uma boa notícia para professores e qualquer pessoa que trabalhasse com educação. O professor universitário médio viu seu salário subir do mesmo valor pago ao artesão qualificado mediano para o dobro disso em 50 anos. O interesse das pessoas no amanhã e nas possibilidades da ciência disparou. Podemos ver essa tendência nos salários de vários tipos de professor durante o início do século XVI. Aqueles que lecionavam ciências, matemática e astronomia tiveram aumentos salariais maiores que os de direito, teologia, retórica, gramática, poesia e grego.

Tal como a Itália no século XIV, a Alemanha se tornou, a partir do século XVI, o eixo da inovação e do pensamento europeus – de Böhme a Hegel, passando por Leibniz, Wolff e Kant. O país estava preparado para a disseminação de informação e para a adoção precoce de inovações comerciais e tecnológicas – no fim, o Sacro Império Romano era uma rede descentralizada de pequenas cidades e territórios que se acotovelavam em busca de prestígio. Se a Alemanha fosse um império grande e unificado, com uma estrutura vertical de poder, provavelmente teria havido censura por parte do governo central. Talvez a prensa tipográfica, com seu potencial para produzir material revolucionário, tivesse sido monitorada e controlada mais de perto. Os chineses haviam descoberto a impressão séculos antes de Gutenberg, mas seus mandarins, sempre alertas a alguma tecnologia capaz de enfraquecer a autoridade, foram rápidos em encerrar a difusão das prensas e inflexíveis quanto à censura de materiais incendiários. Na Alemanha não havia poder central. A natureza policêntrica do mapa, com suas cidades e vilas concorrentes, era um terreno fértil para a rebelião intelectual e mercantil. O cenário estava montado.

Lutero

A mesma impressão que financiou a Igreja em meados do século XV acabaria por destruí-la no século XVI. Martinho Lutero era fruto da prensa tipográfica. Mas também era fruto do dinheiro.

Ele cresceu na área de minas de prata da Saxônia e seu pai empreendia no setor de mineração, assim como seu irmão e três cunhados. A mineração era um negócio caro, e os habitantes locais que começaram a minerar criaram uma *gewerk* – um dos primeiros tipos de sociedade anônima –

para pagar pelos custos crescentes de capital inicial. Quanto mais fundo você cavar na montanha, mais dispendioso será o processo. A família de Lutero, assim como outros acionistas, investiu antes do início das escavações. A cada trimestre os investidores ou pagavam mais para manter a mina em funcionamento ou recebiam um pagamento proporcional às ações que possuíam. Na década de 1490, essas ações começaram a gerar retornos em moedas de prata grandes e de alta qualidade.[8] O próprio Martinho Lutero detinha algumas ações da mineração. No entanto, entre 1500 e 1530, aproximadamente, talvez como resultado de garimpo excessivo, um colapso no setor provocou uma crise de crédito e uma grave depressão regional na Saxônia. As finanças da família foram afetadas, mas a Igreja continuava a enriquecer criando dinheiro com indulgências. Teria sido essa disparidade entre o súbito declínio da condição dos proprietários das minas de prata e a contínua opulência da Igreja que, pelo menos em parte, provocou a indignação de Lutero?

O momento de seu protesto coincidiu com uma monumental extorsão dirigida pelo Vaticano. Em outubro de 1517, uma excursão de venda de indulgências chegou à Saxônia, oferecendo perdões para sair do purgatório em troca de dinheiro que supostamente seria usado para reconstruir a Basílica de São Pedro, em Roma. No entanto, parte desse dinheiro era na verdade destinado à família de banqueiros Fugger (o equivalente alemão aos Médicis), a quem o sucessor do antigo chefe de Gutenberg, o arcebispo de Mainz, devia 21 mil ducados. Ele havia usado o dinheiro para subornar o papa com a finalidade de que lhe concedesse o arcebispado, um cargo valioso por implicar ser um dos sete eleitores do Sacro Imperador Romano. Dinheiro, serviços bancários, suborno, corrupção, mentiras e salvação: um coquetel para provocar um homem como Lutero.

Sua primeira publicação – afixada na porta da Catedral de Wittenberg na véspera do Dia de Todos os Santos, em 1517 – foi impressa na forma de itens em vez de frases, porque um pequeno conjunto de tópicos poderia ser rapidamente reimpresso no maquinário de Gutenberg. Os pontos de Lutero eram, em vez de conclusões definitivas, o início de um debate.

As "95 teses" causaram sensação imediata. A prensa tipográfica foi a disrupção que permitiu a Lutero levar sua guerra contra a Igreja Católica Romana da torre enclausurada para o movimentado mercado. A hierarquia estava prestes a sentir o poder da rede. No fim de 1517, cópias das teses estavam sendo impressas e reimpressas em Leipzig, Nuremberg e Basileia. A produção literária de Lutero foi imensa. Ele escreveu 13 tratados, que venderam mais de 300 mil cópias entre 1517 e 1521.[9]

Seus panfletos eram escritos para serem lidos em voz alta, e em alemão, não em latim. A maioria tinha de seis a oito páginas, o que os tornava fáceis de assimilar – e de esconder. Continham desenhos, caricaturas vis de monges desprezíveis, bispos corpulentos e papas corruptos e lascivos. Concebido para chocar e também para fazer as pessoas rirem, o panfleto era a arma preferida de Lutero e seus rebeldes.

Com o tempo, as ideias antirromanas se propagaram e os padres rebeldes começaram a ganhar posições em paróquias urbanas e cidades livres maiores, consolidando a rede. Lutero estava no centro disso tudo, produzindo ideias a toque de caixa, enquanto a rede de padres comunicava esses pensamentos às suas congregações, que, por sua vez, espalhavam a palavra. Cada debate, fosse nos fundos de uma estalagem, em uma barreira de pedágio, na praça do mercado ou entre as guildas dos artesãos, incluía pessoas que nunca tinham emitido opinião sobre nada além do clima. Ser incluído dava a sensação de participação em um grupo. As esposas conversavam com os maridos, os padeiros discutiam com os açougueiros, os ourives comentavam com os prestamistas. Os tópicos se concentravam em questões eternas da vida, moralidade, vida após a morte e, é claro, salvação.

A publicação mais importante de Lutero foi "Um sermão sobre a indulgência e a graça", escrito em um alemão que todos, da Saxônia à Renânia, conseguiam compreender. Foi reimpresso 14 vezes somente em 1518. Estima-se que 7 milhões de panfletos tenham sido impressos no período de 1517 a 1530, e mais de um quarto deles foi escrito por Lutero. Ele era um fenômeno editorial, e, como sucesso chama mais sucesso, todos queriam publicá-lo – uma missiva luterana manteria as oficinas de impressão ocupadas.

Não se tratava apenas de princípios; o protestantismo também era impulsionado pelo dinheiro. Um grande atrativo dessa nova religião era que um monarca convertido poderia roubar os bens da antiga religião. O péssimo gestor financeiro Henrique VIII da Inglaterra, famoso pela forte depreciação da moeda, foi atraído pela ideia de confiscar as terras da Igreja. Na Alemanha, reis e príncipes seguiram o exemplo de Henrique, expropriando propriedades da Igreja. Da perspectiva de um rei falido, o protestantismo era como ganhar na loteria. E, para o suserano regional, confiscar terras era um esquema infalível para enriquecimento rápido. Quem não escolheria essa opção?

O dinheiro também desempenhou um papel mais abaixo na hierarquia. Lutero havia encontrado um caminho para a salvação mais barato que a compra de indulgências. Ao levar uma vida decente, os justos poderiam evitar gastar o dinheiro que pagavam por uma indulgência e ainda garantir o mesmo resultado. Quase se poderia dizer que o protestantismo era uma estratégia de evasão fiscal!

A religião rebelde constituiu também outra ruptura fundamental com formas mais antigas de cristianismo: o protestantismo celebrava a aquisição de dinheiro por meio de trabalho árduo, boas ações e empreendimentos. Para os calvinistas, com seu protestantismo radical, ser rico e conservar patrimônio eram inclusive sinais terrenos de seu lugar predestinado no céu. Essa interpretação virou de cabeça para baixo o pensamento cristão tradicional sobre dinheiro, riqueza e pobreza. Pode-se dizer que a partir desse momento o dinheiro passou a ter uma religião.

Na Alemanha, as cidades foram se tornando protestantes uma após outra. E a prensa tipográfica desempenhou um papel crucial nessa mudança. As cidades com pelo menos uma oficina de impressão tinham maior probabilidade de se converterem, e cidades com múltiplas oficinas concorrentes tinham ainda mais chance de se tornarem protestantes.[10] Lutero viajava dando sermões e escrevia cartas incansavelmente. A cidade de Wittenberg foi o marco zero da revolução, uma academia de sedição, aonde padres rebeldes iam ouvir o mestre em pessoa. Impregnados por sua mensagem radical, esses discípulos voltavam para as cidades livres recém-convertidas a fim de espalhar a palavra.

Dinheiro marítimo

No inverno de 1519, enquanto Martinho Lutero produzia seus panfletos, um encontro entre dois homens mudaria o curso da história. Vinte e seis anos antes, em busca de dinheiro – especificamente, dinheiro chinês –, Cristóvão Colombo tinha tropeçado sem querer nas Américas. Nos anos seguintes, todos os tipos de aventureiros espanhóis independentes cruzaram o Atlântico em busca de fortunas, preferencialmente ouro – que encontraram em enormes quantidades. Na manhã de 9 de novembro de 1519, Hernán Cortez, escrivão espanhol que se tornara conquistador, percorreu uma ponte para se encontrar pela primeira vez com Montezuma II, imperador dos astecas. Montezuma ofereceu presentes e hospitalidade aos europeus, mas a generosidade dos mesoamericanos não seria retribuída pelos espanhóis, nem naquela época nem nunca. Poucos meses após esse encontro, os europeus se puseram a destruir a grande capital asteca de Tenochtitlán, matando Montezuma e escravizando seu povo.

Muitas razões já foram levantadas por historiadores para explicar por que os espanhóis eram mais avançados tecnologicamente que os astecas. Em seu catálogo de apetrechos, os europeus tinham navios, armas de fogo, rodas e aço. Também possuíam bússolas, mapas, cavalos, canhões, cães ferozes que aterrorizavam os americanos e, talvez o mais significativo, imunidade a uma variedade de doenças que dizimariam os habitantes locais, entre elas a varíola e a gripe. A enorme distância tecnológica evidente nesse encontro fatídico entre duas civilizações foi descrita como um encontro cara a cara entre a Europa renascentista e os sumérios.[11] Historiadores atribuem o relativo subdesenvolvimento da civilização mesoamericana a uma variedade de causas estruturais, como o fato de os europeus terem sido agricultores sedentários por um período muito mais longo, permitindo o desenvolvimento de populações fixas e urbanizadas maiores. Raras vezes mencionado, porém, é o fato de que os astecas tinham apenas uma forma de dinheiro muito rudimentar.

Como temos observado, o dinheiro é um grande facilitador da inovação. Poderia a ausência de um sistema monetário e financeiro bem desenvolvido na civilização asteca explicar por que os europeus estavam tão avançados em termos tecnológicos? Em contraste com suas proezas agrícolas e inegáveis capacidades arquitetônicas e matemáticas, os astecas tinham uma forma de dinheiro bastante elementar: utilizavam sementes de cacau perecíveis para pequenas transações. As evidências sugerem que, embora comercializassem intensamente, suas transações dependiam de um sistema de escambo, presentes e tributos. Já os europeus eram os beneficiários de uma tradição de experimentação monetária que remontava à era suméria e vinham utilizando moedas desde os lídios. Quando tentarmos explicar as diferenças entre o Novo e o Velho Mundos, o dinheiro sem dúvida merece uma menção.

Os astecas podiam não ter dinheiro sofisticado, mas tinham ouro e prata, ambos em grande quantidade, e os espanhóis levaram o que puderam. Estimativas apontam que, no final do século XVI, o estoque total de ouro e prata europeu era cinco vezes maior que em 1493.[12] Vastas armadas carregadas com esses metais preciosos deixaram o Novo Mundo em direção à Espanha, financiadas por oportunistas independentes. Aproveitadores armados, os conquistadores pilharam as Américas sem dó nem piedade.

Os espanhóis estavam saqueando as minas do Novo Mundo, mas essa obsessão por ouro e prata era saudosismo. O futuro seria uma nova forma de dinheiro, o papel-moeda, com seus asseclas financeiros: os mercados de ações e de títulos. O dinheiro na forma de barras pesadas que sobrecarregavam as robustas galés espanholas já era coisa do passado; o amanhã reservava pedaços de papel leves.

Uma nova era de comércio e colonialismo havia chegado e os oceanos descortinavam o mundo. As nações marítimas, e não aquelas com grandes extensões de terra, saíram na frente na marcha financeira. No século XVII, a Holanda sagrou-se a grande vencedora.

PARTE 3
REVOLUÇÕES

10
DINHEIRO INVISÍVEL

Um visitante inesperado

Em 1697, o tsar russo, Pedro, o Grande, chegou de navio à cidade mais rica do mundo. Construída em terreno pantanoso, Amsterdã tinha casas elegantes, cais comerciais e uma rede de canais movimentados, financiada em parte por um próspero mercado de ações e fundamentada nas religiões gêmeas do protestantismo e do comércio. Acolhendo dissidentes e refugiados religiosos, era o lar da maior marinha mercante do mundo e formava o coração pulsante de um império mercantil que se estendia da Holanda até a Cidade do Cabo, Zanzibar e Malaca. Seu porto, com centenas de mastros perfurando o céu nublado das terras baixas, era sua fortaleza, a fonte do poder holandês.

Os russos tinham pouco conhecimento do mar – sobretudo os moscovitas, que não têm acesso ao litoral –, mas Pedro sabia que o mundo estava mudando. Os povos que entendiam do mar também entendiam de comércio, e eles estavam saindo na frente dos demais – primeiro Portugal, no século XVI, depois a Holanda, no final do século XVII. Ambas as potências marítimas haviam reescrito o mapa-múndi seguindo as rotas comerciais, criando postos comerciais avançados em pontos cruciais da África Atlântica, contornando o Cabo da Boa Esperança, subindo o oceano Índico e indo até a Ásia. Elas haviam conseguido circum-navegar o globo, evitando o domínio otomano na Rota da Seda terrestre. Os holandeses, agora em ascensão, estavam envolvidos em um jogo global de arbitragem, prospectando e comprando artigos – como pimenta, canela e outras especiarias

– a preços baixos no Oriente e vendendo a preços elevados no Ocidente, e embolsavam a diferença.

A Rússia estava ficando para trás, o que não agradava em nada ao jovem tsar Romanov. Determinado a desvendar os segredos do sucesso dos holandeses, Pedro conseguiu um estágio nos bem-sucedidos estaleiros. Passou quatro meses ali observando e aprendendo, assimilando tudo que Amsterdã tinha a oferecer. O maior proprietário de terras do mundo viajou até o maior construtor naval do mundo para entender como as coisas funcionavam. Disfarçado de imediato, ele morava em uma casinha de madeira, onde arrumava a própria cama, vestia o traje de artesão holandês e vivia como morador local. Quando terminou o estágio, seu supervisor calvinista observou que ele era "um carpinteiro bom e habilidoso".[1]

A estadia de Pedro em Amsterdã mudaria sua vida e a história da Rússia e da Europa. Ao construir sua nova capital, o tsar se inspirou na capital holandesa, adotando até um nome holandês, "Sankt Pieter Burkh" (São Petersburgo) em vez de um equivalente russo. A maior cidade da Rússia imitou a maior cidade da Europa: foi construída sobre pântanos e em torno de canais. Impressionado com o dinamismo comercial e cultural da cosmopolita Amsterdã, Pedro convidou estrangeiros para abrirem negócios em São Petersburgo.

O soberano autocrático do maior império territorial do mundo não era uma pessoa que se deixasse limitar por convenções. Segundo um de seus biógrafos,[2] o tsar era um homem gigante e imponente que bebia copiosamente, tinha casos amorosos sem a menor discrição e, segundo rumores, no restante de seu tempo livre gostava de realizar necropsias. Atento a traições dentro de seu círculo, Pedro ficou surpreso com a falta de privacidade e a atitude indiferente em relação à segurança que encontrou na Holanda. Enquanto os russos ricos se trancavam em fortalezas militarizadas, os holandeses abastados (banqueiros, comerciantes e advogados) viviam em casas com enormes janelas transparentes, à vista dos plebeus. O tsar achou isso o auge da modernidade. A aparente proximidade social de diferentes classes convivendo entre si deve ter sido perturbadora para um homem que possuía mais escravizados que qualquer outra pessoa no planeta.

Assim como muitos outros russos, Pedro ficou ao mesmo tempo impressionado e perturbado com a sofisticação e a capacidade tecnológica da Europa Ocidental. Esse conflito entre enxergar o Ocidente como um farol e como uma ameaça vinha sendo havia muito um enigma para os intelectuais russos. Como acontecia há tempos, os ambiciosos líderes russos adotavam características cosméticas ocidentais, mas hesitavam perante os inconvenientes mais profundos que a política liberal ocidental efetiva podia impor aos poderosos. Após regressar a sua terra, Pedro insistiu que a aristocracia russa rapasse as longas barbas, adotasse a moda ocidental e se comportasse mais como os modestos burgueses holandeses, e não como a aristocracia proprietária de servos que era. As partes da estrutura holandesa que não lhe agradavam, como a subserviência do rei ao parlamento, foram deixadas nas margens do Amstel.

Embora quisesse os frutos do dinheiro holandês – a inovação, a riqueza, o poderio naval –, Pedro não estava muito interessado nos compromissos democráticos e institucionais que o establishment holandês fazia para alcançá-los. Incentivar o debate e aceitar pessoas que podem não concordar com você em tudo não era para ele, mas às vezes não dá para ter um sem o outro. A dissidência e a criatividade geralmente contribuem para a grande aventura do empreendedorismo. A tolerância, a riqueza e a genialidade financeira holandesas pareciam caminhar juntas.

Considerando a energia comercial e a destreza com o dinheiro da Amsterdã do século XVII, não é de admirar que um monarca russo curioso e pioneiro chegasse incógnito à capital holandesa querendo desvendar os segredos da sua riqueza. A Holanda causava perplexidade. Como um país tão pequeno podia ter tamanho poder e prosperidade quando a gigante Rússia era pobre? No mundo russo, valia a lei do mais forte, e o poder exigia escala. Como esse país pequeno emergiu no centro do comércio europeu? Que alquimia estava em ação? O que quer que os holandeses estivessem bebendo, Pedro, o Grande, queria também.

Dinheiro leve como pluma

A prensa tipográfica criou uma demanda por papel, material até então exclusivo do clero e da corte; a maioria das pessoas comuns na Europa raramente utilizava papel ou pergaminho em seu cotidiano. Depois de Gutenberg, isso mudou. Todos queriam a palavra escrita em papel – cartazes, panfletos, livros e cadernos. Surgiu todo um novo processo produtivo envolvendo silvicultura, moagem, lavagem, branqueamento, polpação, estiramento e secagem. Onde havia prensas havia fábricas de papel. As taxas de alfabetização dispararam nessa nova era de pesquisa e descoberta. Se a Igreja podia ser questionada e a religião estabelecida podia ser substituída, o que mais entraria em disputa? Se o papel podia ser usado amplamente nos panfletos incendiários da Reforma, em que mais teria aplicação?

O dinheiro estava prestes a sofrer sua própria reforma, em todas as suas facetas. Essa reavaliação completa do que o constituía exigiu alguns grandes saltos de fé, e o mais acrobático deles talvez tenha sido a ideia de que um pedaço de papel podia representar um valor muito acima de seu valor intrínseco. Até agora vimos várias formas de dinheiro: ouro lídio; prata grega; cobre, prata e ouro romanos; prata alemã e florim de ouro. Em seguida, o dinheiro evoluiu para cartas de crédito e os títulos perpétuos alemães, mas essas novas formas estavam sempre vinculadas a determinados mercadores, bancos mercantis, municipalidades ou lotes de terra; em certo sentido, as cartas de crédito e os títulos perpétuos tinham "memória" – podiam ser rastreadas e levar até alguém ou alguma coisa.

Imagine um pedaço de papel representando dinheiro sem memória, sem nenhum rastro além da fé no próprio dinheiro e na instituição que o imprime. A iteração seguinte seria a aceitação em massa do papel-moeda: tiras de papel emitidas por um banco centralizado que não poderiam levar a ninguém nem a nada, exceto à credibilidade desse banco centralizado, o emissor. Essa evolução do dinheiro exigia uma evolução na sociedade; exigia níveis profundos de confiança entre pessoas que não se conheciam. E foi nessa direção que os holandeses avançaram.

O papel-moeda seria um capítulo revolucionário na história do dinheiro. Com um selo do governo e design complexo, um mero pedaço de papel pode ser transformado magicamente em moeda oficial para comprar e vender coisas reais.

Como no caso da impressão, o papel-moeda já tinha sido inventado séculos antes na China. Inicialmente, o papel-moeda, pelo menos nas ruas, provinha dos recibos das lojas de penhor. As lojas de penhor transformavam bens em dinheiro. As pessoas na China penhoravam suas roupas ou joias e a loja de penhor lhes dava um recibo com o valor dos artigos por escrito. Esse recibo servia então para adquirir mercadorias no valor dos bens que constava no papel. As pessoas entendiam que a loja de penhor era solvente. Durante a dinastia Song (980-1280 d.C.), o papel se tornou o principal instrumento do dinheiro estatal, mediando todas as transações entre o Tesouro e a burocracia. Esse dinheiro era impresso em papel de casca de amoreira usando chapas de cobre de quatro cores – o primeiro item produzido com essa tecnologia – e podia ser passado de mão em mão sem manchar ou se deteriorar.

Na Europa, o papel-moeda emitido por um banco central se materializou pela primeira vez na Grã-Bretanha em 1695, com a criação do Banco da Inglaterra, mas isso só aconteceu porque as bases foram lançadas em Amsterdã décadas antes. Em 1609 os holandeses haviam criado o Wisselbank, um banco centralizado, de propriedade de comerciantes ricos, operando sob carta régia. Por que eles foram os primeiros? Essa era a pergunta de Pedro, o Grande.

Vários fatores explicam por que o Wisselbank surgiu na Holanda. Países pequenos são tolhidos pela tirania da geografia. Se o mercado interno é diminuto, a única forma de crescerem depressa é por meio do comércio, adquirindo participação de mercado em regiões maiores. Quando uma pequena economia aberta se liberta de sua geografia e passa a comercializar muito além de suas fronteiras, ela enfrenta um dilema monetário: o que fazer com esse dinheiro novo que chega do exterior? Se o Estado mercantil não o gerenciar, a taxa de câmbio aumentará, destruindo a competitividade – que foi o que trouxe esse dinheiro. (Hoje em dia, países comerciais pequenos bem-sucedidos, como Singapura, Irlanda e Suíça, enfrentam problema semelhante.) Nas economias comerciais, a economia monetária é um exercício de equilibrismo.

No caso holandês, quanto mais seus mercadores negociavam no exterior, mais dinheiro jorrava para Amsterdã. No início do século XVII, esse dinheiro provavelmente chegava sob a forma de moedas variadas – prata espanhola, florins florentinos, etc. Também havia barras de metais preciosos. Quanto mais transações, mais divisas. Para funcionar bem, a economia holandesa precisava de uma moeda única, padronizada por alguma instituição. Uma das funções do Wisselbank era absorver todas essas moedas diferentes e trocá-las pela holandesa, o florim, lastreado pelo ouro em suas reservas para que o dinheiro pudesse ser usado localmente.

O financiamento da marinha foi outro motivo central para a criação do Wisselbank. Ao contrário de outros colonos europeus, os holandeses prefeririam postos comerciais isolados a conquistas territoriais em grande escala, mas mesmo assim as armas desempenharam um papel inegável na expansão do comércio. Muito se fala da tolerância holandesa em casa, mas suas riquezas provinham de atos de invasão e pilhagem infligidos aos povos da África e da Ásia. O Estado pegava dinheiro emprestado com os mercadores para financiar a marinha em expansão. A marinha, por sua vez, protegia os navios mercantes que regressavam com riquezas do Leste Asiático e da América. Conforme o comércio aumentava, havia mais navios, a marinha crescia e era necessário mais dinheiro para financiá-la – mas isso também trazia, é claro, mais dinheiro.

Pequena, com um império comercial descomunal, a Holanda estava se transformando na república do dinheiro.

A república do dinheiro

No fim da década de 1580, a Holanda estava realizando experimentos com títulos de longo prazo, contraindo empréstimos a serem pagos em um futuro distante para financiar investimentos hoje, o que dava ao país uma vantagem sobre os concorrentes. Novas empresas financiadas por ações que poderiam ser compradas pelos cidadãos eram sustentadas por um sistema jurídico em evolução que estabelecia as regras para as transações em todo o império. Enquanto saqueavam no exterior, os holandeses, sendo republicanos, em casa procuravam combinar seus recursos e partilhar a oportunidade de investir no projeto colonial. Eles decidiram criar uma ampla base de investidores e a primeira sociedade acionária do mundo, pelo menos para as classes mercantis menores. Em 1601 foi fundada a Companhia Holandesa das Índias Orientais (VOC, na sigla em holandês), um gigante financeiro custeado por capital privado de muitos acionistas. Seus lucros comerciais eram tão elevados que a VOC se tornaria a maior empresa que o mundo já vira, superando (em valores da época) até mesmo a Apple em *valuation*.

Em um ano, a VOC se tornou tão importante para o destino de Amsterdã que, em 1602, o governo decidiu lhe conceder o monopólio do comércio nas Índias Orientais. Uma das principais razões para isso foi a mitigação de riscos. Um navio financiado por investidores holandeses era um negócio de extremo risco. Se o navio fosse perdido, tudo estaria perdido. Se o navio atracasse, os lucros seriam tão monumentais que os investidores ganhariam fortunas. Mas como racionalizar o risco? Dando à empresa um monopólio. Isso significa que o risco é partilhado por todos os acionistas, mitigando assim a exposição e criando um fluxo de lucros mais estável a partir de um negócio precário porém rentável.

Ao vincular o destino da empresa ao Estado, o governo incentivou a participação acionária, atraindo pessoas que de outra forma jamais possuiriam ações. Ele estava criando uma oportunidade de investimento a partir de um empreendimento especulativo, e esse investimento geraria um fluxo de receitas para uma faixa ampla da população, enraizando o capitalismo financeiro na psique holandesa. A Holanda estava a caminho de se tornar uma cultura acionista mediada pelo dinheiro – a primeira da história.

A arquitetura urbana de Amsterdã evoluiu de maneira bem diferente do que se poderia esperar do lugar mais rico do mundo. Sem avenidas largas, sem praças pomposas para exibições imperiais e sem grandes mansões aristocráticas – a modéstia pública, apesar da riqueza subjacente, caracterizava a capital. Ao longo das margens dos canais foram construídas charmosas casas geminadas, permitindo que junto a elas atracassem barcos trazendo uma variedade de mercadorias de todo o mundo. Esses imóveis estreitos pertencentes aos mercadores eram projetados com armazéns no térreo, lojas no primeiro andar e, acima, a residência e o escritório. Os burgueses de Amsterdã tomaram esse modelo emprestado dos democratas endinheirados de Florença.

Amsterdã se tornou a nova Florença. A antiga Florença, do século XV, havia sido um ímã para curiosos, atraindo-os por ser uma cidade governada pelo meio mais igualitário e acessível (o dinheiro) em vez do rígido sistema de classes feudal. Tempos depois, no início do século XVII, ambiciosos de toda a Europa se dirigiam a Amsterdã a fim de fazer fortuna. Em um mundo intolerante e violento, Amsterdã acolhia judeus sefarditas, expulsos de Espanha e Portugal, que levaram habilidades comerciais, inteligência financeira e conhecimento das rotas comerciais do Mediterrâneo e da África setentrional. Mais tarde, os huguenotes protestantes franceses encontraram refúgio na Holanda, levando experiência bancária a seus hospitaleiros anfitriões. Por muitos anos esses calvinistas tinham sido banqueiros da Coroa francesa e aprenderam seu ofício bancário nas feiras de Lyon e Avignon, pegando emprestado o conhecimento de seus primos espirituais, os calvinistas de Genebra. O primeiro diretor do Banco da Inglaterra, John Houblon, era um huguenote, e, em bancos como o Cazenove, de origem aristocrata, seu legado é evidente no centro de Londres de hoje. A palavra *refugee* ("refugiado", em inglês), que vem do nome dos huguenotes fugidos da França, os *réfugiés*, entrou na língua inglesa no fim do século XVII.

Em toda a Europa só se falava do milagre econômico holandês. O pequeno país comercializava madeira da Escandinávia, açúcar das Índias Ocidentais, peles do Canadá francês, tabaco das colônias britânicas na América do Norte e canela, pimenta, gengibre e seda da asiática Bornéu. No fim do século XVI, 100 anos após a chegada de Colombo ao continente, as populações nativas da América Latina tinham sido tão dizimadas pelas doenças e pela violência trazidas pelos colonos que os espanhóis ficaram sem ter quem escravizar, então os holandeses, proeminentes nesse comércio, vendiam africanos aos espanhóis (tolerantes em casa, os holandeses optavam por fazer vista grossa em águas internacionais). Em suma: onde houvesse negócio sendo feito haveria um holandês envolvido. O país exalava atividade comercial, e, de certa forma, a Holanda podia ser descrita como um país acoplado a uma empresa multinacional – a Companhia das Índias Orientais –, e não o contrário. Digamos que fosse uma corporação com um exército privado.

No entanto, havia algo mais acontecendo. Era o que Pedro, o Grande, estava tentando compreender, porém lhe escapava por não ser algo físico, e sim sociológico. Na verdade, era uma ideia. Essa ideia estava ligada à forma como o povo holandês e seus imigrantes mercantis viam a si próprios e suas perspectivas. Conforme penetrava profundamente na sociedade holandesa, o dinheiro ia alterando a visão de futuro das pessoas. Por exemplo, a Holanda criou o conceito de título perpétuo, uma modalidade de empréstimo em que o valor principal *nunca* é reembolsado. Ao comprar obrigações perpétuas, um credor não receberia de volta seu montante inicial de capital, mas, em vez disso, receberia um rendimento a perder de vista. Você consegue imaginar o nível de confiança no dinheiro que precisa haver em uma sociedade para que as pessoas financiem um empréstimo sabendo que ele nunca será de todo pago e ainda considerem isso um investimento prudente? Trata-se de uma abstração espantosa. Esta é a magia do dinheiro: noções que parecem fantásticas são aceitas e se tornam até mesmo banais.

Para que uma sociedade voluntariamente financiasse projetos com dinheiro que jamais voltaria para suas mãos, algo devia ter mudado em seu sistema de crenças. Na Florença renascentista, apenas mercadores sofisticados, com sua intrincada rede de parceiros comerciais, teriam concedido empréstimos uns aos outros aceitando jamais receber de volta o valor principal. Porém, na Holanda do início do século XVII, as municipalidades estavam construindo diques e fortificações marítimas por meio de empréstimos perpétuos junto à população local comum, que utilizava esses títulos como forma de poupança. O nível de confiança financeira estabelecido naquela sociedade indica que as características mercantis de que falamos nos capítulos anteriores – como a crença na inovação comercial, a abertura ao risco, a compreensão das finanças – devem ter se ampliado dramaticamente.

Esses valores mercantis ou burgueses refletem uma sociedade migrando de uma economia de comando e controle, de cima para baixo, para uma economia de rede, tipicamente horizontal. Os holandeses não possuíam nenhuma vantagem material: não tinham jazidas de carvão ou ferro como a Grã-Bretanha, nenhuma floresta em escala industrial como a Escandinávia, nenhuma vantagem geográfica como a Itália medieval, nenhum vasto território ultramarino como a Espanha imperial. Tampouco tinham uma população enorme como a França ou uma enorme extensão de terras como a Rússia – muito pelo contrário: seu território era o menor da Europa e, ainda por cima, grande parte dele ficava alagada. Mas os holandeses tinham uma ideia: participação comercial em massa amparada por um sistema financeiro ágil que tirava o máximo proveito do dinheiro.

As pessoas não comprariam títulos perpétuos a menos que acreditassem em um futuro próspero. Com essa crença no futuro, elas passaram a se acreditar capazes de mudar as próprias circunstâncias. Para que a ascensão social seja possível, a sociedade deve ter enobrecido o esforço comercial, oferecendo certo grau de dignidade e encorajamento para que o pequeno se permitisse sonhar grande. Por que uma pessoa comum assumiria um risco comercial em uma nação cuja atitude predominante fosse rebaixar e zombar de tal esforço? Essa atitude desdenhosa é a posição-padrão do aristocrata. No entanto, graças a sua vivência com o dinheiro, a mentalidade holandesa havia mudado.

Pedro, o Grande, não conseguiu compreender essa ligação essencial entre liberdade pessoal, a dignidade da atividade comercial e uma economia de redes, dinâmica e inovadora. A única matéria-prima de que os holandeses dispunham era a mais potente de todas: uma mente livre e questionadora. Sem essa energia humana não poderia haver crescimento econômico sustentável, porque não haveria inovações sucessivas.

A experimentação no comércio costuma andar em paralelo à experimentação nas artes. Enquanto os mercadores holandeses expandiam o comércio, os artistas inovavam, durante um período que viria a ser conhecido como a era dos mestres holandeses. Em contraste com os extravagantes retratos italianos anteriores, os retratos pintados por artistas como Rembrandt eram austeros e sem ostentação material, refletindo a preferência holandesa pela riqueza discreta. Isso não quer dizer que não estivessem sinalizando seu status; por exemplo, muitos trajavam roupas pretas, o que parece modesto até você saber que o preto era a tinta mais cara na época. A mente holandesa estava ultrapassando os limites, rejeitando o antigo e abraçando o novo de todas as maneiras. Os títulos perpétuos e uma pintura de Vermeer têm a mesma origem: a imaginação humana.

Negociando o vento

Os holandeses incentivaram as potencialidades do dinheiro ao fundar seu mercado de ações, a Nova Bolsa, em 1610. Na década de 1620, muitos instrumentos financeiros modernos já eram usados diariamente pelos holandeses, incluindo mercados futuros para apostar em resultados possíveis dali a anos, operações com margem para alavancar um palpite e a compra e venda de opções para permitir apostar em uma bonança ou uma catástrofe. Quase todas as combinações possíveis de eventos futuros poderiam ser precificadas em dinheiro na Amsterdã do início do século XVII. Surpreende que os holandeses tenham se empolgado?

Com mais capital buscando a Holanda como lar seguro e um caldeirão de oportunidades, as taxas de juros caíram, os preços das casas dispararam e o valor das ações, mesmo de empresas que não davam lucro nenhum, disparou. Os holandeses do início do século XVII se referiam a esse fenômeno como *windhandel*, que significa "negociar o vento". O dinheiro era invisível. Com o *windhandel* gerando lucros no papel, a riqueza aumentava e o apetite pelo risco crescia. Entre 1630 e 1639, o preço das ações da Companhia Holandesa das Índias Orientais mais que dobrou e o índice de ações de Amsterdã subiu de 229 em 1630 para 500 em 1640. Todos os mercados estavam em alta. Mercadores e investidores que ganhavam dinheiro com habitação aplicaram alguns florins em ações, incluindo papéis da VOC. Às vezes as piores decisões de investimento são tomadas naquele que parece ser o melhor dos momentos. A efervescência e a euforia imperavam. Cada novo patamar gerava mais boatos, e histórias de grandes fortunas persuadiam mais gente a se envolver em um mercado que continuava a crescer. Ficar rico nunca foi tão fácil, e, quando alguém fica rico, o natural é querer contar aos outros.

Se tem algo difícil de superar é uma boa fofoca. Seja inocente ou perigosa, fato é que a maioria adora fofocar. Como observou Aristóteles, somos criaturas sociais. A influência dos rumores na economia e nas finanças é muito maior do que pensamos, sobretudo quando o entusiasmo com boatos e o medo de ficar de fora se espalham desmedidamente. Os ciclos econômicos nada mais são que a expressão coletiva da natureza humana, oscilando entre otimismo e pessimismo. Ficamos eufóricos juntos; ficamos deprimidos juntos. A parte do "juntos" é crucial.

Gosto de utilizar o termo "economia da fofoca" para descrever a forma como os preços dos ativos reagem quando nós, animais sociais, reagimos a novas informações e as repassamos, contagiando os outros com nosso estado de espírito. A economia clássica, tal como ensinada a universitários em todo o mundo, pressupõe que as pessoas são racionais e imunes a emoções ou boatos na hora de tomarem decisões relacionadas a dinheiro. Por acaso você já conheceu algum ser humano assim? É tolice conceber a humanidade, as criaturas lindamente imperfeitas que somos, como seres racionais e ignorar o papel de nosso emocional. Os padrões financeiros se repetem ao longo da história, em ciclos recorrentes de boom e colapso, em grande parte porque o dinheiro é social. A especulação é o dinheiro em sua roupagem mais social, reunindo pessoas que de outra forma não se conheceriam ou não teriam nada em comum exceto por um projeto conjunto específico – o projeto de ganhar dinheiro fácil. Quando estamos entusiasmados com ganhos fáceis, é mais provável que sejamos "investidores de momento" que seguem o fluxo em vez de "investidores de valor" que vão contra a maré. A maioria de nós segue a manada.

As leis da economia são abaladas no comportamento de massa. A economia clássica afirma que, quando os preços sobem, a demanda cai. É assim mesmo? É mais correto dizer que, quando alguns preços sobem, como o de certos ativos, as pessoas que possuem esses ativos se sentem ricas e falam sobre isso. Um potencial comprador, assombrado por esse rumor, entra em pânico diante do sinal de que os preços dos ativos estão subindo. Acreditando que o preço de hoje é uma pechincha e que, se esperar, amanhã vai sair mais caro, ele compra hoje. Aumento de preços gera mais aumento, que gera mais demanda. Pelo visto, uma das leis fundamentais da economia não é uma lei.

Uma segunda lei fundamental afirma que, quando os preços sobem, a oferta aumenta. Será que isso é sempre correto? Em um mercado em ascensão, um potencial vendedor fica na dúvida. Ele acha que, com os preços subindo, seria loucura vender agora, já que pode ganhar mais dinheiro se deixar para vender no ano que vem. Ele comenta isso com amigos. Então todos ficam esperando um preço melhor em vez de venderem hoje. Mas o aumento dos preços nem sempre provoca o aumento da oferta; ele pode, na verdade, gerar contração na oferta, empurrando o preço para cima em uma jornada do crescimento súbito para o colapso. A economia clássica diz que o preço é um instrumento mecânico que sinaliza um "equilíbrio" estéril entre oferta e demanda, em que a economia é estável. Só os economistas teóricos pensam em preços nesses termos. No mundo real, o aumento dos preços é um afrodisíaco financeiro. Ele nos diz quanto lucro podemos obter, pelo menos em tese, e nos atrai para os mercados, nos instigando a apostar no amanhã – o oposto da estabilidade. Para os economistas, o preço é apenas um número; para pessoas reais, o preço é um sentimento.

A febre das tulipas

No fim do século XVI, as tulipas chegaram a Amsterdã pelas mãos do embaixador do Império Otomano (em turco, "tulipa" significa turbante, que é o formato característico da corola da flor). A flor mais exótica da época despertou o interesse das comunidades hortícola e botânica. Todo ano as janelas ao longo do canal Herengracht – motivos de ostentação para a alta sociedade de Amsterdã – exibem lindos arranjos florais na primavera.

Em uma sociedade altamente especulativa, caracterizada pelo *windhandel*, por que não apostar no preço futuro dos bulbos de tulipa? Com os preços subindo, os bulbos semeados naquele momento renderiam um ganho de capital, não importando o que acontecesse. Em comparação com ações ou casas, os bulbos eram baratos e permitiam que investidores menores participassem da jogada. Durante cerca de uma década, os preços das tulipas subiram de forma constante. Graças à profundidade e à sofisticação dos mercados de capitais holandeses, os contratos de tulipas eram aceitos nos negócios cotidianos. Um comerciante poderia pagar pelas mercadorias com um contrato de tulipas, lucrar quando as flores brotassem na primavera e pagar o empréstimo com a receita obtida, da mesma maneira como as cauções são usadas hoje. Isso pode parecer normal para nós, mas, em uma época em que a maioria dos europeus nunca tinha saído da própria aldeia, os holandeses cosmopolitas estavam tomando crédito colateralizado com lastro em tulipas.

Inicialmente, o mercado era formado por floristas holandeses ou colecionadores amadores abastados. No fim de 1634, porém, os comerciantes de flores de Haarlem notaram um novo tipo de pessoa dando lances por bulbos, algumas delas vindas de lugares distantes como Paris.[3] Os especuladores estavam sendo atraídos por histórias de dinheiro fácil no comércio de bulbos. A *Tulpenwoerde*, ou "febre das tulipas", pegou mesmo no verão e no outono de 1636. Com os preços nas alturas, os profissionais optaram por sair, deixando o mercado de tulipas para uma plebe inexperiente porém entusiasmada. Os príncipes mercantes de Amsterdã, preferindo se limitar às letras de câmbio, às casas mais luxuosas da cidade e às notas respaldadas pelo banco central, ficaram assistindo a tudo do lado de fora. À medida que mais pessoas se envolviam, os corretores de tulipas começaram a aceitar o pagamento em bens ou serviços como caução. Vacas, lotes de terra, quadros, uma dúzia de ovelhas, barris de vinho, um copo de prata e meia tonelada de queijo foram registrados como cauções usadas para assegurar certo número de bulbos.[4] A Holanda estava hipotecando riqueza verdadeira na efêmera promessa do *windhandel* de ganhar dinheiro com um punhado de bulbos de tulipa.

No inverno de 1636, quando o salário médio anual estava entre 200 e 400 florins e uma casa geminada média custava 300 florins, um bulbo médio de tulipa, do tipo de terceira categoria, subiu de 25 florins, antes do boom, para 220 florins. Mais acima na escala da raridade, uma tulipa *Generalissimo*, que era vendida por 95 florins no início de 1636, estava sendo negociada a 900 apenas um ano depois. A essa altura, a tulipa mais rara, a *Semper augustus*, era negociada por 6 mil florins – mais de 20 vezes o salário médio anual.[5]

Milhares de especuladores estavam envolvidos nesse momento. As tabernas lotavam de gente se unindo para somar recursos e hipotecando bens para aplicar no arriscado negócio.

A vertigem das massas, estimulada por histórias de sucesso, alimentou a loucura até 3 de fevereiro de 1637, quando a histeria para comprar deu lugar à histeria para vender. As falências foram generalizadas. A manada passou da ganância ao medo, da euforia ao pânico, e o preço, o sinal que incitou as massas na subida, esmagou seus sonhos na descida.

A febre das tulipas foi um fenômeno popular no sentido de envolver o cidadão comum e os pequenos negociantes. Ao contrário de muitos episódios de bolhas econômicas e subsequentes colapsos que viriam depois, a elite financeira – os banqueiros estabelecidos de Amsterdã e os príncipes mercantes intercontinentais – não sujou as mãos de verdade. Como todas as cauções eram reais em vez de financiadas por dívida, houve um abalo pontual e breve na economia em vez de uma crise prolongada. O oposto acontece quando um boom é financiado pelo crédito (como veremos mais tarde). Após o choque do colapso nos preços das tulipas, a economia holandesa não demorou a se recuperar.

A Holanda continuou a fazer negócios e a liderar o mundo nas finanças. Quando Pedro, o Grande, apareceu em seu disfarce de artesão, ainda havia muito a aprender. A partir do fim do século XVII, após a invasão da Inglaterra pelo exército holandês em 1688, muitos dos truques financeiros de Amsterdã cruzaram o Mar do Norte e chegaram a Londres. Os banqueiros e financistas holandeses seguiram o rei Guilherme de Orange até a Inglaterra, fertilizando Londres com seu DNA monetário. A Holanda foi o primeiro país a experimentar de forma generalizada o que hoje chamaríamos de ascensão de uma burguesia financeira, uma classe cuja agilidade com o dinheiro permitiu a essa pequena república movimentar seus recursos e os do mundo a tal ponto que Amsterdã se tornou a cidade mais rica do planeta e a Holanda pôde orquestrar um golpe de Estado em seu vizinho muito maior.

Uma das inovações que se espalhou de Amsterdã para Londres nessa época foi um banco mercantil centralizado, não muito diferente do Wisselbank. O Banco da Inglaterra, criado em 1694, emitiria papel-moeda, o que resultou em mercados de capitais sólidos, títulos perpétuos, empresas listadas em bolsa e sociedades limitadas que permitiam dividir os riscos, algo essencial para financiar a expansão comercial britânica no exterior.

Desde o estabelecimento da Companhia Holandesa das Índias Orientais, em 1602, até a Revolução Gloriosa, a constante inovação com o dinheiro havia impulsionado a Holanda. Príncipes do dinheiro do século XVII, os holandeses inventaram muitos dos instrumentos financeiros que utilizamos até hoje. O mesmo país que tinha abraçado a mensagem protestante de Lutero com tanto entusiasmo foi rápido em imaginar que o preço de uma ação escrito em um papel poderia ter valor, e, para que essa ideia se consolidasse, algo precisou mudar na cabeça das pessoas.

Embora tenha revelado o que pode ser alcançado por meio do dinheiro e do comércio, o século monetário holandês também expôs, com a febre das tulipas, a insanidade das massas instigadas pelo dinheiro. E, embora o grande negócio de arbitragem – comprar mercadorias baratas de diversas partes do mundo e vendê-las a preços elevados na Europa – tenha enriquecido os mercadores de Amsterdã, o custo dessa prática foi brutal para povos colonizados de todo o planeta. Esse custo continuaria a ser suportado por séculos e séculos. A caçada ao dinheiro, uma libertação para alguns, resultou diretamente na colonização, nos maus-tratos e na degradação de milhões de pessoas. A tecnologia que permitiu tanto progresso e inovação também facilitou terror e sofrimento. A história do dinheiro, mais uma vez, é a história de todos nós – para o bem e para o mal.

11
O PAI DA ECONOMIA MONETÁRIA

Assassino em fuga

Em abril de 1694, as coisas não pareciam boas para o encrenqueiro escocês John Law. Ele havia acabado de torrar uma boa herança em apostas e possivelmente em outros prazeres noturnos. Sua decepcionada mãe teve que pagar uma fiança para tirá-lo da cadeia e agora ele lhe daria a notícia que mãe nenhuma quer ouvir: acabara de matar um homem. Com apenas 23 anos, nascido em uma família razoavelmente abastada, John Law estava condenado. Ou será que não?

Ele havia matado Edmund Wilson em um duelo, com um impulsivo golpe de espada na barriga. Aparentemente, Law e Wilson amavam a mesma mulher. E mais: a mulher, Betty Villiers, também era concubina do rei. Um complicado e perigoso quadrilátero amoroso. Naquele momento, talvez ele desejasse nunca ter nascido, mas Law escapou do carrasco em uma das muitas enrascadas improváveis de sua vida. Assassino, namorador, colecionador de arte, analista de apostas em cassinos, conquistador e, em geral, sempre pronto para uma farra, o pai da economia monetária estava longe do estereótipo do economista. Ele sabia aproveitar a vida, além de ser muito inteligente. A vida de Law, um homem que sabia guardar segredos – e eram muitos –, foi uma longa e emocionante série de aventuras.

Alguns poderiam dizer, dadas suas aventuras posteriores, que Law faria qualquer coisa por dinheiro, o que estaria apenas parcialmente errado. Com o tempo, ele revolucionaria o dinheiro em si, e seu legado está rabiscado como um grafite intelectual nos bancos centrais da atualidade. John Law foi o pai daquilo que viria a ser conhecido como moeda fiduciária: dinheiro emitido pelos bancos centrais que não está atrelado ao ouro.

Enquanto os holandeses continuavam a ancorar seu sistema em torno do florim de ouro, o sistema de Law era condicionado pela confiança. Como veremos, o homem que escapou da forca em 1694 era movido pelo desejo de escapar das restrições tanto na vida pessoal quanto na gestão do dinheiro – que é o que importa para nós. Law queria libertar o dinheiro. Ele não agradou a todos, nem em vida nem depois, mas, como disse o economista político Joseph Schumpeter, Law "está em uma categoria à parte (...). Ele formulou a economia de seus projetos com brilhantismo e, sim, profundidade, o que o coloca entre os melhores teóricos monetários de todos os tempos".[1]

Na época em que assassinou Wilson, Law flanava por Londres em seus mais belos trajes, comendo, bebendo e basicamente semeando o caos, sem qualquer indício de renda legítima. Os duelos estavam saindo de moda, mas, para esses dois jovens pretensiosos, inflados pela vaidade e pela insegurança, ainda eram uma forma de preservar a honra. Não que a dupla em questão tivesse muita honra. A defesa de Law argumentou que se tratou de crime passional. Ao descobrir que Wilson também estava na cama de sua amada Villiers, ele o desafiou para um duelo.

Essa foi a história que circulou em Londres no verão de 1694, porém há outra possibilidade, mais empolgante: a de que Law tenha sido na verdade contratado como assassino de aluguel. Corria o boato de que Wilson era sustentado por uma pessoa com quem se relacionava romanticamente. E é aqui que a história fica ainda mais escandalosa.

Muitos anos depois, em 1723, uma explicação alternativa (e difamadora) para o estilo de vida luxuoso de Wilson surgiu em um panfleto de 49 páginas intitulado *Cartas de amor entre certo nobre falecido e o famoso Sr. Wilson: descobrindo a verdadeira história de ascensão e surpreendente grandeza do célebre dândi*. O panfleto sugeria que um amante garantia o luxo de Wilson. O nobre, dizia-se, tinha se cansado dele – talvez Wilson estivesse exigindo demais financeiramente ou, o mais provável, ameaçando dar com a língua nos dentes. Nessa história não há crime passional, amante rejeitado nem concubina do rei se relacionando com dois homens mais jovens.

A morte de Edmund era um simples acerto de contas – e John Law era o assassino contratado.

Um caso controverso para historiadores dos primórdios da literatura gay, como Rictor Norton, as cartas dão a entender que o nobre em questão era Charles Spencer, o terceiro conde de Sunderland, ancestral direto de Winston Churchill, da princesa Diana e do príncipe William. Se essa hipótese estiver correta – as evidências são um tanto circunstanciais –, então os dois homens mais diretamente envolvidos no assassinato de Edmund Wilson no campo de Bloomsbury, em abril de 1694, eram John Law e Charles Spencer. Vinte e seis anos depois, em 1720, no auge das bolhas do mercado de ações, esses dois possíveis cúmplices criminosos voltariam a se encontrar, um como controlador-geral das finanças da França e o outro como primeiro lorde do Tesouro da Grã-Bretanha. Eles ainda guardavam segredos, e os segredos salvariam a pele de ambos em outra história envolvendo dinheiro, amantes e a realeza. Voltaremos a ela mais tarde.

Law escapou não apenas da pena de morte, mas também da prisão. Documentos do Arquivo de Registros Públicos de Londres mostram que o governo providenciou sua fuga.[2] Teria sido por causa do apelo especial das bem posicionadas conexões escocesas de Law ou teria sido parte da garantia dada a Law quando foram feitos os planos para que ele matasse Wilson em duelo? Amigos em cargos importantes podem ser úteis, ainda mais se você tem informações que possam comprometê-los. Após "escapar" em 1694, Law passou uma década viajando por França, Holanda e Itália, basicamente em fuga. Usou suas habilidades matemáticas, notadas pela primeira vez na escola na Escócia, para enriquecer nos cassinos europeus. Aplicando as leis da probabilidade, acumulou uma fortuna, mais tarde estimada entre 1,5 e 2 milhões de libras francesas na década de 1720.

O primeiro teórico monetário

Embora os jogos lhe proporcionassem um estilo de vida rico e de prazeres, a atividade bancária e as possibilidades do papel-moeda intrigavam Law, talvez por ter passado um tempo em Amsterdã. Vendo o que o dinheiro faz com as pessoas, a energia que extravasa, Law não conseguia aceitar que a atividade humana fosse limitada pela quantidade de ouro em jazidas. Ele via o ouro, a prata e o cobre como impedimentos antiquados e anticientíficos às possibilidades econômicas proporcionadas pelo papel-moeda. Apesar de ser um assassino condenado e ainda, tecnicamente, um foragido, o escocês enviou a lorde Godolphin, o alto tesoureiro da Inglaterra, um plano para a criação de um sistema bancário completamente novo, baseado em papel-moeda.

Sua proposta de 1704 (publicada pela primeira vez tardiamente em 1994, como *John Law's "Essay on a Land Bank"*)[3] tem um tom incrivelmente moderno, demonstrando uma clareza de pensamento sobre questões monetárias que é bastante superior aos escritos contemporâneos sobre dinheiro. Pense no exemplo da casa de penhores chinesa do capítulo anterior, em que o bem era transformado em dinheiro líquido. Nas sociedades europeias do início do século XVIII, havia muitas propriedades para usar como caução, mas as pessoas queriam a garantia do ouro ou da prata respaldando o valor do dinheiro. Apesar das inovações financeiras holandesas, a influência indesejada do ouro ainda representava um limite à oferta monetária. Para Law, isso era um defeito da imaginação, não das finanças. E se ele conseguisse criar outra base para seu papel-moeda? Nessa fase de seu pensamento, essa base era a terra, a fonte tradicional de todos os rendimentos nas sociedades pré-industriais.

Para Law, havia uma ligação evidente entre a quantidade de dinheiro disponível na economia e a taxa de crescimento, e isso representava um grande avanço na teoria econômica. Pela primeira vez se traçava uma conexão entre o dinheiro, sua oferta e o dinamismo da economia, que Law chamou de demanda por dinheiro. A essência de seu pensamento era que uma oferta de dinheiro novo geraria energia e dinamismo econômicos, criando uma demanda maior por dinheiro. Por exemplo, alguém quer abrir uma padaria. Desde que tenha dinheiro suficiente para isso, ele abrirá esse negócio e começará a vender pão. As pessoas comprarão pão – com dinheiro. A demanda por dinheiro para comprar mercadorias crescerá à medida que a oferta de mercadorias aumentar. Enquanto o dinheiro ofertado for investido em negócios reais, como a hipotética padaria, o rendimento da economia aumentará (pois haverá mais pão). Justamente por haver mais pão, o preço do pão não subirá de forma drástica. A demanda sempre aumentará o preço, mas, se a oferta corresponder, o aumento será pequeno.

Law acreditava que o novo dinheiro geraria atividade econômica e, portanto, mais demanda por dinheiro. A demanda e a oferta de moeda aumentariam juntas, acelerando o crescimento econômico e promovendo maior prosperidade geral. Todo o raciocínio moderno sobre o papel dos bancos centrais deriva de Law. Ainda hoje, as atribuições do Federal Reserve, o banco central dos Estados Unidos, para gerenciar a oferta monetária e atingir as metas de crescimento e de inflação decorrem diretamente de suas ideias.

O Novo Mundo

Godolphin, o alto tesoureiro da Inglaterra, rejeitou a proposta de Law. Ele não se abalou e seguiu em frente, tentando convencer quem quisesse ouvi-lo, espalhando suas ideias revolucionárias por toda a Europa. Law conseguiu encontrar uma brecha na França, então o país mais rico e, com exceção da Rússia, o maior e mais populoso da Europa. O pródigo Rei Sol, Luís XIV, que havia morrido em 1715, quase levara o país à falência. O agora regente, Filipe, duque de Orleans, sabia que a França precisava de uma injeção de magia econômica. Seu desespero o levou a dar ouvidos a Law, contratando-o como controlador-geral das finanças.

A França enfrentava duas crises. A primeira era a escassez de prata e ouro, agravada pela segunda, que era o elevado endividamento do Estado. A proposta de Law poderia ser a cajadada que mataria os dois coelhos.

Para enfrentar a primeira crise, Law, como controlador-geral das finanças, sugeriu substituir o dinheiro metálico, na forma de ouro e prata, por papel-moeda emitido pelo Banco Geral, criado em maio de 1716. Inspirado no Banco da Inglaterra (que, por sua vez, era inspirado no holandês Wisselbank), o novo banco convenceria os nobres mais ricos da França a comprar suas ações. Law só não disse ao mundo que os dois maiores acionistas eram ele próprio e o regente. Esse banco privado, operando sob carta régia, emitiu então papel-moeda. De início, as cédulas eram totalmente conversíveis em ouro e prata, porém mais tarde passaram a se sustentar exclusivamente na boa-fé do Estado, financiado pelas receitas fiscais. O Banco Geral resolveu o primeiro problema da França conforme o papel-moeda circulava livremente na economia, motivando mercadores e empreendedores a assumir mais riscos, colocar mais produtos nos mercados e financiar novas rotas comerciais.

Para resolver a dívida nacional, Law sabia que precisava apelar ao lado especulativo dos seres humanos, que era (pelo menos nele) altamente receptivo. Após observar os jogadores no cassino, Law teve a ideia de uma conversão da dívida em participação acionária em grande escala. Em linguagem simples, isso significa apostar no amanhã para resolver os problemas de hoje. Como todo vendedor, Law precisava de uma história fascinante sobre o futuro. E, no início do século XVIII, o futuro era o Novo Mundo, que prometia lucros incalculáveis (à custa de terras roubadas e de trabalhadores escravizados) para os visionários dispostos a se aventurar.

A chegada ao Novo Mundo foi um acontecimento bastante disruptivo na história europeia e, como toda disrupção, atiçou a imaginação. Na América do Norte a terra era barata (pois fora roubada das Primeiras Nações) e o solo era fértil. Com seus rios largos, horizontes infinitos e amplas florestas, a região proveria o motor do crescimento da França pelos séculos seguintes. Os franceses tinham morrido de inveja ao verem a Espanha – país que desprezavam, aliás – se tornar absurdamente rica com os metais preciosos das Américas Central e do Sul. Os parisienses estavam cientes da riqueza potencial do Novo Mundo, uma vez que os tropeiros franceses enviavam para casa quantidades abundantes de peles e madeira das planícies norte-americanas, enquanto as colônias caribenhas enviavam rum, arroz e tabaco.

Nesse momento, as colônias e sua vasta riqueza estavam limitadas aos colonos, as pessoas que lá se fixavam. E se Law conseguisse arregimentar dezenas de milhares de franceses para o potencial das colônias por meio da venda de ações de uma empresa, como a Companhia Holandesa das Índias Orientais? Quem não iria querer uma fatia desse bolo? Com o dinheiro arrecadado com a venda de ações, o esquema de Law saldaria a dívida nacional, expiando os pecados de ontem com a promessa do amanhã.

Em agosto de 1717, Law assumiu a Compagnie d'Occident (Companhia do Ocidente), que havia recebido do rei direitos comerciais exclusivos sobre a Louisiana francesa. A Louisiana francesa não correspondia ao atual estado americano da Louisiana; cobria uma área muito maior, quase metade do tamanho atual dos Estados Unidos. Era uma enorme extensão de terra fértil e irrigada, pronta para ser explorada não apenas com agricultura, mas também com mineração. Com a Companhia do Ocidente, Law pôs em prática sua ideia de converter dívida em participação. Em vez de aceitar dinheiro de novos acionistas, ofereceu um *swap* aos detentores de dívida pública existentes. Eles poderiam trocar suas promissórias (*billets d'état*) do governo francês pelas ações da nova companhia.

Entusiasmados com a perspectiva de grandes ganhos com a futura exploração da Louisiana francesa, muita gente abraçou a ideia. Law, um incansável observador da psicologia humana, disponibilizou as novas ações com grande desconto em relação ao que julgava ser seu verdadeiro valor. Assim elas se valorizariam imediatamente após a compra e os compradores fariam o que sempre fazem: sairiam por aí se vangloriando de sua esperteza e persuadindo os mais reticentes a apostar dinheiro no Novo Mundo. O burburinho tomou os cafés de Paris, Marselha e Lyon, criando uma empolgação alavancada pela ganância. Conforme o preço das ações da Companhia do Ocidente subia, Law usava essas ações valiosas como moeda para financiar uma série de espetaculares aquisições de empresas, aumentando a sensação de riqueza fácil disponível a qualquer um que apoiasse suas ideias geniais.

Mississippi em chamas

Law inseriu o Estado em seus empreendimentos quando convenceu o regente a transformar o Banco Geral no banco do governo. Isso significa que o banco deixou de ser privado e foi nacionalizado. A partir daí, todos os impostos eram pagos a esse banco e todos os gastos do Estado eram desembolsados a partir dele. Law agora tinha em suas mãos os cofres centrais e todos os coletores de impostos do país. Sem que ninguém se desse conta, a França estava passando por um MBO (*management buyout*) – uma aquisição alavancada com participação ativa da gestão, sendo a gestão, no caso, exercida por um único homem, Law. E o povo francês fornecia o capital. Para se ter uma ideia de como Law era parte do círculo íntimo do regente, em 1718, com a expansão contínua da Companhia do Ocidente, o Banco Geral foi renomeado Banco Real. A Coroa e o assassino, uma parceria e tanto.

Law repetiu o mesmo truque várias vezes, comprando empresas de fachada nas colônias francesas e as agrupando, todas com diretivas para explorar recompensas futuras. A empresa controladora passou a ser conhecida como Companhia do Mississippi, nome vago o suficiente para uma entidade que abarcava todo tipo de atividade, de comércio de açúcar a escravizados. No início do século XVIII, os colonos europeus aproveitavam a ganância dos investidores locais para explorar a vida, as terras e a riqueza mineral daqueles que subjugavam. Com o apoio desses figurões locais e o respaldo de um exército privado (como o da VOC holandesa), a Companhia do Mississippi era uma gigante. Para financiar suas aquisições, Law, o maior dos manipuladores, prosseguiu com o estratagema, oferecendo as ações com grandes descontos aos investidores para que o preço subisse logo em seguida e enchesse os olhos de mais especuladores. A França vibrava com o frenesi das ações. Mães, filhas e netas entraram no jogo. E por que não entrariam? As ações não estavam todas se valorizando?

Com a disparada no preço dos papéis, o cenário estava montado para um grande boom no mercado de ações. Ao mesmo tempo, Law reduzia a dívida nacional da França, convertendo títulos públicos em ações, trocando o risco baixo pelo alto. A magnitude dessa operação era impressionante. Nadando em dinheiro, seu passo seguinte foi refinanciar a totalidade da dívida da Coroa, adiando datas de vencimento e baixando a taxa de juros.

O preço das ações da Companhia do Mississippi saltara de 500 libras francesas em maio de 1719 para 5 mil em setembro do mesmo ano.[4] No ambiente moldado por essa rápida elevação, os ganhos de capital deixaram os investidores malucos. Quem se importava com os velhos e enfadonhos dividendos quando você ganhava muitas vezes mais dinheiro apenas com a valorização do preço das ações? A negociação de papéis na estreita e sinuosa Rue Quincampoix era tão intensa que não havia espaço para mesas. No tumulto, um empreendedor corcunda chegou a alugar suas costas para servir de apoio.[5]

A nova abordagem de Law havia conseguido transformar por completo o sistema financeiro francês, tornando o país uma economia em expansão com papel-moeda a dar e vender. Uma empresa altamente especulativa estava no centro desse sistema financeiro, sugando os recursos reais do país e os transformando em promessas de lucros futuros, dependentes da crença absurda de que as colônias – muitas das quais não passavam de simples plantações de tabaco ou açúcar – deixariam uma enorme população da Europa rica para todo o sempre. O que antes era público (o sistema tributário) se tornou privado, e o que antes era privado (as economias da população) se tornou público.

A França havia contraído a febre do trading, e o mundo estava só assistindo. As pessoas que haviam entrado cedo no esquema se consideravam visionárias, e as que ainda não participavam se sentiam injustamente excluídas. Para atender à demanda frenética – e arrecadar mais fundos –, Law emitia cada vez mais ações. Num período de três semanas, no outono de 1719, a Companhia do Mississippi emitiu mais de 300 mil ações ao preço unitário de 5 mil libras francesas, totalizando 1,5 bilhão de libras francesas. Para garantir que a febre contaminasse inclusive aqueles que não tinham condições de comprar papéis de imediato, Law introduziu o pagamento em prestações, a clássica estratégia "Compre agora, pague depois". As pessoas estavam investindo dinheiro que não podiam gastar. Pequenos adiantamentos e uma demanda cada vez maior empurraram o preço das ações para mais de 9 mil libras francesas naquele mesmo outono de 1719.[6]

Vinte e cinco anos após escapar da forca, parecia que Law havia realizado outro milagre ao salvar as finanças da economia francesa e reinventar o dinheiro francês. Uma nova era do dinheiro estava chegando: dinheiro lastreado por nada mais que a promessa e a credibilidade do Estado. Além disso, a dívida pública tinha sido convertida em participação acionária na Companhia do Mississippi. A economia prosperava e John Law era o equivalente francês ao primeiro-ministro. Nada mau para um assassino fugitivo.

Fim de jogo

No final de 1719, a Europa fora arrebatada pela febre. Hordas de especuladores afluíam a Paris a fim de comprar e vender ações da Companhia do Mississippi, cujo valor atingiu o pico de 10 mil libras francesas em dezembro, o que dava à companhia o valor de 6,24 bilhões de libras francesas. O preço das ações nas alturas impulsionava a demanda por dinheiro, levando à emissão de mais ações. Isso era facilitado pelo Banco Real, que imprimia dinheiro a todo vapor. O novo dinheiro saltou para 1 bilhão de libras francesas no final de 1719. A empresa impulsionava o banco, que, por sua vez, impulsionava a empresa. (Hoje em dia vemos o mesmo fenômeno nas bolhas imobiliárias, em que os preços dos imóveis aumentam a rentabilidade das incorporadoras, tornando-as apostas ainda melhores para os bancos, que emprestam mais dinheiro às incorporadoras, o que aumenta ainda mais os preços dos imóveis, dando início a um ciclo inteiramente novo de criação de crédito e dinheiro – até que para.)

O maior elogio que os ingleses podiam fazer aos franceses era imitá-los. Normalmente rápida em menosprezar os franceses quando se tratava de dinheiro, a Grã-Bretanha instituiu uma versão da Companhia do Mississippi em janeiro de 1720, quando a Companhia dos Mares do Sul se propôs a assumir a maior parte da dívida do governo. A proposta foi aceita pelo nosso amigo, o conde de Sunderland, Charles Spencer, o homem que – dizia-se – contratara Law para matar Edmund Wilson. Ele era agora o primeiro lorde do Tesouro da Grã-Bretanha.

Os britânicos viram a jogada dos franceses e aumentaram a aposta. O Exchange Alley, em Londres, foi palco do segundo boom do mercado de ações do mundo, a Bolha dos Mares do Sul de 1720, com enormes multidões se reunindo ali para comprar ações não só da Companhia dos Mares do Sul, mas também de uma variedade de empresas-bolha com estatutos que variavam desde os sérios até os bizarros. Entre os estatutos sérios estavam os das companhias de seguros, algumas das quais existem até hoje, ao passo que entre os bizarros havia uma empresa produtora de balas de canhão quadradas e até uma empresa para "um projeto a ser anunciado em data futura". (Isso pode parecer ridículo, mas o século XXI viu o surgimento das SPACs, ou empresas com propósito especial de aquisição – fundos de investimento especiais criados às cegas, em que o investidor será informado sobre qual é o investimento em… algum momento! Essas SPACs eram oferecidas pelas empresas de investimento mais renomadas e sólidas de Wall Street ainda ontem, em 2022.)

De volta à França, em fevereiro de 1720, o mercado, em plena fase maníaca, começou a oscilar. Em última análise, qualquer *valuation* só se sustenta se o lucro da empresa aumentar. Law estava enfrentando um momento "A roupa nova do rei". Várias razões já foram citadas para essa oscilação, desde uma praga em Marselha até o aumento da inflação nos movimentados portos franceses. Qualquer que fosse o catalisador, o pêndulo virou e os compradores desapareceram, sendo substituídos por vendedores desesperados.

O preço das ações da Companhia do Mississippi começou a despencar. A riqueza de papel das pessoas desapareceu. Em pânico, todos queriam ouro, não as promessas escritas de Law.

Em dezembro de 1720, Law se via forçado a fugir do país. E não era a primeira vez. Também não foi a primeira vez que fez isso com a ajuda do establishment.

Após o estouro da bolha da Companhia dos Mares do Sul na Grã-Bretanha, Charles Spencer foi levado à Câmara dos Comuns e acusado de usar ações para subornar políticos e membros do séquito de Jorge I, incluindo, mais uma vez, a concubina do rei. Essa corrupção ameaçou a monarquia hanoveriana, e a intenção de proteger o rei pode ter encorajado alguns parlamentares a votar a favor de Spencer para abafá-la. Após um debate acalorado, Spencer foi absolvido. Mais uma vez, John Law e Charles Spencer estavam atolados em dinheiro, mulheres e atos ilícitos – ao menos, dessa vez, supostamente sem assassinato.

Legado

Apesar da ruína da Companhia do Mississippi, o experimento de Law inaugurou um novo tipo de relação entre Estado e dinheiro. Suas inovações lançaram as bases para a forma de dinheiro que usamos hoje. Este é seu legado: dinheiro emitido por um banco central em nome do Estado, cuja credibilidade institucional lhe concedia solidez e cuja receita tributária lhe dava solidez. Ao mostrar que a moeda podia ser desatrelada do ouro e da prata, Law antecipou o influente economista inglês John Maynard Keynes, que notoriamente se opôs a essa vinculação.

Law também entendeu que o dinheiro traciona o comércio e que imprimir dinheiro impulsiona uma economia fraca. Essa conclusão é parte essencial do catecismo e do credo do banco central moderno, e, por consequência, Law é o pai espiritual da flexibilização quantitativa (veremos mais sobre isso depois). Ele reconheceu a alquimia do dinheiro, que é uma espécie de magia, motivando as pessoas a se esforçar, a inovar e, em última instância, a mudar suas circunstâncias e, assim, a mudar o mundo.

Law havia considerado usar a terra como seu ativo-base. Faz sentido: se fosse lastreado pela terra, o papel-moeda teria uma âncora. Só que ele foi longe demais na tentativa de reduzir a dívida nacional. Sua engenharia financeira, envolvendo a conversão da dívida em participação acionária, aniquilou a riqueza daqueles que trocaram a dívida do Estado pela vaga promessa de fortuna. Antes de Law, os súditos franceses mais ricos eram investidores felizes por receberem retornos regulares da dívida pública; esses investidores viraram especuladores, entusiasmados com a perspectiva de um esquema de enriquecimento rápido. Se Law tivesse se restringido ao papel-moeda lastreado em terra, não em especulação, seu sistema poderia ter dado certo. Como veremos, séculos depois e em mãos mais prudentes, o dinheiro emitido pelo banco central e lastreado por uma promessa do governo acabaria por sustentar o regime monetário mais bem-sucedido que o mundo já viu: o sistema fiduciário.

Nos anos que se seguiram ao colapso do esquema da Companhia do Mississippi, as finanças francesas retrocederam. Com as classes média e alta em choque por terem tido suas economias dizimadas, a população rejeitou inovações monetárias durante o restante do século XVIII. O resultado foi uma França atormentada por crises monetárias e a implementação de um sistema fiscal insustentável – e sabemos em que isso resultou em 1789. Sim, os experimentos de John Law, pelo menos em parte, lançaram as bases para a Revolução Francesa.

E não foi só isso. Cinquenta anos depois, os patriotas norte-americanos citaram a corrupção de Charles Spencer e de seus comparsas em Londres como uma das muitas razões para se afastarem da órbita da Grã-Bretanha. A proximidade do rei e dos membros do gabinete com a trapaça financeira da Companhia dos Mares do Sul revelou aos revolucionários norte-americanos a podridão no coração do sistema britânico, que eles compararam à corrupção do Império Romano. Inúmeros panfletos publicados nos anos seguintes citavam a Bolha dos Mares do Sul como prova da venalidade britânica. Será que Law e seu suposto cúmplice, Spencer, encorajaram não uma, mas duas revoluções?

12
O BISPO DO DINHEIRO

O diabo manco

Era preciso ser um canalha dos grandes para ser descrito por Napoleão como "um monte de merda em meias de seda". Imagine quantas pessoas devem ter cruzado o caminho de Bonaparte. Pense em todos os charlatões, bajuladores, aristocratas arrogantes em declínio e jacobinos degoladores em ascensão. Em se tratando de insultos, é bastante evocativo. Quase motivo de orgulho. Mas, afinal, que tipo de criatura mereceria descrição tão vívida?

Charles-Maurice de Talleyrand-Périgord foi bispo, político, financista, ministro das Relações Exteriores, agitador revolucionário, sedutor inveterado, diplomata inescrutável e sobrevivente político.[1] Operador ágil, dotado de talento e falsidade em igual medida, não foi impedido de ir longe por sua deficiência física. Ele subsistiu a vários superiores e ocupou cargos poderosos na corte do rei. Tendo sobrevivido ao monarca decapitado enquanto as guilhotinas zuniam por toda a França, Talleyrand se reinventou como radical. Só a história de como ele se tornou secretário de Relações Exteriores de Napoleão já ocuparia um livro inteiro, mas, não satisfeito, ele abandonou Bonaparte, pulando fora do navio no último minuto, extraiu a vitória pessoal a partir da derrota nacional e ressurgiu como negociador-chefe da França derrotada no Congresso de Viena em 1814. Com uma capacidade extraordinária de perceber para que lado o vento estava soprando, virou a casaca diversas vezes: da Igreja para o parlamento, do parlamento para o rei, do rei para a revolução jacobina, dos revolucionários para o exílio, do exílio para Napoleão e de Napoleão de volta para o rei. Fazer tudo isso sem perder a cabeça é impressionante; fazer tudo isso e acumular fortuna pessoal, inúmeras amantes, vastas propriedades, suntuosas coleções de arte e ainda estar do lado vencedor durante as três décadas revolucionárias mais convulsionadas da história francesa e europeia exige uma astúcia e uma crueldade extraordinárias. Não é de admirar que os bispos, seus ex-aliados eclesiásticos, se referissem a ele como *le diable boiteux*, o diabo manco.

Após o colapso do sistema financeiro de John Law, em 1720, a inovação monetária se tornou tabu na França. Apesar da calamidade da Bolha dos Mares do Sul, o inimigo jurado da França, a Grã-Bretanha, continuou a inovar no campo das finanças, aprendendo com os erros especulativos de 1720 para criar mercados mais sólidos, com mais opções de financiamento, o que resultou em maior dinamismo econômico. A maestria da Grã-Bretanha em relação ao dinheiro foi um dos fatores cruciais na propulsão da Revolução Industrial; ela não teria decolado de forma tão espetacular sem a disponibilidade de investidores e mercados de capitais para financiar as inovações tecnológicas. A industrialização – com suas fábricas e máquinas, a dragagem de canais, a mineração em poços profundos, para não falar da construção de novas cidades – exigia dinheiro. A Revolução Industrial foi uma façanha conjunta das finanças e da engenharia.

Os mercados de títulos da Grã-Bretanha permitiam a análise de riscos, enquanto seu setor de seguros mitigava a vulnerabilidade. Uma variedade de produtos financeiros proporcionou aos investidores um caminho para a participação na grande ascensão industrial, e a força monetária da nação a posicionou em uma trajetória de crescimento diferente. A gestão adequada de riscos disponibiliza mais capital, e a perspectiva de ganho de capital faz com que o dinheiro guardado debaixo do colchão seja colocado na trilha do investimento. Bem gerenciado, cada produto financeiro gera mais produtos financeiros, e o capital se integra ainda mais profundamente à economia, reduzindo o custo da atividade empresarial e aumentando os retornos. Os britânicos adaptaram a atitude holandesa em relação ao dinheiro refinando e melhorando as técnicas dos holandeses, e a Londres do século XVIII era para as finanças o mesmo que Amsterdã fora no século XVII: o centro do dinheiro global. Vencer três guerras navais contra os holandeses também deve ter ajudado a causa britânica.

Enquanto a Grã-Bretanha inovava, a França virava as costas para a criatividade monetária. Desde Law, qualquer pessoa envolvida em finanças era vista com suspeita. Os novos bancos nem sequer se denominavam bancos: usavam o termo *caisses*, que significa depósitos, de tão manchada que estava a reputação do setor. Isso significava que a França se esforçava para funcionar sob um sistema monetário primitivo. A Coroa contraía empréstimos de instituições locais e estrangeiras, sobretudo bancos calvinistas em Genebra, a taxas de juros altas. A tributação excessiva cobria o déficit. Os dilemas financeiros da França do século XVIII foram sucintamente explicados por Jean Colbert, ministro das Finanças de Luís XIV, que descreveu a arte da tributação como "arrancar o máximo de penas do ganso com o mínimo de grasnidos".

O comércio global exige recursos financeiros enormes, e um país que dá as costas ao dinheiro e à inventividade monetária corre o risco de se tornar um gigante claudicante, superado por concorrentes mais experientes financeiramente. Um século e meio depois que os ágeis holandeses estavam emitindo títulos perpétuos, abrindo o capital de empresas e partilhando riscos, a França, o país mais poderoso da Europa, com a maior população do continente, era refreada por um sistema tributário primitivo não muito diferente do babilônio. A instabilidade financeira caracterizava a economia francesa e, como sempre acontece quando o dinheiro é escasso, a fragilidade política estava sempre presente. Os sucessivos flertes dos reis com guerras e festas não ajudavam a aliviar a pressão constante sobre as finanças públicas. Embora alguns países europeus começassem a separar a Igreja do Estado, na França o clero e a monarquia estavam enredados. Os reis eram ungidos pelos cardeais, e o alto clero possuía um papel definido na monarquia. Nas famílias aristocráticas, o primeiro filho herdava os bens da família e, em geral, o segundo era enviado à Igreja para se tornar padre.

Um desses aspirantes a padre se tornaria o mentor monetário da Revolução Francesa.

O dilema monetário

A Revolução Francesa foi uma revolução do dinheiro, mais especificamente dos impostos. Como os franceses tinham estagnado nesse aspecto, o sistema financeiro era extremamente direto: quando precisava de dinheiro, o rei taxava os pobres e pronto. Com o tempo, os pobres ficaram fartos disso.

No entanto, revolucionários também precisam de recursos. Para o aprendiz de revolucionário, um curso intensivo de sistema bancário e economia monetária podia ser mais proveitoso que aprender marxismo, leninismo e agitprop. Sem dinheiro não há golpe. Por trás de toda a retórica exaltada, a maioria das revoluções gira em torno de dinheiro e os revolucionários geralmente prometem devolvê-lo ao povo. As revoluções convertem em arma a injustiça da tributação pelo regime apodrecido a ser derrubado, em que o indivíduo comum é espoliado para financiar o estilo de vida do rico. A igualdade nunca passa longe dos discursos dos rebeldes, sejam eles americanos, franceses ou russos. As revoluções costumam se concentrar nas seguintes questões: quem tem dinheiro, por que não temos mais dinheiro e como fazer para colocar as mãos no dinheiro.

Após a empolgação de derrubar as barricadas, os revolucionários devem se concentrar no mundano, o que inclui descobrir como pagar pelas coisas. Com o poder nas mãos porém sem dinheiro no bolso, os novos dirigentes não podem contar com a antiga base tributária – afinal, foi contra isso que se revoltaram.

Assim, o primeiro ato da recém-criada Assembleia Nacional Francesa, em 17 de junho de 1789, foi declarar ilegais todos os tributos existentes. De onde o governo tiraria dinheiro, então? O Estado revolucionário não podia contrair empréstimos porque o capital deixara o país antes mesmo que se pudesse dizer *liberté, égalité, fraternité*. Eles podiam imprimir cédulas, mas, mesmo tendo mudado o hino nacional, a lógica subjacente ao dinheiro continuava a mesma: se imprimir demais, haverá inflação. E, se imprimir demais quando seus recursos estiverem empenhados em uma guerra, haverá hiperinflação.

O dinheiro é e sempre foi um contrato social entre o governo e os cidadãos. Nós, os cidadãos, utilizaremos a nova moeda desde que vocês, o governo, preservem seu valor e se comprometam a nos entregar o ativo subjacente que a lastreia, caso venhamos a exigi-lo. Com o papel-moeda, é fácil esquecer que existe um lastro. As pessoas passam a aceitá-lo como uma reserva de riqueza em si – ninguém pensa a sério na promessa contida em sua nota de dólar. Hoje em dia, a nota em si é um substituto suficiente da promessa. O caminho percorrido por todas as moedas de papel é o mesmo: da incredulidade à credibilidade, depois ao hábito e, por fim, ao "Não foi sempre assim?".

Os revolucionários franceses perceberam que precisavam da alquimia do papel-moeda de Law, mas precisavam de bem mais que uma promessa lastreada em uma companhia especulativa com terras em um continente distante. Para lastrear a nova moeda revolucionária, tinham que conseguir um ativo fundamental mais próximo de casa, que as pessoas pudessem compreender. É aqui que entra em cena o diabo manco.

O operador sublime

Embora fosse o primogênito, nascido na aristocracia e com boa educação, Talleyrand não pôde seguir a carreira militar por causa de uma enfermidade na perna esquerda. Aceitou com relutância a decisão dos pais e se tornou padre. Ambicioso, logo mexeu os pauzinhos para se tornar bispo, insistindo com o pai para que, quase no leito de morte, convencesse Luís XVI a nomeá-lo bispo de Autun, apesar de a própria mãe implorar à Igreja que não o elevasse (com uma mãe dessas, quem precisa de inimigos?). O rei decidiu nomear Talleyrand, garantindo à mãe sabotadora que o filho teria tempo para melhorar o comportamento. Se tinha uma coisa em que Luís XVI não era muito bom, era avaliar o caráter das pessoas.

No ano revolucionário de 1789, Talleyrand havia conseguido se tornar não apenas bispo, mas também agente geral do clero. Nessa função, ele realizou um levantamento aprofundado dos bens e das atividades da Igreja. Esse conhecimento do balanço financeiro subjacente da Igreja e sua atenção aos detalhes contábeis garantiram que Talleyrand fosse o homem a calcular o patrimônio líquido da Igreja Católica francesa, uma informação extraordinariamente valiosa nas mãos certas e no momento certo. Pode-se dizer que Talleyrand era o Bispo do Dinheiro.

Representando a Igreja nos assuntos financeiros, trabalhou em estreita colaboração com o controlador-geral de Finanças, Charles Alexandre de Calonne, que lhe ensinou muito sobre bancos, finanças, política fiscal e gestão da dívida. Também lhe ensinou a arte de usar a alta gastronomia para persuadir as pessoas a adotar sua maneira de pensar. O chef de cozinha de Calonne, Olivier, empregava uma equipe de especialistas em molhos, confeiteiros e outros profissionais culinários para servir jantares nababescos durante os quais os decisores políticos discutiriam os novos métodos de Calonne. Talleyrand aprendeu que banquetes elaborados pelos melhores chefs ajudavam a conquistar a atenção de governantes, diplomatas, homens de dinheiro e pessoas poderosas em geral. Que negociador corporativo do século XXI não usa o mesmo truque? Anos depois, como ministro das Relações Exteriores de Napoleão, Talleyrand observou que "ele tinha mais necessidade de cozinheiros que de diplomatas".

Entre um jantar e outro, o Bispo do Dinheiro também adquiriu um conhecimento aprofundado das entranhas da economia francesa. Uma nova ideologia, aquela do *laissez-faire, laissez-passer* (liberdade para produzir e liberdade para comercializar), havia emergido do pensamento econômico de escritores como Vincent de Gournay e François Quesnay. Considerados um subgrupo importante de um movimento filosófico mais amplo que proclamava os direitos à liberdade política e à liberdade para pesquisas científicas, esses economistas foram fundamentais para o movimento que veio a ser conhecido como Iluminismo. A economia e a liberdade eram companheiras revolucionárias, inimigas óbvias da Igreja. E onde você acha que nosso bispo do establishment poderia ter tido a oportunidade de conviver com cabeças tão potencialmente revolucionárias? Ele andava com os economistas de uma loja maçônica. Sim, sem jamais perder uma oportunidade, Talleyrand, bispo e gourmet, também era – secretamente – um membro destacado da maçonaria. As lojas maçônicas dessa época eram um foco de ideias revolucionárias. Condorcet, Roederer e Turgot, notável trio de economistas que promoviam ideias liberais para o futuro da França, eram membros de uma loja chamada Trente. A convivência com eles deu a Talleyrand uma vantagem estratégica em economia. Sem mencionar os contatos certos.

O grande sobrevivente

Em maio de 1789, dois meses antes da tomada da Bastilha, Talleyrand assumiu seu lugar no parlamento, como era seu direito como bispo. Ele contemplava um futuro fora da Igreja, e a revolução lhe proporcionou a oportunidade para concretizar a ideia. Em outubro de 1789, com a França mergulhada no caos e o parlamento profundamente dividido, o superconfiante bispo Talleyrand se apresentou como o nome de consenso, uma escolha segura para o cargo de ministro das Finanças. Talleyrand havia sentido o poder escapando do antigo regime de rei, bispos e aristocratas. Ele precisava pular do barco, mas para que lado? Um movimento em falso e estaria perdido. Sabia que a França precisava saldar sua dívida nacional e que isso exigiria uma nova moeda.

O bispo de 35 anos elaborou um plano criterioso. Sua proposta era o epítome da simplicidade: confiscar todos os bens eclesiásticos na França. Por essa seus colegas bispos não esperavam. Uma facada nas costas.

Com exceção da Igreja, quem não iria gostar do plano? O rei se safava, os aristocratas sentiam o laço financeiro afrouxar um pouco e, para o povo, era radical o suficiente, identificando o cardeal rechonchudo, engordado por vinhos finos e camembert cremoso, como o vilão. Imitando Henrique VIII dois séculos antes, a ideia de Talleyrand era sobretudo uma proposta de gestão da dívida, convertendo a receita da venda forçada das propriedades da Igreja em dinheiro. Depois que ele reduzisse o montante da dívida pública, as taxas de juros cairiam e, o que era mais significativo, ele poderia obter novos financiamentos e emitir novos títulos do Estado. O risco de calote diminuiria agora que a dívida do governo tinha sido paga com a receita da venda das terras da Igreja.

O interessante é que, com essa manobra, ele atacava a Igreja, mas não os membros do clero, muitos dos quais ainda eram populares localmente. Especialista em números, Talleyrand acreditava que o clero poderia sobreviver com 80 a 85 milhões de libras francesas, provenientes dos dízimos e ofertas. Ele propôs que cada padre recebesse uma pensão anual do governo de 1.200 libras francesas, juntamente com acomodação gratuita, já que as propriedades da Igreja seriam usadas para cobrir o rombo no orçamento do Estado. Todos sairiam ganhando – exceto os bispos, cuja indiferença e pomposidade os tornavam alvos fáceis.

A proposta de Talleyrand de que os "bens nacionais" (*les biens nationaux*) fossem devolvidos à nação foi levada à Assembleia Nacional em novembro de 1789. Seu amigo conde de Mirabeau, um dos líderes das fases iniciais da revolução, endossou-a. Orador potente, Mirabeau garantiu, com seu apoio, que a Assembleia votasse a favor da nacionalização das terras da Igreja. Talleyrand saiu de cena e, a partir daí, os acontecimentos avançaram a uma velocidade revolucionária.

O título revolucionário

Como vimos ao longo de nossa história até aqui, os momentos críticos costumam impulsionar inovações financeiras. A mão do dinheiro raramente está longe de acontecimentos importantes.

O instrumento que financiou a Revolução Francesa foi uma inovação monetária chamada *assignat*. Em dezembro de 1789, a nacionalização forçada das terras da Igreja tinha dado à revolução garantias suficientes para lastrear a emissão de 400 milhões de libras francesas nesse novo instrumento monetário. A aquisição de um *assignat* dava ao titular o direito de comprar terras da Igreja quando estas fossem colocadas à venda. Especuladores que tinham intenções de comprar essas terras adquiriam *assignats* pagando com ouro e prata, persuadindo aqueles que detinham grandes quantidades desses metais preciosos a colocá-los em circulação e liberando assim o capital francês que vinha sendo guardado para tempos difíceis.

A Igreja possuía muitas terras na França. É claro que, sendo um programa de alcance nacional, vender todas essas terras levaria tempo. Só que os revolucionários não tinham tempo. Eles precisavam de dinheiro imediatamente. Assim, para incentivar a aquisição de *assignats*, o Estado decidiu pagar uma taxa de juros de 5% sobre cada *assignat*, de modo que os investidores seriam pagos enquanto aguardassem a transferência da propriedade das terras. Ouro e prata não rendiam juros, mas o *assignat* garantia ao investidor um rendimento anual de 5% sobre seu capital. O *assignat*, que nada mais era que uma nota promissória do Estado lastreada pela riqueza apropriada da Igreja, funcionava como um título, permitindo ao tesouro de Talleyrand gerenciar a montanha de dívidas do país. Emitidos apenas em valores elevados, a intenção era que os *assignats* não estivessem disponíveis para despesas cotidianas. Uma vez que o investidor comprasse a propriedade da Igreja e o contrato de transferência fosse concluído, o plano era que o papel que marcava a primeira parte do contrato fosse queimado.

Enormes áreas de propriedade da Igreja foram transferidas para o setor privado. Os novos proprietários de terras se tornavam, assim, financiadores da revolução. Talleyrand, agora visando uma posição importante de poder, estava construindo um eleitorado em apoio a si mesmo e a outros movimentos revolucionários. Ele criou uma nova classe rebelde proprietária de terras. Talleyrand sabia como jogar com as massas. Na França agrícola, os agricultores moderadamente abastados viraram uma base de poder significativa para a revolução, que até então tinha sido um assunto urbano e intelectual. Fundir os dois blocos de poder foi um golpe de mestre.

Os primeiros revolucionários eram rebeldes burgueses, que enfatizavam a necessidade de prudência, argumentando que a venda de propriedades da Igreja poderia ser usada *somente* para reduzir a dívida nacional. Nessa fase inicial, a revolução quase poderia ser interpretada como um movimento de reforma da classe média orquestrado por cidadãos liberais responsáveis, com tendência à cautela em sua atitude em relação ao dinheiro. Esses jacobinos eram os mercadores dos nossos capítulos anteriores. Ansiavam por representação política, mas temiam a anarquia financeira que tradicionalmente se segue à rebelião. Em termos financeiros, a revolução até ali tinha sido mais uma troca de guarda, um golpe palaciano, do que um levante popular. Nesses primeiros meses, o plano financeiro de Talleyrand beneficiou aqueles que poderiam ser chamados de *insiders* – pessoas com participação na sociedade, muito distantes dos *sans culottes* do passado revolucionário. Até então, tudo permanecia estável.

No entanto, com a progressiva radicalização decorrente da guerra civil que se iniciava e da ameaça de invasão por parte de regimes monárquicos europeus, a atitude desses revolucionários mercantis em relação ao dinheiro mudou. Como eles iriam pagar os soldados? A essa altura, o papel do *assignat* – que vinha funcionando como o atual título lastreado em ativos – passou da gestão da dívida para a criação monetária. Sem novos impostos, o Estado revolucionário francês estava desesperadamente sem dinheiro. Não surpreende que o déficit no orçamento tenha ido às alturas. Imprimir ainda mais *assignats* parecia ser a solução. Com um pouco de sorte, as autoridades revolucionárias conseguiriam tapear o povo enquanto todos ainda acreditassem que os *assignats* estavam respaldados por terras da Igreja.

Talleyrand não queria que os *assignats* fossem usados como dinheiro para pagar despesas cotidianas, mas a revolução se encontrava agora nas mãos de radicais, que estavam mais preocupados em financiar e travar uma guerra ideológica, e não em pagar as dívidas do rei. Pessoas como Robespierre não estavam nem aí para a taxa de juros. O plano de Talleyrand foi subvertido e os revolucionários abdicaram da abordagem de gestão da dívida para se concentrarem na utilização do novo papel-moeda em despesas diárias. O instrumento que de início financiou a revolução se transformaria em papel impresso à vontade simplesmente para evitar que os próprios revolucionários fossem guilhotinados. As prensas tipográficas trabalharam a todo vapor.

O dinheiro e o Terror

A guerra nunca é vantajosa para o dinheiro. No fim de 1792, a França revolucionária estava prestes a entrar em uma espiral hiperinflacionária. Sentindo que a revolução estava escalando e se tornando perigosamente radical, Talleyrand escapuliu para Londres pouco antes de o rei ser levado à guilhotina, em janeiro de 1793. O país mergulhava em uma violenta guerra civil e a inflação tinha atingido 12% ao mês; em 1795, chegaria a 80% ao mês.[2]

Na tentativa de conter essas forças inflacionárias, o governo jacobino introduziu o controle de preços e salários. À primeira vista, parece uma boa ideia. Ora, se os preços estão subindo, é só determinar limites. Mas por que um agricultor venderia produtos a um preço congelado se seus custos não param de aumentar? Ele vai perder dinheiro. Assim, ele opta por vender no mercado clandestino, onde conseguirá um preço justo – aos seus olhos. Não demorou para que o fornecimento ao Estado e ao mercado controlado praticamente desaparecesse. O mercado clandestino cresceu. Os tetos de preços, introduzidos para conter a inflação, levaram à escassez de alimentos, o que só fez aumentar ainda mais a inflação. Nada enfraquece mais uma revolução que a fome.

Sem conseguir antecipar essa dinâmica econômica, o governo revolucionário introduziu a *Loi du Maximum Général* em setembro de 1793, estabelecendo limites de preços para 39 artigos de primeira necessidade, entre eles carne fresca, manteiga, peixe salgado, cerveja, sidra, carvão, madeira, velas, azeite, sal e sabão. Os preços desses produtos não podiam exceder os valores vigentes em 1790 em mais de um terço e os salários foram fixados na base de 1790 acrescidos de 50%. Essa medida foi recebida com revolta, uma vez que os preços fixos não eram suficientes contra a inflação galopante. O dinheiro estava mais uma vez dividindo o país e a inflação conduzia a França para o Terror.

Os limites de preços forçaram os camponeses a esconder suas colheitas e rebanhos para não venderem seus produtos com prejuízo. A oferta diminuiu, elevando ainda mais os preços. Os especuladores acumulavam estoques, o que levou à escassez de alimentos. Para acabar com a estocagem, o governo incentivou espiões a denunciar os acumuladores e depois guilhotinar aqueles que eram considerados culpados. Robespierre acionou a máquina do Terror. Pode-se dizer que o dinheiro suspeito – e não a política suspeita – lubrificou a guilhotina em um ambiente de escassez de alimentos, denúncias e moeda sem valor. Milhares de pessoas foram executadas publicamente enquanto revoltas incipientes na Bretanha e na Vendeia eram reprimidas.

O próprio Robespierre foi executado em julho de 1794. O Terror chegou ao fim, mas as prensas tipográficas continuaram a trabalhar horas extras para pagar soldados e espiões: no final de 1794, 6 bilhões de libras francesas de *assignats* haviam sido emitidos; em julho de 1795 foram 13,5 bilhões, aumentando para 23,5 bilhões em dezembro de 1795; e, em fevereiro de 1796, esse montante alcançou o pico de impressionantes 40 bilhões de libras francesas. Para contextualizar isso, em 1789, quando Talleyrand apresentou seu esquema, o PIB total francês era estimado em 6,5 bilhões de libras francesas: os revolucionários estavam imprimindo múltiplos do rendimento anual total francês em papel-moeda sem valor. Na verdade, os números oficiais subestimavam a quantidade de papel-moeda em circulação por conta de falsificações em massa – feitas até mesmo por detentos, com a ajuda de carcereiros coniventes que contrabandeavam equipamento de impressão.[3]

Assim como aconteceria na Alemanha de Weimar muitos anos depois, o papel-moeda não significava nada na França pós-revolucionária. Quando o dinheiro morre, a confiança na sociedade e a estabilidade são destruídas. Uma das muitas qualidades psicológicas do dinheiro é que ele simplifica nosso mundo complexo. Trata-se de uma tecnologia organizacional que impõe disciplina. Quando funciona como deveria, o dinheiro atesta que os preços são confiáveis. Os preços contêm uma vasta gama de informações sobre valor, escassez e valor relativo; para além de seu impacto econômico, servem como âncoras psicológicas. O dinheiro fornece um atalho, permitindo-nos assimilar essas informações em um número confiável ou em uma série de números. Sem a muleta do dinheiro confiável, a sociedade francesa ficou desamparada. Os inimigos da França na Grã-Bretanha saborearam esse cenário; o establishment britânico, temendo a mensagem da Revolução Francesa, utilizaria todos os meios para destruí-la. Por que não fazê-lo através do dinheiro?

Em 1793, um escritor e engenheiro escocês chamado William Playfair (que, aliás, foi a primeira pessoa no mundo a produzir representações visuais de dados econômicos, utilizando gráficos de linhas, de barras e do tipo pizza) tinha concebido a ideia de orquestrar uma grande operação de falsificação a partir da Grã-Bretanha. Ele apresentou seu plano ao secretário do Interior britânico, Henry Dundas, e, com a permissão tácita do primeiro-ministro William Pitt, começou a imprimir dinheiro francês. (Como veremos no próximo capítulo, não foi a primeira vez que a Grã-Bretanha empregou meios sujos para destruir uma moeda estrangeira: entre 1776 e 1780, o país inundou os Estados Unidos com falsificações de continentais, a moeda dos revolucionários norte-americanos.) Como Playfair havia escrito a Dundas, a revolução poderia ser combatida com armas ou por meio do dinheiro. Playfair argumentou que era melhor destruir os *assignats* em vez de derramar sangue.[4]

Rumo ao oeste

De Londres, Talleyrand acompanhava o desastre monetário francês. Mas ele não permaneceu ali por muito tempo. Em uma Inglaterra profundamente antifrancesa, foi exortado a deixar a ilha. Chegou aos Estados Unidos em 1794, com uma carta de apresentação de Angelica Church, cunhada do revolucionário Alexander Hamilton. Os dois se tornariam grandes amigos. E Hamilton, da mesma forma que Talleyrand, usaria a reforma monetária para alavancar a própria carreira. A convivência com os líderes revolucionários americanos não atrapalhou o passo seguinte de Talleyrand: um regresso triunfal à França em 1797, para se posicionar pelo governo pós-revolucionário de Napoleão Bonaparte. Seus contatos britânicos e americanos seriam úteis, pois a França precisava restabelecer relações.

Surpreendentemente, depois de tudo que fizera, ele ainda era bispo – pelo menos no papel. Porém vários casos amorosos e filhos prepararam o terreno para que fosse laicizado pelo papa Pio VII, em 1802. Livre de sua associação com o clero, Talleyrand poderia servir Bonaparte como ministro do Exterior. Mais tarde ele abandonaria Bonaparte, mudando de lado mais uma vez no momento certo, e voltaria a apoiar a monarquia. Durante o tempestuoso período que vai da revolução de 1789 até a década de 1830, Talleyrand, o *diable boiteux*, serviu a Luís XVI, a vários regimes da Revolução Francesa, a Napoleão e, após a queda deste, aos monarcas restaurados ao poder Luís XVIII e Luís Filipe, da casa de Bourbon. No fim da vida, Talleyrand foi embaixador francês no Reino Unido entre 1830 e 1834 e teve papel fundamental no estabelecimento do novo Estado da Bélgica, uma zona tampão entre a França e seus inimigos continentais.

Seus *assignats*, embora no final desvalorizados pelo excesso de impressão, forneceram a plataforma de lançamento financeiro para a Revolução Francesa. Se Talleyrand não tivesse confiscado as terras da Igreja, é improvável que os jacobinos tivessem ganhado uma massa crítica de apoio popular. O plano de Talleyrand, assim como o de Law antes dele, visava libertar a França e sua gigantesca economia da tirania do ouro e da prata. Se os revolucionários posteriores não tivessem depreciado o *assignat*, este teria sido visto como o instrumento milagroso que não só financiou a revolução, mas também permitiu a transição razoavelmente suave de ativos de uma base de poder para outra.

Nas últimas décadas ocorreram revoluções ou transições em massa em muitos países da Europa Central e Oriental. Todos enfrentaram o mesmo dilema que Talleyrand: como proteger o dinheiro de uma nação enquanto ela passa de um regime para outro? Na década de 1990, na antiga Europa comunista, o estabelecimento de uma moeda confiável foi um alicerce essencial na transição do socialismo para a economia de mercado. Os bancos centrais receberam do Fundo Monetário Internacional grandes empréstimos em dólares ou outras moedas fortes, para ancorar e manter o valor das novas moedas. Esses empréstimos lastreavam novas moedas que não tinham qualquer histórico em países que, na realidade, vinham utilizando o *Deutschmark* e o dólar como moedas paralelas. Embora os Estados Unidos e seus aliados estivessem respaldando o sistema, mesmo com essa arquitetura financeira global em vigor muitos países em transição experimentaram hiperinflação.

Agora pensemos em Talleyrand, que estava tentando executar algo semelhante na França, só que sem apoio externo e, pior ainda, com os velhos regimes da Europa conspirando contra a França. Vistos nesse contexto, os feitos iniciais do Bispo do Dinheiro não devem ser subestimados. E um homem que reconheceu seu valor foi o equivalente de Talleyrand nos Estados Unidos revolucionários, Alexander Hamilton. O mesmo desafio – uma enorme economia cerceada pela insuficiência de dinheiro – frustrava os revolucionários americanos. Ou pelo menos assim foi até Alexander Hamilton traçar uma trajetória para uma nova moeda que mudaria nosso mundo para sempre: o dólar americano.

13
A REPÚBLICA AMERICANA

Uma bala fatal

Após uma vida rica em manobras e manipulações, Talleyrand morreu tranquilamente em sua cama. Quem não teve o mesmo privilégio foi seu herói americano, o brilhante revolucionário e mago das finanças Alexander Hamilton.[1]

Talleyrand fez um comentário sobre Hamilton que é digno de atenção. Embora fosse um homem sem bússola moral, que a esquerda condenava por trair a revolução e a direita condenava por trair a Deus, sem dúvida ele era bom em julgar o caráter das pessoas. Veja bem, Talleyrand transitou entre diferentes administrações, ocupando cargos-chave e ajudando a estabilizar a França em momentos críticos do período pós-revolucionário. Esse homem, que viu os grandes nomes de perto, afirmou: "Considero Napoleão, [o estadista Whig britânico Charles James] Fox e Hamilton os três maiores homens de nossa época. Se eu tivesse que decidir entre os três, não hesitaria em dar o primeiro lugar a Hamilton."[2]

Quando pensamos em revolucionários, é comum que nos venha à mente a figura romântica do rebelde audacioso, valente. Porém, passadas as convulsões, as revoluções precisam de estabilizadores, de pessoas que consolidem a nova estrutura e tragam a ordem, e isso inclui contabilistas e financistas. Talleyrand era esse tipo de homem, bem como Alexander Hamilton. Um dos Pais Fundadores dos Estados Unidos, Hamilton desempenhou um papel fundamental de apoio a George Washington na criação do país.

Duff Cooper, biógrafo de Talleyrand, conta que ele e Hamilton eram ambos políticos realistas que "desprezavam absurdos sentimentais, quer saíssem da boca de um Robespierre ou de um Jefferson".[3] Esses dois estabilizadores se tornaram amigos na época em que Talleyrand estava exilado nos Estados Unidos, entre 1794 e 1796, e, ao implementar o dólar e a nova arquitetura financeira da recém-criada república norte-americana, Hamilton aprenderia com os erros dos franceses.

Em uma manhã fria de julho de 1804, de frente para o rio Hudson, em Weehawken, Nova Jersey, Hamilton se viu em um duelo com o então vice-presidente, Aaron Burr. Os dois já tinham um histórico de rixas (não se suportavam, na verdade), mas é difícil compreender como um ex-secretário do Tesouro e o vice-presidente em exercício acabaram naquela situação, com as armas carregadas e prontos para atirar. No fim, Hamilton errou de propósito (supõe-se), o que deu a Burr a oportunidade de executar a tão sonhada vingança contra seu adversário intelectualmente superior. Alexander Hamilton, o homem que introduziu o dólar e, com isso, provavelmente fez mais que qualquer um dos Pais Fundadores na criação da federação dos Estados Unidos da América, levou um tiro fatal.

Tempos depois, em uma visita à França napoleônica, Burr quis se encontrar com o então onipotente Talleyrand, ministro do Exterior do aliado revolucionário dos americanos. A secretária de Talleyrand foi incumbida de lhe transmitir a mensagem fulminante: "Ficarei feliz em me encontrar com o coronel Burr, mas avise a ele que tenho um retrato de Alexander Hamilton à plena vista em meu gabinete."[4] A reunião não aconteceu.

O nascimento do dólar

Em 2 de abril de 1792, doze anos antes do assassinato de Hamilton e durante o declínio do valor dos *assignats* de Talleyrand, os revolucionários americanos aprovaram a Lei da Moeda, tornando o dólar a moeda oficial dos Estados Unidos e vinculando-o em valor ao dólar espanhol, onipresente na época. Hamilton, o estabilizador, era secretário do Tesouro. A opção de atrelar o dólar a uma moeda reconhecida e confiável mostra que ele aprendeu a lição com o caos monetário que seu amigo na França havia desencadeado involuntariamente – toda moeda necessita de uma âncora.

Os americanos tinham experimentado sua própria versão dos *assignats* com o continental, o papel-moeda usado pelos revolucionários para financiar a guerra. Impossibilitados de contrair empréstimos no exterior porque suas chances de sucesso contra o Império Britânico eram consideradas baixas, os revolucionários foram obrigados a recorrer a seus apoiadores. Porém, assim como os franceses fizeram com os *assignats*, eles imprimiram continentais em excesso para manter a Guerra de Independência que se arrastava. De que outra maneira custeariam os soldados, os armamentos e tudo o mais?

O valor da moeda despencou, tanto que até hoje se usa no país a expressão "Não vale um continental". Os investidores dos Estados Unidos arcaram com o custo financeiro da independência. Eles foram arrasados pelo colapso da moeda e ainda viram a situação se agravar com as falsificações em massa de Londres. Em 1792, com a independência conquistada mas a nascente república ainda frágil e temendo uma invasão britânica, Hamilton percebeu que o momento dos experimentos monetários tinha acabado: era hora de consolidação e segurança. Como primeiro-secretário do Tesouro, ele ancorou o sistema financeiro americano em uma divisa sólida ao promulgar a Lei da Moeda (Coinage Act). Isso mudou o curso do dinheiro – e da história americana. Hoje, é quase impossível imaginar os Estados Unidos sem o dólar. Na verdade, da perspectiva do século XXI, é impossível imaginar o *mundo* sem o dólar. O homem que o introduziu poderia ter se tornado presidente se não tivesse sido assassinado.

Como foi que esse homem, nascido na ilha caribenha de Névis, foi da quase miséria a um dos cargos mais altos dos Estados Unidos? Hamilton foi abandonado pelo pai, um comerciante escocês, aos 11 anos. Poucos anos depois, ficou totalmente órfão ao perder a mãe, filha de um francês huguenote. Hamilton foi acolhido pela comunidade local e por amigos, que notaram seu potencial e providenciaram para que ele frequentasse uma universidade em Nova York. Ao contrário de muitos dos federalistas abastados, ele nasceu pobre, mas seu intelecto e sua bravura no campo de batalha – lutou ao lado do general Washington e desempenhou um papel crucial na Batalha de Yorktown – permitiram-lhe ascender às alturas do poder revolucionário americano.

A cisão

Na Irlanda dizemos que o primeiro item da pauta de todo movimento revolucionário irlandês é a cisão. Os Pais Fundadores americanos eram afligidos pelo mesmo fraco por separação, ciúme e rancor. Thomas Jefferson e Alexander Hamilton entravam em conflito com frequência e tinham visões opostas sobre como construir uma nova América independente. Hamilton, o pensador modernista, federalista e urbano, queria que os Estados Unidos se desenvolvessem e se tornassem um Estado capitalista, capaz de concorrer com os europeus na indústria, nas finanças e no comércio. Já o republicano antifederalista Jefferson, juntamente com James Madison e Samuel Adams, outros grandes nomes da história americana, tinha uma visão saudosista e quase primitiva das finanças e do comércio, preferindo a perspectiva árcade de uma nação rural – e isolada – não corrompida pelo dinheiro, pelos mercados e pela atividade comercial.

Se Jefferson era country e western, Hamilton era hip-hop. Jefferson tinha uma visão de mundo do tipo "torta de maçã caseira da mamãe" – o que não é incomum em líderes revolucionários nacionalistas –, enquanto Hamilton imaginava uma federação americana poderosa, totalmente envolvida na economia global, com um forte governo federal central aumentando os impostos em sua moeda sólida, apoiado por um exército federalista que defendesse a Constituição contra inimigos internos e externos. Não é difícil ver de onde se originou parte do pensamento atual do Partido Republicano, com a defesa do "Estado mínimo" e de impostos mais baixos e menos interferência federal nos assuntos de cada estado. Culpa de Jefferson.

Naquela época, essas divisões estavam só surgindo enquanto a nova república tentava descobrir o que fazer depois de expulsar os britânicos. Normalmente, depois que uma revolução alcança seus objetivos, a unidade é rompida e a ausência de um inimigo faz com que a coalizão revolucionária comece a se desintegrar. Nesse caso, a cisão surgiu entre as linhas republicana e federalista.

Três quintos de um ser humano

A cisão entre as alas federalista e não federalista dos revolucionários americanos se materializou quase de imediato após a vitória da Guerra de Independência. Como os 13 estados rebeldes poderiam criar um novo país a partir das cinzas da derrota britânica? A moeda deles, o continental, não valia nada; assim como os revolucionários franceses, eles tinham imprimido papel-moeda para financiar a guerra. Agora que eram independentes, muitos dos estados temiam entregar seus recém-conquistados poder e soberania a um governo federal forte. Mas, se essa transferência não ocorresse, o governo não teria os meios para defender os Estados Unidos de seus inimigos nem tirar proveito dos enormes recursos do país.

Foi aí que o soldado Hamilton se tornou o escritor, pensador e orador Hamilton. Uma constituição nacional promoveria uma visão unificada dos valores que os Estados Unidos defendiam e representavam – mais ou menos o credo do país. A questão é que, apesar de fáceis de proclamar como objetivos amplos, aspirações constitucionais são mais difíceis de definir em detalhes. Com a presença dos figurões George Washington e Benjamin Franklin, a Convenção Constitucional foi realizada em maio de 1787, na Filadélfia. Vários planos foram apresentados e discutidos. Os estados temiam uma tomada de poder federal, enquanto os proponentes de um estilo federalista de governo temiam que a autoridade centralizada não recebesse poder suficiente. Uma divisão clara havia surgido.

Um acordo que ficou conhecido como Compromisso de Connecticut trouxe uma espécie de resolução, razão pela qual nos Estados Unidos cada estado tem representação igual no Senado (dois senadores cada), independentemente de seu tamanho – algo desconcertante para nós, estrangeiros. A Câmara dos Representantes, por outro lado, reflete o tamanho da população. Mas como os Pais Fundadores estimavam o tamanho da população em 1787? Ora, você pensaria, da maneira tradicional: contando as pessoas. Mas não. Em um dos capítulos mais vergonhosos da história americana, os negros escravizados eram contados como três quintos de uma pessoa, ao passo que os nativos (por não serem "propriedade") não eram sequer contados – e lhes era negado qualquer direito de voto nas eleições para a Câmara dos Representantes. Essa regra dos três quintos acabaria permitindo aos grandes estados proprietários de escravizados aumentar de modo significativo sua representação na Câmara dos Representantes. Os escravizados estavam sendo usados para aumentar a legitimidade "democrática" das mesmas pessoas que os brutalizavam.

A Constituição, assinada na Filadélfia, exigia a ratificação de pelo menos 9 dos 13 estados. Aqui entra em cena o Hamilton escritor. Ao lado de James Madison e, em menor grau, do advogado John Jay, ele organizou uma campanha para influenciar a opinião pública. O método de marketing escolhido foi a imprensa. Em 27 de outubro de 1787, Hamilton publicou no jornal o primeiro de uma série de textos a favor da Constituição que ficariam conhecidos como "Os artigos federalistas". Os textos também foram publicados em forma de livro e acabariam por conter 85 artigos, dos quais 51 foram atribuídos a Hamilton, 29 a Madison e 5 a Jay. O poder da imprensa era tão grande nessa era do panfleto político que a argumentação de Hamilton conquistou a opinião pública. Aliás, ele realizou essa tarefa com tanto brilhantismo que um enorme carro alegórico, o Navio Federal Hamilton, foi puxado pela cidade pelos encantados nova-iorquinos em julho de 1788 e houve propostas sérias para que a cidade fosse renomeada como Hamiltoniana.[5]

Construir apoio para a Constituição era uma coisa; Hamilton agora voltaria sua atenção para um símbolo que lembrasse diariamente aos americanos que eles viviam em uma nova república federal: a criação do dólar americano. Ninguém pensa na constituição de seu país todos os dias, mas quer lembrete melhor do federalismo que o dinheiro no seu bolso?

Primeiro, no entanto, ele teria que subjugar a oposição usando um instrumento um pouco mais contundente.

Os rebeldes do uísque

Para uma nação supostamente fundada por puritanos, os americanos gostam bastante de bebida alcoólica, e um dos primeiros testes para a harmonia pós-revolucionária surgiu por causa de birita.

Em tempos revolucionários, os rurais Estados Unidos estavam repletos de destilarias de uísque. Os moradores locais fabricavam o próprio uísque, com graus variados de qualidade e pureza. Na informalidade, essas destilarias vendiam a bebida em comunidades agrícolas e nas vilas e cidades. Em 1791 o secretário do Tesouro, Hamilton, se viu com pouco dinheiro e decidiu taxar o bom e velho uísque, como os ministros das Finanças faziam repetidamente.[6] Todo tesoureiro sabe que tributar bebidas alcoólicas é uma escolha natural. Mas os interioranos não aceitaram. Os insurgentes do uísque no oeste da Pensilvânia formaram milícias, armaram-se e atacaram algumas autoridades locais que tentavam aumentar o imposto, impondo uma ameaça direta ao governo federal incipiente.

Diante da perspectiva de ex-patriotas fazerem uma rebelião armada, George Washington reconheceu a gravidade da situação. Eles haviam vencido a Guerra de Independência com base no princípio de não pagar impostos à distante Coroa, de modo que dificilmente poderiam voltar atrás e cobrar impostos para financiar um governo federal distante e centralizado. Porém, assim como aconteceu com a Revolução Francesa, uma vez passada a agitação das barricadas, as preocupações do governo se deslocaram dos slogans entusiasmados para os cofres vazios. Sem receitas tributárias, não tinha como governar. Confrontado com essas milícias insolentes movidas a álcool, o governo federal corria o risco de se tornar uma piada. Washington hesitou. A lentidão para enfrentar uma franca rebelião e a recusa em massa de pagar impostos federais mancharam ainda mais a reputação do novo Estado entre seus cidadãos indisciplinados. Quem iria ceder primeiro?

Hamilton exortou Washington a enfrentar esses insurgentes de alambique. Washington concordou com relutância. Em 1794, acompanhado por Hamilton, que organizou a logística do abastecimento das tropas, Washington liderou o novo exército dos Estados Unidos contra o próprio povo. A revolta foi logo reprimida, e os líderes, presos. Mais tarde, Washington perdoou a maioria deles, mas a rápida supressão da milícia pelo exército federal fez com que todos entendessem quem é que mandava. Os federais agiram contra os estados e venceram. No primeiro teste, a primeira insurreição, o governo central se impôs. Os Estados Unidos – país que mais tarde introduziria a Lei Seca – foram forjados pela reação a uma rebelião da birita.

Foi Hamilton quem arquitetou essa demonstração de força, entendendo que a criação de uma república federal é feita aos poucos. Primeiro você reprime a oposição local e depois unifica o país em torno de uma moeda. Com dinheiro, a lealdade dos cidadãos à federação pode ser conquistada de bom grado. Ao mostrar a face bruta de seu poder com ações militares, o governo federal exibiria algo mais impressionante e cheio de nuances: o poder do dinheiro. Se a guerra era a espada de Hamilton, o dinheiro seria seu bálsamo.

O dólar

Dotado do melhor cérebro econômico dentre os Pais Fundadores, Hamilton sabia que falar sobre direitos humanos e a busca da felicidade era muito bom, mas que a união do país pedia algo tangível. Sem alguma ferramenta organizacional vinculativa, a república e seus estados concorrentes poderiam desmoronar. Essa ferramenta seria o dinheiro. E o elemento fundamental para a legitimidade da nova república federal seria uma nova moeda.

Ao longo da história, desde Alexandre, o Grande, o dinheiro sempre simbolizou algo maior que a mera transação de troca. Dinheiro é poder político, e, em todo o vasto império de Alexandre, seus súditos sabiam quem estava na liderança quando viam seu perfil nas moedas. Até hoje o dinheiro simboliza a nação, como é o caso da libra esterlina, ou um projeto político supranacional maior, como é o caso do euro.

Para os fundadores da república dos Estados Unidos, a moeda seria o símbolo do novo país e de um novo começo. Sendo algo tangível e utilizado todos os dias, o dinheiro serve como agente de consolidação para outras instituições, como o sistema tributário, o que fortalece ainda mais o Estado. Para uma nação do tamanho da república americana, o dinheiro criou uma lealdade ao novo país de uma forma mais mundana porém mais poderosa que uma constituição. Embora a Constituição possa ter sido o credo, o dinheiro era o sacramento – ou, como o grande cronista francês dos primórdios norte-americanos Alexis de Tocqueville observaria alguns anos depois, o dinheiro era a religião da nova república.[7]

Entendendo que a nova moeda precisava de credibilidade, Hamilton vinculou o dólar americano ao dólar espanhol, que na época era uma espécie de padrão global. É importante compreender que, sob o domínio britânico, a região que hoje chamaríamos de nordeste dos Estados Unidos sofria constantemente com a falta de moedas: o comércio local era centrado em torno de um dono de mercearia, taberneiro ou outro negociante que concedia crédito e tirava seu lucro quando todos esses débitos e créditos eram liquidados a cada poucos meses. Por serem colônias, esses estados utilizavam moedas britânicas cunhadas em Londres – caso conseguissem pôr as mãos nelas – que só cruzariam o oceano por meio do comércio. Para que houvesse um excedente local de moedas, as colônias precisavam de um grande e contínuo excedente comercial com o colonizador – mas, obviamente, o objetivo dos colonizadores era extrair recursos baratos da colônia. Uma vez que os britânicos tentavam comprar coisas baratas da América e, ao mesmo tempo, vender aos colonizados coisas caras, havia sempre um fluxo de moedas da América para a Grã-Bretanha, deixando as colônias carentes de moeda forte. No fim do século XVII, os britânicos foram mais longe e proibiram a exportação de ouro e prata da Grã-Bretanha, apertando ainda mais o laço monetário em torno de suas colônias norte-americanas. Foi aí que os espanhóis entraram em cena.

Durante os dois séculos anteriores a América espanhola tinha sido a fonte da maior parte da cunhagem nas Américas e da maior parte da nova prata do mundo. A Espanha transformara o México e o Peru, com suas jazidas de prata, em gigantescas casas da moeda, produzindo moedas de prata. A mina de Potosí, no Peru, era chamada em espanhol de Cerro Rico (Montanha do Dinheiro)[8] e, entre 1556 e 1783, produziu quase 50 mil toneladas de prata pura. As moedas eram originalmente conhecidas como *reales* ("reais" em espanhol) e comercializadas em todo o mundo. (Hoje as moedas de vários países árabes, bem como a do Brasil, ainda são chamadas de real ou *riyal*, derivados do antigo termo espanhol.) No século XVIII, essas moedas espanholas eram as mais utilizadas nas Américas e eram chamadas de "dólar" de prata – um nome germânico derivado em última análise dos "táler" de Joachimsthal (*joachimstaler*), o local das minas de prata mais produtivas da Europa, que produziu milhões dessas moedas entre os séculos XVI e XVIII.

Durante o século XVIII, os estados do norte do território que viria a ser os Estados Unidos tinham um superávit comercial em seus negócios com as Índias Ocidentais – vendendo trigo, carne de porco, piche e ripas para barril –, o que lhes rendia um bom número de dólares de prata espanhóis em circulação. O novo governo dos Estados Unidos estipulou que o novo dólar americano seria equivalente a esse dólar de prata espanhol. Sob a gestão de Hamilton, foi instituída uma nova casa da moeda, que, na falta de prata ou ouro próprios, obtinha o metal derretendo a moeda espanhola já em circulação. Durante o processo de cunhagem, Hamilton descobriu que os dólares espanhóis continham, estranhamente, a precisa quantidade de 371,25 grãos de prata pura. A partir de então, cada dólar de prata americano conteve a mesma quantidade incomum.[9]

Os americanos não viam problema em recunhar cada dólar espanhol. As moedas espanholas continuaram a circular pelo país até cerca de 1850, porque todos sabiam que valiam o mesmo que as nacionais. O dólar de prata permaneceu como a moeda-padrão americana até depois da Guerra Civil.

Moeda forte e dívida

Tendo testemunhado a hiperinflação da moeda temporária do período revolucionário, o continental, Hamilton julgava que o papel-moeda era uma proposta arriscada para o novo Estado e deveria ser evitada, pelo menos a princípio. Era essencial que os cidadãos da nova república pudessem confiar no valor de sua nova moeda, mesmo que para isso os Estados Unidos precisassem ser muito fortes comercialmente. Sem fontes domésticas significativas de prata e ouro, Hamilton sabia que seria impossível preservar o valor da nova moeda sem fazer por onde.

A disciplina monetária forçou os americanos a se tornarem excepcionalmente inovadores nas finanças, e Hamilton esteve na vanguarda dessas inovações. Antes dele, cada estado fazia as coisas de um jeito diferente – emitindo títulos da dívida, usando o falido continental, etc. –, minando por completo a confiança dos cidadãos nos bancos e nas finanças. Hamilton queria encorajar os 13 estados a aderir à ideia de construir uma entidade econômica mais poderosa em nível federal. Os estados altamente endividados tinham opiniões bem distintas em relação a como e quando distribuir o peso da dívida total. Por trás dessas divergências havia a questão adicional de que tipo de tributação poderia ser imposto a um povo que tinha pegado em armas contra os britânicos justamente por causa da tributação. "Nenhuma tributação sem representação" havia sido o grito de guerra. Agora que tinham representação, eles precisavam determinar a estrutura tributária adequada para saldar as dívidas acumuladas durante a guerra.

Influenciado pelas abordagens contemporâneas britânicas e holandesas a essa questão, Hamilton acreditava que o financiamento da dívida nacional era essencial para a estabilidade de qualquer país: se a dívida fosse bem gerida, sem receio de calote, esta seria a pedra angular das finanças nacionais. Ele calculou com precisão que havia 75 milhões de dólares de saldo devedor e pagamentos de juros anuais de 4,6 milhões de dólares.[10] Para injetar credibilidade nos mercados da dívida americanos, Hamilton tomou duas medidas audaciosas. Primeiro, decidiu agrupar as dívidas individuais dos 13 estados em uma dívida federal. Segundo, a dívida federal seria totalmente paga, mesmo que ele não precisasse fazer isso – na verdade, isso era um presente para os credores, que não esperavam receber todo o seu dinheiro de volta, ainda mais depois de uma guerra. Ao criar uma única dívida federal, ele garantia que os Estados Unidos não teriam dívida estatal competindo com a federal nos mercados internacionais monetários e de títulos. De forma simbólica, também consolidava a primazia da federação sobre os estados. Tudo isso serviu para acelerar o processo de centralização que Hamilton considerava crucial para o desenvolvimento político e econômico da nação.

Tendo estabelecido o dólar e criado um sistema tributário federal com um mercado da dívida federal centralizado, o enérgico Hamilton decidiu criar um banco central. Assim como o Banco da Inglaterra, seria uma instituição de propriedade privada – apenas 20% dos 10 milhões de dólares de capital inicial seriam detidos pelo governo federal. Hamilton também criou um fundo de amortização para auxiliar na gestão da dívida nacional. Supostamente, o papel do fundo de amortização era reservar dinheiro para pagar a dívida nacional ao longo do tempo, mas ele fazia mais que isso. Hamilton sabia que as taxas de crescimento que previa para os Estados Unidos, um país com pouco ouro ou prata, demandariam alguns empréstimos internacionais. Ter um fundo para "tempos difíceis", financiado localmente, aumentaria a atratividade dos títulos do governo do país porque os investidores, tanto nacionais quanto estrangeiros, saberiam que havia sempre um comprador de última instância: o Banco dos Estados Unidos.[11] Ter um fundo de amortização centralizado era como ter um adulto na sala que pudesse estabilizar o mercado quando ele ficasse nervoso. Sob a cobertura do fundo, Hamilton também conseguiu autorizar o Banco dos Estados

Unidos a atuar como credor de última instância quando os mercados financeiros ficassem sem liquidez – um fenômeno perigoso que vimos múltiplas vezes nesta história do dinheiro.

O dinheiro e o DNA americano

Passados o caos da Guerra de Independência e a hiperinflação que se seguiu – para não falar das dores do parto de uma nova república –, o desempenho econômico dos Estados Unidos nas décadas posteriores foi notável. Em 40 anos, a renda per capita ultrapassou a da Grã-Bretanha. E lembre-se de que não era a Grã-Bretanha de hoje – era a Grã-Bretanha da Revolução Industrial e do império, quando vastas áreas do globo estavam em mãos britânicas.

Motivado por uma noção do destino econômico dos Estados Unidos, Hamilton disse a Talleyrand que previa "o dia em que – e talvez ele esteja muito distante – grandes mercados, tais como os que existiram anteriormente no Velho Mundo, serão estabelecidos nos Estados Unidos".[12] Não é exagero dizer que ele construiu a arquitetura financeira necessária para realizar esse sonho. Sem o trabalho de base estabelecido por Alexander Hamilton durante seus intensos cinco anos no Tesouro, é improvável que a economia americana tivesse deslanchado de maneira tão impressionante. Isso não quer dizer que não teria acontecido, mas é provável que não tivesse acontecido quando aconteceu, nem tão depressa. No dia em que Hamilton entrou no Tesouro, o país estava falido; quando saiu, ele já tinha resolvido a dívida pública, estabilizado as finanças públicas e construído uma moeda forte para o país, passando segurança aos investidores e permitindo ao mesmo tempo que os mutuários financiassem seus empreendimentos.[13] Os Estados Unidos também tinham um bom mercado de valores mobiliários e eram capazes de vender seus títulos a estrangeiros, que confiavam no novo Estado para bancar esses títulos. As entradas de capital resultantes foram usadas para financiar a expansão.

Revelando seu amor pelo dinheiro e pelo lucro que ainda hoje impressiona visitantes europeus, os americanos demonstraram uma capacidade incrível de abrir empresas e assumir riscos. Isso criou uma empolgação econômica que instigou os europeus a trocar o Velho Mundo pelo Novo. O fundo de amortização de Hamilton garantia que os investidores soubessem que os Estados Unidos apoiariam o mercado da dívida pública, incentivando o fluxo de capital e de talentos para o país. Enquanto a Europa mergulhava nas guerras ideológicas do início do século XIX, os Estados Unidos, em um isolamento esplêndido, com um sistema bancário funcional e um banco central efetivo, dedicavam-se à tarefa de ganhar dinheiro.

República capitalista, competitiva e agressiva, os Estados Unidos do início da década de 1800 eram uma economia sob o efeito de esteroides. Alexis de Tocqueville observou em 1831 que, "Conforme nos aprofundamos no caráter nacional dos americanos, vemos que eles buscavam o valor de tudo neste mundo apenas em resposta a esta única questão: quanto dinheiro isso trará?".[14] A promessa do dinheiro era, e ainda é, a possibilidade de ascensão social pessoal. Na Europa, esse individualismo ameaçava o contrato social – as monarquias, o sistema de classes e o limiar social que um homem ou uma mulher inteligente teria dificuldade em superar. Nos Estados Unidos, isso era menos verdadeiro: com dinheiro, uma pessoa poderia apagar suas origens e criar uma nova realidade. Para os europeus, os Estados Unidos eram o país do *self-made man*, o indivíduo que alcançou o sucesso por conta própria. Essa promessa de dinheiro era incrivelmente sedutora, como foi para os milhões de meus compatriotas homens e mulheres que deixaram a Irlanda e foram para lá; Hamilton, ele próprio tendo sido um imigrante pobre, valorizava isso.

No entanto, Hamilton só entendia seus compatriotas até certo ponto. Embora sua visão expansiva do dinheiro fosse diferente da dos cautelosos europeus, para uma nação de proprietários de escravizados, os americanos tinham uma ética particularmente puritana em outras áreas, como ele estava prestes a descobrir.

O escândalo sexual

Como muitos políticos talentosos, Hamilton, o homem que poderia ter sido presidente, conquistou tanto detratores quanto admiradores. Visto como um sucessor óbvio de George Washington, esse gênio monetário foi passado para trás por seu colega federalista John Adams, que propositalmente não o convidou para concorrer às eleições de 1796 como seu vice-presidente. É claro que Hamilton também não era querido do outro lado, por Jefferson, líder de um novo partido chamado Republicanos Democratas, mais agrário e menos comprometido com o comércio. Até aqui, nada muito fora do normal na política.

No entanto, em 1797, após seu período irrepreensível no Tesouro, Hamilton deu a seus detratores o que eles queriam: a indignação popular. Ele se viu no centro do primeiro escândalo sexual público dos Estados Unidos. Estava tendo um caso com Maria Reynolds (uma mulher casada) e, em uma espécie de intriga clássica, o marido de Reynolds, ciente do relacionamento ilícito, vinha chantageando-o. As ambições de Hamilton para o cargo mais alto do país foram frustradas por sua incapacidade de manter a braguilha fechada. A moralidade sexual nos Estados Unidos republicanos do século XVIII era muito diferente daquela da França republicana, um contraste que perdura até hoje. Amigo de Hamilton, Talleyrand ostentava suas indiscrições como uma medalha de honra parisiense. Na verdade, o bispo mulherengo provavelmente se beneficiou de seus vários namoros ilícitos, como já aconteceu muitas vezes com homens franceses poderosos.

Em 1804, Hamilton, sempre virulento com a pena, escreveu uma série de panfletos denunciando um de seus muitos rivais, o vice-presidente Aaron Burr, durante uma campanha eleitoral particularmente cruel para governador de Nova York. Burr o acusou de calúnia e argumentou que apenas um duelo resolveria as coisas. Era amplamente esperado que os dois apenas cumprissem as formalidades. Mas Burr não pensou assim. Ele mirou para matar, e, em 7 de julho de 1804, o vice-presidente dos Estados Unidos assassinou o ex-secretário do Tesouro.

PARTE 4
ERA MODERNA

14
O EMPIRISMO E A ECONOMIA EVOLUCIONÁRIA

Dinheiro e medidas

O romance *Weights and Measures* [Pesos e medidas], de Joseph Roth, começa em 1857, na Galícia, então uma província do Império Austríaco localizada entre as atuais Polônia e Ucrânia. Lar de poloneses, judeus, ucranianos, rutenos e um ou outro burocrata austríaco, a Galícia foi concebida como um tampão entre os impérios austríaco e russo e governada durante mais de 200 anos por Viena, até 1918. As áreas de fronteira da região atraíam uma variedade de vendedores ambulantes, desertores e contrabandistas – não era o tipo de lugar que necessariamente acolheria um agente do Estado, muito menos se o trabalho desse agente fosse questionar a integridade comercial dos habitantes locais.

O protagonista de Roth, Eibenschütz, é encarregado de supervisionar a transição das medidas imperiais para a decimalização, introduzida pelos austríacos para padronizar os sistemas monetários e de medidas do império. Conforme descreve Roth, o papel de Eibenschütz era punir os casos de desobediência com o auxílio de policiais armados. Para os habitantes locais, que negociavam entre si fazia anos, não havia necessidade dessa inovação. O que era aquilo senão uma intrusão burocrática? Nas palavras de Roth:

> Muito tempo antes existiram medidas reais, agora só existiam balanças. O tecido era medido com o braço, e, como todo mundo sabe,

o braço de um homem, do punho fechado ao cotovelo, media um côvado, nem mais nem menos (...) por aqui havia muitas pessoas que não viam utilidade em pesos e medidas. Elas pesavam na mão e mediam com os olhos.¹

No dinheiro e na medição, assim como na ciência, o mundo do século XIX estava migrando da adivinhação e da reputação para a precisão e a objetividade. Mais tarde adotada pelo Império Austríaco, a decimalização deve muito de seu ímpeto aos Estados Unidos revolucionários de Hamilton.

O dólar americano foi a primeira moeda completamente decimal do mundo, consagrada em 1792 pela Lei da Moeda. Os cidadãos do recém-formado país Estados Unidos queriam reforçar sua separação da Grã-Bretanha imperial e apagar qualquer vestígio dela. Coroas, *farthings* e soberanos soavam ingleses demais, por isso os americanos introduziram uma nova moeda decimal: o dólar era divisível em 100 *cents* (do latim para "cem").² A moeda de 10 centavos de dólar, o *dime*, veio da antiga expressão francesa para um décimo, que teria sido usada nas vastas áreas francófonas da América do Norte.

A decimalização era uma declaração revolucionária, e assim foi vista pelos antigos regimes da Europa, que, apesar da lógica decimal, não estavam dispostos a se curvar perante esses novatos e recém-chegados, ao menos no início. Por mais confusa que fosse sua denominação monetária, nenhum monarquista de peruca cogitava mudá-la.

As Guerras Napoleônicas foram uma batalha de ideias: de um lado, o republicanismo, representando a modernidade; de outro, a monarquia, representando o passado. No caldeirão convulsivo do século XVIII e início do XIX, os argumentos sobre a denominação da moeda refletiam a linha de ruptura política, social e intelectual entre conservadores e radicais. A essência do conservadorismo é conservar, como defendia o irlandês que cunhou o termo, Edmund Burke. Eles valorizam a tradição e consideram o progresso um processo de construção baseado em pequenos ganhos, mantendo o que funciona e se curvando ao legado. Juntamente com a preservação de denominações monetárias obscuras vinha um conjunto de outras crenças conservadoras, incluindo títulos de nobreza hereditários, igrejas estabelecidas e, naturalmente, monarquias. Os conservadores se voltam para o passado, extraindo legitimidade do que aconteceu antes em vez de abraçar o que pode vir a acontecer. Porém, no mundo da ciência, que é impulsionado pela inovação, a tirania da tradição pode ser prejudicial ao progresso e a novas descobertas. No século XIX, os radicais se mobilizariam a favor do novo e do possível, enquanto os conservadores ansiariam pelo testado e comprovado. Na batalha pelo dinheiro não foi diferente.

Se os Estados Unidos revolucionários adotaram a decimalização no dinheiro, a França revolucionária a adotou com zelo fanático. Além de converterem tudo para o sistema decimal, os franceses exportaram esse sistema lógico e de fácil compreensão para toda a Europa (da Itália à Alemanha) por meio do exército revolucionário de Napoleão. Para os franceses, a decimalização era uma expressão de democracia e liberdade, esmagando a inconveniente herança do antigo sistema monárquico. E eles não limitaram a revolução decimal ao dinheiro e às medidas. No calendário revolucionário francês, uma semana foi alterada de 7 para 10 dias (que seria chamada de *decade*) e um dia tinha 10 horas. Uma hora revolucionária durava 100 minutos, e um minuto, 100 segundos. O ano ainda continha 12 meses, mas começava em outubro. Todas as referências a festas religiosas ou imperadores ou divindades romanas foram removidas e substituídas por referências ao clima predominante naquela época do ano. Os franceses pegaram o que costumava ser agosto e o chamaram de termidor, que significa "mês quente", em substituição à antiga referência a Augusto, o imperador romano. A decimalização imersiva francesa durou mais de 10 anos, e, embora alguns dos aspectos mais experimentais tenham sido descartados, as moedas, os pesos e as medidas decimalizados foram mantidos.

A conveniência e a facilidade de cálculo no sistema decimal provaram ser atraentes tanto para cientistas quanto para revolucionários. A beleza do sistema métrico, baseado em dezenas e centenas, é que ele facilita a padronização e a comparação, além de colocar o empirismo em primeiro plano. Mecânicos, técnicos e empresários foram os que ficaram mais impressionados, pois o sistema métrico permitia precisão, contribuindo para o aumento da produtividade. Com o tempo, vários países o adotaram. À medida que a ciência e a investigação decolavam no século XIX, a métrica foi se tornando uma gramática internacional, compreendida universalmente. Exceto pelos resistentes britânicos (afinal, era uma monarquia), a maioria dos países se alinharia aos Estados Unidos e à França revolucionários. Apesar das perdas da França no campo de batalha e de os Estados Unidos estarem isolados do outro lado do oceano, suas revoluções impregnaram as mentes do século XIX. A decimalização afetaria não apenas a forma de negociar, mas também a de pensar.

Os jogos mentais do dinheiro

A revolução comercial do século XVIII deu lugar à revolução industrial do século XIX, ela própria uma função da era da descoberta científica com a qual coevoluiu. O dinheiro desempenhou papel significativo nessa mudança, não apenas como mediador da expansão econômica, mas também na maneira como alterou a psicologia humana. O dinheiro e como administrá-lo tornaram-se cada vez mais importantes na vida cotidiana. O crescimento da indústria e a consequente disseminação dos salários industriais resultaram em um número maior de pessoas usando dinheiro e mais coisas no cotidiano sendo agora conectadas e definidas pelo dinheiro: por exemplo, um trabalhador industrial saberia que o dinheiro que ele pode ganhar com oito horas de trabalho equivale a cinco dias de aluguel, ou ao preço daquele sobretudo em que está de olho.

A decimalização do dinheiro fez com que mais pessoas adquirissem numeracia, e, quanto mais uma população souber lidar com números, maior será a probabilidade de ela aceitar avanços científicos respaldados pela medição. Estava acontecendo um processo semelhante àquele que observamos com a introdução do zero, só que em uma escala muito mais ampla. Qualquer pessoa que tivesse uma moeda no bolso poderia dividir e multiplicar mais facilmente por 10 e 100. Pode ser difícil compreender hoje o colossal tamanho dessa mudança na maneira como as pessoas pensavam. Novas partes do nosso cérebro estavam sendo utilizadas: antes da decimalização, uma pessoa comum teria "calculado" em quantidades como *farthings* ou guinéus por haver aprendido por repetição as relações entre as várias moedas sem muita compreensão do cálculo por trás delas. Tudo isso muda com a decimalização, que, no século XIX, coevolui com grandes saltos na descoberta científica, todos fundamentados no raciocínio indutivo e na coleta de dados empíricos.

Havia um homem que coletava dados e observava todos os tipos de relação na natureza. Seu nome era Charles Darwin, e suas descobertas abalariam o mundo.

Quando Darwin conheceu o dinheiro

No verão de 1848, Charles Darwin acompanhava a notícia de um surto de tifo entre imigrantes irlandeses nas docas de Boston, estado de Massachusetts, nos Estados Unidos. O desenrolar da tragédia humana tirou a mente de Darwin do mercado de ações, onde suas perdas estavam se acumulando. As ações de companhias ferroviárias – a tecnologia transformadora da era vitoriana – eram objeto de especulação desenfreada. A evolução, a teoria de Darwin sobre como a vida havia surgido e se desenvolvido na Terra, com sua máxima da seleção natural, deveria tê-lo alertado de que nem todas as empresas envolvidas no negócio ferroviário teriam sucesso. Na verdade, a maioria das companhias criadas às pressas, na vertigem da febre das ferrovias, alcançou um fracasso retumbante. Em meados de 1848, sua aposta nas ações ferroviárias estava descarrilando. Assim como Isaac Newton, que perdera sua fortuna na Bolha dos Mares do Sul de 1720 após cometer o erro de aplicar as previsíveis leis da física ao confuso mundo do dinheiro, Darwin estava financeiramente arruinado. Ele pode ter sido um prodígio que mudou nossa compreensão do mundo, mas era um ingênuo quando se tratava de dinheiro, de como ele funciona e de como o estado de espírito das pessoas comuns é afetado por ele. Como os romanos nos ensinaram, o dinheiro é mercurial – você acha que tem controle sobre ele, mas ele pode escapar por entre seus dedos.

Darwin não estava interessado no dinheiro apenas para fins de especulação. Uma década antes, a economia lhe dera o conceito de seleção natural, e tudo havia fluído a partir daí.[3] Sua teoria sobre a vida na Terra lhe foi revelada não em um tratado biológico, mas em um livro de economia. Ele escreveu em seu diário:

> Em outubro de 1838, ou seja, 15 meses depois de iniciar minha pesquisa sistemática, li, por diversão, "Malthus sobre a população", e, estando bem preparado para compreender a luta pela existência que

acontece em toda parte a partir da observação prolongada e contínua dos hábitos das plantas e dos animais, ocorreu-me imediatamente que, nessas circunstâncias, as variações favoráveis tenderiam a ser preservadas, e as desfavoráveis, a ser destruídas. O resultado disso seria a criação de uma nova espécie. Eu tinha então, finalmente, uma teoria com que trabalhar.

O título completo do livro, de autoria do economista e ministro anglicano Thomas Malthus, é *An Essay on the Principle of Population, as It Affects the Future Improvement of Society* [Ensaio sobre o princípio da população em relação aos efeitos sobre o futuro progresso da sociedade, publicado no Brasil como *Ensaio sobre a população*]. Em 1838, Darwin procurava desesperadamente uma teoria para explicar suas observações acerca do mundo natural. Durante suas famosas viagens, ele fez muitas anotações sobre quais animais e plantas haviam se desenvolvido e quais haviam sido extintos. Nas ilhas Galápagos, notou a existência de alguns animais que estavam extintos em outros lugares. Examinou flores e plantas e como elas brigavam entre si por luz e nutrientes. Estudou como as sobreviventes pareciam se adaptar ao ambiente e chamou essa luta constante de "guerra das espécies". Darwin concluiu que algumas plantas sofrem em um ambiente alterado, enquanto outras prosperam, e que o mesmo princípio pode ser aplicado aos seres humanos. Ele tinha dados, mas não tinha um modelo – até ler Malthus. Depois de assimilar *An Essay on the Principle of Population*, Darwin tinha sua teoria e passou a década de 1840 aplicando seus dados à sua nova tese sobre a vida na Terra, que se baseava em grande parte no insight malthusiano fundamental dos "freios positivos", que Darwin chamou de seleção natural.

Malthus sugeriu que, à medida que a indústria se expandia, os rendimentos se tornavam mais seguros e as pessoas tinham mais filhos. Para ele, o boom populacional, impulsionado pelo boom industrial, se chocaria com a capacidade da Terra de gerar alimentos suficientes. O mundo cairia naquilo que ficou conhecido como "armadilha malthusiana". Antes desse momento, os agricultores optariam por uma única cultura ou por um número restrito de culturas que poderiam fornecer um alimento básico para uma população em crescimento. Isso significa que mais pessoas se tornariam cada vez mais dependentes de menos culturas, o que aumentaria a fragilidade da existência (isso viria a acontecer na Irlanda assolada pela fome na década de 1840). Para Malthus, o aumento da população levaria fatalmente à privação, fosse ela escassez de alimentos, quebra de safras ou doenças contagiosas, à medida que o aumento populacional pressionasse os recursos naturais da Terra. Populações menos adaptáveis sucumbiriam, conduzindo a um colapso populacional catastrófico.

Mais importante ainda para Darwin, Malthus teorizou que as pessoas adaptariam seu comportamento quando confrontadas com os limites da Terra para sustentar populações cada vez maiores. Esses eram os chamados freios positivos. Darwin percebeu imediatamente a relevância dessas adaptações comportamentais para sua teoria da vida na Terra. As espécies que implementassem freios positivos, adaptando-se ao seu ambiente, sobreviveriam; aquelas que não se adaptassem morreriam. Por exemplo, após a Grande Fome na Irlanda, as taxas de casamento despencaram, a emigração continuou e o trauma de ver seus vizinhos morrerem de fome mudou o comportamento das gerações seguintes. A população da ilha da Irlanda caiu de 8 milhões em 1841 para menos de 4 milhões em 1941, quando os freios positivos malthusianos fizeram efeito. Adaptar o comportamento era crucial para a sobrevivência. Na década de 1850, cerca de 990 mil irlandeses emigraram para os Estados Unidos – 83% de todos os estrangeiros que os Estados Unidos receberam naquela década. Meus ancestrais se adaptaram. Não foi tanto a sobrevivência do mais apto, mas a sobrevivência do mais adaptativo. Quando Darwin observou os traumatizados refugiados irlandeses em 1848, a experiência deles lhe teria fornecido mais provas das teorias de Malthus e de como essas observações econômicas poderiam se aplicar à biologia.

O mundo adaptativo

Darwin concluiu que os freios positivos eram o equivalente sociológico do processo de seleção natural da natureza. Em certo sentido, Malthus foi o primeiro economista evolucionista, argumentando que uma forma de seleção natural governava a relação entre as pessoas e o planeta e que essa relação nunca era estática. Suas ideias não se limitavam à disponibilidade de alimentos. Malthus sugeriu que haveria uma incidência muito maior de pestes e epidemias nas grandes cidades, para manter a população sob controle, e que, ao mesmo tempo, o comportamento humano se adaptaria, usando o distanciamento social, a quarentena e outras medidas para deixar as pessoas afastadas umas das outras. O que Malthus não previu foi que a engenhosidade humana faria com que nossos freios positivos envolvessem melhorias impressionantes no saneamento e na saúde pública, bem como avanços científicos e tecnológicos que impulsionaram a produção agrícola e fizeram com que sua ideia da armadilha malthusiana parecesse estranha e ultrapassada à medida que a população aumentava. Malthus subestimou a humanidade, mas a atual crise das mudanças climáticas nos mostra que a natureza continua a definir os termos de compromisso. O mundo permanece em um estado de agitação evolutiva.

Com o crescimento das economias britânica e norte-americana, a incipiente ciência econômica começou a crescer em popularidade. Iniciando por Adam Smith no fim do século XVIII, os intelectuais passaram a considerar a economia uma disciplina em si. Até a Revolução Industrial, a noção de economia era uma ideia abstrata, mas, com o advento da sociedade empírica, da industrialização, dos salários e dos lucros, intelectuais e cientistas se puseram a explorar o conceito de economia como um sistema que consiste em uma teia complexa de relações profundamente significativas. As pessoas começaram a se perguntar como a economia funciona, de onde vem a inovação e que papel o dinheiro desempenha nesse sistema.

A economia vitoriana deu à biologia vitoriana sua maior descoberta: a teoria da seleção natural. É difícil expressar quanto a teoria da evolução afetou o modo de pensar dos vitorianos. Tudo em que eles acreditavam até então sobre seu lugar no mundo, incluindo como chegamos aqui, foi abalado. A evolução enfraqueceu a hierarquia social e também a religião: se a natureza evoluiu, como poderia haver uma sociedade estagnada? Levantar tantas dúvidas onde antes havia certeza gerou dissidência. Essa inquietação se reflete na arte e na literatura da era vitoriana, em que se veem as pessoas tentando aceitar novas formas de ver o mundo. A ciência ameaçou a superstição; os dogmas e o senso comum foram questionados. A tradição foi atacada pelo moderno, levando a uma explosão na pesquisa científica e na inovação tecnológica. A teoria dos germes, originada diretamente de um crescimento do interesse pela biologia desencadeado por Darwin, mudaria fundamentalmente a área da medicina. O desenvolvimento da anestesia, dos raios X e da tecnologia do microscópio foi acompanhado pela invenção da lâmpada elétrica e do telefone. Essas invenções demandavam dinheiro, e o entusiasmo pela ciência alavancou um enorme volume de investimentos.

A economia deu a Darwin seu modelo, e o modelo de Darwin, por sua vez, ofereceu uma forma de compreender como a economia funcionava. Conforme observou Alfred Marshall, considerado por muitos o pai da economia moderna, "a Meca do economista reside na biologia econômica",[4] o que significa que a economia é caracterizada por forças evolutivas voláteis semelhantes às encontradas na natureza, porque também é um sistema complexo e inter-relacionado. E a fonte da volatilidade na economia é o animal maravilhosamente imprevisível que está em seu centro, o ser humano. Um acontecimento político na Índia iria evidenciar essa complexidade, ressaltando como é difícil prever o caminho da economia em constante adaptação.

O efeito cobra

Enquanto Darwin trabalhava para liberar as provas finais de *A origem das espécies*, mais notícias chocantes das colônias abalaram Westminster, o centro político e da realeza do Reino Unido. Dessa vez não vinham da Irlanda, mas da Índia. Em 1857, a Índia ocupada pelos britânicos se rebelou. Os livros didáticos britânicos ainda se referem à revolta como um "motim", como se a mobilização dos indianos pela liberdade fosse uma demonstração de deslealdade. Enfrentando uma insurreição generalizada, os britânicos temiam perder a colônia. A Índia havia se tornado um paraíso para saqueadores, valiosa demais para ser abandonada. Quando os britânicos chegaram, o PIB indiano estava perto de 30% da receita global total do mundo, mas, quando partiram, era menos de 3% da receita global.

Após a rebelião de 1857, a Grã-Bretanha mudou de tática e decidiu tentar convencer as pessoas na Índia de que a ocupação era boa para elas. Enquanto os saques e pilhagens continuavam, foi instaurada a política oficial de "eliminar a autonomia com bondade", realizando-se obras públicas como a construção de vias férreas (com o dinheiro dos impostos pagos pelos indianos), uma ou duas bibliotecas e uma cidade mercantil inteiramente nova – o entreposto cosmopolita de Bombaim, a partir do qual a riqueza do interior poderia ser canalizada. Cada esforço, embora mínimo, era apresentado como um exemplo de domínio estrangeiro esclarecido, ou, como eles próprios diziam, de "levar a civilização" a uma civilização que era 4 mil anos mais antiga que o Estado britânico.

Os britânicos acharam que podiam ganhar alguns pontinhos extras de propaganda na administração da extensa cidade de Déli. Poucos anos após a rebelião de 1857 surgiu uma oportunidade. O Alto Comissariado Britânico recebeu relatos de uma infestação de cobras naja na área histórica de Déli. Uma pessoa tem apenas 30 minutos antes que uma picada de naja cause asfixia. Naturalmente, a cidade estava em pânico. Ali estava a chance de os britânicos mostrarem a sorte que os indianos tinham por serem governados pela competente Londres. Eles expulsariam as cobras de Déli.

De volta a Whitehall, centro administrativo do Reino Unido, o Departamento da Índia refletiu sobre como cooptar a população local no esforço para eliminar as terríveis najas. Ofereceram uma recompensa financeira para quem apresentasse uma naja morta em um ponto específico da cidade velha. Os habitantes locais, estimulados pelo dinheiro, assumiriam o controle da ameaça das cobras e em pouco tempo o problema estaria resolvido.

No início, os destemidos encantadores de serpentes locais se puseram a trabalhar e muitas cobras mortas apareceram nos pontos de entrega. A população de najas estava sendo dizimada e os habitantes locais recebiam suas recompensas. Os britânicos estavam radiantes. Porém, alguns meses depois começaram a chegar a Londres indícios de que nem tudo ia bem no front das cobras. O número de najas mortas entregues vinha *aumentando*. O que estava acontecendo? A lei das consequências não intencionais havia entrado em ação: ao colocar um preço na cabeça da ameaçadora naja, os britânicos a haviam transformado em mercadoria valiosa e, por extensão, fonte de receita. O dinheiro sempre fala mais alto: em vez de matar as cobras selvagens, os empreendedores de Déli estavam criando condições para que elas se reproduzissem! A naja domesticada era mais fácil de matar que sua prima selvagem, então os empreendedores locais montaram uma linha de produção.

Com uma canetada de Whitehall, a ameaça tinha virado um negócio lucrativo. Os britânicos ficaram perplexos. De fato, havia menos najas selvagens nas ruas, mas o dinheiro estava saindo dos cofres do governo para pagar por cobras mortas. Até que eles descobriram o que estava acontecendo e, indignados por terem sido enganados, encerraram o programa de recompensas. Os empreendedores indianos prontamente reagiram soltando todo o seu estoque na cidade. Por que mantê-las se já não valiam nada? E assim a cidade ficou outra vez infestada, ainda mais que antes.

O dinheiro e a economia evolucionária

Essa história das cobras revela que o dinheiro empurra a economia, que funciona como um organismo evolutivo gigante e imprevisível. Na economia, os produtos vão e vêm; às vezes grandes ideias não pegam, enquanto outras não tão boas emplacam. Ninguém sabe bem por quê. Com cada vez mais dinheiro no sistema, mais ideias são transformadas em produtos e serviços. Cada um deles começa a vida com confiança, porém apenas alguns sobrevivem. Você já participou de algum lançamento de produto onde houvesse dúvida ou insegurança? Parece que cada novo design vai mudar o mundo, até não cumprir a promessa. Os planos de marketing mais bem elaborados raramente sobrevivem ao impacto com o mercado. Assim como nossos encantadores de naja de Déli, o mercado é imprevisível.

Enquanto a evolução genética é gradual, a evolução econômica, mediada e impulsionada pelo dinheiro, é incrivelmente rápida. Quanto mais dinheiro, mais produtos, mais energia e mais rápido o processo evolutivo. Assim como no mundo natural, onde um ecossistema diversificado é saudável, quanto mais diversificada for uma economia – quanto mais interações, pessoas, redes e capital –, mais ideias, produtos e serviços serão produzidos. Uma economia saudável é vibrante; quanto mais exuberante, melhor. À medida que a economia evolui, encontrando soluções variadas para os problemas, a região mais diversificada tem sucesso porque não se torna excessivamente dependente de uma única coisa.

No mundo natural, a monocultura é extremamente frágil. Basta pensarmos na reflexão de Darwin sobre meus antepassados irlandeses, que dependiam excessivamente da batata para se alimentar e por isso ficaram muito vulneráveis quando uma praga arruinou as plantações, levando à Grande Fome do século XIX. A monocultura na economia evolucionária funciona da mesma forma que no mundo animal. É o caminho para a pobreza. Com exceção dos petroestados, a diversidade econômica é o caminho para a riqueza.

A diversidade oferece mais opções, combinações e novas possibilidades para a polinização cruzada comercial. Por exemplo, quando Gutenberg inventou a prensa tipográfica no próspero ecossistema de Mainz no século XV, a diversidade comercial era sua aliada. Ele associou seu conhecimento em tecnologia de impressão, proveniente de sua formação artística como ourives, com a tecnologia da prensagem de uvas usada em Mainz durante séculos. Combinar essas funcionalidades foi crucial para a inovação.

Novos produtos geralmente são criados a partir de similares ou itens que estão um passo atrás. O empreendedor é aquele que junta as peças, e, para isso, precisa de dinheiro. Quanto mais dinheiro, maior é o risco e a diversidade e mais rápido a economia evolui. Novos produtos substituem os antigos e ninguém tem ideia do que será gerado pelo quê. Como no exemplo da naja, uma iniciativa que se espera conduzir a um resultado pode levar a algo bastante diferente e muitas vezes contraditório. Não se pode prever os efeitos em cascata de uma inovação.[5] A própria prensa tipográfica, após lançada, produziu grandes mudanças inesperadas em muitas áreas da vida, desde a educação e a indústria até as finanças e a religião, conduzindo, em última análise, à Reforma.

A economia mundial na época de Darwin fervilhava de ideias, descobertas e novos produtos. Mais do que crescer (simplesmente ficar maior), havia o ímpeto de evoluir. Os produtos que sobreviveram foram aqueles que se adaptaram. Não havia um grande criador ungindo um produto ou outro: a economia era um projeto sem diretor. O frenesi de especulação sobre as ações ferroviárias que atraiu Darwin foi apenas um de muitos ocorridos nesse período. As descobertas do petróleo e da eletricidade provocaram apostas entusiásticas sobre qual recurso seria o vencedor na grande batalha evolutiva.

O dinheiro foi ao mesmo tempo o combustível e o árbitro desse novo mundo. Se um produto ou uma empresa ganhasse dinheiro, sobreviveria; senão, seria extinto. Com efeito, o dinheiro na forma de lucro é a maneira que a economia evolucionária tem de dizer ao mundo se um novo produto é vencedor ou não. Embora ainda não tivesse chegado o tempo do economista político do século XX Joseph Schumpeter, a grande arrancada econômica do século XIX foi impulsionada por "tempestades de destruição criativa", ou pelo que Keynes chamou de "espíritos animais". A economia não é estática, mecânica nem modelável. Ela é *viva* e *evolui*.

Uma classe média em crescimento

Em meados do século XIX, o dinheiro estava tornando o mundo menor. Novos bens de consumo aumentavam a demanda por matérias-primas, que chegavam aos portos da Europa e dos Estados Unidos para serem transformadas em uma gama surpreendente de mercadorias em fábricas novas. O faturamento dessas fábricas gerava renda para os trabalhadores, e as fábricas necessitavam de funcionários administrativos, advogados, contadores e gestores – aqueles que constituíam a nova classe média e que mais tarde seriam conhecidos como trabalhadores de colarinho-branco. Os bancos, criados para receber as economias dessa classe, precisavam ganhar dinheiro com essas poupanças. Eles emprestavam aos empreendedores, criando assim uma classe comercial de investidores que estava sempre em busca do próximo grande sucesso. O período assistiu a uma explosão no crédito e na inovação financeira, levando à evolução daquilo que hoje chamaríamos de setor bancário, cujo alcance se estendeu por todo o mundo, onde quer que houvesse demanda por dinheiro. Impulsionado pela inovação, esse sistema bancário dinâmico canalizou dinheiro e crédito para as mãos dos donos das fábricas e, em última análise, da burguesia, com sua sede insaciável de produtos.

Um desses produtos foi a bicicleta, uma invenção tão transformadora que seu impacto seria sentido em todo o planeta. Em nenhum lugar isso se deu de maneira mais acentuada – e mais trágica – que na África.

15
O DINHEIRO EM JULGAMENTO

Coração das trevas

– Você é um assassino, Willard?
– Eu sou um soldado.
– Não é nenhum dos dois. Você não passa de um entregador de mercado que os funcionários mandaram para acertar a conta do mês.

Essa frase, dita pelo cruel coronel Kurtz (Marlon Brando) ao capitão Willard (Martin Sheen) no filme *Apocalypse Now*, é uma demonstração do mais puro desdém. A cena com um Kurtz careca ensaboando a cabeça enquanto intimida o jovem Willard já merece um Oscar. Celebrado por cinéfilos do mundo inteiro, o filme de Francis Ford Coppola, ambientado na Guerra do Vietnã, mostra o jovem Willard se aventurando pelo rio Mekong em busca de Kurtz, que está escondido em sua fortaleza na selva, atrás de uma cerca macabra feita com cabeças humanas em estacas. O roteiro é inspirado no relato de um escritor polonês sobre fatos reais que se passaram no Congo Belga.

Esse escritor é Józef Teodor Konrad Korzeniowski, mais conhecido em todo o mundo como Joseph Conrad. Seu romance *Coração das trevas*, de 1899, revelou a um público literário a verdadeira natureza da suposta zona de livre-comércio do rei Leopoldo da Bélgica, que se estendia pelo vasto rio Congo na África Central (a mesma rota comercial onde o Osso de Ishango foi encontrado).

Em 1890, o polonês de 32 anos trabalhava a bordo de um navio que transportava dormentes ferroviários para o Congo. Roger Casement, um veterano na África que havia trabalhado como topógrafo de ferrovias, cartógrafo e recrutador de mão de obra, acolheu o jovem escritor como seu protegido. Toda noite Casement relatava a Conrad as violações dos direitos humanos em escala industrial que eram cometidas rio acima. Dois anos antes de os caminhos dos dois se cruzarem, em 1888, Casement conhecera um oficial belga sádico chamado Guillaume Van Kerckhoven, que adornava seu quartel com cabeças decepadas em estacas. Mais tarde, Casement escreveria um relatório sobre Van Kerckhoven que foi educadamente recebido e arquivado em Londres. As críticas relacionadas ao Congo não eram muito bem-vindas nos círculos poderosos porque se ganhava muito dinheiro com a situação por lá.

Caso não tivesse levado uma vida extraordinária – e, até os 40 anos, havia poucos indícios de que ele o faria –, o dublinense Roger Casement provavelmente teria sido enterrado no cemitério da minha região, perto de onde jazem meus avós. O irmão dele está enterrado lá e, por uma estranha ironia do destino, ele fica a apenas alguns jazigos do local de descanso de John Boyd Dunlop, o homem que inventou o pneu de borracha pneumático, em vez de maciço. A criação de Dunlop transformou a economia global e é fundamental para a história do dinheiro, da borracha e do Congo. Se não fosse por essa invenção, é pouco provável que Casement sequer tivesse ido parar no Congo.

Em 1880, Dunlop, um veterinário empreendedor de Downpatrick, na Irlanda do Norte, ouviu o filho de 5 anos reclamar que sua bicicleta era desconfortável para andar nas ruas de calçamento irregular. Dunlop então teve a brilhante ideia de bombear ar em pneus de borracha e encaixá-los nas rodas para tornar o passeio de bicicleta mais suave.

A borracha havia sido introduzida na Europa em 1526, quando os conquistadores espanhóis trouxeram um material estranho para Cádiz, juntamente com alguns habitantes nativos capturados. Na esperança de revelar ao tribunal de Cádiz a inteligência e sofisticação desses "índios", um setor antiescravagista pequeno porém eloquente dentro da Igreja espanhola convidou-os a mostrar como se jogava o *ullamaliztli*, um jogo próprio de sua cultura e precursor do futebol. As equipes tinham que passar a bola por um aro em cada extremidade do campo usando apenas o quadril, o peito e as coxas. O que cativou os espanhóis não foi a destreza física dos jogadores, mas a bola em si. Feita de uma substância jamais vista antes, seu movimento era tão estranho que a língua espanhola nem sequer tinha uma palavra para descrevê-lo.[1] Os europeus não conseguiam entender como um material podia ser pesado o suficiente para ser lançado e ao mesmo tempo quicar leve como uma pluma. A substância, coletada de árvores de florestas tropicais, podia ser dobrada e esticada. Foi apenas no início do século XIX que químicos europeus descobriram que a borracha esticava quando aquecida (e podia ser moldada em botas que se tornaram um sucesso instantâneo), no entanto, na América as pessoas vinham adaptando e utilizando a borracha havia séculos. Só havia outra região no mundo com clima semelhante: o ecossistema que rodeia o grande rio Congo, na África Ocidental.

Dunlop se tornou conhecido no mercado de pneus de borracha, vendendo a patente de seu pneu à multinacional global que posteriormente levaria seu nome, a Dunlop Industries. Os pneus com câmara de ar mudaram o mundo. Com eles, as rodas giravam com mais suavidade e tornavam a bicicleta muito mais confortável para pedalar. A popularidade das bicicletas cresceu exponencialmente e o que era moda nos anos 1880 se tornou um fenômeno global uma década depois. Dunlop tinha reinventado a roda. Sua invenção também reescreveria não apenas a história africana, mas também os fluxos financeiros e econômicos globais.

Havia muito que a botânica vinha sendo um dos principais instrumentos imperiais, em muitos aspectos. As plantas, primeiro como bens de consumo como o chá, o açúcar e o café, impulsionaram grande parte dos negócios globais durante a era comercial dos séculos XVII e XVIII, enriquecendo os mercadores europeus. No século XIX, embora o paladar dos consumidores ainda fosse importante para o comércio, as propriedades medicinais e industriais das plantas agora alimentavam a globalização. O botânico, com frequência retratado como um cientista benevolente e intrépido, era na maioria das vezes um agente do imperialismo, ao passo que os jardins botânicos aparentemente inofensivos eram os laboratórios de pesquisa do colonialismo. Os avanços termoquímicos durante a revolução industrial transformaram ainda mais o lugar da botânica no sistema econômico: por exemplo, a vulcanização – um processo pelo qual o enxofre é adicionado ao látex para endurecer a borracha – teve consequências monumentais para o papel que a borracha desempenhou na economia global, como seu uso como encapamento isolante e impermeável de fios elétricos. A borracha e as áreas de seu cultivo se tornaram fundamentais para a produção industrial mundial e, no fim do século XIX, a borracha bruta virou um insumo crucial para uma série de novos bens industriais e de consumo, envolvendo consumidores, trabalhadores, fabricantes e financiadores ocidentais em um imenso projeto colonial.

A febre das bicicletas

Nos anos seguintes à invenção de Dunlop, as classes médias da Europa e dos Estados Unidos começaram a pedalar freneticamente. Mais baratas que cavalos, as bicicletas eram uma alternativa autônoma à restrita malha ferroviária. Com uma bicicleta, as pessoas podiam ir aonde quisessem. Registros paroquiais mostram que na mesma época da febre das bicicletas da década de 1890 ocorreu um aumento significativo nos casamentos entre aldeias. Pessoas que de outra forma não teriam se conhecido acabaram se relacionando graças à bicicleta, aumentando assim o pool genético.

Em Cambridge, em 21 de maio de 1897, quando a assembleia da universidade estava votando a possibilidade de conceder a estudantes mulheres o direito de receber um título de graduação, um grupo de alunos furiosos do sexo masculino, brandindo cartazes em que se lia "Universidade para homens", destruiu o manequim de uma mulher em uma bicicleta. Eles despedaçaram a boneca, arrancaram a cabeça e penduraram os restos mortais (com a bicicleta) nos portões da Newnham College, que era exclusivamente feminina. A mulher da bicicleta representava tudo que havia de escandaloso naquela invenção. Para os tradicionalistas, a bicicleta era uma máquina transgressora, um mecanismo de afirmação da independência feminina.

Em 1896, aos 13 anos, Christabel Pankhurst, filha da líder sufragista Emmeline, pediu ao pai que lhe comprasse uma bicicleta. Ela e a irmã Sylvia ingressaram no Clube de Ciclismo Clarion, em Manchester, uma extensão do jornal socialista *The Clarion*. Em 1900 havia 70 clubes de ciclismo Clarion na Grã-Bretanha; todos admitiam mulheres, que usavam esses clubes para pedalar pelas cidades e vilas levando a mensagem sufragista a novas partes do país. O establishment conservador e puritano dava sermões às mulheres sobre todas as coisas, desde o risco de o selim lhes tirar a virgindade até o impacto da "cara de bicicleta" na beleza natural de uma moça e o escândalo das ciclistas que usavam bombachas. Mesmo assim, o mercado de bicicletas decolou.

Em 1890 havia 27 fábricas nos Estados Unidos produzindo 40 mil bicicletas por ano. Em 1896, eram 250 fábricas produzindo 12 milhões de bicicletas por ano. A Pope, maior fabricante do país, chegou a produzir uma bicicleta por minuto. O Reino Unido, centro mundial de produção de bicicletas, tinha 700 fábricas. O dinheiro seguia a febre conforme os investidores corriam para participar da onda, e, à medida que a produção subia, os preços baixavam. Entre 1890 e 1896, o preço de uma bicicleta caiu quase pela metade nos Estados Unidos, de cerca de 150 para 80 dólares. Na esperança de lucrar com um sucesso semelhante ao da Dunlop, um terço de todas as patentes apresentadas para registro no país na década de 1890 tinha relação com bicicletas.[2]

A roda do dinheiro

A classe média emergente do fim do século XIX não só estava comprando bicicletas como também estava poupando dinheiro, prática anteriormente reservada aos muito ricos. A maioria dos poupadores da classe média era conservadora – eles colocavam seu dinheiro no banco para "guardá-lo", recebendo em troca uma taxa de juros anual sem questionar de onde vinha esse rendimento. Os bancos procuravam obter rendimentos com essas poupanças e emprestavam a investimentos de maior risco para gerar um retorno que correspondesse aos juros devidos aos poupadores e ainda desse lucro para si próprios. Que lugar melhor para ganhar dinheiro que as colônias?

Onde há dinheiro guardado sempre haverá produtos financeiros para atrair esse dinheiro. O final da era vitoriana foi a era imperial, e esses produtos voltados para receber as economias das famílias estavam fazendo apostas em companhias do mundo todo. A empresa listada em bolsa era o veículo financeiro preferido, oferecendo oportunidades comerciais para investimentos em uma gama impressionante de setores e regiões novos. Vimos que a explosão dos bens de consumo representou um aumento na demanda por matérias-primas vindas de toda parte do mundo, o que tornou o planeta mais integrado. Estávamos na primeira era da globalização. Uma nova cadeia de suprimentos global desencadeada pela invenção de Dunlop conectava as sufragistas de Manchester aos fabricantes de bicicletas de Coventry, e os produtores de aço de Sheffield aos fornecedores de borracha no interior do Congo Belga. No centro dessa teia estava a empresa listada em bolsa que conectava os depositantes da classe média ao empreendimento como um todo. Suas economias financiavam uma indústria de bicicletas aparentemente inócua, mas que, como veremos, era sustentada pelo saque colonial e seus horrores. A borracha conectava o Congo às ruas de Manchester, e as finanças o conectavam a Londres.

O dinheiro europeu vasculhava o mundo inteiro em busca de lucro. Entre 1855 e 1900, o investimento proveniente da Europa triplicou, passando de 4,6 bilhões de dólares para 13,8 bilhões. Em 1870, os investimentos no exterior representavam 7% de toda a renda europeia, mas em 1914 tinham subido para 20%. Nas quatro últimas décadas do século XIX, os britânicos foram os que mais investiram (em média 4% do PIB anual) no financiamento de empreendimentos de exploração em todo o mundo.[3] Cerca de um terço de todas as economias britânicas era redirecionado para fora do Reino Unido com o objetivo de financiar empresas e projetos distantes, o que significa que uma ampla faixa de britânicos das classes alta e média foram financeiramente cúmplices e lucraram com o projeto colonial. Os investidores *ativos* faziam vista grossa e aplicavam seu dinheiro porque o investimento no império produzia retornos mais elevados que os investimentos dentro do país. Os poupadores *comuns* provavelmente não sabiam que seu dinheiro estava sendo reciclado na economia global e nos esquemas coloniais. O Império Britânico era uma máquina de fazer dinheiro. Mas não era o único.

A Bélgica do século XIX também queria uma colônia, e, na Conferência de Berlim sobre a África (1884-1885), o rei Leopoldo II convenceu seus primos, os outros monarcas europeus, de que seus objetivos no Congo eram filantrópicos e incluíam acabar com o tráfico de escravizados – como resultado, em novembro de 1889 uma conferência antiescravagista reunindo as principais potências foi realizada em Bruxelas.[4] Os governos britânico, francês e alemão concordaram com a reivindicação de Leopoldo sobre o distante Congo, a fim de evitar conflitos, pois estavam ocupados em retalhar o restante da África entre si. A Bélgica, um Estado-tampão na Europa, se tornou também uma espécie de Estado-tampão na África entre as colônias francesas, britânicas e as novas colônias alemãs. E foi mais ou menos assim que o Estado Livre do Congo se tornou propriedade pessoal do rei Leopoldo II. Quando seus agentes no Congo lhe contaram sobre as abundantes seringueiras silvestres que cresciam ao longo das margens dos rios, Leopoldo logo reconheceu a mina de ouro que a inovação de Dunlop poderia ser. No entanto, ele precisava de dinheiro para ganhar dinheiro. O mercado de capitais interno belga era limitado em comparação com a comercialmente ambiciosa Londres, a sede do capital de risco da era vitoriana. O apetite ao risco dos investidores britânicos por lugares distantes, aguçado pela pilhagem da Índia, era mais arrojado que o dos sisudos exploradores belgas. Os britânicos conseguiam enxergar um panorama mais amplo porque tinham esticado a tela.

Leopoldo se voltou para Londres no intuito de resolver seu dilema financeiro. Ele convenceu um inglês, o coronel John Thomas North (que havia conhecido em uma corrida de cavalos), a investir 40 mil libras em uma nova empresa que exploraria sistematicamente a borracha da bacia Maringa–Lopori, no Congo. O resultado foi a formação daquela que se tornaria uma das empresas mais lucrativas do mundo, a Companhia Anglo-Belga de Borracha e Exploração, conhecida como ABIR, em 6 de agosto de 1892.

A estrutura da companhia, concebida primeiro pelos romanos, restabelecida pelos mercadores de Florença e aperfeiçoada pelos financistas holandeses e britânicos, era um mecanismo perfeito para transportar dinheiro de uma jurisdição para outra. A empresa pública vitoriana – com sua proteção legal para os investidores e suas ações negociáveis em bolsa que podiam acessar um mercado de capitais forte e com liquidez – foi parcialmente responsável pelo sucesso espetacular do colonialismo do século XIX ao fundir os interesses financeiros de poucos à exploração de muitos.

O memorando e os estatutos da ABIR detalhavam a proteção oferecida aos seus acionistas, mas pouco diziam sobre as condições dos trabalhadores no Congo. Em um movimento de feitiçaria financeira, uma empresa que escravizava brutalmente centenas de milhares de habitantes locais em um cenário infernal de sangue, excrementos e morte podia ser transformada em um balanço financeiro limpo, em um documento de ações organizado, em preços estéreis de ações subindo e descendo, em contundentes reportagens mensurando a crescente riqueza dos investidores. A beleza da empresa de capital aberto era que ela quebrava o vínculo (na mente da maioria dos investidores) entre o valor de sua carteira de ações e a origem repulsiva dessa riqueza.

A ABIR vendia licenças para explorar o comércio de borracha em áreas do enorme território denominado Estado Livre do Congo. Quem adquiria essas licenças obtinha o direito de explorar todos os produtos das florestas da bacia Maringa–Lopori por 30 anos. O Estado belga forneceria armas, munições e soldados para proteger esses colonos dos habitantes locais cujas terras eles tinham roubado. Essas terras incluíam a segunda maior floresta de seringueira do mundo (depois da Amazônia) e a borracha seria extraída ali durante 14 anos, de 1892 a 1906.[5] Com um título de ações em uma das mãos e um rifle na outra, os belgas se jogaram na operação multinacional em terras roubadas, apoiados por um exército privado – um modelo irresistivelmente lucrativo graças à Companhia Britânica das Índias Orientais e, antes disso, à VOC holandesa.

A coleta da borracha tinha os problemas de ser demorada e fisicamente desgastante, mas mesmo assim apresentava grandes vantagens em relação à exploração da maioria dos outros recursos naturais, como diamantes ou minerais: exigia capital inicial mínimo e pouca capacitação da força de trabalho. Era puro lucro. Se Leopoldo conseguisse orquestrar um sistema por meio do qual os habitantes locais recém-dominados pudessem pagar seus "tributos" à Bélgica trabalhando para a empresa de borracha, ele poderia ganhar uma fortuna.

Mutilando por dinheiro

Longe das fábricas de Manchester e das hordas de bicicletas das grandes cidades do mundo, Roger Casement via o Estado Livre do Congo ser tomado por seringais, especuladores e capatazes. Em breve a população seria submetida a um sofrimento atroz. Com o apoio da milícia belga, as empresas de borracha transformariam a colônia em um campo de extermínio. Estima-se que cerca de metade da população, algo entre 5 e 10 milhões de pessoas, tenha morrido no Estado Livre do Congo entre 1885 e 1908. O preço da borracha dobrou no período de 1894 a 1905, e grande parte dela veio do Congo Belga. Cada aumento no preço levava a mais sofrimento. Com o mundo agora sobre duas rodas pneumáticas, a demanda pela borracha do Congo cresceu continuamente de 77 toneladas em 1895 para 452 toneladas em 1898, atingindo 1.048 toneladas em 1903. Os lucros da ABIR foram astronômicos.[6]

Escravizados em campos de trabalho, os habitantes locais trabalhavam dia e noite para alcançar metas brutais. Aqueles que ficavam aquém do esperado eram submetidos a violência física, incluindo açoitamento com um chicote de couro de hipopótamo, queimaduras com goma copal e, às vezes, uma bala na cabeça. Cada agente da ABIR comandava uma força de 25 a 80 soldados armados com rifles de fabricação belga para punir os aldeões desobedientes. Essa força de milícia recebeu o nome bastante glorioso de Force Publique. Na verdade, era um esquadrão da morte. Em 1903, um destacamento importou 17.600 cartuchos, 22.755 cargas para espoletas de percussão, 29.255 cápsulas, 33 rifles e 126 espoletas de percussão – tudo isso não para uma zona de guerra, mas para uma região desarmada e indefesa.[7] Como o custo da mão de obra era zero, a principal despesa dos belgas eram essas munições, o que resultou em uma estratégia de redução de custos indescritível.

A maior parte da Force Publique era composta de habitantes locais sádicos e embriagados, comandados por bandidos belgas de baixo escalão. Diligente em seu controle de custos, Bruxelas soube que estavam utilizando munição em excesso e mandou avisar que precisavam se ater ao orçamento. O governo suspeitava que a milícia local estivesse roubando balas e as vendendo. Para evitar desperdícios e roubos, os soldados foram obrigados a fornecer provas de que cada bala tinha sido usada para matar um habitante local perigoso. A evidência exigida era uma mão humana decepada (imagine que tipo de burocrata teve essa ideia). Essas mãos eram defumadas para melhor conservação e recolhidas em cestos por agentes europeus que faziam a correspondência do número de balas com um número equivalente de mãos decepadas.

Nas docas da Antuérpia, E. D. Morel, funcionário franco-inglês de uma companhia de navegação com sede em Liverpool, observava o desembarque da carga vinda do Congo. O rei Leopoldo afirmava ao mundo que o

Estado Livre do Congo era um centro próspero onde a borracha e o marfim eram comercializados com os habitantes locais em troca dos melhores produtos belgas. Mas as únicas mercadorias que saíam da Bélgica com destino ao Congo eram munições e armas. Morel começou a suspeitar que Leopoldo não estivesse contando ao mundo a história toda do Estado Livre do Congo. Ele não foi o único.

O segredo

Durante grande parte da década de 1890, Roger Casement trabalhou em campo para reunir informações sobre a África para a Câmara de Comércio Britânica. Em 1898 ele se reportava a Londres em sua nova função de cônsul britânico, documentando as crescentes atrocidades no Congo. Em abril de 1903, tendo acumulado um punhado de inimigos entre os ricos e influentes barões da borracha britânicos, recebeu de Paris outro tipo de notícia que o perturbou: o major-general Hector MacDonald, um dos soldados mais condecorados da Grã-Bretanha, havia tirado a própria vida com um tiro após a revelação de sua homossexualidade e de suas relações amorosas com jovens no Ceilão. Casement escreveu em seu diário, depois de uma noite sem dormir: "Não preguei os olhos. A morte de Hector MacDonald é muito triste."[8] Casement sabia que estaria perdido se a notícia de sua própria homossexualidade se espalhasse.

Após um debate na Câmara dos Comuns em maio de 1903, Casement foi instruído pelo Ministério das Relações Exteriores a ir para o interior da África a fim de recolher "informações autênticas" sobre a suposta gestão nefasta no Congo. Seu mundo estava prestes a mudar para sempre. Quando partiu para sua histórica viagem, em junho, Casement tinha quase 39 anos e duas décadas de experiência na África. Seu amigo Herbert Ward, com quem tinha viajado pelo Congo na década de 1880, escreveu na véspera de Casement emergir aos olhos do público: "Não há homem caminhando na Terra neste momento que seja mais absolutamente bom, honesto e nobre de espírito que Roger Casement."[9] A opinião pública iria mudar.

Casement partiu rio acima, em transporte próprio, porque se utilizasse o transporte oficial veria apenas o que os belgas queriam que visse. À medida que avançava nas profundezas do território da borracha, suas piores suspeitas eram confirmadas e muito mais. Ele testemunhou cenas de mutilação, castrações e outras formas de brutalidade em quase todas as aldeias. Populações inteiras foram mortas, e alguns sobreviventes aterrorizados revelaram a Casement as particularidades da violência que lhes havia sido infligida. Os detalhes que o rei Leopoldo queria esconder estavam prestes a se tornar públicos.

Em outubro de 1903, Casement retornou a Londres carregando esse material explosivo. Com uma energia furiosa, ele produziu em duas semanas um registro de 60 páginas de sua jornada, incluindo depoimentos de testemunhas oculares. Tratava-se de um relatório que, segundo Morel (que a essa altura tinha abandonado seu emprego para expor o Estado Livre do Congo em vários artigos e panfletos), pretendia "marcar um soberano reinante, aliado por laços familiares a metade das cortes da Europa, com uma infâmia indelével (…) [um] relatório que, de uma vez por todas, iria rasgar o véu da mais gigantesca fraude e perversão que a nossa geração conheceu".[10]

Casement tinha conhecido Morel no fim de dezembro de 1903, em Londres. Os textos de Morel estavam atraindo a atenção de líderes da Igreja, abolicionistas e missionários, bem como de políticos liberais reformistas. Com as evidências e a influência de Casement, esses dois dínamos morais se tornaram uma força irrefreável de mudança. Viajando para a Irlanda pelo porto de Dún Laoghaire (onde hoje se ergue orgulhosamente a estátua de Casement), eles se dirigiram para a tranquilidade do hotel Slieve Donard, em Newcastle, cidade costeira vitoriana no sopé das montanhas Mourne – a poucos quilômetros de onde o pneu de borracha pneumático foi inventado por Dunlop. O encontro deles foi descrito por Arthur Conan Doyle como "a cena mais dramática da história moderna".[11] Com os próprios recursos pessoais, os dois homens fundaram a Associação para a Reforma do Congo. Como disse Casement, "era o caráter único da perversidade cometida (…) que exigia a formação de um órgão especial formulando um apelo muito especial à humanidade da Inglaterra".[12] Casement e o prodigioso Morel se tornaram máquinas de coleta de provas, documentando atrocidade após atrocidade e produzindo um vasto conjunto de fatos incriminatórios que deixavam claro que o Congo era uma cena de crime internacional.

Em um episódio notável de dois pesos e duas medidas, a Grã-Bretanha, o imperialista mais voraz do mundo, o país que nos 300 anos anteriores havia saqueado mais dinheiro de suas colônias que qualquer outro, liderou a cruzada contra a Bélgica imperialista. À frente da cruzada estava a Associação para a Reforma do Congo; Casement atuava como principal conselheiro de Morel. As revelações oficiais de Casement, amplamente divulgadas, condenaram o rei Leopoldo e sua colônia de escravizados à desonra internacional.

Dada sua posição como colonizadora-chefe global, as razões da Grã-Bretanha para atacar a Bélgica não foram motivadas por uma conversão à humanidade e à decência. Na virada do século, o valor da borracha permanecia crucial para a economia global, mas o setor estava se afastando da extração e se aproximando das plantações de seringueiras, que eram bem menos onerosas. A extração envolvia muita mão de obra e consideráveis perigos tropicais, pois as florestas de seringueiras permaneciam inacessíveis, enquanto a plantação era um método bem mais limpo e fácil. Era preciso um clima tropical, terreno plano e uma força de trabalho disposta. Talvez não cause nenhuma surpresa que o ambiente ideal para isso fosse o sudeste da Ásia, especificamente a colônia britânica da Malásia. Fechar a indústria da borracha no Congo implicaria que o fornecimento de borracha teria que vir de outro lugar, e a Malásia era uma candidata óbvia. Além disso, a Guerra dos Bôeres (1899-1902) e a intimidação e brutalidade infligidas pelas forças britânicas na África do Sul estavam pintando Londres sob uma luz altamente desfavorável. O truque de relações públicas mais antigo que existe é desviar a atenção de seus delitos, e os relatórios de Casement sobre o Congo serviram a esse propósito.

O julgamento do século

Casement foi nomeado cavaleiro por seus serviços, e foi como Sir Roger Casement que seu povo, os irlandeses, o conheceu. Sempre simpático à causa nacionalista, ele começou a publicar ensaios antibritânicos em 1911 e, demitindo-se do serviço consular em 1913, tornou-se um revolucionário em tempo integral.

Em 1916, Casement estava em Berlim tentando reunir armas para a rebelião que se aproximava na Irlanda. Ao voltar para a Irlanda com munições modestas a bordo de um submarino, ele desembarcou em Kerry uma semana antes do Levante de 1916. Delatado por um bilhete do metrô de Berlim no bolso da camisa, entre outras coisas, foi detido pela polícia.

Acusado de deslealdade à Coroa, Casement foi levado para Londres sob forte segurança, pelo porto de Dún Laoghaire, a pouco mais de um quilômetro de onde havia crescido, na cidadezinha costeira de Sandycove. George Bernard Shaw, na época um dos polemistas mais famosos do mundo, ofereceu-se para escrever sua defesa, e Arthur Conan Doyle, também escritor, era um apoiador fervoroso. Após recusar a oferta de Bernard Shaw, Casement escreveu sua defesa. O julgamento foi um sucesso de bilheteria. Casement, uma personalidade de estatura global, o homem que havia exposto a vergonha da Bélgica no Congo, símbolo da luta anticolonial que estava apenas começando a se formar, enfrentou as acusações. Ele foi condenado à morte. No entanto, apresentava um dilema ao governo britânico: morto, seria um mártir; vivo, poderia ser preso e mais tarde usado como peça de barganha nas negociações com os rebeldes irlandeses. Londres sofreu significativa pressão externa e interna para reduzir a sentença. Houve extensas deliberações por alguns meses de 1916 e a situação foi discutida nada menos que cinco vezes em nível de gabinete.

O gabinete continuou a prevaricar até que trechos dos diários de Casement – que supostamente evidenciavam suas relações sexuais com jovens do sexo masculino – chegaram às mãos de pessoas no poder, entre elas o embaixador dos Estados Unidos em Londres, altos clérigos, editores de jornais e outros nomes influentes nos círculos irlandeses-americanos. Os argumentos de que os diários eram falsificações inventadas nunca desapareceram. Falsificações ou não, os chamados Diários Negros selaram o destino de Casement: a imprensa, profundamente homofóbica e moralmente conservadora, fez a festa. Trair o país já era bem ruim, e a homossexualidade foi a gota d'água para a provinciana classe média inglesa. Rescindir a pena de morte de um revolucionário quando a Grã-Bretanha estava em guerra era uma coisa; rescindir a pena de morte de um traidor irlandês homossexual era pedir demais até mesmo dos membros mais liberais do gabinete. Em 3 de agosto de 1916, Casement foi enforcado na prisão de Pentonville.

Fim de jogo

Em um mundo onde a narrativa costumava ser controlada por aqueles que acumularam grandes fortunas na primeira era da globalização, Roger Casement foi um ativista humanitário que falou sobre direitos maiores que o direito do dinheiro de ditar os resultados. Jawaharlal Nehru, um jovem indiano que já havia se deparado com o nacionalismo irlandês enquanto visitava seu primo (que estudava Medicina em Dublin), acompanhou o julgamento e foi influenciado pela mensagem revolucionária dos insurgentes. Ele ponderou que o discurso de Casement no tribunal "pareceu apontar justamente como uma nação subjugada devia se sentir".[13] O colonialismo havia atingido seu apogeu e, nas décadas seguintes, começou a ser ainda mais desafiado. Inspirado pela visão global de Casement, Nehru conduziria a Índia à independência em 1947 e se tornaria primeiro-ministro – o primeiro do país.

Lênin observou que o colonialismo era o capitalismo em seu ápice.[14] O pêndulo tinha oscilado demais no interesse daqueles que expropriavam e acumulavam dinheiro. O século XIX havia assistido a 100 anos incessantes da marcha do dinheiro, que determinava quem ficava com quê, quem governava quem, quais nações eram subjugadas e quais eram as vencedoras. Foi também um século em que as inovações nas finanças, nos mercados de ações e nos fluxos internacionais de capital trouxeram grandes áreas do globo para um sistema monetário mundial. Esse período de globalização chegou a um fim abrupto quando os países imperiais da Europa se enfrentaram em 1914. Uma era que começou com a expansão improvável da atividade mercantil da Holanda, impulsionada pelas proezas de suas finanças, atingiu seu auge nos primeiros anos do século XX, com o colonialismo desenfreado e voraz, e começou a desmoronar quando confrontada com ativistas internacionalistas como Casement e lutas nacionalistas por libertação.

Nos anos seguintes, esse pêndulo oscilou em direção a uma variedade de "ismos": comunismo, socialismo, marxismo, fabianismo e aquele em que nos concentramos aqui – o anticolonialismo. Cada época ou ideologia planta as sementes de sua própria destruição, e o hipercapitalismo do final do século XIX, embora extremamente benéfico para os muito ricos, muito brancos e muito europeus, era outra história para aqueles que eram colonizados, humilhados e aterrorizados.

Roger Casement não era marxista, estava mais para um liberal. Defensor do comércio justo, ele acreditava que aqueles que extraíam commodities como a borracha – fossem eles congoleses ou indígenas do Peru – deveriam ser tratados com humanidade. Era contra o capitalismo extrativista e a exploração extrema. Parte de uma tradição reformadora que estava ativa no nível popular tanto na Irlanda quanto na Grã-Bretanha na época, Casement foi atraído pelas possibilidades de construção de um mundo socialmente mais justo. O movimento anticolonial que ele defendeu se tornou uma das forças políticas mais significativas do século XX, e sua gênese reside nas atrocidades dos três séculos anteriores, a maioria cometida na busca por dinheiro. Embora não tenha ficado evidente na época em que aconteceu, o julgamento de Casement foi um momento decisivo da História.

No mesmo ano em que a Irlanda alcançou a independência (1922), John Dunlop, o inventor que deflagrara o frenesi da borracha, foi enterrado no cemitério de Deansgrange, em Dublin. Se não fosse por sua inovação, talvez não tivesse havido atrocidades belgas no Congo; talvez Casement não tivesse se tornado um revolucionário global; talvez, em vez de ser enforcado na prisão de Pentonville, Casement tivesse morrido em paz e sido enterrado no jazigo da família, a poucos metros do local de descanso de Dunlop.

16
A ESTRADA DOS TIJOLOS AMARELOS

O mágico de Oz

O mágico de Oz continua sendo um dos filmes americanos mais assistidos de todos os tempos. Um clássico da programação de Natal na época em que as pessoas se sentavam em frente à TV analógica, essa é uma história infantil que gira em torno do dinheiro. Mais especificamente, retrata o movimento populista que brigou para acabar com o padrão-ouro nos Estados Unidos no fim do século XIX. Embora muitos vejam *O mágico de Oz* como um simples conto de fadas para crianças, o filme é uma alegoria altamente política. É a história da luta de classes e de uma guerra cultural entre a elite financeira e o trabalhador comum, entre a endinheirada Costa Leste e o Sul e o Oeste rurais, entre os partidos políticos estabelecidos e um movimento insurgente surgido na década de 1890, os Populistas.

No filme, podemos interpretar Oz, o mago malvado, como a personificação da elite bancária e como um representante do ouro – a própria palavra *oz* é o símbolo da unidade de medida onça, utilizada internacionalmente como medida do peso do ouro. A Estrada dos Tijolos Amarelos, um caminho feito de barras de ouro, representa o padrão-ouro. Dorothy é filha de um fazendeiro do Kansas, estado localizado bem no meio do país e que por isso representa aquele lugar mítico, a "América Profunda", interiorana, suburbana e conservadora. O Espantalho é o agricultor do Meio-Oeste, oprimido pela queda dos preços, e o Homem de Lata é o trabalhador industrial cujos salários estão caindo, impactados pela deflação associada ao padrão-ouro. O Leão Covarde é o candidato democrata-populista das eleições presidenciais de 1896, William Jennings Bryan.

Para entrar na Cidade das Esmeraldas, Dorothy e seus amigos trabalhadores americanos são obrigados a usar óculos de lentes verdes. Em outras palavras, os financistas conservadores que dirigem a Cidade das Esmeraldas forçam seus cidadãos a olhar para o mundo através de lentes da cor do dinheiro. Para satisfazer o Mágico, o grupo deve viajar para o Oeste e destruir sua inimiga, a Bruxa Malvada. O Oeste representa o Meio-Oeste dos Estados Unidos, que era o coração agrícola e a fonte do movimento populista. A cada etapa, Dorothy é usada pelo Mágico para preservar as regras da Cidade das Esmeraldas e os interesses dos americanos ricos que apoiam manter o padrão-ouro. A pedido dele, ela mata a Bruxa e retorna com seus amigos para a Cidade das Esmeraldas, confiante de que o Mágico concederá seus desejos. Quando desmascara o Mágico, no entanto, o grupo descobre que ele não passa de uma fraude – assim como o padrão-ouro.

Os sapatos de Dorothy são vermelhos na versão cinematográfica, mas no livro em que o filme se baseia são prateados. Para voltar ao Kansas, Dorothy só precisa bater os saltos dos sapatos *prateados*. A solução para seus problemas estava lá o tempo todo: adicionar prata ao estoque monetário.

A mensagem política por trás de *O mágico de Oz* era a de que o americano comum, personificado por Dorothy, poderia ser libertado com apenas um movimento de troca da camisa de força do padrão-ouro para o blusão mais folgado da moeda lastreada em prata. Embora isso possa parecer obscuro, as últimas eleições americanas do século XIX foram travadas justamente sobre a seguinte questão: o que deve lastrear o dinheiro, a prata ou o ouro?[1]

Crucificação pelo ouro

No contexto de descobertas na ciência e na medicina, de avanços tecnológicos em diversas áreas e de uma revolução empírica e racional no fim do século XIX, seria de esperar que tivessem ocorrido mudanças significativas na organização do dinheiro. Dada a experimentação do século XVIII e o poder revolucionário do papel-moeda de impulsionar e financiar as revoluções francesa e americana, o mais lógico seria imaginar que os disruptores financeiros do século XIX tivessem aprendido com os erros do passado e continuassem com as inovações financeiras. Não foi o caso.

Em vez disso, tivemos a era do padrão-ouro, que durou mais ou menos de 1850 a 1914, um longo período de conservadorismo monetário e Estado mínimo. O establishment político e financeiro desconfiava das experiências com papel-moeda dos tempos revolucionários, que tanta instabilidade causaram. O padrão-ouro era considerado um baluarte contra mudanças sociais e políticas perigosas. Esse sistema, segundo o qual todo o dinheiro era lastreado pela limitada oferta mundial de ouro, tornou-se o eixo central da política econômica e monetária global. Um esquema que atrela o dinheiro a esse metal implica que sempre haverá escassez de dinheiro, porque sempre há escassez de ouro. É um sistema que atende bem quem já tem dinheiro. Mas qual é a quantidade certa de dinheiro para uma economia em crescimento?

Os grupos e pessoas que apoiam a ideia de que já existe muito dinheiro por aí são, provavelmente, os que já têm muito dinheiro. Assim como os grupos e pessoas que defendem que não há dinheiro suficiente por aí provavelmente são os que não têm dinheiro suficiente. Para compreender o cenário político na virada do novo século e os dois campos opostos que surgiram para decidir se a moeda dos Estados Unidos deveria ser lastreada em ouro ou prata, precisamos voltar um pouco na história monetária americana e compreender uma decisão importante tomada pelo país após a Guerra Civil (também conhecida como Guerra de Secessão).

Em 1873 os Estados Unidos atrelaram o dólar ao ouro. A política do ouro no país tinha sido afetada em 1848 pela corrida do ouro na Califórnia: até então, os Estados Unidos não tinham fontes naturais conhecidas do metal, mas, depois dessa descoberta, foi possível contemplar um futuro monetário baseado no ouro. No entanto, o país pretendia acolher milhões de imigrantes, e, caso se fechasse nesse sistema, a quantidade de dinheiro que poderia ser emitida cairia em termos de valor per capita à medida que a população aumentasse. Os Estados Unidos já tinham uma moeda bem conhecida, o dólar de prata de Hamilton, que permanecia em circulação. Até a descoberta do ouro californiano, o controle e a ordem financeiros eram alcançados com o padrão-prata existente, o que proporcionava mais flexibilidade porque, sendo a prata mais barata, os Estados Unidos podiam imprimir mais dinheiro. Após a corrida do ouro, porém, o preço desse metal caiu em comparação com a prata, e isso mudou a atitude em relação à adoção do padrão-ouro. Além disso, os financistas americanos temiam que os investidores internacionais, viciados em ouro, considerassem o padrão-prata um sistema de segunda categoria. O fato de os Estados Unidos, a superpotência global de hoje, não terem tido autoconfiança para seguirem sozinhos no mundo e terem se rendido ao ouro no fim do século XIX indica em que posição eles se viam na hierarquia econômica global.

O ouro tem uma oferta fixa. Assim, se a economia cresce, ou seja, se o país produz mais, o preço dos produtos deve cair em termos de ouro, porque a oferta de ouro não aumenta em resposta ao aumento da produção. Por isso, atrelar uma moeda ao ouro é inerentemente deflacionário. Ora, mas a queda dos preços não é algo bom? Estamos condicionados a pensar dessa forma. Sim, é bom que o preço das coisas que *você* compra caia, mas a deflação acontece em duas vias – e se as coisas que você *vende*, como sua força de trabalho, também caírem em relação ao ouro? Em um período de deflação, qual padrão de vida aumenta? O de quem possui ouro, é claro. As pessoas do setor financeiro, que negociam dinheiro ou especulam sobre outras commodities, aquelas que têm acesso ao dinheiro – as já abastadas. As moedas vinculadas ao ouro recompensam as pessoas com dinheiro guardado. E quem tinha dinheiro guardado no fim do século XIX? Os mesmos que sempre tiveram: os ricos, é lógico.

Há outra dinâmica que pode reforçar essa desigualdade. Se a oferta de moeda per capita está diminuindo, o preço das mercadorias e dos salários cai, mas algo mais acontece com os preços dos ativos. Quando o dinheiro está atrelado ao ouro e é escasso, como a economia financia o investimento, a construção ou a especulação no futuro? Por meio de crédito. O sistema bancário faz os ajustes necessários para fornecer esse crédito. Agora considere isso em um nível macroeconômico. Os mercados de crédito se ampliam drasticamente, fazendo subir os preços dos ativos, o que em geral enreda a economia em um ciclo de crédito. Quando os preços dos ativos sobem em um momento em que os preços dos itens cotidianos e os salários estão estagnados, uma classe especuladora se torna extremamente rica, abrindo um fosso entre os trabalhadores (aqueles que vivem de salário) e os ricos (aqueles que vivem de aluguéis e arrendamentos, dividendos e preços dos ativos).

Ocorreu uma dinâmica semelhante depois de 2008 na maioria das economias ocidentais, quando os bancos centrais disponibilizaram crédito muito barato aos bancos comerciais, que concederam crédito a clientes "solventes" (leia-se os já ricos que tinham investido em ativos como imóveis), elevando os preços dos ativos bem acima dos salários.

Após a Guerra Civil, a economia crescente dos Estados Unidos se tornou um ímã para os fundos do Velho Mundo, mas o vibrante debate "prata versus ouro" semeava dúvidas na mente europeia, uma vez que ameaçava desvalorizar a moeda caso os americanos decidissem imprimir mais dólares para aliviar as privações financeiras e as tensões políticas. O mundo ainda não estava convencido de que os americanos tinham estômago político para permanecer no padrão-ouro. Essa falta de credibilidade implicava que, apesar do forte crescimento, os Estados Unidos eram uma aposta arriscada e, por isso, precisavam oferecer taxas de juros mais elevadas aos europeus de modo a atrair investidores. E, ao obter empréstimos caros, eles se tornariam mais dependentes de grandes superávits comerciais com o restante do mundo – que na prática, no fim do século XIX, era a Europa.

Os Estados Unidos se salvaram das crises perenes do ouro graças a fenômenos da natureza. No fim da década de 1870 houve padrões climáticos incomuns em várias regiões do globo e uma série de quebras de safras europeias. Em 1879 a França enfrentou neve e a Europa Central e a Rússia também foram afetadas por climas bem ruins. Nesse cenário, pela primeira vez em uma década o porto de Odessa, o centro comercial que mais crescia na Europa, não estava abarrotado de trigo russo para ser enviado à Europa. Com a escassez da importação, os preços do trigo europeu dispararam, enquanto, do outro lado do Atlântico, uma colheita abundante garantiu que o trigo americano alimentasse o mundo – a preços elevados. Enquanto o trigo viajava em um sentido, o ouro viajava no outro. Em 1880, as reservas do metal nos Estados Unidos aumentaram ainda mais com a descoberta de petróleo na Pensilvânia. Assim, o petróleo e o trigo cruzavam o oceano rumo à Europa, ajudando os americanos a manter o padrão-ouro sem estrangular a economia de um país que estava absorvendo milhares de imigrantes europeus por semana – primeiro irlandeses, depois italianos e judeus.

Com boas safras e com a sorte que tiveram, os americanos se tornaram o destino de muito ouro – e também de muitos imigrantes, expulsos da Europa pelo mesmo fator das más colheitas. Enquanto o ouro fluía para oeste através do Atlântico, cada vez mais pessoas continuavam a chegar aos Estados Unidos, causando a deterioração da quantidade de ouro por habitante. Embora a economia estivesse crescendo, os frutos desse crescimento não eram distribuídos de maneira uniforme, fosse social ou geograficamente.

Uma situação dessas pode durar algum tempo, sobretudo se não houver como os trabalhadores manifestarem seu descontentamento, mas as democracias vêm com um dispositivo chamado urna eleitoral, que tem uma forma de lidar com tais dilemas. No fim do século, uma forma seletiva de democracia (que não dava direito a voto às mulheres e a determinadas minorias) era a norma nos Estados Unidos, e, em uma democracia, um sistema monetário que favorece os já ricos se torna um assunto central. Os pobres podem não ter voz, mas têm direito a voto.

Para os americanos nas décadas de 1880 e 1890, o padrão-ouro se tornaria a questão emblemática. Os pobres queriam que os Estados Unidos voltassem a um sistema prata que permitiria a circulação de mais dinheiro. Os ricos queriam que o padrão-ouro permanecesse em vigor, consolidando sua posição no topo. O slogan das eleições de 1896 foi "Prata em vez de ouro" – era o trabalhador contra a elite. William Jennings Bryan (o Leão Covarde em nossa alegoria de *O mágico de Oz*) declarou o seguinte na Convenção Nacional Democrata em Chicago, mirando nos banqueiros, financistas e investidores em ouro: "Vocês não vão empurrar essa coroa de espinhos sobre a fronte do trabalhador. Não vão crucificar a humanidade em uma cruz de ouro."

Dixielândia

Na década de 1830 o Banco da Louisiana emitiu uma nota de 10 dólares, que, graças à maioria francófona da região, ficou conhecida como *dix* ("dez" em francês). Só que os falantes de inglês não pronunciavam o "x" à maneira francesa (*diss*), por isso a nota se tornou "*dics*", com a pronúncia forte do "x".

Lar do próspero porto de Nova Orleans, a Louisiana era um estado rico e imprimia a moeda mais confiável do Sul. O dix se tornou amplamente utilizado nos estados confederados adjacentes e seu impacto aumentou muito durante a corrida do ouro porque Nova Orleans foi o primeiro porto onde o ouro californiano foi depositado. Por mais difícil que seja entender hoje, era mais barato transportá-lo da Califórnia, por navio, até o cabo Horn e subir pelo outro lado até Nova Orleans. Quanto mais ouro em Nova Orleans, mais notas eram impressas, até que a Confederação (sete estados do Sul que se opuseram à União) ficou conhecida como Dixielândia.

Durante o conflito, tanto o Norte quanto o Sul precisaram de dinheiro para lutar e ambos recorreram à emissão de papel-moeda, lastreado por empréstimos de seu próprio lado. Por exemplo, os investidores adquiriam notas promissórias do governo da União, que, com esse dinheiro em caixa, imprimia papel-moeda com base apenas na promessa de vitória. Para manter o dinheiro entrando, a União se comprometeu a pagar os juros dos títulos em moedas de ouro, mas pagava aos soldados em notas, que ficaram conhecidas como "verdinhas".

Estima-se que os governos confederados do Sul tenham iniciado a guerra com menos de 40 milhões de dólares em ativos reais. Como seria possível travar uma guerra prolongada com recursos tão escassos? A Confederação fez o que todos aqueles que estão desesperados por financiamento fazem: prometeu pagar tudo em caso de vitória. Ricos proprietários de terras, proprietários de escravizados, donos de fazendas de algodão e cidadãos comuns da classe média emprestaram dinheiro para o esforço de guerra. A confederação utilizou sua moeda forte para comprar armas e munições e recorreu a uma variedade de empréstimos, muitos dos quais tinham como garantia a promessa de futuras safras de algodão. Para pagar os soldados, imprimiu seus próprios dólares confederados. Com todos os recursos da Confederação dedicados ao esforço de guerra, a inflação explodiu. Para se ter uma ideia de como as coisas estavam ruins, nos estados da União do Norte, os produtos que custavam 100 dólares em 1860 tinham aumentado para 146 em 1865; no Sul, os mesmos produtos que custavam 100 dólares em 1860 tinham aumentado para 9.211 em 1865.[2]

Após a guerra, não havia governo confederado para pagar os detentores de títulos do Sul e o lado Norte se recusou a descontar essas notas promissórias, agora sem valor. Perder a guerra condenou grande parte do Sul à falência. Além de terem sofrido uma derrota humilhante, esses estados, que haviam sido a parte mais rica dos Estados Unidos antes da guerra, baseados na terra, na agricultura e nos escravizados, acabaram se tornando os mais pobres. Sua infraestrutura estava destruída e eles não tinham capital nem algo como um Plano Marshall para reconstrução.

Não é difícil compreender o ressentimento do Sul falido em relação a Washington e ao conveniente consenso entre a elite empresarial e os republicanos, partido fundado alguns anos antes de eclodir a Guerra Civil. Os sulistas ricos que tinham dado todo o seu ouro à causa confederada agora beiravam a pobreza; e os agricultores, altamente dependentes do algodão, viam o preço de seu produto cair. Não é de surpreender que o Sul fervilhasse. Nos anos seguintes, as pessoas que mais pagariam por isso seriam os ex-escravizados negros e pobres. Embora tecnicamente libertos, eles passaram a ser governados pelas racistas leis Jim Crow, introduzidas ao longo da década de 1880. O empobrecimento dos brancos pode inclusive ter exacerbado o terror que se abateu sobre a população negra do Sul nas décadas que se seguiram à vitória da causa abolicionista.

Enquanto isso, Wall Street vivia dias de glória. Aquele país imenso, instável e violento oferecia vários tipos de oportunidade para especulação. Os imigrantes tornaram uma sociedade empreendedora ainda mais frenética. Foi uma época em que grandes fortunas eram feitas e perdidas, uma época de magnatas como Cornelius Vanderbilt e Jay Gould, que ficou conhecida como a Era Dourada. Em seu bem-sucedido livro de 1899, *A teoria da classe ociosa*, o economista e sociólogo Thorstein Veblen documentaria o consumo excessivo dessa nova classe endinheirada, mostrando que, enquanto Wall Street esbanjava, a área rural do país sofria.

No Meio-Oeste, as ferrovias e o padrão-ouro prejudicaram fortemente os agricultores. O crescimento da malha ferroviária tornou acessíveis milhões de hectares de terras aráveis e viabilizou seu cultivo, o que elevou a oferta de milho e trigo e empurrou para baixo os preços desses grãos. Os agricultores que haviam contraído empréstimos para comprar maquinário e terras viam-se cada vez mais apertados. Suas dívidas eram em dólares lastreados em ouro, e o preço do ouro estava subindo, mas sua renda vinha das colheitas e, à medida que a oferta de terras crescia, o preço dessas colheitas continuava a cair. No coração agrícola do país, o caixa desses agricultores implodia, enquanto a riqueza dos barões das ferrovias disparava.

Em 1870, os agricultores do Kansas recebiam 43 centavos de dólar por um alqueire de milho; 20 anos depois, recebiam 10 centavos por alqueire, valor que não cobria sequer os custos de produção.[3] O movimento agrário Aliança dos Agricultores começou como uma organização para aumentar o poder dos produtores por meio da negociação com compradores atacadistas como uma cooperativa. A cooperativa ampliou seu papel no campo abrindo bibliotecas e divulgando todo tipo de panfletos sobre reforma agrária, na época considerados radicais. A Aliança dos Agricultores foi ganhando membros em todo o Meio-Oeste. Seu manifesto centrava-se no cerceamento do poder das ferrovias, em empréstimos federais para ajudar os agricultores endividados e numa reforma monetária que envolvia a reintrodução do antigo dólar de prata de Hamilton juntamente com o dólar de ouro, para dar aos devedores condições de saldar seus empréstimos. A Aliança também defendia questões progressistas, como o voto feminino. No entanto, apesar das palavras bonitas, os políticos (tanto republicanos quanto democratas) pouco fizeram para mitigar as preocupações dos agricultores.

Quando os produtores de trigo e milho do Meio-Oeste e os produtores de algodão do Sul se unissem, uma nova força política surgiria. Com uma classe urbana especulativa enriquecendo no Nordeste e uma classe agrícola rural no Sul e no Meio-Oeste presa às amarras monetárias do padrão-ouro, a democracia americana estava pronta para essa mudança.

Os populistas entram em cena

O padrão-ouro era um sistema internacional que atrelava todas as principais moedas ao ouro. Consequentemente, uma crise em uma parte do mundo podia afetar rapidamente outra região.

Em 1892, uma crise financeira global que começou com uma série de inadimplências na longínqua Argentina e culminou com o resgate do Barings, um dos maiores bancos britânicos, contaminou gravemente a economia americana, e o mecanismo de transmissão foi o padrão-ouro. Para socorrer o Barings, que tinha perdido dezenas de milhões em seus investimentos na Argentina, o Banco da Inglaterra precisava de ouro. Então as taxas de juros básicas foram elevadas, fazendo com que o ouro fluísse para

Londres – e saísse do restante do mundo, o que incluía os Estados Unidos. A resultante contenção do crédito nos Estados Unidos fez a taxa de desemprego subir para 20% e, com empresas falindo por todo o país, um novo partido começou a se mobilizar como uma terceira força na política americana. Era o Partido Populista, que estava determinado a livrar o dólar americano das algemas do ouro.

Grover Cleveland era o presidente americano na época, um democrata. Determinado a manter a confiança na moeda e aconselhado por banqueiros, ele respondeu à crise do desemprego gastando dólares em obras públicas? Não. Preferiu gastar dólares comprando ouro. Queria mostrar ao mundo que o país era seguro em termos de crédito e que não permitiria que suas reservas caíssem a um nível capaz de minar seu compromisso com o ouro. Para o agricultor médio, a crise financeira global e a reação a ela cristalizaram a ideia de que uma seita financeira de elite estava colocando os interesses dos banqueiros acima dos interesses dos trabalhadores.[4]

Se Washington não reconhecia o que estava acontecendo no interior, então o interior iria até Washington. O político populista James Coxey organizou uma marcha na capital, chamada de "petição de botas" ou "exército de Coxey". Desempregados de todo o país aderiram. Em 1894, a primeira marcha em massa da história americana apelou ao governo que contratasse homens desempregados para construir infraestruturas públicas financiadas por um déficit público. Esse déficit seria possibilitado por uma mudança do restritivo padrão-ouro para o mais flexível padrão-prata. Essa seria precisamente a política seguida pelo presidente Franklin Delano Roosevelt 40 anos depois, mas, em 1894, o manifesto do Partido Populista foi considerado radical demais tanto pelos republicanos quanto pela maioria dos democratas. No entanto, os populistas conquistaram apoio crescente e a unidade do Partido Democrata em torno do padrão-ouro começou a se erodir. Eles podiam ver para que lado o vento soprava e não estavam na política para deixar passar uma oportunidade. Se não conseguissem se equiparar aos populistas em termos de mobilização, se juntariam a eles.[5]

A Convenção Democrata de 1896 foi caótica. Os membros do partido rejeitaram como candidato da legenda seu próprio presidente em exercício, preferindo o pouco conhecido William Jennings Bryan. Mais radicalmente ainda, adotaram a política de abandonar o padrão-ouro em favor de um dólar lastreado em uma combinação de ouro e prata. Jennings Bryan e seus apoiadores exigiam que o dólar fosse conversível em prata, avaliando 16 onças de prata como o equivalente a 1 onça de ouro – proporção muito inferior à que vigorava no mercado, de cerca de 31 para 1. Essa medida duplicaria a oferta monetária da noite para o dia. Os críticos do plano o consideraram extremamente inflacionário.

Os populistas enfrentavam agora um dilema, uma vez que os democratas haviam se apropriado da política que era sua assinatura. Eles tinham duas opções: dividir entre os dois blocos o voto radical ou unir forças com os democratas e partir para um duplo ataque à Casa Branca nas próximas eleições. Os populistas optaram por uma aliança, prometendo uma guerra à plutocracia. O programa populista de ajuda aos agricultores, o voto para as mulheres, os cortes nos impostos sobre a renda dos trabalhadores comuns, a regulação dos barões das ferrovias e, é claro, os déficits públicos para a construção de infraestrutura só seriam viáveis se as amarras monetárias do ouro fossem afrouxadas.

Apesar da aliança com os populistas e de sua oratória empolgante, Jennings Bryan foi derrotado pelo republicano William McKinley. A revolução popular americana contra o ouro havia acabado – por enquanto.

Não estamos mais no Kansas

No verão de 1896, poucos meses antes da derrota populista-democrata, uma mulher quase miserável morava a milhares de quilômetros de Washington. Shaaw Tláa havia perdido o primeiro marido e o filho para a gripe e agora morava com o segundo marido, George Carmack. Ela mudaria a política monetária nos Estados Unidos por uma geração.

Em um dos muitos afluentes do grande rio Yukon, no Alasca, esse casal levava uma vida precária pescando salmão enquanto torcia para encontrar ouro. Certa manhã de agosto, Shaaw Tláa viu algo brilhando na água. No início do ano seguinte, a notícia da primeira descoberta de ouro no rio Klondike chegou à Califórnia. Naquele mesmo ano, 100 mil pessoas esperançosas tinham chegado a essa região remota para tentar a sorte grande. O Klondike, somado à descoberta de vastas jazidas de ouro no Colorado e na África do Sul, quase duplicou a oferta mundial de ouro nos 10 anos seguintes.

Os democratas conseguiram a tão desejada flexibilização monetária não com o abandono do padrão-ouro, mas com o aumento na oferta de ouro, que permitiu o afrouxamento das amarras monetárias globais. Entre 1897 e 1914, com mais dólares sendo impressos, os preços subiram quase 50% nos Estados Unidos. A deflação foi derrubada pela intrépida prospecção de uma mulher descendente dos povos originários, Shaaw Tláa, ou Kate Carmack, como era mais conhecida. Shaaw morreria na grande pandemia de gripe espanhola de 1920.

A emissão de dinheiro e a questão do lastro em ouro ou prata continuaram sendo parte central do discurso econômico e monetário americano. A adesão ao ouro era vista como uma prioridade da elite financeira e empresarial associada ao Partido Republicano, ao passo que a preferência por vincular o dólar à prata, permitindo assim a circulação de mais dinheiro, era associada ao trabalhador comum e ligada ao Partido Democrata.

O padrão-ouro durou por mais uma década aproximadamente. A Primeira Guerra Mundial lhe impôs um fim temporário, ao passo que a Grande Depressão selou seu destino. A guerra exigia financiamento, e os países não estavam dispostos a prejudicar seus esforços de guerra e arriscar sua segurança mantendo sua moeda – e, portanto, sua capacidade de lutar – atrelada ao ouro. Os anos que se seguiram à guerra, a década de 1920, foram caracterizados pelos esforços dos bancos centrais para regressar ao padrão-ouro, mas as realidades políticas, demográficas e econômicas globais haviam mudado, e a política monetária precisava refletir isso. Rejeitado por John Maynard Keynes como uma "relíquia bárbara", o padrão-ouro seguiu claudicando, causando estragos desnecessários após o crash de 1929 ao exacerbar a crise de crédito da Grande Depressão, até enfim ser relegado à história por Roosevelt, em 1936.

Se Shaaw Tláa representa um tipo de heroína americana, Dorothy representa outro: a forte camponesa do Kansas, o coração dos Estados Unidos. No meio da multidão naquela turbulenta convenção democrata em 1896 estava um jornalista profissional, L. Frank Baum, que já havia tentado várias carreiras. Como muitos milhões de americanos, Baum tinha se deixado levar pela mensagem radical e unificadora dos populistas. Tendo experimentado o fracasso nos negócios e as várias crises de crédito relacionadas ao ouro, Baum era um fervoroso defensor do bimetalismo, isto é, uma moeda lastreada em um mix de ouro e prata. Amargamente decepcionado com a derrota de Jennings Bryan, ele começou a escrever livros infantis e produziu a alegoria *O maravilhoso mágico de Oz*.

Em 1937, apenas um ano depois de Roosevelt retirar os traumatizados Estados Unidos do padrão-ouro, o sucesso do primeiro longa-metragem de Walt Disney, *Branca de Neve e os sete anões*, mostrou que a adaptação de contos de fadas e histórias infantis para o cinema podia funcionar. Os americanos precisavam de um faz de conta, e a MGM Studios comprou os direitos da fantasia infantil de Baum. Na tela grande, a história do ouro ganhou vida. Primeiro filme rodado em Technicolor, ele se tornaria um dos longas de maior sucesso já produzidos nos Estados Unidos e, pelo menos para este autor irlandês, está ao lado de Mickey Mouse, da torta de maçã e do filme *Scarface* como grandes referências culturais do país.

Nas décadas seguintes, inúmeras famílias americanas assistiriam a *O mágico de Oz* todos os anos no Natal, cantando "Over the Rainbow" com Judy Garland. Quantas pessoas sabiam que estavam cantando sobre o padrão-ouro e a política monetária?

Parece até coisa de filme.

17

ERA MODERNA

O corretor de valores

Em outubro de 1913, o romancista James Joyce assistiu à inauguração de uma estátua de Giuseppe Verdi na Piazza San Giovanni, em Trieste, a apenas algumas ruas da movimentada bolsa de valores da cidade italiana.[1] Fã de ópera e tenor talentoso, Joyce havia passado a noite em uma montagem ao ar livre de *Aida* para celebrar o centenário de nascimento de seu compositor. *Aida* fora originalmente encomendada por Ismail Paxá para marcar a abertura do canal de Suez. Tendo como cenário o antigo Egito – pirâmides, templos, esfinges e a glória da era dos faraós –, a ópera estreou no Cairo em 1871 e foi aclamada pela crítica.

Em 1858, alguns anos depois de Darwin perder tudo no estouro da bolha das ferrovias, Ismail Paxá fora nomeado quediva do Egito pelo sultão otomano. Determinado a modernizar o país, Ismail recorreu aos mercados de capitais para financiar a infraestrutura que faria a nação milenar avançar para o século XIX. Seu maior sucesso foi a construção do canal de Suez, iniciada em 1863. Esse projeto audacioso, que abria uma passagem ampla através do continente para ligar o Mediterrâneo ao Mar Vermelho e, assim, conectar a Europa à Ásia, reduziu o tempo de viagem para Índia, China e Indonésia. O canal de Suez foi uma façanha tanto de finanças quanto de engenharia. Sem inovações monetárias, mais especificamente sem a popularidade dos mercados de ações como forma de financiar megaprojetos, é improvável que a ideia do canal tivesse sido sequer cogitada, quanto mais concretizada. A emissão de ações para milhares de investidores reduzia o risco para qualquer empresa, ao mesmo tempo que atraía uma nova base de investidores para o projeto e, por sua vez, para outros futuros projetos. A engenharia financeira e a engenharia mecânica desbravaram o mundo.

Cem por cento financiada por capital privado, levantado por uma empresa registrada na França, a estrutura financeira por trás da construção do canal foi essencialmente um *swap*. A empresa arrecadou dinheiro com investidores por meio da venda de ações, e parte desse dinheiro foi permutada com o governo egípcio pelo direito de operar o canal e obter receitas com a operação. O Egito ficou com o controle de 44% das ações da empresa, e a empresa, com 56%. A empresa assumiu o risco e os perigos financeiros do empreendimento, recuperando seu investimento por meio da cobrança de uma tarifa aos navios para utilizar o canal. Embora o canal permanecesse oficialmente egípcio, a empresa era regida pela legislação societária francesa e sediada em Paris. Acionistas de toda a Europa participaram da oferta inicial de ações de Suez, o que despertou a imaginação do público.

Trieste, a cidade que Joyce considerava seu lar, foi fundamental para o financiamento do canal de Suez. Em 1858, um empreendedor bem-sucedido da cidade, Pasquale Revoltella, tinha ido a Paris oferecer financiamento dos triestinos abastados para participação no projeto. Em reconhecimento à sua contribuição, Revoltella foi nomeado vice-presidente da Companhia Universal do Canal de Suez e, em 1861, iniciou uma longa viagem ao Egito para conhecer o local. Continuou a trabalhar dando suporte ao projeto e, em 1864, publicou um ensaio intitulado "A coparticipação da Áustria no comércio mundial", descrevendo o papel crucial de Trieste na rede de relações econômicas entre a Europa e o restante do mundo (antes de ser incorporada à Itália, Trieste foi um porto próspero do Império Austro-Húngaro).

Revoltella era um exemplo típico dos mercadores enérgicos que construíram essa nova e próspera cidade. Filho de açougueiro, ele ascendeu na hierarquia da sociedade austríaca e chegou a receber o título de barão em 1867. Trieste era uma cidade comercial, o único porto do Império Austro-Húngaro e uma das cidades de crescimento mais rápido, mais cosmopolitas e um dos centros mercantis mais dinâmicos da Europa. Se existia uma cidade do dinheiro europeia no fim do século XIX, era Trieste – o que é uma afirmação e tanto, dada a enorme inovação financeira que ocorria em outros lugares. Nos

30 anos entre 1880 e 1910 foi criada metade das bolsas de valores do mundo. As cidades corriam para construir sua própria bolsa, muitas delas erguidas em estilo neoclássico, com colunas, frontões e grandes escadarias conduzindo a esses templos modernos das finanças. Na Trieste de Joyce, o prédio da bolsa de valores (erguido em 1804, embora a bolsa só tenha sido instituída como órgão autônomo em 1894) era adornado com colunas dóricas e coroado com uma estátua de Mercúrio, o deus romano do dinheiro.

Novos distritos eram construídos em torno da bolsa, com belas avenidas e praças, e essas áreas muitas vezes concentravam os imóveis mais caros da cidade. Dentro das bolsas, uma nova criatura comprava e vendia uma série de ações e títulos *de* e *para* a classe mercantil em expansão: o corretor de valores. Em todo o mundo, os projetos de engenharia (ferrovias, barragens, pontes e canais) se tornavam o investimento preferido das novas classes médias. Para os projetos que procuravam investimento, os mercados de ações e títulos foram transformadores, porque os investimentos sem chance de serem assumidos por um indivíduo ou uma empresa podiam ser oferecidos a muitos investidores, diluindo assim o risco.

Durante esses anos assistimos ao surgimento de um novo tipo de periódico: o jornal de negócios. Os mercados financeiros globais geravam um grande volume de notícias, dados e análises. A *The Economist*, fundada na década de 1840, publicava uma lista de preços de ações e títulos que chegava a ocupar 50 páginas em letras miúdas.[2] O jornalismo estava se tornando cada vez mais qualitativo à medida que os investidores tentavam compreender as forças que determinam os movimentos dos preços das ações e decifrar a taquigrafia matemática para dar algum sentido aos números. O vírus das finanças era contagioso. Karl Marx, o tormento do capitalismo internacional, trabalhou durante muitos anos para um jornal financeiro, o *New York Daily Tribune*, enchendo os bolsos com as receitas do comércio enquanto condenava as finanças em *O capital*.[3]

Caldeirão

A abertura do canal de Suez redesenhou o mapa comercial e marítimo do mundo e desencadeou uma série de desenvolvimentos que transformaram a região. A viagem da Europa para a Índia, por exemplo, foi reduzida em

8 mil quilômetros e cerca de 10 dias. Suez alterou profundamente as rotas de navegação tradicionais da Europa. O Adriático tornou-se o novo Atlântico, o canal preferido para o transporte de mercadorias e pessoas da Europa para a Ásia e além. Quem saiu ganhando foi Trieste, pois, situada na curva da costa adriática, tornou-se uma das cidades portuárias mais dinâmicas da Europa. Após a abertura do canal, a tonelagem movimentada pelo porto de Trieste disparou de 960.103 toneladas em 1870 para 2.158.524 em 1890, chegando a mais de 5 milhões de toneladas em 1913. A cidade se tornaria a janela da *Mitteleuropa* (Europa Central) para o mundo.

Essa cidade movimentada e diversificada era um produto do dinheiro. Outrora um lugar atrasado e provinciano, ofuscado pela ilustre vizinha Veneza, tornou-se um centro de comércio continental. A famosa Südbahn austríaca (Ferrovia do Sul) ligava Trieste a Viena e ao interior do império. A monarquia austríaca católica, compreendendo que o nacionalismo era uma ameaça ao seu império multinacional, havia aprovado a Patente de Tolerância e o Édito de Tolerância no século XVIII, o que permitiu aos cristãos ortodoxos e aos judeus confraternizarem e comercializarem abertamente em todo o império, criando as condições para que imigrantes ambiciosos tentassem a sorte em Trieste. No final do século XIX, essa atitude em relação à liberdade religiosa fez com que Trieste fosse um verdadeiro caldeirão de italianos, austríacos, eslovenos, tchecos, croatas, polacos, armênios e sérvios. No início do século XX ela abrigava igrejas de luteranos, metodistas, protestantes suíços e valdenses, anglicanos e mequitaristas armênios, além de grandes comunidades católicas, judaicas, gregas e sérvias ortodoxas. Seu dialeto, o triestino, absorveu um pouco de armênio, inglês, espanhol, siciliano, turco, maltês, alemão, húngaro, croata, iídiche, tcheco e grego.[4] Marx atribuiu o sucesso de Trieste, em comparação à decadência de Veneza, a seu recém-conquistado cosmopolitismo:

> Como foi que Trieste, e não Veneza, se tornou o berço da navegação reavivada no Adriático? Veneza era uma cidade de reminiscências; Trieste compartilhava o privilégio dos Estados Unidos de não ter passado. Formada por um grupo heterogêneo de mercadores-aventureiros italianos, alemães, ingleses, franceses, gregos, armênios e judeus, não estava presa a tradições como a Cidade das Lagoas.[5]

O dinheiro possibilitou esse cosmopolitismo, e no centro dessa cidade comercial burguesa estava a figura do mercante portuário, uma versão da virada do século do Datini medieval. As cidades comerciais não atraem apenas negociantes e corretores, mas também artistas, escritores e pensadores. Foi lá que James Joyce chegou da lúgubre Dublin em 1905. (Em um dos muitos empregos que teve durante sua estada em Trieste, Joyce daria aulas de inglês e correspondência comercial na Escola de Comércio Revoltella, fundada pelo mesmo Pasquale Revoltella, à qual Joyce se referia como a "universidade do revólver".)

Enquanto assistia à ópera de Verdi no outono de 1913, Joyce tentava publicar seus livros. Havia anos ele vendia por conta própria *Retrato do artista quando jovem* e *Dublinenses*, e estava montando a espinha dorsal de sua obra-prima, *Ulysses*. As coisas começavam a melhorar para o irlandês exilado. Ele acabara de ser contratado para dar uma palestra paga sobre *Hamlet* na prestigiosa biblioteca da Società di Minerva de Trieste, assim batizada em homenagem à versátil deusa romana da poesia e do comércio, entre outras coisas. Quem disse que arte e negócios não andam juntos?

Em 15 de dezembro, Joyce recebeu uma carta de Ezra Pound. Inveterado caçador de talentos, Pound comentava que seus ouvidos deviam estar pegando fogo. Compreendendo que o artista precisa de incentivo no caminho às vezes intransponível para a grandeza, Pound informava ao titubeante Joyce que vinha conversando com seu colega irlandês e peso-pesado da literatura W. B. Yeats. Juntos, Yeats e Pound haviam convencido uma revista literária americana modernista, *The Egoist*, a aceitar parte do trabalho de Joyce e, mais importante, a pagá-lo por isso. Após anos frustrantes vagando no deserto, ignorado pelos *literati* e por seus guardiões, em uma época em que a cena artística e cultural europeia estava no auge de sua expressividade, James Joyce precisava de um respiro. Estimulado, ele reescreveu às pressas os capítulos iniciais de *Retrato* e de *Dublinenses* e os enviou por trem para Pound em Londres. Em questão de meses, ambos os livros seriam publicados. Nascia uma estrela, e o terreno estava preparado para sua grande obra, um livro sobre Dublin que foi bastante influenciado pela Trieste multicultural e cheia de tino comercial, apresentando um protagonista que poderia facilmente ter saído das ruas desse caldeirão no Adriático.

Progresso schumpeteriano

Assim como muitos europeus, Joyce terminou o ano de 1913 em um estado de espírito otimista, confiante no que o ano seguinte traria. A Europa vivia um período de franca expansão comercial. A produção industrial havia duplicado desde o início do século e uma infinidade de investimentos era financiada por mercados de capitais sólidos. Cada vez mais pessoas participavam da grande aventura que é o comércio. E uma rede monetária financiando o comércio transfronteiriço unia cidadãos e súditos de diversos países como nunca antes. A atividade comercial ia de vento em popa.

Enquanto isso, escritores, artistas e pensadores europeus rompiam barreiras abraçando um novo movimento. Não mais satisfeito em imitar o que já tinha sido feito, o modernismo se concentrava em novas formas de ver, fazer e pensar sobre tudo. Após a mão pesada da moralidade no século XIX, o novo século irradiava vitalidade. Nada estava fora dos limites. Por todo o continente, pensadores e artistas criavam, imaginavam e experimentavam com o novo. Na matemática, Einstein desenvolvia sua teoria unificada da relatividade, enquanto, nas artes, Picasso apresentava o cubismo ao mundo. Freud, o tecelão de sonhos, sempre de olho em seu rival Jung em Zurique, era a pessoa certa para a nova área radical da psicanálise. O futuro acenava.

A capital da Áustria era o eixo desse movimento. Confiante, rica e em rápida expansão absorvendo imigrantes ambiciosos, Viena fervilhava de promessas. Lar de Freud, Egon Schiele, Gustav Klimt e Ludwig Wittgenstein, a cidade era o marco zero cultural e intelectual. Se algo estava acontecendo, estava acontecendo em Viena – nas esferas política, social e financeira.

Vemos essa combinação de autoexpressão comercial e autoexpressão artística em toda cidade vibrante. Na Florença medieval, tivemos bancos mercantis e arte renascentista; na Amsterdã do século XVII, os mestres holandeses e a era de ouro do comércio holandês estavam interligados. A inovação na arte e a inovação no comércio são exemplos da famosa "destruição criativa" do economista e cientista político Schumpeter: novas formas de arte substituem as antigas do mesmo modo que novos produtos comerciais substituem os antigos, abrindo caminho para o que chamamos de progresso. O motor desse processo é a mente humana questionadora.

Nos primeiros anos do século XX, a combinação de avanços científicos, acesso a dinheiro, migração em massa e novas tecnologias como a eletricidade gerou um frisson criativo, um poder imenso, não muito diferente da energia nuclear que Einstein estava explorando na época. Todos os tipos de produto, de tanques de guerra a transístores, estavam sendo inventados nos primeiros anos do século: os saquinhos de chá, o café solúvel, o ar--condicionado, os cereais matinais de flocos de milho, o sutiã, aspiradores de pó e a fotografia colorida. As tais rajadas de destruição criativa uivavam e a economia dava saltos. Uma inovação desencadeava outra, e mais outra, e assim por diante. As ondas eletromagnéticas, descobertas por Heinrich Hertz, preparariam o terreno para o radar, as transmissões de rádio e, mais tarde, a televisão. Na agricultura, vimos os primeiros tratores e fertilizantes sintéticos, grandes propulsores da produtividade. Foram lançados os motores a combustão e os elétricos, bem como a escada rolante. Os irmãos Wright garantiram a patente da primeira "máquina voadora" produzida comercialmente no mundo. A era da aviação estava apenas começando.

Os indicadores perfeitos dessa onda de energia comercial são as patentes, os protetores legais da inovação. O número de novas patentes concedidas por ano na Alemanha subiu de 8.784 em 1900 para 13.520 em 1913, um aumento de quase 50%, enquanto o número total de patentes anuais concedidas na Alemanha, na França e na Grã-Bretanha foi de 34.893 em 1905 para 46.086 em 1913 – um aumento de cerca de um terço. A economia na Europa evoluía a um ritmo extraordinário. Nos Estados Unidos, o ritmo da mudança era ainda mais rápido: o número de patentes solicitadas por ano aumentou de 39.673 em 1900 para 68.117 em 1913.[6]

Nos anos anteriores à guerra, Trieste transbordava de ideias e dinheiro. O otimismo de 40 anos de expansão econômica deixou os investidores confiantes, levando a uma explosão na inovação e na tomada de riscos. O modernismo na arte e o modernismo no comércio caminhavam juntos. E quem melhor para combinar os dois impulsos, o artístico e o empreendedor, que o homem que se tornaria um farol do modernismo, o próprio James Joyce? E onde explorar melhor seu lado empreendedor que na mais nova – mais moderna – forma de arte da época, o cinema?

Retrato do artista como empreendedor

Em 1905, ano em que Joyce chegou a Trieste, foi inaugurado o primeiro cinema permanente da cidade. Quatro anos depois, já havia 21 cinemas e o local tinha se tornado um importante centro de distribuição de filmes para o Império Austro-Húngaro. Assim como acontece hoje, quando surge um novo polo tecnológico em uma cidade ou região, o mesmo ocorre com o financiamento especulativo. Eva, irmã de Joyce, que estava de visita naquele ano, mencionou que achava estranho haver tantos cinemas em Trieste e nenhum em Dublin, que era muito maior.[7] Joyce, viu ali sua oportunidade: resolveu abrir o primeiro cinema da Irlanda e fazer fortuna. Para isso, precisava de financiadores, e, para sorte de nosso jovem empreendedor, Trieste era o local ideal para isso. Joyce logo encontrou um grupo de potenciais financiadores que haviam tido sucesso com um cinema chamado Volta em Bucareste.

Em seu discurso de vendas, Joyce abriu o apetite dos investidores argumentando que Dublin, uma cidade europeia grande, não tinha cinema, assim como outras duas cidades do país, Cork e Belfast. Com quase 1 milhão de habitantes urbanos, a Irlanda era um solo comercial virgem e propício para investidores visionários. Para um homem que gastava mais do que poupava, o contrato negociado por Joyce revela um operador financeiro sagaz, pois convenceu seus sócios a lhe darem 10% do capital e dos lucros enquanto ele próprio não investia um centavo. James Joyce era agora um homem de negócios. Apertaram-se as mãos, o acordo foi fechado e Joyce partiu.[8] Retrato do artista como jovem empreendedor.

Por que ainda temos dificuldade em aceitar que esses dois papéis – o artista e o empreendedor – não são mutuamente excludentes? O comércio e a arte sempre andaram de mãos dadas. Mesmo assim, mais de 100 anos depois de *Ulysses* apresentar ao mundo um novo tipo de romance, a ideia preguiçosa do grupo criativo pobre contra o empresário desinteressante, do boêmio genial versus o burguês superficial, permanece forte. Mas a mente que escreveu *Ulysses* foi a mesma que abriu o primeiro cinema da Irlanda. Enquanto pechinchava o preço de um projetor, Joyce tentava publicar *Dublinenses*, escrevia aquelas infames cartas explícitas para Nora e andava pela Mary Street imaginando o enredo de *Ulysses* e seus personagens, Blazes Boylan, Buck Mulligan e Molly e Leopold Bloom.

Le bossu de la rue Quincampoix. Dessin de E. Morin, gravure de Delangle.

Durante a febre especulativa em torno da Companhia do Mississippi, em 1719, a negociação de ações na Rue Quincampoix era tão intensa que não havia espaço para mesas. Um corcunda empreendedor alugou suas costas como apoio para redigir contratos, como mostra este desenho do século XIX feito por Edmond Morin.

À ESQUERDA:
Descrito por Napoleão como "um monte de merda em meias de seda", Charles-Maurice de Talleyrand-Périgord é retratado nesta caricatura de 1815 como "o homem de seis cabeças", referência ao número de regimes franceses em que atuou.

A primeira grande provação pela qual passou o poder federal dos Estados Unidos foi a Rebelião do Uísque por causa de dinheiro – especificamente, impostos. Este desenho de 1791 mostra um fiscal sendo perseguido por dois fazendeiros e levado à forca.

Alexander Hamilton sabia que, sem uma ferramenta organizacional que unisse o país, a república americana corria o risco de desmoronar. Essa ferramenta seria o dinheiro, e seu principal instrumento, o dólar.

Irlandeses fugindo da fome para os Estados Unidos em 1856. A teoria de Charles Darwin da sobrevivência do mais apto derivou da ideia econômica da armadilha malthusiana, segundo a qual a humanidade está presa em uma batalha constante com o meio ambiente e este sempre vence.

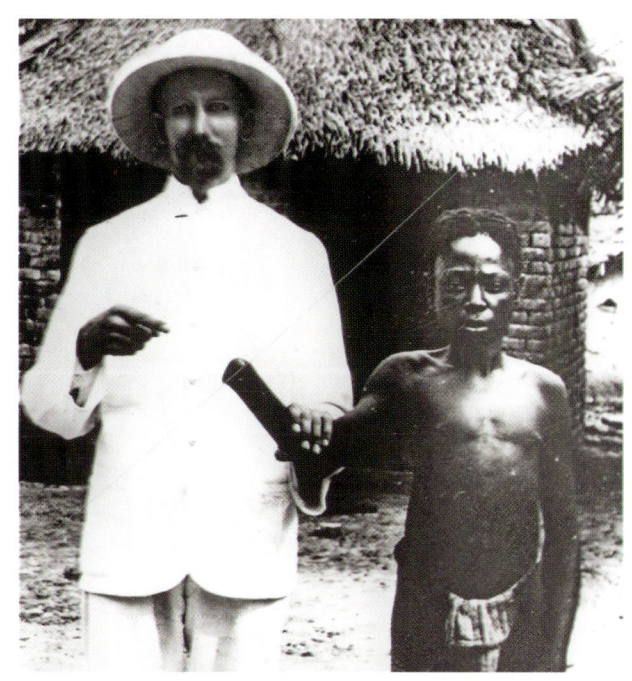

Durante os anos do Estado Livre do Congo, os administradores em Bruxelas suspeitavam que a milícia local estivesse roubando balas para vender. Os soldados foram obrigados a fornecer uma mão humana decepada como prova de que cada bala havia matado um habitante local perigoso.

O julgamento de Roger Casement, em 1916, foi um sucesso de bilheteria. Figura de estatura global, que expôs a vergonha da Bélgica no Congo, ele foi considerado culpado de trair a Coroa e condenado à morte. O julgamento é retratado aqui em uma pintura do artista irlandês John Lavery.

O padrão-ouro (1850–1914) constituiu um longo período de conservadorismo monetário e Estado mínimo. Nesta charge da *Punch* de 1897, a Grã-Bretanha, representada por John Bull, resiste às tentativas americanas de substituir o ouro pela prata.

ABAIXO:
Embora a maioria das pessoas veja *O mágico de Oz* como uma inocente história infantil, o filme se baseia em uma alegoria sobre uma guerra cultural entre a elite financeira e o trabalhador, que opôs os partidos políticos estabelecidos nos Estados Unidos aos populistas da década de 1890.

O escritor James Joyce também foi um empreendedor, tendo aberto o primeiro cinema de Dublin em 1909. Tanto a expressão artística quanto a expressão comercial surgem do desejo humano de criar algo novo.

No início do século XX, Viena era o eixo do modernismo e da experimentação. Este cartaz de 1911 apresenta a arquitetura radicalmente moderna de Adolf Loos, que rompia com o pastiche neoclássico mais formal dominante na época.

Confiante na vitória, a Alemanha trocou as economias dos cidadãos por títulos de guerra para financiar a Primeira Guerra Mundial, esquema divulgado neste cartaz. Como todos esperavam receber o dinheiro de volta no futuro, os empréstimos ao governo eram considerados não apenas um ato de solidariedade nacional, mas também uma decisão financeira prudente. Não foi o que aconteceu.

ABAIXO:
Crianças brincando com notas de valor cada vez menor na Alemanha de Weimar. Em agosto de 1923, um dólar valia 620 mil marcos; em novembro daquele ano, valia 630 bilhões.

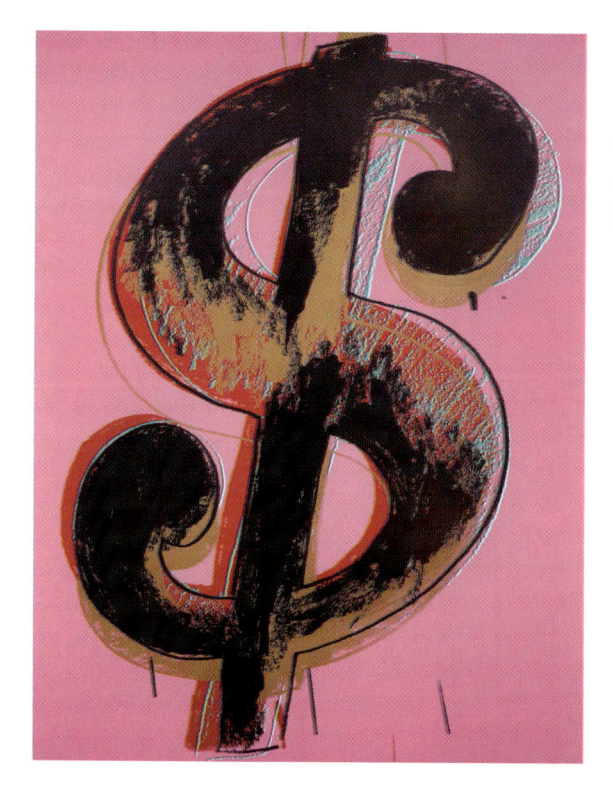

Dollar Sign (1981), de Andy Warhol. A moeda fiduciária é a maior inovação monetária desde que os lídios cunharam a primeira moeda, e no centro desse sistema está o dólar americano.

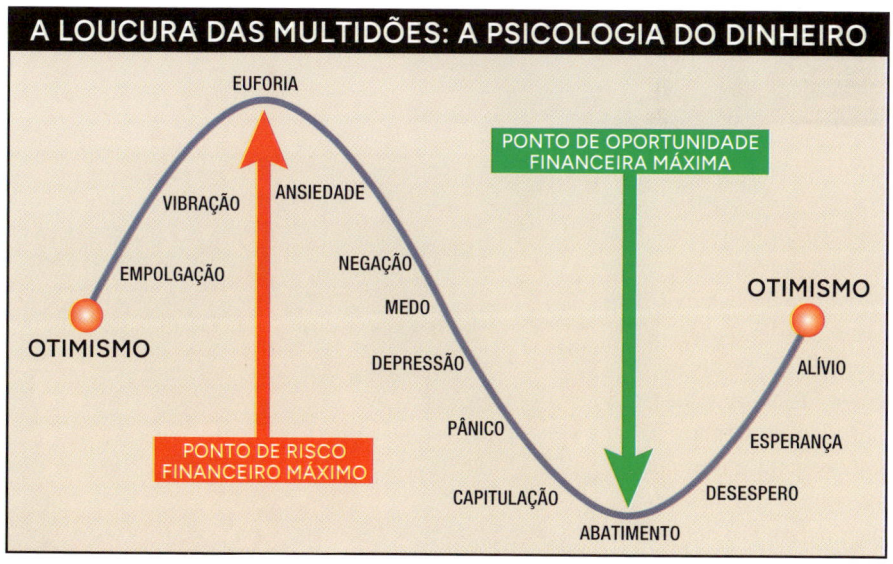

A LOUCURA DAS MULTIDÕES: A PSICOLOGIA DO DINHEIRO

EUFORIA

VIBRAÇÃO
ANSIEDADE

EMPOLGAÇÃO
NEGAÇÃO
MEDO

OTIMISMO
DEPRESSÃO

PÂNICO

CAPITULAÇÃO
ABATIMENTO

DESESPERO
ESPERANÇA
ALÍVIO
OTIMISMO

PONTO DE RISCO FINANCEIRO MÁXIMO

PONTO DE OPORTUNIDADE FINANCEIRA MÁXIMA

Graças à loucura das multidões, às vezes a pior decisão financeira é tomada naquele que parece ser o melhor momento, e a melhor decisão financeira é tomada naquele que parece ser o pior momento.

A criptomoeda teve o endosso de celebridades e foi apoiada pela carteira de Wall Street, mas não conseguiu corresponder ao hype porque o problema que pretendia resolver não era de fato um grande problema. Na imagem, uma publicação temporária de Kim Kardashian no Instagram, dizendo: "Vocês curtem criptomoedas? Não entendam como uma recomendação financeira, mas quero compartilhar o que meus amigos acabaram de me contar sobre o token Ethereum Max! Há alguns minutos o Ethereum Max queimou 400 trilhões de tokens – literalmente 50% da carteira de administração deles, devolvendo a toda a comunidade do EMAX."

Dois habitantes de Nairóbi transferem dinheiro usando M-Pesa em uma loja. Atualmente existem cerca de 50 mil agentes registrados que atuam como pequenos bancos por todo o Quênia, e o sistema parece destinado a se tornar um modelo para o dinheiro em grande parte da África.

Já que teria ganhos financeiros caso as coisas dessem certo, Joyce cuidava de seus negócios com afinco, negociando contratos com senhorios, discutindo com pintores e decoradores, selecionando filmes com distribuidores, conversando com jornais sobre anúncios de publicidade, bajulando jornalistas em troca de críticas lisonjeiras e se tornando especialista em muitas áreas, desde poltronas e estofamento até iluminação e operação técnica de projetores. Ele aprendeu sobre estruturas de preços para sessões – mais baratos para matinês, mais caros para a atração principal da noite. Joyce, o eterno falido, provou ser um especialista em gestão de fluxo de caixa. Em termos de publicidade, algo que dominou naturalmente, ele gerou alarde suficiente para arrasar na primeira noite, tornando a inauguração do cinema Volta, em 20 de dezembro de 1909, um evento imperdível.

Qualquer novo empreendimento em Dublin pode contar com metade da cidade torcendo pelo seu fracasso, ainda mais se você for um ex-morador que se deu bem na vida e retornou, evidenciando a inércia dos que ficaram. Quantos conterrâneos não devem ter cuspido em sua caneca de cerveja quando leram a crítica do *The Evening Telegraph* sobre o Volta?

> Notavelmente bom (...). Admiravelmente bem equipado (...). Grande número de convidados (...). Nenhuma despesa foi poupada (...). Particularmente bem-sucedido (...). Excelente orquestra de cordas... O senhor Joyce parece ter trabalhado de maneira incansável e merece ser felicitado pelo sucesso (...).[9]

Em janeiro de 1910, com a marca estabelecida, Joyce voltou para Trieste, deixando na Irlanda uma pessoa para tocar os negócios.

Não deveria nos surpreender que o artista Joyce fosse também o empreendedor Joyce. Artistas e empreendedores são abençoados com perspectivas semelhantes; o tipo de mente que faz arte é também o tipo que cria oportunidades de negócios. Às vezes os artistas não enxergam essa semelhança, por terem sido educados com uma visão de mundo equivocada de que o dinheiro é ruim e a pobreza é nobre, de que o artista é expressivo e livre e o empresário é chato e conservador. Na verdade, tanto o artista quanto o empreendedor veem possibilidades onde outros veem limitações, realizando o que antes era inimaginável. Tanto o artista quanto o empreendedor estão arriscando a própria pele, atuando no palco público do perigo. O criativo – seja empresário ou artista – tem opiniões fortes e tem a coragem de correr o risco de ser ridicularizado pela multidão para que suas opiniões sejam ouvidas. O sucesso só pode vir *depois* que o esforço for feito, tornando toda a sua existência inerentemente instável. Tanto para o empreendedor quanto para o artista, o fracasso pode ser brutal e o sucesso muitas vezes é um prelúdio a decepções. Mas eles são movidos pela autoexpressão; está no DNA desses tipos independentes, às vezes irracionais e até difíceis de lidar. Tanto o artista quanto o empreendedor podem sufocar quando tolhidos por um patrão, um salário ou os boletos.

De uma perspectiva macroeconômica, artistas e empreendedores produzem demanda onde antes não existia. Os novos produtos que oferecem criam sua demanda – e essa é a chave para toda a evolução econômica. Ao contrário do crítico, o artista e o empreendedor são eternamente otimistas. Eles precisam acreditar no futuro. O otimismo de sua força de vontade supera o pessimismo de seu intelecto.[10] O artista e o empreendedor, tantas vezes colocados um contra o outro, estão na verdade do mesmo lado. Essas pessoas fazem o dinheiro dançar, impulsionando a economia e a cultura, gerando ideias, riqueza e oportunidades para outras pessoas. É como disse o jovem empresário irlandês John Collison, fundador da empresa de software financeiro Stripe, em uma postagem nas redes sociais em 2022:

> Quando se torna adulto, você percebe que as coisas ao seu redor nem sempre estiveram lá; foram pessoas que as tornaram realidade. Mas só recentemente comecei a internalizar quanta tenacidade "tudo" exige. Aquele hotel, aquele parque, aquela ferrovia. O mundo é um museu de projetos de paixão.[11]

Pessoas apaixonadas fazem projetos de paixão acontecerem. Do ponto de vista psicológico, o empreendedor e o artista são movidos pelos mesmos impulsos para criar o novo; e, do ponto de vista sociológico, a sociedade que recompensa essas pessoas (muitas delas dissidentes de um tipo ou de outro) é a sociedade que vai crescer.[12]

A sociedade criativa

A inovação – seja comercial ou cultural – tem maior chance de se consolidar onde é incentivada, respeitada e aclamada. Como vimos repetidamente, de Florença e Mainz a Amsterdã e Trieste, a cidade ou região que começa a tolerar mais independência de pensamento tem maior probabilidade de gerar a energia inovadora que impulsiona a sociedade para a frente. Já as sociedades feudais, dogmáticas ou ideológicas que zombam da ideia de autoaperfeiçoamento individual tendem a ser enrijecidas. Mesmo a China de hoje, apesar de ainda ser um Estado de partido único, é mais aberta e tolerante que a China dos tempos de Mao, e, conforme o país afrouxou o dogmatismo, sua economia cresceu. Vemos esse padrão se repetir várias e várias vezes: menos dogma, mais crescimento.

O mais importante não é uma porcentagem inerente de inovadores, mas a atitude do restante da sociedade:[13] se a maioria das pessoas for acolhedora, a sociedade encorajará os inovadores. O sentimento coletivo é crucial.[14] As democracias liberais, por mais falhas que sejam, são o tipo de sociedade que incentiva o ecossistema criativo. Baseadas amplamente no mérito, são lugares que oferecem a possibilidade de ascensão social por meio da inteligência, e não por um título hereditário. Ao abraçar a diversidade, as sociedades tolerantes permitem que os dissidentes se arrisquem e tendem a experimentar um estado constante de agitação porque elevam o questionamento acima do dogma. Em geral, criatividade, tolerância e comércio andam juntos, e foi isso que Joyce viu ao seu redor ao escrever *Ulysses* na multiétnica Trieste, uma cidade próspera no coração da Europa.

Leopold Bloom, o herói de *Ulysses*, poderia ter se sentido em casa na Trieste de Joyce, mas, ao colocá-lo em Dublin, ele criou o outsider definitivo. Bloom é judeu por parte de pai, mas foi batizado três vezes (uma vez como protestante, outra vez como católico e uma terceira vez pela festa). É um dissidente arquetípico. Através dele, Joyce exalta a diversidade – na rua, nos bares, nas lojas e nos parques, em um funeral, em Nighttown e no abrigo do condutor de carruagens. Enquanto passeia por Dublin, Bloom esbarra em ricos e pobres, dublinenses e moradores do interior, jovens e velhos, eruditos e pseudointelectuais, nacionalistas e unionistas, prostitutas e policiais, cristãos e pecadores, boêmios e burgueses, artistas e empreendedores. A cidade moderna é descrita como um lugar onde essa síntese pode ocorrer, onde podem ser encontrados pontos em comum.

Enquanto Joyce celebrava a publicação vindoura de seus primeiros trabalhos e ansiava por tempos melhores, tanto ele quanto qualquer outra pessoa da época não se davam conta da fragilidade desse ambiente. A Europa em breve cairia na escuridão. A tolerância seria substituída pelo sectarismo; a paz, pela guerra; o otimismo, pelo desespero; e aquele espírito livre e ligeiramente caótico que gerou tanta arte e tanta riqueza nas décadas anteriores seria extinto.

Em 1913, ano em que Joyce estava ouvindo Verdi em Trieste, um pintor de 23 anos que morava em Viena foi rejeitado pela Academia de Belas-Artes da cidade e se viu ganhando a vida vendendo aquarelas para turistas enquanto dormia em uma pensão para homens na Meldemannstrasse. Também em Viena, a cerca de 11 quilômetros dali, em um apartamento no último andar na Schönbrunner Schloβstraβe, um revolucionário georgiano que viajava sob o nome falso de Stavros Papadopoulos escrevia um ensaio sobre "O marxismo e a questão nacional".[15] Esses dois homens, Adolf Hitler e Josef Stalin, opunham-se violentamente à sociedade tolerante, cosmopolita e mercantil da Trieste de Joyce. Com o tempo, esmagariam a autoexpressão nas artes e na atividade comercial, erradicariam a dissidência e arrastariam a Europa para a beira do apocalipse. Ambos os ditadores usaram o dinheiro – a tecnologia mais potente da humanidade – como suporte para alcançar seus objetivos diabólicos.

18
QUEDA LIVRE

Que comam bolo

Em 1922, Einstein ganhou o Prêmio Nobel de Física, inaugurando a era nuclear; a BBC fez sua primeira transmissão de rádio, marcando o início da comunicação de massa; Mussolini liderou a Marcha sobre Roma, sinalizando a chegada do fascismo; e James Joyce publicou *Ulysses*, sua obra-prima modernista, no segundo dia do segundo mês do segundo ano da década.

Em setembro daquele ano crucial, à medida que a pandemia de gripe arrefecia, um jovem jornalista cruzou o rio Reno indo de Estrasburgo, na França, para a cidade alemã de Kehl, do outro lado da fronteira. Morador de Paris, ele escrevia para o *Toronto Star*. Em seu estilo conciso e direto que logo se tornaria famoso, Ernest Hemingway explicava a seus leitores canadenses a realidade de uma sociedade onde o dinheiro é destruído. Ao chegar a Estrasburgo, ele percebera que ninguém vendia marcos alemães no lado francês. Ninguém os queria. Agora, do lado alemão, ele trocara 10 francos (menos de 1 dólar canadense) por 670 marcos, que "renderam para mim e para a Sra. Hemingway um dia de gastos intensos, e ainda sobrou".[1]

O escritor conta que testemunhou um idoso alemão sem ter dinheiro para comprar uma maçã em uma barraca por apenas 12 marcos – quantia irrisória para o jovem Hemingway:

> O velho, cujas economias de uma vida inteira provavelmente foram investidas em títulos alemães do pré-guerra e da guerra, como é o

caso com a maioria da classe não especuladora, não tinha sequer 12 marcos. Ele é o tipo (...) cujos rendimentos não aumentam com a queda do valor de compra do marco e da coroa.

Hemingway resume nesse trecho o dilema da maioria dos alemães em 1922; eles dependiam de salários ou pensões e tinham aplicado suas economias em títulos públicos. Seus meios de subsistência estavam sendo engolidos pela hiperinflação. Por outro lado, quem conseguia obter moeda estrangeira, até mesmo alemães, podia viver como um rei, porque para os estrangeiros tudo era muito barato na Alemanha. Os cidadãos franceses eram terminantemente proibidos de comprar produtos manufaturados baratos na Alemanha, para que a economia francesa não fosse prejudicada, mas podiam comer e beber o que quisessem (quanto mais, melhor), esfregando na cara dos alemães a indignidade da derrota militar. Hemingway observou que uma refeição de cinco pratos no melhor hotel de Kehl custava 150 marcos, o equivalente a míseros 15 centavos de dólar canadense. As crianças francesas se empanturravam de bolos do outro lado da fronteira, graças a sua valiosa moeda. Hemingway disse: "O milagre do câmbio cria um espetáculo sórdido em que os jovens da cidade de Estrasburgo se aglomeram na confeitaria alemã para comerem até passar mal."[2]

Hemingway testemunhava uma sociedade quebrando um dos laços fundamentais entre o Estado e seus cidadãos, ao destruir o próprio dinheiro. O dinheiro, o instrumento mais poderoso do Estado, faz parte do contrato que o Estado tem com o cidadão: você se comporta e nós nos comportaremos; você economiza seu dinheiro e nós o protegeremos. Se o dinheiro é enfraquecido, o Estado é enfraquecido. A economia precisa de mais que ideias brilhantes; precisa de estrutura e relativa estabilidade. As sociedades comerciais, que geram crescimento econômico, precisam ser livres e protegidas ao mesmo tempo. A proteção do dinheiro – garantir que a moeda signifique alguma coisa, não perca seu valor, possa ser poupada e emprestada com certo grau de segurança – é parte essencial do contrato social. O dinheiro dá autonomia às pessoas e é uma ferramenta de liberdade, e é por isso que os autocratas sempre querem controlá-lo. Essa liberdade deve ser protegida. Interfira no dinheiro e você estará interferindo na própria liberdade que impulsiona a economia.

Uma sociedade próspera precisa que o dinheiro seja administrado com muito cuidado. Se imprime dinheiro de mais, ele perde o valor, a inflação dispara, as poupanças são destruídas e a sociedade oscila de crise em crise; se imprime de menos, não há dinheiro suficiente para financiar a inovação, a deflação toma conta e grandes ideias e potenciais novas empresas nunca são formadas porque não há dinheiro suficiente para financiá-las. É responsabilidade de uma sociedade liberal gerir o dinheiro em um delicado exercício de equilibrismo entre a vertigem de imprimir em excesso e a austeridade de imprimir em quantidade insuficiente. Essa responsabilidade cívica foi abandonada, ou, mais precisamente, precisou ser abandonada nos primeiros anos da República de Weimar.

Enquanto a Alemanha mergulhava em um dos episódios mais devastadores de autodestruição monetária de todos os tempos, Hemingway estava lá a postos para contar a história. Como era possível, na economia mais bem-sucedida da Europa, que um idoso não pudesse comprar uma maçã? Como se deu a pauperização da Alemanha?

Uma teia de dívidas

Em 1914, a Alemanha imperial, confiante em uma vitória rápida e acreditando no "Estaremos em casa para o Natal", decidiu pagar pela Primeira Guerra Mundial contraindo empréstimos junto a seus cidadãos. Se o exército prussiano havia derrotado os austríacos em 1866 e os franceses em 1870, por que seria diferente em 1914? Certa da vitória, a Alemanha trocou as economias da população por notas promissórias que ofereciam taxas de juros generosas para atrair dinheiro interno. Para o alemão médio, emprestar ao seu governo não era apenas um ato de solidariedade nacional, mas também uma gestão financeira pessoal prudente, afinal, todos esperavam ser reembolsados. Até perto do fim, o povo achava que seu país estava ganhando a guerra, com a premissa prática de que as dívidas seriam quitadas com os bens surrupiados e o ouro dos povos conquistados. Não foi o que aconteceu.

Depois da guerra nasceu uma República de Weimar curvada sob o peso das dívidas de guerra. Mas não era só isso. Em Versalhes não existia a mínima inclinação para o perdão. A Grã-Bretanha e a França queriam que a nova Alemanha fosse punida pelos crimes da velha Alemanha. O nordeste industrial da França (uma área do tamanho da Holanda) havia sido destruído nos combates, e a França foi inflexível quanto a fazer com que a Alemanha pagasse por isso. Além disso, os Estados Unidos queriam que a Alemanha cumprisse essas obrigações para poder recuperar os empréstimos que concederam aos Aliados.

A guerra tinha mudado profundamente a arquitetura financeira mundial. Em 1914, a Grã-Bretanha era o banqueiro do mundo, controlando cerca de 20 bilhões de dólares em ativos estrangeiros. Londres era o epicentro do dinheiro global, respondendo por cerca de dois terços de todas as transações internacionais de capital.[3] Graças ao boom sem precedentes no comércio e no investimento globais durante a era do padrão-ouro, todos os países mais fortes estavam endividados entre si. A França tinha ativos no exterior no valor de 9 bilhões de dólares, dos quais extraordinários 5 bilhões estavam vinculados à Rússia imperial.[4] Os soviéticos comunistas deram calote em todos os antigos empréstimos da Rússia, deixando sobretudo os franceses a ver navios. Outras potências europeias tinham vendido ativos a preço de banana para financiar a guerra, contraindo grandes empréstimos junto ao único participante importante que se manteve à margem até perto do fim, os Estados Unidos. Os americanos saíram da guerra como os credores absolutos do mundo. Além de lhe serem devidos bilhões, eles adquiriram pechinchas de ativos europeus conforme a guerra avançava. Essa mudança no poder do dinheiro global – de Londres para Nova York – definiria as relações monetárias mundiais naquele século.

Ao fim da guerra, as potências aliadas europeias deviam 12 bilhões de dólares aos Estados Unidos, dos quais 5 bilhões eram devidos pela Grã--Bretanha e 4 bilhões, pela França.[5] A própria Grã-Bretanha era credora de 11 bilhões de dólares de vários países, incluindo 3 bilhões da França – e mais de 2,5 bilhões da Rússia que jamais seriam recuperados.[6] O mundo se viu enredado em dívidas e compensações. O credor de última instância do início do século XX, os Estados Unidos, compreendendo que chegara à posição dominante que Alexander Hamilton tinha previsto em conversa com Talleyrand mais de um século antes, não estava disposto a desperdiçar essa oportunidade.

Desse momento em diante, os Estados Unidos, e não a Grã-Bretanha, seriam o chefe do dinheiro global. E, como é típico quando quem já foi dominante se torna suplicante, a abatida Grã-Bretanha exigiria o seu quinhão. E fez isso punindo a embrionária e frágil República de Weimar. A Alemanha derrotada pagaria por tudo.

Até a última gota

Durante a campanha para as eleições gerais britânicas de 1918, o primeiro-ministro Lloyd George prometeu espremer a Alemanha derrotada "como um limão, até a última gota". O galês cumpriu sua palavra. Em 1914, 1 marco valia 25 centavos de dólar. Em 1920, valia apenas 1,5 centavo de dólar. Apesar do caos político e social que se seguiu à derrota militar, a maioria das pessoas pensava que o colapso do marco alemão tinha chegado ao fim. Havia uma crença compreensível e generalizada de que a Alemanha, após um período de turbulência pós-derrota, sairia dessa situação. Antes da guerra, a Alemanha era a economia mais rica e inovadora da Europa, liderando o mundo na literatura, na ciência e na filosofia; na década de 1920 a Alemanha tinha produzido mais vencedores do Prêmio Nobel que os Estados Unidos e a Grã-Bretanha juntos.[7] Lar da probidade, da disciplina e da ordem no pré-guerra, era inconcebível que a Alemanha não se recuperasse. A ideia de pauperização em massa da sociedade alemã estava fora de cogitação.

No entanto, a situação da Alemanha havia mudado de maneira profunda – política, social e monetariamente. Para começar, o país tinha perdido uma guerra que, até bem perto do fim, a maioria dos alemães pensava estar ganha. Ao contrário dos vitoriosos franceses e belgas, cujos países tinham sido parcialmente ocupados, nenhuma tropa estrangeira pusera os pés em solo alemão. Foi difícil aceitar a derrota. Essa descrença alimentou na Alemanha a conspiração de ter sido "apunhalada pelas costas", que alegava que o sólido Exército alemão não fora vencido, mas traído por socialistas, liberais e inimigos internos e cosmopolitas como financistas e judeus.

Em 1920, além dos títulos de guerra herdados, a Alemanha encarava obrigações de reparação que equivaliam a 100% do seu PIB pré-guerra (uma renegociação dos 300% do PIB originalmente exigidos). O acordo final exigia que o país transferisse 5% de seu PIB para potências estrangeiras todos os anos. Sob tamanha pressão, a economia alemã estava começando a implodir. Em termos práticos, o pagamento de reparações significa que o país deve transferir bens reais para fora da economia, mas sem ser pago em moeda forte por essa produção. Os produtos eram transferidos para a França e as faturas eram utilizadas para descontar o valor devido, de modo que os bens fabricados na Alemanha iam para as lojas francesas, não para as prateleiras alemãs. Prateleiras vazias sempre pressionam os preços, garantindo filas ou inflação – dependendo da decisão do país de imprimir dinheiro ou não em resposta. Há uma complicação adicional: quando os produtos são retirados da economia, as receitas tributárias diminuem, pois há uma perda de impostos indiretos, como o imposto sobre valor agregado cobrado sobre os bens vendidos. As reparações tiveram um efeito colateral no déficit orçamentário. As prateleiras vazias e a deterioração das finanças públicas exacerbaram o sentimento de pânico que havia se instalado após a derrota inesperada.

O Estado alemão foi obrigado a pagar reparações em ouro, e a consequente venda de marcos exerceu uma pressão descendente contínua sobre a moeda. Sem poder aumentar impostos por ser um governo frágil, cercado por todos os lados, o país contraiu empréstimos com seu próprio banco central. Esse dinheiro seria usado para pagar aos próprios produtores por bens que jamais seriam vendidos internamente. O resultado foi que a Alemanha enfrentou uma escassez de abastecimento nas lojas e, como o governo subsidiava os fabricantes alemães por produtos pelos quais os franceses nunca pagariam, também sofreu com uma enorme escalada da dívida pública, somada a um déficit em conta-corrente e uma moeda em constante enfraquecimento. A moeda fraca fez subir o preço das importações, alimentando ainda mais a inflação.

Um coquetel financeiro desses teria sido explosivo por si só, mas a política interna conseguiu piorar ainda mais as coisas. Nas ruas, o debilitado governo de Weimar, tentando ocupar o centro liberal, enfrentava batalhas constantes com ambos os lados: na esquerda, os comunistas de inspiração soviética acreditavam que o governo estava mancomunado com os Aliados contra o trabalhador; e, na direita, os nacionalistas da velha guarda acreditavam que o governo estava mancomunado com os Aliados contra a nação alemã. Cada facção extremista exortava o fraco governo de Weimar a assumir compromissos dispendiosos: educação para os trabalhadores, por um lado, e pensões de guerra para os soldados desmobilizados, por outro. Refletindo seu DNA social-democrata, o governo liberal de Weimar também se comprometeu com a reforma social, ampliando os gastos com saúde e habitação. Tudo isso pressionava as finanças públicas. Um governo precário e perenemente sem dinheiro não poderia descumprir suas obrigações internacionais nem revogar suas promessas políticas internas. Para cobrir esses compromissos nacionais, começou a imprimir cada vez mais dinheiro, ao mesmo tempo que tentava reservar ouro para pagar os Aliados. A frágil República de Weimar ia fazendo malabarismos como podia.

Quanto mais a moeda oscilava, mais nervosas as pessoas ficavam. Em tempos normais, confrontado com uma inquietação desse tipo, um banco central acalma os ânimos utilizando suas reservas – quer vendendo ouro para comprar a moeda de uma forma previsível e estável se esta cair, quer comprando ouro para vender a moeda se ela subir muito depressa. No jargão da área, isso é chamado de operações de mercado aberto. Em linguagem simples, trata-se de injetar sobriedade em um mercado cambial rebelde. Mas a Alemanha não podia se dar ao luxo de gastar suas reservas de ouro, já que necessitava delas para as reparações. O dinheiro entrava e saía ao sabor de rumores e contrarrumores. Más notícias faziam a moeda disparar ou, com muito mais frequência, despencar.

Em junho de 1922 as notícias pioraram quando Walther Rathenau, um refinado industrial judeu e ministro das Relações Exteriores, foi assassinado por direitistas. O acontecimento provocou pânico. Rathenau era respeitado em Berlim, Paris e Londres. Quem negociaria em nome da Alemanha agora? O Estado alemão enfrentava um dilema: com milícias armadas nas ruas, se o governo reprimisse os vários grupos obscuros de direita, isso poderia resultar em uma guerra civil? O marco teve uma queda vertiginosa. Sem alternativa viável e com os comunistas pregando a revolução e fungando em seu cangote, o governo continuou a imprimir dinheiro para pagar os trabalhadores e manter o apoio do proletariado.

Por mais difícil que seja imaginar, ao longo de um único ano (1922) o marco caiu de 190 para 7.600 em relação ao dólar e os preços subiram 40 vezes. Para os especuladores, foi uma festa. Para os moradores locais, estava impraticável. Para os estrangeiros – como observou Hemingway –, a Alemanha era a xepa da Europa.

O ano dos zeros

No início de 1923, a Alemanha precisava enviar à França 100 mil postes telegráficos, cujo degradante processo de "produção" consistia em ordenar a trabalhadores locais que os retirassem das próprias ruas alemãs. A entrega não foi concluída. Foi a gota d'água para a França, que não via a hora de utilizar a relutância da Alemanha em pagar reparações à altura como desculpa para implementar um plano que Paris vinha formulando desde 1918.

As tropas francesas e belgas ocuparam a região do Ruhr, tomando o coração industrial da Alemanha. Se os alemães não entregassem suas reparações para Paris e Bruxelas, França e Bélgica levariam tudo que pudessem. No pânico resultante, a moeda caiu ainda mais. Em 11 de janeiro de 1923, enquanto franceses e belgas avançavam para reivindicar os postes telegráficos, o marco, cuja cotação no Natal tinha sido de 27 mil por dólar, estava agora em 50 mil por dólar e não parava de cair.

No Ruhr, os trabalhadores alemães entraram em greve geral em resposta à ocupação, enquanto algumas grandes empresas alemãs, como a Krupp (produtora de aço que durante a guerra tinha fabricado mais projéteis que qualquer outra), convocaram uma campanha em massa de desobediência civil.[8] A ocupação também sofreu resistência de grupos secretos dirigidos por ex-soldados, que sabotaram linhas ferroviárias e mataram vários militares ocupantes.

Os franceses reagiram. Em 13 de fevereiro, uma jovem alemã chamada Josephine Malakert foi estuprada coletivamente por vários marinheiros franceses, e os casos de estupro de alemãs aumentaram ao longo da primavera de 1923. Os alemães ficaram indignados; essas ocorrências destacavam a brutalidade dos ocupantes aliados. A Alemanha se uniu contra a ocupação, mencionando os abusos sofridos pelo seu povo na esperança de fazer com que a comunidade internacional – na prática, os americanos – convencesse os franceses a encerrar a ocupação.[9]

O governo de Weimar, pressentindo uma indispensável vitória nacional caso conseguisse resistir até que os franceses fossem exortados a se retirar, tentou ganhar tempo. Em solidariedade, imprimiu dinheiro para pagar os salários dos trabalhadores em greve da região do Ruhr. Quanto mais o banco central imprimia, mais a inflação subia, prendendo a Alemanha em uma batalha entre a vontade de seu povo de sustentar o caos monetário e a capacidade dos Aliados de permanecerem unidos diante da ocupação francesa. No que foi, em última análise, um "jogo do covarde" altamente destrutivo, os alemães apostaram que os americanos (e os britânicos) pressionariam os franceses antes que a sociedade alemã implodisse sob a loucura da hiperinflação. O destino da Alemanha dependia de quem cedesse primeiro.[10]

Em agosto de 1923, 1 dólar valia 620 mil marcos. Em novembro do mesmo ano, 1 dólar valia 630 bilhões de marcos. Nenhum dos lados cedeu. Para a França, a ocupação fazia parte do preço que extraía da Alemanha, mesmo que na realidade a França tenha recebido nos 10 meses de ocupação menos carvão e coque da região do que recebera nos 10 dias anteriores à invasão. Para a República de Weimar, financiar a resistência passiva aos invasores era um preço que compensava pagar para garantir uma vitória sobre os franceses e mostrar ao povo alemão que Weimar não se curvaria a seus inimigos. O custo desse embate foi a hiperinflação e a destruição do dinheiro alemão.

Durante aquele verão turbulento, à medida que a inflação disparava, os alemães iam aos cinemas para assistir ao grande sucesso da temporada: *Doutor Mabuse – O jogador*, de Fritz Lang. Com seu dinheiro e suas economias virando fumaça, as pessoas comuns ansiavam por se livrar do dinheiro o mais depressa possível. Gastavam em bares, discotecas, restaurantes e cinemas – todos viviam lotados. A famosa vida noturna de Berlim fervilhava, com o dinheiro mudando de mãos na mesma velocidade em que era impresso. Quem não gastasse perderia tudo; quem gastasse pelo menos iria se divertir. Surgiu uma nova classe de especuladores, comprando e vendendo moeda e enriquecendo diante do empobrecimento em massa. Um jornal de Berlim afirmou: "A extravagância dos novos-ricos, a aposta rápida na bolsa de valores, os clubes, o vício do prazer, a especulação, a enorme quantidade de contrabando e falsificação são um retrato dos nossos tempos."[11]

O bem-sucedido filme de Lang, um épico de quatro horas e meia em duas partes, capturou a loucura que era o país mergulhado no caos hiperinflacionário. O protagonista do filme, o malvado Dr. Mabuse, é um hipnotizador maligno com o poder mágico de fazer os preços das ações subirem e descerem e manipular o mercado de ações, explorando a mente e o bolso das pessoas. Para o cidadão comum da Alemanha de Weimar, os movimentos das ações e da moeda estavam além de sua compreensão. O personagem de Mabuse, um arquiconspirador sobrenatural orquestrando tudo, tocava em um ponto sensível de uma população prejudicada e confusa. O dinheiro das pessoas não podia simplesmente desaparecer, certo? Bem, para milhões delas, parecia que podia, sim. Enquanto isso, os especuladores ricos só lucravam. Quanto mais a moeda caía, mais eles pareciam ganhar e mais a família alemã típica afundava na miséria.

Alguém estava ganhando enquanto a maioria perdia tudo. O especulador – ou *Raffke*, "apanhador de dinheiro" – tornou-se uma figura que era alvo de desprezo e fascínio ao mesmo tempo. Como essas pessoas manipulavam o mercado monetário? Como é que sempre pareciam estar um passo à frente do cidadão comum, reinando sobre todos? O *Raffke* estava por toda parte, insultando a opinião pública, aparecendo nas páginas da *Berliner Illustrirte Zeitung*, a primeira revista de circulação em massa da Alemanha, que na década de 1920 tinha uma tiragem de 1,8 milhão de exemplares por semana. "Wir stehen verkehrt" (As coisas estão às avessas), uma canção de cabaré da época escrita por Carl Rössler, referia-se ao *Raffke* que "pode bancar champanhe, lagosta e mulheres, assim como pode encomendar pinturas para seu banheiro, mesmo que não saiba se um Botticelli é um conhaque ou um queijo".[12]

Em um mundo onde os preços subiam vertiginosamente e os aproveitadores faziam fortunas, o cidadão comum se via desorientado, e Mabuse serviu como a personificação da ganância e da malícia. Na verdade, a especulação não era orquestrada; era um mecanismo de sobrevivência para pessoas que tentavam descobrir formas de lidar com a hiperinflação. Longe de ser o reduto de uma panelinha pequena e bem-informada, estima-se que um milhão de alemães se envolveram no jogo da especulação monetária.

Embora a hiperinflação destruísse o contrato social, diferentes setores da sociedade eram afetados de forma distinta. Milhões de alemães trabalhadores, de classe média, que pagavam seus impostos e confiavam no governo, viram suas economias virarem fumaça. Professores, funcionários públicos, policiais, médicos, escriturários, profissionais de colarinho-branco, advogados, acadêmicos, jornalistas – esses profissionais que tinham celebrado um contrato com o Estado e comprado os títulos de guerra supostamente sólidos – foram deixados à míngua. As respeitáveis classes média e média baixa sentiam naturalmente que a nova República de Weimar as abandonara.

Já as pessoas que possuíam ativos físicos, como proprietários de imóveis para aluguel, fazendeiros e donos de indústrias, não sofreram tanto, uma vez que o valor de suas propriedades era corrigido pela inflação. E, para o trabalhador sem dinheiro guardado, nada tinha mudado muito: ele não tinha economias a perder e, graças ao medo do comunismo, seus salários acompanhavam mais ou menos a inflação. (Os salários eram indexados, de modo que, quanto maior a inflação, mais os trabalhadores recebiam. O efeito, é lógico, era que os aumentos salariais elevavam a inflação e vice-versa.)

Aqueles que estavam no topo e na base eram os menos afetados pelo caos, ao passo que os que estavam no meio, o estabilizador político da sociedade, padeciam mais. Após a hiperinflação, as pessoas iriam querer alguém para culpar – sempre um poderoso imperativo político.

Um homem estava posicionando a si próprio e o seu partido para se beneficiar dessa catástrofe social. Em novembro de 1923, no momento em que a hiperinflação atingia o pico, Adolf Hitler liderou o fracassado *Putsch* da Cervejaria em Munique. Embora tenha sido uma rebelião espetacularmente fracassada, quase cômica, a posição pública contra Weimar permitiria a Hitler pintar a si mesmo como a heroica figura paterna, um líder inspirado, disposto a cumprir pena na prisão por suas convicções. Tendo testemunhado o caos de 1923, quando o contrato entre o Estado e o povo foi rompido, Hitler compreendia a oportunidade apresentada quando o dinheiro morre. Era uma lição que ele não esqueceria.

Um conto de dois campos de prisioneiros

Em uma noite de agosto de 1943, Salomon "Sally" Smolianoff, que já fora um excelente pintor de retratos e também gerente de boate na Berlim de Weimar, se viu no inferno do campo de concentração de Sachsenhausen. Anos antes, usando boates para lavar dinheiro, Smolianoff, um refugiado de Odessa, havia encontrado sua verdadeira vocação: a falsificação. Suas mãos de pintor e sua extraordinária atenção aos detalhes eram fartamente recompensadas no jogo da falsificação. Na década de 1920, ele fora preso em Amsterdã por distribuir notas falsas de 50 libras esterlinas. Depois de cumprir uma pena curta, voltou para Berlim, bem a tempo para o boom de meados da década de 1930 no negócio da falsificação. À medida que a verdadeira monstruosidade do regime nazista se tornava aparente, milhares de pessoas faziam de tudo para deixar a Alemanha. Após a violência antissemita da *Kristallnacht* (A noite dos cristais) em novembro de 1938, esse fluxo constante aumentou. O povo judeu, desesperado para fugir, pagava-lhe generosamente e Salomon, ele próprio judeu, estava no centro de um mercado negro de passaportes e vistos de saída falsos.

Com as oportunidades de trabalho legítimo se esgotando a cada nova restrição antissemita, ele se aperfeiçoou na arte da falsificação. As falsificações tinham que ser cópias esteticamente perfeitas – falsificar documentos, assim como cédulas de dinheiro, é um jogo de gato e rato entre os impressores legítimos e o falsificador. Os designers oficiais incorporavam truques de segurança aos documentos para protegê-los contra fraudadores. Para ser um falsificador exímio, Smolianoff necessitava de habilidade, astúcia e imaginação. Não bastava ter uma mão artística delicada; ele precisava dominar a engenharia, a gravura, a metalurgia, a moldagem e a pantografia para replicar desenhos intrincados. O mestre falsificador é parte Da Vinci, parte Gutenberg.

A lei acabou pondo suas garras em Smolianoff outra vez e ele passou quatro anos minerando rochas no campo de trabalho escravo de Mauthausen, sobrevivendo graças aos retratos perfeitos (e lisonjeiros) que fazia de seus guardas nazistas. Como judeu e criminoso condenado, as chances de sobrevivência de Salomon não eram grandes, mas em 1943 ele recebeu um indulto bizarro. Foi transferido do campo austríaco para Sachsenhausen, perto de Berlim. Sua missão? Quebrar o Banco da Inglaterra.

Enquanto o sol se punha no oeste, visível no céu até depois das 22 horas no mês de junho, do outro lado da planície do norte da Alemanha podemos imaginar o falsificador folheando uma mistura de fibra de linho e tecido em uma tentativa desesperada – sua vida dependia disso – de estabelecer os componentes usados na nota inglesa de 5 libras. O sol poente pode ter lembrado a Smolianoff que havia um mundo em algum lugar além daquele inferno de Sachsenhausen.

Oitocentos quilômetros ao sul, em outro campo de prisioneiros alemão, o Stalag VII-A, Richard Radford observava o mesmo sol se pôr sobre as colinas da Baviera. Ele contava os cigarros e esperava o pacote da Cruz Vermelha, agradecendo aos céus pela sorte de ter lutado em um regimento canadense. A Cruz Vermelha canadense era a mais benevolente dentre as nações aliadas, e Radford imaginava donas de casa robustas de Ontário enchendo seus pacotes com carne enlatada, bolo e geleia. Elas nunca saberiam como seus esforços estimulavam os prisioneiros.

O que Radford e Smolianoff tinham em comum era o dinheiro. Radford tentava criá-lo; Smolianoff tentava destruí-lo.

Dinheiro inventado

Jovem economista formado em Cambridge, Radford tinha sido feito prisioneiro na Líbia em 1941 e passaria o restante da guerra em um campo de prisioneiros. No Stalag VII-A, ele reparou em algo incomum. Ali, nas circunstâncias mais árduas, seus pares tinham inventado uma forma de moeda coletiva.

A Cruz Vermelha fornecia aos prisioneiros rações extras para complementar as refeições regulares do campo. Todos os presos recebiam uma ração *obrigatória* de cigarros, além de geleia, manteiga, chá, melaço, mel, carne fresca, carne curada, salmão, carne enlatada, chocolate, sal, pimenta, sabão, bolinhos de batata, leite em pó e legumes em conserva. Sem acesso a dinheiro de verdade, os prisioneiros usavam os cigarros como meio de troca e fonte de riqueza que poderia ser comercializada. O preço dos cigarros se tornou o preço fundamental do sistema de prisioneiros de guerra: quanto mais cigarros em circulação, menor o valor dos cigarros e maior o preço de todo o resto.

Instintivamente, os prisioneiros (britânicos, canadenses, iugoslavos, polacos, franceses e russos) compreenderam a linguagem comum do dinheiro. Uma economia de mercado, independente da hierarquia formal das patentes militares, estabeleceu-se sem que ninguém de cima mexesse os pauzinhos. Um soldado empreendedor podia ter mais influência que um general de três estrelas. O dinheiro proporcionava status e se sobrepunha à cultura. Comunistas soviéticos, sikhs indianos, patrícios britânicos e agricultores franceses tinham em comum o dinheiro. Ao mesmo tempo, no nível pessoal, o dinheiro dava aos prisioneiros um pequeno controle sobre seu mundo, uma minúscula forma de exercer soberania e autonomia, mesmo estando encarcerados.

Após ser libertado, no fim da guerra, Radford escreveu um relato instigante sobre o surgimento da economia dos prisioneiros, revelando como uma economia monetária emerge de maneira orgânica, como funcionam as moedas e o que acontece com um sistema comercial à medida que evolui e se torna mais complexo. Ele ficara intrigado com a "organização social" que havia nascido tão prontamente à medida que os prisioneiros trocavam rações entre si. Sobre sua experiência, escreveu: "O interesse essencial reside na universalidade e na espontaneidade dessa vida econômica; ela passou a existir não por imitação consciente, mas como resposta às necessidades imediatas e às circunstâncias."[13]

Tal como na economia real, a economia dos prisioneiros de guerra conheceu ciclos econômicos e de crédito, com recuperações, recessões, períodos de deflação e inflação. A Cruz Vermelha agia como uma espécie de banco central, "emitindo" entre 25 e 50 maços de cigarros por mês e assim controlando a oferta de "dinheiro". O valor dessa moeda era determinado pela quantidade de dinheiro que a economia demandava em dado momento, o que é uma função de natureza humana, como acontece no mundo real. Se as pessoas estiverem otimistas e querendo gastar, a demanda por dinheiro será dinâmica e a quantidade de dinheiro no sistema estimulará o comércio. Se, por outro lado, os apostadores estiverem um pouco preocupados com o futuro, muitos poderão optar por guardar dinheiro e esperar momento mais favorável para gastá-lo.

De forma espontânea e nas circunstâncias mais difíceis, milhares de seres humanos de culturas diferentes, falando línguas diferentes, seguindo códigos religiosos e morais diferentes, conseguiram criar e respeitar o código universal do dinheiro. O que se aplica ao campo de prisioneiros de guerra também se aplica à sociedade: as pessoas precisam de dinheiro para organizar seu mundo. Foi precisamente por esse motivo que Hitler, tendo testemunhado o pandemônio da Alemanha em 1923, ordenou a maior falsificação que o mundo já vira – e que fez o falsificador judeu Sally Smolianoff ir ver o sol se pôr em Sachsenhausen.

O dinheiro de Hitler

A reputação do prisioneiro 93594 o precedia.[14] Em um inusitado capricho do destino que salvou a vida de Smolianoff, um oficial da SS chamado Hans Krueger, que já o prendera como parte de uma operação de repressão ao crime em Berlim, foi encarregado do esquema de falsificação em massa de Hitler. O nazista Krueger sabia que precisava do judeu Smolianoff. Ele o encontrou definhando em Mauthausen e o levou para Sachsenhausen. Smolianoff era agora o líder efetivo de um grupo heterogêneo de 142 especialistas judeus extraídos dos campos de concentração do Terceiro Reich. Esses homens, vindos de toda a Europa Central, tinham sido impressores civis, tintureiros, artistas plásticos, engenheiros, gravuristas, metalúrgicos, matemáticos e fotógrafos. Eles se tornaram a equipe de falsificação de primeira linha incumbida de quebrar o Banco da Inglaterra. As gráficas nos blocos 18 e 19 eram isoladas do restante do campo e nenhum contato era permitido entre os falsificadores e os demais prisioneiros.

A vida de Smolianoff e do restante da equipe dependia de eles descobrirem o material usado pelos ingleses em suas cédulas. Os surtos de hiperinflação da Alemanha no início da década de 1920 fizeram com que a moeda alemã fosse impressa em qualquer papel que pudesse ser adquirido. Quando bilhões de marcos sem valor estão sendo impressos, quem se importa com a qualidade do papel? Mas com o Banco da Inglaterra era outra história. A libra esterlina, que foi a moeda de reserva global por quase um século, não era impressa em um papel frágil qualquer. Os primeiros falsificadores suspeitavam que o material fosse um tipo de junco que crescia somente na colônia britânica da Malásia. Havia algo diferente na textura da nota inglesa.

Depois de testar e rasgar inúmeras notas inglesas verdadeiras, os falsificadores perceberam que os ingleses estavam usando trapos de roupas velhas que haviam sido reduzidos a polpa. Agora a operação podia começar.

No início, a oficina secreta produzia quantidades limitadas de notas de 5 libras. Esses protótipos precisavam ser testados, e que lugar melhor para testar as falsificações que o próprio Banco da Inglaterra?

Um "industrial" alemão se apresentou em um banco suíço em Zurique alegando ter recebido algumas notas inglesas no mercado negro e pediu ao banco que atestasse sua legitimidade. As autoridades suíças se puseram a trabalhar com lupas e lâmpadas de alta potência. Após um exame cuidadoso, declararam as notas legítimas. O "industrial" aumentou o blefe e – para ter certeza absoluta – pediu aos banqueiros suíços que telegrafassem ao Banco da Inglaterra para verificarem novamente os números de série e as datas de emissão. O Banco da Inglaterra afirmou que as notas eram originais. Krueger ficou exultante – assim como seu chefe, Heinrich Himmler, líder da SS.

As prensas tipográficas dos falsificadores passaram a trabalhar a todo vapor. O plano de Hitler de inundar a Grã-Bretanha com notas falsas tão primorosas que nem mesmo o Banco da Inglaterra conseguiria distingui-las das verdadeiras estava a poucos meses de ser concretizado.

Os falsificadores do campo de concentração imprimiram um total de 134.610.810 libras esterlinas, isto é, 4 em cada 10 libras em circulação na época. Conforme descrito na Introdução, o plano era que os bombardeiros alemães lançassem as notas sobre a Grã-Bretanha, mas, em 1943, a situação de guerra havia se deteriorado para a Alemanha, e a Luftwaffe já não podia fornecer os aviões.

Sem se deixar abater, a SS traçou outros planos. A essa altura, a Alemanha estava ficando sem moeda forte. O *Reichsmark*, negociado oficialmente a 40 por libra, e a muito menos no mercado clandestino, não era aceito para liquidação de negócios no mercado internacional. Com a libra esterlina a história era outra. Por ser a moeda de reserva global, a SS podia usar a libra falsificada para comprar os tão necessários suprimentos de guerra e encher os bolsos. As brilhantes falsificações de Sachsenhausen se infiltraram na oferta monetária global por meio de uma rede de atravessadores que transportaram o dinheiro para Berlim. Os derradeiros meses do regime nazista levaram a um mercado clandestino de passaportes, vistos e novas identidades, além de um próspero mercado de bens roubados. Como acontece com várias criptomoedas hoje, o dinheiro falso encontrou um mercado clandestino. As notas de Sachsenhausen foram empregadas para subornar autoridades por documentos falsos dados aos nazistas que fugiam da Europa para a Argentina.

Relatos ao Banco da Inglaterra de que muitas notas de libras esterlinas estavam sendo usadas pelos nazistas levantaram suspeitas; por exemplo, o resgate do sequestrado Mussolini foi pago em libras falsificadas. Após o fim da guerra, o Banco da Inglaterra supervisionou a destruição dessas notas, mas estava tão preocupado com a alta qualidade das falsificações que recolheu todas as suas notas de 5 libras e trocou-as por um lote inteiramente novo.

Imagine o que teria acontecido se o dinheiro de Hitler tivesse caído do céu em 1943.

PARTE 5
SEM LASTRO

19

QUEM CONTROLA O DINHEIRO?

O hedge de cerveja

Em dezembro de 1992, uma fila de Toyota Corollas, Ford Escorts e Fiat Mirafioris surrados (carros de um país de renda média) se estendia desde o estacionamento de um supermercado na Irlanda do Norte até a fronteira com a República da Irlanda. No lado norte da fronteira, os soldados britânicos nas guaritas não estavam entendendo nada. Já no lado sul, a polícia irlandesa entendia muito bem – alguns dos seus homens também estavam na fila de carros. Era Natal, as bebidas alcoólicas eram mais baratas na Irlanda do Norte que na República da Irlanda, os irlandeses gostam de beber e dezembro é época de festa.

As filas estavam maiores que o normal. Normalmente, essa vantagem no preço da bebida só compensava para quem morava perto da fronteira, mas naquele ano havia milhares de pessoas a mais, todas desesperadas para gastar suas libras irlandesas. Estávamos testemunhando uma corrida à moeda, desencadeada por rumores de uma desvalorização iminente. Com medo, o povo queria gastar – comprar cerveja era uma forma acessível de se proteger do risco cambial. O hedge de cerveja é prático: compre cerveja britânica barata hoje com dinheiro irlandês caro antes que o dinheiro também fique barato.

Para uma moeda, não existe voto de desconfiança mais contundente que seu próprio povo batendo em retirada. O colapso ocorre em etapas: no início, quem fica inquieto são os banqueiros, investidores e especuladores, provavelmente com alguma informação privilegiada. No momento em que professores, enfermeiros, policiais e encanadores estão tentando estocar bebidas baratas, já era.

Na Irlanda de 1992 estávamos vendo uma corrida a um tipo relativamente novo de dinheiro, uma moeda que tem como lastro nada mais que as promessas do Estado emissor. Na época, o mundo inteiro usava esse tipo de dinheiro, que os economistas chamam de moeda fiduciária – em inglês, *fiat*, termo do latim que significa "faça-se", como em "faça-se luz". Todo o resto chama simplesmente de dinheiro. A principal diferença entre a moeda fiduciária e o dinheiro lastreado por uma commodity (ouro, por exemplo) é que a primeira tem curso legal, garantido unicamente pela autoridade do Estado. Não é diferente de uma força policial legalizada dentro de um Estado pelo Estado; nenhuma outra força policial pode operar legalmente naquele Estado. A polícia canadense, por exemplo, só pode operar no Canadá – tente prender alguém nos Estados Unidos vestindo o uniforme da polícia canadense e veja até onde você consegue ir.

A moeda de curso legal é emitida pelo Estado e respaldada por sua credibilidade, suas receitas fiscais e suas leis. Na verdade, está tão interligada com essas instituições que faz parte do Estado. Não se pode recusar a moeda de curso legal de um país; é uma condição de se viver lá. Como parte do contrato social, o Estado se compromete a manter o valor de sua moeda de curso legal, tanto internamente (combatendo a inflação) quanto externamente (observando a taxa de câmbio). Quanto mais fortes e sólidos forem o Estado e suas instituições, mais forte e mais digna de crédito será a moeda. As pessoas confiam na moeda porque, em geral, confiam no Estado. É claro que há radicais na extrema esquerda e na extrema direita que não confiam no Estado, mas, via de regra, independentemente do que digam nas redes sociais, a maioria dos cidadãos tem confiança no próprio Estado quando o bicho pega. Se você duvida, pense o seguinte: para quem você ligaria se alguém invadisse sua casa? Para uma gangue de justiceiros ou para a força policial da sua cidade?

Vamos contar brevemente a história de como o mundo abandonou o ouro e abraçou uma nova forma de dinheiro, aquela que todos usamos hoje.

Saigon ou ouro?

Na história do dinheiro, levou muito tempo para surgir a moeda fiduciária amplamente aceita. Nos capítulos anteriores vimos vários arranjos monetários em que o valor do dinheiro se baseava em algo real, concreto. Milênios atrás, o valor do siclo (shekel) sumério era determinado por um punhado de grãos de cereais e todos entendiam o valor desse grão. Os lídios usavam ouro, cujo valor provinha de seu prestígio ornamental. Os gregos preferiam a prata ao ouro, e os romanos usavam uma combinação de ambos. A Florença de Dante criou seu lendário florim de ouro, que mestre Adamo, o falsificador, foi condenado por corromper.

No Leste Asiático os chineses introduziram o papel-moeda (em grande parte lastreado em commodities como metal e seda) por ser mais fácil de usar em valores maiores que as moedas. Avançando alguns séculos, vimos a ideia de John Law de uma moeda lastreada em terras, uma forma criativa de libertar a França, sempre sedenta por ouro, da tirania do metal precioso. No fim, a moeda francesa foi lastreada em uma extravagante conversão de dívida em participação acionária que deu errado, enfraqueceu as finanças e contribuiu para a Revolução Francesa. Após as experiências desastrosas dos *assignats* de Talleyrand e dos continentais de George Washington ao longo do século XIX, o dinheiro lastreado meramente na promessa de um governo era algo difícil de vender. Revolucionários dificilmente são bons banqueiros. Durante o século XIX, uma era de grandes descobertas científicas, a inovação com a moeda estagnou. Em uma vitória da tradição, o século de Darwin e Pasteur foi a era do ouro, não muito diferente de 2 mil anos antes.

No final do século, os populistas americanos brigaram nas eleições para decidir se o dinheiro deveria ser atrelado ao ouro escasso ou à prata abundante. O padrão-ouro foi abandonado durante a Primeira Guerra Mundial, quando os países imprimiram dinheiro e pediram empréstimos para financiar o esforço de guerra. Após o conflito, os experimentos com papel-moeda estagnaram, sufocados pelas reparações e pelo excesso de dívidas de guerra. Em meados da década de 1920, a hiperinflação europeia levou o mundo a se comprometer mais uma vez com a disciplina do ouro. Em última análise, esse sistema reconstituído do padrão-ouro foi desfeito pela incapacidade de imprimir dinheiro quando o mundo se abateu e se encaminhou para a Grande Depressão. O padrão-ouro seguiu cambaleante até meados da década de 1930, quando Roosevelt o descartou por completo.

Durante a Segunda Guerra Mundial, o governo americano assumiu o controle das alavancas da economia. Com o país e o dólar em posição de destaque em 1946, os Estados Unidos decidiram, mais uma vez, atrelar o dólar ao ouro, tornando o metal a âncora do sistema financeiro global, em uma configuração que pode ser descrita como um quase-padrão-ouro. Esse acordo funcionou bem enquanto o governo americano esteve satisfeito com as restrições monetárias que o ouro lhe impunha. No entanto, no início da década de 1970 o déficit no orçamento americano foi aprofundado pela Guerra do Vietnã. A adesão ao quase-padrão-ouro prejudicava os esforços americanos para financiar a guerra, e os Estados Unidos se viram diante de uma escolha: Saigon ou ouro. O então presidente Richard Nixon, ávido por expandir o orçamento militar, abandonou as restrições do metal – a segunda vez em 40 anos que os americanos, convenientemente, descartavam o padrão-ouro. O Federal Reserve era agora responsável por imprimir e manter o valor do dólar. Os americanos substituíram o fixo pelo variável, o imutável pelo flexível e, em última análise, colocaram o valor do dinheiro nas mãos de seres humanos inteligentes que conseguem reagir e se adaptar à economia em evolução de uma forma que uma oferta fixa de metal não consegue. Os Estados Unidos saíram na frente e o mundo os seguiu. Em meados da década de 1970, a maioria dos países tinha adotado o regime fiduciário.

A moeda fiduciária é a inovação monetária mais significativa desde que os lídios cunharam a primeira moeda. Pela primeira vez em muito tempo os países e, é claro, seus cidadãos, estavam verdadeiramente livres das amarras de metais preciosos.

Pelo fato de este livro se concentrar no impacto transformador do dinheiro em nossa vida, não causará surpresa saber que a era da moeda fiduciária coincidiu com a expansão mais vigorosa que a economia mundial já viu.

Dê dinheiro às pessoas e, em termos econômicos, coisas mágicas acontecerão.

Em uma economia em crescimento, limitar a oferta monetária a algo fixo como o ouro tem um efeito automaticamente deflacionário. Fixar o suprimento de dinheiro, assim como fixar qualquer suprimento, beneficia quem já o possui e penaliza quem não o possui.

À medida que a renda das pessoas aumenta, aumentam também a demanda por dinheiro e, a menos que a oferta corresponda, o preço do dinheiro. E o aumento no preço do dinheiro implica que o preço de todo o restante cai em relação ao dinheiro. Com isso, as pessoas (você e eu) terão que vender mais para obter determinada quantia fixa de dinheiro.

Ora, se pararmos para pensar, o que a maioria de nós vende? Vendemos nosso tempo e nossas habilidades. Vendemos nosso tempo em troca de um salário. Se todos buscamos uma quantia fixa de dinheiro, temos que vender mais do nosso tempo para consegui-la. No mundo real, isso significa uma redução salarial.

Se os salários começarem a cair, os preços consequentemente cairão. A partir desse momento, não vai demorar muito para que as pessoas adiem os gastos e passem a guardar dinheiro, esperando preços ainda mais baixos amanhã.

Abandonar uma ideia ruim costuma ser mais difícil que adotar uma ideia boa. O padrão-ouro ou quase-padrão-ouro foi uma dessas ideias ruins que pegaram por muito tempo. O sistema fiduciário vem com metas de inflação modestas, porque um pouco de inflação é menos desafiador que a deflação. A deflação está embutida em uma moeda fixa lastreada em commodities, ao passo que uma inflação moderada está embutida em um sistema fiduciário porque a oferta monetária, não sendo fixa, pode se expandir continuamente à medida que a economia e a demanda por moeda crescem. A experiência havia mostrado aos governos que é mais difícil impulsionar uma economia deflacionária moribunda que desacelerar uma economia inflacionária frenética. Em certo sentido, uma inflação administrável em pequena escala faz com a dívida o mesmo que a confissão faz com o pecado: um pouco de perdão de tempos em tempos. Se você pega um empréstimo, a inflação facilita o pagamento da dívida, oferecendo, digamos, uma opção cristã, mais benevolente. A deflação em uma moeda atrelada ao ouro pune impiedosamente os devedores e pode ser vista como uma abordagem mais fundamentalista à dívida, ao estilo juízo final.

Um jóquei montando dois cavalos

Uma moeda flexível reflete a saúde de uma economia. Se estiver caindo, algum fundamento está indo mal ou se espera que vá mal na economia. Quando a credibilidade de uma moeda é questionada e se abre uma lacuna entre o valor que o Estado atribui à moeda e o valor que o especulador médio acredita que ela tem, tende a haver saída de dinheiro do país. A moeda funciona como um detector de mentiras. Como vimos, não há limite mínimo nem máximo sobre quanto um banco central pode imprimir. É um exercício de equilibrismo, limitado por alguns parâmetros mas ancorado na promessa de manter a taxa de inflação estável e baixa. Se o banco central aumentar a taxa de juros, as pessoas contrairão menos empréstimos e pouparão mais, exercendo uma influência moderadora sobre a quantidade de dinheiro em circulação.

Em 1992 testemunhei de dentro o que acontece quando as pessoas perdem a confiança em uma moeda. Até hoje a experiência de trabalhar em um banco central orienta meu pensamento sobre dinheiro, política monetária e economia monetária. A primeira lição que aprendi com aquela crise é que, quando se trata de dinheiro, o povo é mais inteligente do que pensam as autoridades dos bancos centrais. Não se consegue enganá-lo por muito tempo.

No início da década de 1990, a maioria das moedas fiduciárias da Europa estava atrelada ao marco ocidental, o *Deutsche Mark*. A Alemanha Ocidental do pós-guerra, ou República Federal da Alemanha, era o exemplo de como gerenciar uma moeda fiduciária: sustentar o valor do dinheiro e ainda garantir que haja dinheiro circulando em volume suficiente para manter a economia em funcionamento. Após a experiência passada com a hiperinflação na década de 1920, a República Federal da Alemanha jurou nunca mais quebrar o vínculo entre o banco central e o povo. Para os alemães ocidentais, o dinheiro estável e uma sociedade estável eram vistos como duas faces da mesma moeda. Como resultado, a Alemanha Ocidental tinha o melhor registro de inflação da Europa. Adotando uma abordagem de "Se não pode vencê-los, junte-se a eles", depois de muita introspecção e de uma corrida ao franco em 1982, a maioria dos países da Europa Ocidental optou por atrelar sua taxa de câmbio ao marco ocidental. Uma vez que tivesse fixado a taxa de câmbio em relação à da Alemanha Ocidental, o país não podia imprimir dinheiro a um ritmo mais rápido que o dos alemães. Se fizesse isso, haveria mais da moeda daquele país circulando e o preço dela cairia. Se o preço dessa moeda caísse, o banco central teria que aumentar as taxas de juros para atrair mais dinheiro no intuito de aumentar o preço da moeda e manter a taxa de câmbio fixa.

Dessa forma, ao vincular a taxa de câmbio à da Alemanha Ocidental, o valor externo e interno do dinheiro do país era preservado. Faça isso por tempo suficiente e as pessoas acreditarão que o seu dinheiro é de fato tão bom quanto o dos alemães e você será recompensado com taxas de juros mais baixas. O objetivo do jogo eram taxas de juros mais baixas, baseadas no pressuposto de que as taxas alemãs permaneceriam sempre relativamente baixas, já que a inflação alemã também permaneceria relativamente baixa.

Ninguém esperava que o Muro de Berlim caísse em 9 de novembro de 1989. A reunificação do país fez as taxas alemãs subirem, porque pela primeira vez desde o fim da guerra o país começou a contrair muitos empréstimos. Além disso, o Bundesbank (banco central alemão) aumentou as taxas de juros para compensar as consequências inflacionárias da decisão política de converter o *Ostmark*, o marco oriental, na proporção de 1:1 com o ocidental, apesar de seu valor "verdadeiro" ser apenas uma fração disso. Como todas as moedas europeias estavam indexadas ao marco ocidental, as taxas de juros alemãs mais altas elevaram as de todos os outros países, provocando crises em toda a Europa Ocidental.

Na época, o Reino Unido sofria com o abalo resultante do colapso do mercado imobiliário do fim da década de 1980. Com as finanças frágeis, os bancos e as empresas não tinham como arcar com taxas de juros mais elevadas. Em 16 de setembro de 1992, a libra esterlina se desvalorizou e saiu caoticamente do sistema cambial centrado na Alemanha, em um acontecimento conhecido como Quarta-Feira Negra. Sem a necessidade de manter o vínculo com a Alemanha, as taxas de juros britânicas poderiam cair junto com o valor da moeda.

Uma moeda em queda é a forma como um sistema fiduciário lida com a instabilidade. Compare isso com um padrão-ouro, em que a moeda não pode cair e em que todo tipo de ajuste para um choque econômico (como uma crise imobiliária) deve ser absorvido por meio de desemprego, calotes e falências. Graças à flexibilidade da moeda fiduciária, as recessões tendem a ser mais superficiais e mais curtas – e era disso que a Grã-Bretanha precisava no início da década de 1990.

No entanto, a jogada da Grã-Bretanha dificultou bastante a posição da pequena Irlanda. Quando se trata de dinheiro, os países pequenos apenas seguem regras, de modo que suas políticas devem levar em conta o que os vizinhos maiores podem estar fazendo. Em geral, esses vizinhos maiores não têm ideia de quantas noites sem dormir suas decisões unilaterais estão provocando ao redor. A política monetária em países pequenos é complicada. É preciso equilibrar o fluxo de dinheiro que entra e sai do país, gerenciar as taxas de juros locais e a de câmbio e, ao mesmo tempo, garantir que a inflação permaneça estável. Com os vínculos econômicos históricos da Irlanda com o Reino Unido e seu desejo político estratégico de estar mais perto do continente, a Irlanda se tornou uma espécie de jóquei montado em dois cavalos, o britânico e o alemão. Enquanto os dois cavalos galopavam na mesma direção, a posição do jóquei era quase sustentável, mas, quando os cavalos começaram a se afastar um do outro, as partes baixas do jóquei ficaram muito desconfortáveis, potencialmente insuportáveis. Na expectativa de uma desvalorização, o dinheiro começou a sair da Irlanda, alheio aos apelos de qualquer autoridade.

Em vez de aceitar o inevitável, o banco central irlandês decidiu lutar. Gastou todas as reservas nacionais na compra das libras irlandesas que ninguém queria e, a fim de estancar a saída de divisas, aumentou as taxas de juros para incríveis 101%. É claro que se seguiu uma recessão, tornando ainda mais provável uma desvalorização. As pessoas comuns perceberam o que estava acontecendo e entraram em pânico. Mantendo-se à frente das autoridades, elas pegaram o carro e atravessaram a fronteira para comprar cerveja barata para o Natal! Um mês depois, em janeiro de 1993, a Irlanda desvalorizou sua moeda.

Se a primeira lição que aprendi com essa crise monetária é que o povo é mais inteligente que as autoridades dos bancos centrais pensam, a segunda lição é que o dinheiro é internacional – ele dá um jeito de atravessar fronteiras. Os países querem que o seu dinheiro seja soberano, mas ele é efêmero, ele se move. No caso irlandês, temos uma fronteira na ilha que é solenemente ignorada pelo dinheiro. Essa capacidade de se difundir é um aspecto fundamental do dinheiro, porém raras pessoas, inclusive os profissionais responsáveis por ele, reconhecem isso.

Outro resultado da crise foi uma sementinha de dúvida incômoda na minha mente: se as autoridades dos bancos centrais (meus chefes) ficaram perdidas quando confrontadas com um desafio monetário, em que outras questões elas estariam fazendo um diagnóstico errado?

Os sumos sacerdotes do dinheiro

Menos de duas décadas após aquela crise monetária, a Irlanda – juntamente com grande parte do mundo ocidental – sofreu um crash bancário devastador. A mesma gangue estava no comando do dinheiro da nação. No espaço de 16 anos, eles haviam conseguido presidir duas crises monetárias profundas, forte indício de que sua compreensão do que é exatamente o dinheiro e de como ele funciona talvez não fosse lá muito sólida.

Mas as autoridades do banco central irlandês não estavam sozinhas. Elas faziam parte de um clube maior, um sacerdócio global. Seria possível que todo o clero mundial estivesse enganado em relação ao dinheiro?

Como jovem economista, primeiro no banco central e mais tarde no setor de investimentos, não me dei conta de que o mundo estava começando uma nova relação com o dinheiro. Estávamos entrando na era dos tecnocratas – os sumos sacerdotes ou brâmanes dos tempos modernos. Assim como nas sociedades mais antigas baseadas em castas, a classe dos brâmanes é a casta dos sábios, aqueles que interpretam as regras e estabelecem as leis.

Quando um banco central é agraciado com a extraordinária capacidade de criar dinheiro, as pessoas que dirigem esses locais também são agraciadas com um poder gigantesco. Dentro do tabernáculo monetário que é um banco central, os brâmanes realizam os rituais pelos quais o dinheiro é moldado. Os bancos centrais operam com a permissão do governo: imprimem a moeda, que ganha legitimidade pelo fato de o governo decretar que tal moeda é o dinheiro com o qual pagamos impostos. Essa capacidade de pagar impostos é fundamental porque, sem esse atributo, as notas no nosso bolso seriam apenas um papel qualquer.

Ao contrário dos políticos, que são eleitos ou removidos do cargo por meio de votação, os tecnocratas não prestam contas ao eleitorado. Vejamos, por exemplo, o caso do Banco Central Europeu, que é cem por cento independente porém altamente político. Como o dinheiro impulsiona a economia e a economia impulsiona o ciclo político, o dinheiro é, por definição, político. Hoje em dia a competência profissional dos bancos centrais fundamenta a arquitetura financeira mundial. Em um jogo intelectual de gato e rato com a imprensa e os mercados financeiros, os brâmanes do banco central mascaram e obscurecem fatos; os pronunciamentos das autoridades dos bancos centrais têm sido muitas vezes descritos como délficos, referência ao antigo oráculo grego que previa o futuro por meio de enigmas. Há também um forte elemento de julgamento moral em suas opiniões. Por exemplo, as economias podem ser descritas como inadimplentes ou fora de controle, colocando sua reputação e sua credibilidade em jogo. Com seu evangelho da livre circulação de capitais, os bancos centrais fazem com que os fluxos de dinheiro em todo o mundo tornem a economia global mais integrada que nunca. À medida que o dinheiro viaja livremente através dos continentes, acontecimentos em uma parte do mundo têm impacto imediato em outras regiões. É impossível imaginar a globalização sem a circulação livre da moeda fiduciária por todo o planeta.

A era da moeda fiduciária produziu a mais extraordinária prosperidade, coincidindo tanto com um declínio material da desigualdade global quanto com um período singular de inovação tecnológica. A economia chinesa, por exemplo, não teria crescido tanto se tivesse sido travada pela ausência de dinheiro. Imagine se a economia global de 8 bilhões de pessoas estivesse tentando crescer sob um sistema monetário amarrado a um pedaço de metal. Desde a década de 1970 assistimos a um aumento drástico na alfabetização global, de 61% para 83% para as mulheres e de 77% para 90% para os homens. Nos países classificados como de baixa renda, a porcentagem de meninas que não frequentam a escola caiu de 72% no último ano do quase-padrão-ouro para 23% em 2016; a de meninos caiu de 56% para 18%.[1]

Com educação, as mulheres têm maior probabilidade de controlar a própria fertilidade; assim, desde o fim do ouro, o número médio de filhos por mãe nos países de baixa renda caiu de 5 para 2,4. Sob o regime fiduciário global, as taxas de crescimento econômico mais elevadas e a fertilidade reduzida resultaram em um aumento da renda per capita. Na década de 1970, 40% da população mundial vivia abaixo da linha da pobreza definida pelo Banco Mundial; hoje esse número é de 10%. A expectativa média de vida aumentou desde o fim dos anos 1950 até o início dos 1970, enquanto a mortalidade infantil despencou. O contraste na qualidade de vida de centenas de milhões de pessoas entre o velho mundo do dinheiro lastreado em metal e o novo mundo da moeda fiduciária é extraordinário. Obviamente, correlação não é causalidade, e uma série de razões pode explicar essas mudanças – de tecnologia a medicina, saneamento, iniciativas educacionais e políticas públicas –, mas todos esses avanços ocorreram sob a égide da moeda fiduciária global. Estamos nesse regime há mais de 50 anos e as coisas têm melhorado. Isso é progresso.

Moeda vs. finanças

A moeda fiduciária é uma das tecnologias mais libertadoras e maravilhosas do mundo, dando a mais pessoas mais acesso ao dinheiro e permitindo que as economias decolem. Mas a moeda fiduciária é também uma grande ilusão e, sendo baseada na confiança, fonte tanto de fragilidade quanto de força.

No centro desse sistema estão as autoridades dos bancos centrais, os brâmanes que mobilizam os meios de comunicação, os laboratórios de ideias (*think tanks*) e as comissões de políticas para converter mais gente à sua filosofia do dinheiro. Eles afirmam controlar o dinheiro – mas será que controlam mesmo?

Desde a época de Kushim e dos sumérios existem dois tipos de dinheiro: aquele na forma de grãos de cereais, por exemplo, que podemos chamar de moeda-mercadoria; e um tipo mais efêmero, na forma de contrato, que podemos chamar de finanças. Nas finanças eu lhe devo, você me deve, nós anotamos os valores em uma lousa e, no dia marcado, acertamos as contas e fazemos um novo contrato. Somente no momento da liquidação do contrato é que a moeda real (moeda-mercadoria) é necessária. Os lídios introduziram as moedas de ouro tanto para saldar esses contratos quanto para negociar no dia a dia. Eles cunharam moedas menores para o comércio e mantiveram suas valiosas moedas de ouro para saldar dívidas e crédito pendentes no final do período do contrato. Também estabeleceram leis para os contratos comerciais, criando uma teia de obrigações, compromissos e contrapartidas de compromissos, regidos por regras.

Em nosso estudo da evolução do dinheiro ao longo desses milhares de anos, vemos esta dupla natureza evoluir: o dinheiro como moeda, ancorado por algo como o ouro ou a garantia de um Estado; e o dinheiro como finanças, criado por bancos comerciais e regido pelo direito comercial. Criar crédito é o que seu barman faz quando abre uma comanda. Você bebe feliz a noite toda e a conta é paga no fim da noite. O crédito bancário funciona assim, mas em uma escala muito maior. A maioria das inovações que vimos no dinheiro ocorre no mundo do crédito – ou na área amplamente conhecida como finanças. Refinados e ampliados pelos banqueiros mercantis florentinos com seus balanços de partidas dobradas, no momento em que chegamos aos holandeses e à Amsterdã mercantil, os empréstimos comerciais estão aumentando de maneira drástica, e são as finanças, e não a moeda ancorada em metal, que alimentam a economia comercial.

Hoje em dia, a moeda – na forma de dinheiro vivo que carregamos no bolso – representa cerca de 10% de toda a oferta monetária; as finanças, em suas diversas manifestações (seu financiamento imobiliário, por exemplo), constituem todo o restante. A primazia das finanças na história do dinheiro moderno tem implicações significativas. Quando você vai ao banco e pede um empréstimo para comprar um carro, o banco cria o dinheiro do nada e o coloca na sua conta. O novo dinheiro não existia ontem, mas hoje existe. Não foi criado pelo banco central, mas por um banco comercial. Esse dinheiro, ou crédito, é o lubrificante das finanças, regido por contratos. As finanças não são determinadas por bancos centrais, embora eles queiram controlá-las. As finanças são uma energia que pode impulsionar a economia e a sociedade, por vezes para fora do seu eixo, quer isso signifique um boom ou um colapso. Os bancos centrais sabem que devem arcar com os erros das finanças, por isso tentam estabelecer uma série de barreiras de proteção, tais como a exigência de os credores manterem depósitos no banco central, para manterem as finanças sob controle. Mas as finanças são uma versão rebelde do dinheiro, difícil de disciplinar.

Seria possível que a visão econômica tradicional da relação entre o banco central de um país e os bancos comerciais estivesse errada?

Empurrão ou puxão

Ao falarem sobre o regime fiduciário, os economistas normalmente afirmam que o banco central cria o dinheiro, imprime-o e o fornece aos bancos comerciais – a partir daí, os bancos comerciais alavancam esse montante, injetando dinheiro na economia. Essa interpretação parece lógica e coloca o banco central no centro do sistema, determinando quanto dinheiro está em circulação. É uma narrativa tranquilizadora, porque alguém está no comando. É o que aprendemos na faculdade. Vamos chamar isso de teoria do empurrão. A quantidade de dinheiro de que a economia necessita é determinada pelos oniscientes sumos sacerdotes, que para isso utilizam modelos econômicos complexos. Essa quantidade de dinheiro é empurrada do banco central para os bancos comerciais e depois empurrada para a economia. E, quando lemos nos meios de comunicação sobre o Federal Reserve dos Estados Unidos (o banco central americano), temos a certeza de que estamos lendo sobre uma instituição que tem a mão no leme monetário.

No entanto, tendo trabalhado como economista, tanto em um banco central quanto em grandes bancos comerciais, não acho que seja assim que o sistema funciona. Pode até ser nos livros e teses, mas não na vida real. Após testemunhar várias crises em que o banco central não só não estava no comando como também não parecia ter a menor ideia do que se passava, acredito que o dinheiro funcione no sentido oposto. Vamos chamar essa outra versão de teoria do puxão. Sob essa ótica, o banco central, em vez de empurrar dinheiro para a economia, está sendo puxado por ela e pelo seu apetite por dinheiro, apetite que é intensificado e saciado pelos bancos comerciais.

Os bancos comerciais são como franqueados; operam sob autorização do banco central e criam dinheiro em resposta à demanda. Uma inovação monetária que conhecemos lá atrás em Florença, a contabilidade por partidas dobradas, é fundamental para compreender como os bancos criam dinheiro: de forma simplificada, cada ativo tem um passivo correspondente. Quando quer comprar uma casa, você vai ao banco e faz um financiamento. O banco não pede permissão para criar esse dinheiro; ele gera dinheiro novo depois de decidir, ele próprio, se você está apto para o empréstimo. Esse empréstimo vai para você, e o banco paga o vendedor da casa. No balanço do banco existe um passivo: o depósito recém-criado, que você transfere para o vendedor da casa. E há também um ativo recém-criado: o empréstimo feito a você, garantido pela escritura da casa, sobre o qual você paga juros. Depois dessa espécie de alquimia, ainda resta apenas uma casa, que agora é sua, mas o vendedor da casa agora possui um depósito criado pelo empréstimo que o banco lhe concedeu. A magia da alavancagem bancária é que você fica com a casa, o vendedor fica com o dinheiro e o banco agora tem um novo ativo (o empréstimo feito a você) e um novo passivo (o depósito agora em propriedade do vendedor da casa).

O banco pode fazer isso repetidas vezes. Na verdade, como a rentabilidade do banco se baseia no rendimento de seus ativos, existe um incentivo para que o banco, maximizador de lucros, continue a emprestar mais e mais. Além disso, se o bônus do chefe estiver ligado ao preço das ações do banco, haverá sempre um incentivo à gestão para emprestar o máximo possível, mesmo que isso se torne imprudente – e é por isso que, segundo alguns, a forma mais fácil de roubar um banco é administrá-lo. Os bancos quebram de dentro para fora.

A moeda, enquanto isso, é o dinheiro criado pelo banco central. Ela vem nos formatos físico (as cédulas e moedas que guardamos na carteira e nas caixas registradoras do comércio) e eletrônico, utilizado pelos bancos comerciais para fazer pagamentos entre si. Como essa moeda eletrônica é criada? Sendo o dólar a moeda de reserva mundial, usaremos o Federal Reserve como nosso exemplo de banco central, mas o sistema fiduciário funciona da mesma forma em todo o mundo.

Quando quer dinheiro emprestado, o governo dos Estados Unidos emite notas promissórias denominadas títulos do Tesouro, que são normalmente vendidos a bancos comerciais e aos mercados financeiros. O banco central também pode comprar títulos do Tesouro no mercado aberto. Ao fazê-lo, ele cria um depósito para os bancos comerciais no Fed. Esses depósitos são conhecidos como reservas do banco central e consistem em moeda eletrônica. Essas reservas eletrônicas de dinheiro são criadas *somente* pelo banco central e são detidas *somente* pelos bancos comerciais, sendo utilizadas para liquidar transações entre estes últimos. Elas podem funcionar como uma restrição à concessão e contração de empréstimos por parte dos bancos comerciais: quanto mais reservas um banco comercial tiver no Fed, mais concessões e contrações de empréstimos ele poderá executar. Os bancos também podem converter essas reservas em moeda física, dólares novos, a partir do Fed para colocá-la nos caixas eletrônicos. Entretanto, devem manter certa quantidade de reservas no Fed para casos de emergência – embora, como veremos, raramente seja suficiente quando as coisas dão errado.

No sistema fiduciário, o governo é o emissor dos títulos do Tesouro originais e o banco central é o impressor do dinheiro. Como ambos são instituições públicas, é a mão esquerda do governo emprestando à própria mão direita, usando os bancos comerciais como facilitadores. Mas esses bancos comerciais não fazem parte do Estado. O banco central tenta supervisionar os bancos comerciais, e faz isso obrigando-os a fornecer cauções sob a forma de títulos do Tesouro. O Fed também exige que os bancos mantenham títulos do Tesouro como parte de seu capital. Essas estipulações criam uma demanda por títulos do Tesouro. Sem esses títulos, os bancos comerciais e outras instituições financeiras não podem participar do jogo do dinheiro. Uma vez que os títulos do Tesouro dos Estados Unidos se tornam a principal garantia aceita pelo Fed, eles adquirem um valor para além da disponibilidade do mercado para emprestar ao governo americano. Eles se tornam o ponto de entrada – uma espécie de "ativo fliperama", em que se paga para poder jogar.

O segredo mais valioso do mundo

O sistema é internamente estanque: o governo emite títulos do Tesouro, que são comprados pelos bancos comerciais e pelo banco central, o que dá dinheiro ao governo e cauções ao sistema financeiro. O sistema bancário comercial adquire então a permissão para criar dinheiro novo. É por isso que o preço mais importante no sistema financeiro dos Estados Unidos é o preço, ou rendimento, dos títulos do Tesouro do governo dos Estados Unidos. Os títulos do Tesouro mais importantes são os de vencimento de 10 anos, usados como referência para precificar muitos ativos financeiros, e os de 30 anos, que, nos Estados Unidos, são a taxa de referência para hipotecas. O *yield* ("rendimento"), ou taxa de juros dos títulos do Tesouro de 10 e 30 anos, é a taxa de juros de curto prazo mais um prêmio de risco, de modo que a taxa de longo prazo normalmente é mais elevada que a de curto prazo. A taxa de curto prazo é definida pelo banco central e ancora todo o sistema. Legiões de jornalistas financeiros e analistas de mercado esquadrinham as declarações dos sumos sacerdotes do dinheiro na tentativa de adivinhar em que direção irão as taxas dos títulos de longo prazo. As autoridades dos bancos centrais supõem qual direção a economia e a oferta monetária vão tomar, e os mercados financeiros especulam com base nessas suposições. Nem um pouco reconfortante, não é?

Como se pode ver, a visão econômica tradicional do regime fiduciário, aquela que sugere que o banco central decide a quantidade apropriada de dinheiro para a economia e empurra essa quantidade de dinheiro para os bancos comerciais para que estes a disseminem, inverte o sistema. É boa para teóricos, mas não explica o mundo real. Na realidade, os bancos comerciais acabam puxando o banco central de um lado para outro. E existe mais um aspecto que o Federal Reserve não quer que você conheça sobre como o dinheiro é criado. Trata-se do segredo mais valioso do mundo.

Os grandes bancos comerciais que criam dinheiro têm outro truque na manga: o mercado do eurodólar. Os eurodólares são dólares criados no exterior, longe do domínio do Federal Reserve. Apesar do nome, eles não têm nada a ver com o euro. Os eurodólares surgiram após a Segunda Guerra Mundial, quando o Plano Marshall fez muitos dólares circularem na Europa. Esses dólares foram depositados em bancos que não eram regulamentados pelas autoridades americanas – fossem bancos estrangeiros ou sucursais estrangeiras de bancos dos Estados Unidos. Tais bancos tiveram que emprestar esses dólares para ganhar juros e, com o tempo, os bancos começaram a criar empréstimos em eurodólares, principalmente para transações nos mercados financeiros.

O mercado de eurodólares se tornou uma espécie de mercado de capitais paralelo, que continuou a crescer conforme os bancos concediam mais empréstimos, criando mais depósitos, que, por sua vez, geravam mais empréstimos. À medida que os mercados de capitais cresciam exponencialmente em Londres e em várias outras jurisdições financeiras no exterior, o mesmo acontecia com esse mercado de eurodólares. Lembre-se de que os eurodólares são negociados como dólares, mas, por serem produzidos fora dos Estados Unidos, não são regidos pelas exigências regulatórias do Federal Reserve. O lobby dos grandes bancos americanos domiciliados fora dos

Estados Unidos levou a uma situação em que esses bancos internacionais criavam mais dólares no exterior e o Fed basicamente fazia vista grossa. Atualmente os eurodólares são a moeda dominante nos mercados financeiros internacionais. Existem 12,8 trilhões de eurodólares circulando no mundo. A oferta monetária americana é de pouco mais de 20 trilhões de dólares. Assim, para além do montante regulamentado de dólares americanos no mundo, circulam por aí mais 64% desse montante, sobre o qual o Federal Reserve não tem controle. Em suma, os Estados Unidos não controlam de verdade a própria moeda.[2]

Em contraste com o entendimento clássico didático da moeda fiduciária, o banco central não limita o crédito criado pelos bancos comerciais. Os chefões dos bancos centrais podem tentar influenciar a quantidade de dinheiro em circulação ao impor condições aos bancos, solicitando mais cauções; eles podem tentar manipular o preço ajustando a taxa de juros; podem até recorrer aos meios de comunicação para advertir os bancos ou opinar sobre a situação mundial. Mas são capazes de controlar as finanças e seu papel na economia? De jeito nenhum! Eles conseguem controlar o preço do dinheiro (a taxa de juros), mas não a quantidade de dinheiro nem onde ele é utilizado ou criado. Isso significa que, na melhor das hipóteses, têm uma influência orientadora sobre a quantidade de dinheiro no sistema, e o tempo que leva para a taxa de juros influenciar a economia pode variar. É nesse período de transição que as coisas podem desandar, e, quando desandam, são as autoridades dos bancos centrais que arcam com as consequências.

O eurodólar é um segredo – um segredo de 12,8 trilhões de dólares – que os sumos sacerdotes não querem que você saiba. Em vez de empurrar dinheiro para a economia, o banco central é, na realidade, puxado pelas finanças e por sua forma de dinheiro criada pelos bancos: o crédito.

A inconsistência entre a história oficial do empurrão e a história não oficial do puxão, de fingir que têm alçada quando na realidade não têm, enfraquece os sumos sacerdotes do dinheiro e muitas vezes os torna explicadores a posteriori em vez de senhores do destino do dinheiro.

Quando nos perguntamos por que passamos por crises bancárias e financeiras recorrentes, a resposta é a seguinte: as pessoas no comando não estão no comando. E, por trás de toda a pompa e circunstância disfarçada de teoria, quase catecismo, o que existe nos bancos centrais são meros mortais lidando com a mais incendiária das substâncias. Sim, o dinheiro.

Quando estiver buscando um financiamento imobiliário, lembre-se de que o preço dele é determinado pelo ciclo de crédito, aquele elemento mais instável do dinheiro, que é menos governado pela economia racional e mais uma função da insanidade das massas.

20
A PSICOLOGIA DO DINHEIRO

Fox News

Em 2008, no St. Patrick's Day, fui ao estúdio da Fox News TV em Midtown Manhattan, Nova York. Toda decorada de verde, a Big Apple era irlandesa. No desfile da Quinta Avenida, o coral da polícia municipal entoava a canção tradicional irlandesa "Galway Bay".

Naquela tarde, o mundo havia desabado. O Bear Stearns, um dos maiores e mais antigos bancos de Wall Street, tinha ido à falência. Era o assunto do momento. Mas eu estava lá para falar sobre meu livro mais recente. Segundos antes de irmos ao ar, a apresentadora Liz Claman olhou para mim, balançou os cabelos ruivos e disse: "Olha só, você deve entender de bancos e dinheiro... Aqui nas minhas anotações diz que você já foi economista de banco. Dane-se a Irlanda, vamos falar sobre o Bear Stearns." E no instante seguinte a luz vermelha se acendeu, a tela atrás de mim começou a mostrar imagens de funcionários atordoados saindo do prédio do Bear Stearns, eu estava ao vivo na Fox Business e a primeira pergunta de Claman foi: "Então, David McWilliams, como chegamos até aqui?"

Bom, Liz, assim como no caso da Irlanda, tudo começou e terminou com casas. A economia irlandesa é uma versão em miniatura da economia americana, mas, como estamos no seu país, vamos falar do seu país.

Estamos vendo um derretimento no preço dos ativos. A composição é metade economia e metade natureza humana. Uma mistura volátil! Se o Fed mantiver as taxas de juros baixas demais por muito tempo, as pessoas vão pegar mais dinheiro emprestado dando como garantia seus ativos, como a própria casa, por exemplo. Quanto mais valioso for o ativo, mais dinheiro os bancos vão emprestar. E a maneira mais fácil de manipular o preço de qualquer ativo é com alavancagem, ou seja, dinheiro emprestado. Esse é um dilema do tipo "o ovo ou a galinha". O preço do ativo está subindo porque há mais alavancagem ou há mais alavancagem porque o preço do ativo está subindo?

A alavancagem incha e distorce os preços, empurrando-os para cima e para fora. A parte de subir é fácil, mas o que eu quero dizer com "empurrar os preços para fora"? Quero dizer que quanto mais os preços sobem, mais se ouve falar deles. À medida que o preço de certos ativos (digamos, de apartamentos nos Estados Unidos) aumenta, mais pessoas os desejam, querendo entrar em um mercado em ascensão.

Os americanos contraíram mais dívidas, como se poderia esperar. Naturalmente, quanto maior a procura por imóveis, maior a oferta. Construtoras que pretendiam levantar prédios comerciais mudam de ideia ao verem que os prédios residenciais estão dando mais lucro e reformulam seus projetos. Elas vão aonde está o dinheiro. Mais apartamentos são ofertados, impulsionados por folhetos reluzentes retratando jovens solteiros com dentes impecáveis, cabelos exuberantes e tapetes de ioga. A pornografia imobiliária desse tipo seduz ainda mais compradores. Com o tempo, a qualidade e a localização dos novos apartamentos decai. Todas as unidades da quadra da praia se esgotaram, então as novas construções ocupam a segunda, terceira, quarta e quinta quadras.

A essa altura, os bancos estão agora financiando os dois lados, concedendo empréstimos tanto à incorporadora-construtora quanto ao comprador-especulador. Os lucros dos bancos sobem cada vez mais, acompanhando o aumento no volume de empréstimos. Os lucros maiores, por sua vez, elevam a classificação de crédito dos bancos, o que reduz o custo dos empréstimos. Encorajados, eles emitem títulos de dívida que são comprados por outros bancos e instituições financeiras, dando aos bancos emissores mais dinheiro – que pode ser imediatamente convertido em mais empréstimos.

Com o tempo, o perfil do credor começa a mudar. Concedendo empréstimos a um ritmo tão acelerado, em pouco tempo os bancos ficam sem clientes solventes, porém não se deixam abalar e baixam o nível de exigências, acolhendo clientes com rendas não tão robustas. Mas as coisas estão indo bem, e se o meu banco recusar esses empréstimos, o banco da esquina vai concedê-los, então por que não conceder logo?

Esses novos mutuários pouco blindados em termos financeiros foram chamados de clientes subprime. Tradicionalmente, os bancos não concederiam empréstimos a essas pessoas, porém, num período de boom, eles se tornam clientes subprime.

As massas

O investidor comum não junta os pontos. Vemos um número subindo e, se possuímos o ativo, esse número está nos tornando ricos. Por outro lado, se não possuímos esse ativo, nos comparamos com nosso vizinho cada vez mais rico e sentimos que estamos deixando passar uma oportunidade. Os economistas tendem a entender errado esse ponto. As pessoas só conseguiam enxergar que os preços das casas nos Estados Unidos estavam subindo. O aumento de preços empolga e aterroriza ao mesmo tempo, conduzindo a uma alteração no estado de espírito coletivo.

Como vimos no Capítulo 10 em relação à febre das tulipas – e como se vê atualmente nas recorrentes crises financeiras em que os economistas, apesar de alegarem compreender o dinheiro, não conseguem prever o que acontece –, a economia tradicional não entende a fundo a psicologia envolvida. A economia tradicional não consegue compreender o efeito alucinante do dinheiro.

Se você cursar Economia, vai aprender que, conceitualmente, o preço é o ponto em que a oferta se iguala à demanda. Os economistas criaram essa ideia fabricada de equilíbrio para garantir que seus modelos funcionem. Basta um breve momento de reflexão sobre o mundo real para concluirmos que essa ilusão só poderia ser mantida por pessoas que não saem muito de casa. A economia que vivenciamos todos os dias não é um modelo, é um sistema adaptativo complexo, espontâneo e imprevisível. Na vida real, o preço nos deixa motivados, empolgados. Em termos simples, o aumento dos preços dá tesão financeiro. Quando agimos sob o efeito dessa excitação e não do cérebro, nossa tomada de decisões não é das mais criteriosas.

Embora tenhamos visto dinâmicas psicológicas semelhantes na história da febre das tulipas, a economia moderna tem muito mais crédito e oportunidades para criar crédito, de modo que as bolhas se tornam ainda mais efervescentes, e as quebras, consideravelmente mais acentuadas. Além disso, a alavancagem, ausente na febre das tulipas, possibilita que muito mais pessoas se envolvam na atividade especulativa e mais balanços sejam destruídos em uma crise. E, como as dívidas contraídas precisam ser quitadas, a consequente recessão pode durar bem mais tempo.

Normalmente, há dois tipos de investidor: o investidor de tendência e o investidor em valor. O investidor em valor é aquele citado nas aulas de finanças: uma pessoa que olha para os números e os índices, encontra o valor justo com base em alguma métrica de avaliação objetiva e joga de acordo com as regras, olhando para os rendimentos, o lucro por ação, os dividendos, desvios de médias e valor em relação a outras ações ou ativos. Os investidores em valor fazem uma avaliação de seus investimentos em relação a fatores de risco. Com base em seus cálculos, tomam decisões ponderadas e racionais. Razoavelmente comum na teoria, esse tipo de pessoa na verdade faz parte de uma pequena minoria.

A maioria das pessoas é do tipo investidor de tendência. Não queremos deixar passar uma oportunidade e seguimos o fluxo. Se vemos que algo está subindo de preço, queremos uma fatia também. À medida que os preços sobem, somos tragados. O otimismo nos contagia. Aparentemente, todos no mercado estão enriquecendo. Os bancos ampliam a alavancagem. O aumento no preço dos ativos distorce um lado do balanço, mas também causa algo estranho no outro lado.

O banco que empresta dinheiro faz isso com base em uma proporção – o montante do empréstimo é sustentado por um montante de caução. Isso é denominado financiamento por margem. É a melhor maneira de contrair empréstimos quando os preços estão subindo. Imagine que um apartamento custe 900 mil dólares e seja aceito pelo banco como caução para um empréstimo de 1 milhão. Isso significa que o cliente precisa entrar com 100 mil em dinheiro. Se o preço do apartamento subir 10%, chegando a 1 milhão, a caução agora cobrirá todo o risco do empréstimo. Empolgado com o ganho no papel, o cliente volta ao banco querendo mais alavancagem para comprar um apartamento na planta em um novo empreendimento à beira-

-mar, aquele dos solteiros com dentes perfeitos e tapetes de ioga. O banco verifica os registros e confere que esse cliente tem capital próprio mais que suficiente no novo valor mais elevado do apartamento e, "prudentemente", oferece ainda mais crédito.

A fase da euforia

Nesse clima de otimismo, cada proprietário de apartamento se torna uma espécie de missionário do dinheiro, recrutando outras pessoas para o jogo. Raramente o recrutamento resulta em qualquer ganho financeiro direto; eles estão faturando tanto que querem compartilhar sua sorte. Nessa fase, muita gente cautelosa que não se desfaz de dinheiro com facilidade é convencida, experimentando um momento financeiro de conversão religiosa. A escalada não se limita aos balanços pessoais. Os balanços do governo e das empresas também se beneficiam. Todos os três se juntam em um boom econômico, como chamamos.

No caso do balanço do governo, o crédito se infiltra no ciclo político, orçamentário e fiscal mais amplo. Todo esse dinheiro novo, criado pelo sistema bancário para alimentar o boom imobiliário, eleva os gastos dos consumidores. Os limites do cartão de crédito são aumentados. As pessoas se sentem mais ricas porque sua riqueza aumentou no papel. Esses gastos impulsionam as receitas do imposto sobre valor agregado e dos impostos indiretos, reforçando o caixa do governo, reduzindo o déficit orçamentário e criando espaço para futuras reduções nos tributos. Além disso, com o setor da construção civil pagando impostos e funcionando a todo vapor, outra fonte de receitas do governo aumenta. E, como a construção exige muita mão de obra, o desemprego diminui à medida que mais pessoas encontram emprego não apenas diretamente nesse setor, mas também na interseção com a construção civil, o setor bancário e a publicidade – todos eles impulsionados pelo aumento do crédito original. Com a redução nos impostos, é administrada outra injeção de dinheiro, já que as pessoas têm mais para gastar. Os preços seguem subindo.

No balanço das empresas, o dinamismo das vendas está impulsionando as receitas. Como a inflação permanece moderada (como aconteceu nos Estados Unidos, em grande parte graças à pressão descendente sobre os preços ao consumidor proveniente de produtos baratos vindos da China), as taxas de juros baixas desencadeiam um surto de engenharia financeira. As empresas que não conseguem crescer com rapidez suficiente recorrem a fusões financiadas por dívida para adquirirem mais participação nesses mercados em crescimento. Com taxas de juros mais baixas, o custo de fracassar é menor, de modo que as empresas investem em startups que talvez jamais tivessem a mais remota esperança de sucesso caso as taxas de juros fossem mais elevadas. Se essas taxas são mantidas baixas por tempo demais, é possível ver como o dinheiro barato financia empresas frágeis ou ideias fracas que só são sustentadas pela efervescência monetária generalizada. As empresas antigas que permaneceram solventes pelo fato de as taxas de juros serem baixas demais, as chamadas empresas-zumbis, vão à falência quando as taxas de juros sobem. Mas o mesmo acontece com as novas empresas, as empresas-fantasmas – aquelas startups que queimam o dinheiro dos investidores sem dar lucro. Esses zumbis e fantasmas serão as primeiras empresas a implodir quando as taxas de juros voltarem a subir.

Foi nesse contexto efervescente da década de 2000 que as incorporadoras imobiliárias milionárias foram tratadas com um respeito messiânico na mídia especializada. Com os bancos superalavancados ganhando prêmios, seus principais executivos apareciam em Davos para opinar sobre as mudanças climáticas. As pessoas estavam agitadas e nada poderia estragar o clima. Os governos registravam superávits orçamentários pela primeira vez em anos e as pessoas se queixavam de não conseguir uma mesa em um restaurante nas noites de quarta-feira, enquanto o *New York Post* noticiava o casamento de um chef famoso com a filha de um magnata do setor imobiliário em Martha's Vineyard, um refúgio da elite da Costa Leste americana.

Em cada escalada impulsionada pelo crédito existem três tipos de mutuário com três balanços diferentes. O primeiro tipo é o mutuário protegido por hedge.[1] Essa pessoa tem rendimentos suficientes para arcar tanto com os pagamentos mensais dos juros do empréstimo quanto com o do valor principal anual. Um segundo tipo é o mutuário especulativo. Esse só consegue pagar os juros da dívida e precisará prorrogar as parcelas do montante principal na esperança de vender o ativo no final com um bom lucro e só então saldar o empréstimo. O terceiro tipo é o mutuário Ponzi, que não pode pagar nem os juros nem o principal com sua renda e precisa que os preços continuem subindo para conseguir quitar qualquer coisa. Ele entra no mercado para "repassar" o apartamento para a próxima pessoa que chegar. Em essência, o mercado, diante desses preços ridiculamente altos, não faz sentido financeiro. O edifício é mantido apenas pela ilusão em massa. É nesse ponto que ouvimos histórias sobre novos paradigmas, teorias ultramodernas sobre avaliações, preços e dinheiro.

Esse é o momento de risco máximo, mas é justamente quando a maioria dos amadores entra no jogo.

A desaceleração

Alguns investidores experientes realizam lucro, cientes de que ninguém jamais perdeu dinheiro vendendo cedo demais. Raramente há um sinal de venda evidente, ou, se houver, ele só é reconhecido em retrospectiva. Esses investidores espertos caem fora quando estão quase no topo, vendendo para aqueles que estão chegando. Nesse ponto, o mercado depende de novos participantes para ocupar a base da pirâmide. Seguindo os experientes, mais alguns jogadores decidem que é hora de vender. Pela primeira vez desde antes da fase otimista os preços oscilam um pouco.

Estamos entrando na fase da negação. Aqueles que vêm ganhando dinheiro fácil descartam a correção dos preços como um desvio mínimo na trajetória ascendente, tanto que muitos dos mais fiéis veem essa queda como uma oportunidade e compram ainda mais, alegando ver boas pechinchas. Os preços podem subir como resultado de os já comprometidos se comprometerem mais. Mas aquele sentimento mudou. Os jogadores experientes chamam essa fase de escalada tardia após o mercado ter virado *bull trap* (armadilha de touros) – quando há a impressão de um novo movimento ascendente, embora na verdade o feitiço já tenha sido quebrado. Pouco antes parecia haver um número infinito de compradores, mas agora quem quer vender está descobrindo que os compradores desapareceram.

A fábrica de boatos começa a funcionar na direção oposta. Os compradores evaporam, surgem mais vendedores e os preços começam a cair. O pânico se instala. As pessoas tentam vender os apartamentos, mas o mercado está abarrotado. Em economia, chamamos isso de paradoxo da agregação: significa que o que é bom para o indivíduo nem sempre é bom para o coletivo. Nesse caso, os bancos, ao observarem os balanços, constatam que as cauções dos empréstimos concedidos perderam valor. Então entram em contato com clientes individualmente, dizendo que precisam de mais dinheiro para cobrir a margem.

Se o banco aconselha o proprietário de *um* apartamento a vendê-lo, tudo bem, mas o paradoxo da agregação surge quando todos os bancos pedem a todos os seus clientes que vendam seus imóveis para levantarem dinheiro. Se todo mundo está vendendo, quem está comprando? O mercado está apinhado de apartamentos à venda. Vendo os preços em queda, os compradores (se sobrou algum) concluem que amanhã os preços cairão ainda mais. Pense em uma partida de futebol no estádio. O jogo fica emocionante e o cara à sua frente se levanta para ter uma visão melhor. Isso só funciona se ninguém mais se levantar na frente dele. Mas o fato de ele se levantar sinaliza para os outros que devem se levantar também, para ter uma visão igualmente melhor, e logo todo o estádio está de pé, quando pagamos para ficar sentados, e ninguém consegue uma visão melhor. Com o mercado imobiliário é a mesma coisa: se eu for o único vendendo, vou me dar bem, porque consigo um bom preço, mas, se todo mundo estiver vendendo, todo mundo consegue um valor menor do que gostaria.

O medo se propaga e os preços continuam a cair, levando a uma depressão generalizada conforme a manada se dá conta do seu erro. Os bancos percebem que seus balanços estão umbilicalmente ligados ao mercado em colapso à medida que cada vez mais clientes devolvem as chaves, sem condições de pagar suas dívidas.

Nosso mutuário Ponzi é o primeiro a desistir. Sua posição sempre foi a mais precária, e quando os preços começam a cair, sua estratégia de vender amanhã a alguém "mais tolo" (segundo a famosa teoria) é comprometida. Sem renda nem patrimônio, ele tira o time de campo, perseguido por advogados e cobradores de dívidas.

Os preços continuam a cair. Então o mutuário especulativo, que só podia pagar os juros, começa a afundar. Seus rendimentos, como os de todo mundo, baseiam-se na economia mais ampla, e, quando a febre dos apartamentos entra em colapso, o mesmo acontece com o crédito extra na economia. Os bancos começam a solicitar o pagamento dos empréstimos.

Esse é o retrato de uma crise de crédito. O dinheiro de hoje se torna muito mais valioso que as promessas de dinheiro amanhã.

Nessa fase as pessoas começam a entender que o dinheiro que têm no banco – que a maioria acredita estar lá para ser guardado – é na verdade um empréstimo que fazemos ao banco em troca de juros. O banco utiliza esse empréstimo para criar mais empréstimos e, desde que todos esses empréstimos estejam sendo pagos, ninguém questiona nada. Dinheiro entra, dinheiro sai. Mas e quando os empréstimos deixam de dar retorno, quando as pessoas dão calote e os bancos enfrentam uma cascata de empréstimos inadimplentes?

Os bancos tinham emprestado descontroladamente e agora, para cada novo empréstimo, eram obrigados a equilibrar o balanço com depósitos. Quanto mais depósitos recebessem, mais poderiam emprestar. Porém, quando ficaram sem depósitos, foram obrigados a levantar dinheiro de outra forma. Nessa fase febril, quando os depósitos se esgotaram, os bancos pediram empréstimos a outros bancos, alguns a um prazo muito curto, emitindo títulos que eram prorrogados ou precisavam ser refinanciados todos os anos. Em uma crise de crédito, os bancos têm uma discrepância entre os ativos (os empréstimos concedidos) e os passivos (os depósitos e outros títulos de curto prazo que devem receber). Eles vão oferecer rendimentos mais elevados sobre os depósitos porque querem evitar que sejam retirados. Se os depósitos deixarem o banco, ele terá um grande problema, porque os bancos contraem empréstimos a curto prazo e emprestam a longo prazo. Por exemplo, quando emprestam para a compra de um apartamento, em geral é na forma de uma hipoteca de 30 anos, de modo que não poderão recuperar o dinheiro integralmente por 30 anos. Em contrapartida, os depositantes têm o direito de exigir seu dinheiro imediatamente. A regra fundamental do setor bancário é garantir que os empréstimos estejam sendo pagos e que os depositantes estejam confortáveis.

O dinheiro, a atividade bancária e as finanças dependem da confiança. Se confiamos nos bancos, raramente nos preocupamos se o dinheiro que depositamos está seguro ou não. Presumimos que esteja lá e, se temos a sorte de ter economias, não nos preocupamos em tirá-las do banco. Mas e se as pessoas começarem a questionar se o banco conseguiria devolver o dinheiro que deixaram lá? A queda dos preços das ações é um sinal de alarme, avisando que pode estar acontecendo algo no banco que os executivos prefeririam esconder. Esse algo é a falência. À medida que a inadimplência aumenta e os mutuários afundam sob o peso de um mercado em colapso, os preços das ações dos bancos caem. Os vendedores fazem fila para desovar as ações, mas não há quem as compre. O preço das ações desaba.

Depositantes preocupados retiram seu dinheiro. Em geral, isso começa de maneira gradual, com grandes depositantes corporativos. Uma vez iniciado, o processo pode acelerar depressa, e é por isso que uma corrida aos bancos é chamada de corrida, e não de passeio ou caminhada. Se o aumento no preço dos ativos é impulsionado por rumores e boatos, o mesmo ocorre com uma corrida aos bancos. Em geral, um banco vai ao mercado de empréstimos interbancários e tenta levantar fundos. Mas quem vai emprestar dinheiro a uma instituição que parece estar falindo?

Essa era a situação em que o Bear Stearns se encontrava em 2008. Os detalhes específicos sobre quais títulos ou derivativos ele estava negociando são menos importantes que o processo descrito aqui. Quando o Bear Stearns recorreu ao mercado interbancário, nenhum banco estava disposto a lhe emprestar. Quando tentou vender parte do negócio a outros bancos para reforçar o caixa, nenhum acordo foi fechado. O Federal Reserve, tradicionalmente o credor de última instância, tentou respaldar o banco no início de março, mas no St. Patrick's Day, em 17 de março, a festa tinha acabado, porque a extensão de suas perdas globais não estava clara.

Na Fox News, Liz Claman provavelmente desejou nunca ter feito aquela pergunta.

O resultado intencional das políticas

Nas semanas e meses que se seguiram ao massacre do St. Patrick's Day de 2008, uma série de bancos iria à falência. Em uma crise, você não fica apenas sem dinheiro, fica sem tempo. Se os bancos tivessem conseguido ganhar tempo, poderiam ter atenuado o pânico, mas o tempo era extremamente escasso. As vendas continuaram, os balanços implodiram e, na corrida por dinheiro, bons ativos foram vendidos para pagar as perdas em ativos duvidosos. O colapso do preço das ações de um banco derrubou outros e, em setembro daquele ano, passados seis meses, a crise financeira global de 2008 tinha se abatido sobre nós.

Essa história destaca muitas das propriedades do dinheiro que exploramos. O dinheiro é uma reserva de riqueza que motiva e empolga. Ele amplifica o comportamento humano, colocando em foco atributos como entusiasmo, esperança e otimismo, bem como ganância, inveja e orgulho. Esse é seu aspecto plutófito essencial: o dinheiro altera o comportamento humano e o comportamento humano altera o dinheiro. O dinheiro nos permite viajar no tempo: ao contrair empréstimos, estamos utilizando a renda de amanhã para pagar algo hoje, ao passo que, ao especularmos, estamos pintando para nós próprios um quadro do futuro expresso em dinheiro e potencial lucro. E, mesmo quando as coisas desmoronam e prometemos a nós mesmos nunca mais repetir o erro, não aprendemos. As sementes do próximo ciclo são as ruínas do anterior, pois mais uma vez os investidores em valor compram o ativo decaído a um custo baixo, se empolgam e começa tudo outra vez.

Na década que se seguiu à crise de 2008, a recessão global obrigou os brâmanes dos bancos centrais a reduzir drasticamente a taxa de juros e a imprimir dinheiro com um fervor extravagante. O objetivo era recuperar o balanço dos consumidores americanos e seu sistema bancário. O tipo de recessão que se seguiu à crise de 2008 é chamado de recessão de balanços: de um lado dos balanços das pessoas estavam os ativos, principalmente imóveis residenciais, e do outro estavam as dívidas contraídas para comprar esses imóveis e outros ativos. Após a crise, os preços dos ativos desmoronaram, mas a dívida permaneceu a mesma.

A flexibilização quantitativa foi uma nova política introduzida pelo Fed em 2009, assim denominada para distingui-la da flexibilização de preços mais tradicional. Normalmente, se um banco central quer estimular a economia em movimento, ele corta as taxas de juros. Isso vai definir o preço do crédito e, como o crédito está mais barato, as pessoas contrairão mais empréstimos e pouparão menos, e os bancos emprestarão, fazendo os gastos subirem. Porém, em 2009, as taxas de juros não conseguiram pôr a economia em movimento porque ela estava presa naquilo que Keynes descreveu como "armadilha de liquidez". Isso ocorre quando as pessoas já têm muitas dívidas e não contraem empréstimos, por mais baixas que sejam as taxas de juros, ao passo que os bancos já têm muita inadimplência e também não emprestam. Depender das taxas de juros para impulsionar a economia se torna tão útil quanto empurrar uma corda, como observou Keynes. Nesse tipo de situação, o banco central precisa abarrotar a economia de dinheiro e forçar os bancos a emprestar.

Tecnicamente, os brâmanes não chegam a imprimir dinheiro para levar a cabo a flexibilização quantitativa. O Fed entra em contato com os bancos e se oferece para comprar, digamos, 10 bilhões de dólares dos títulos do Tesouro que os bancos têm em seus caixas, o que significa que algo que era ilíquido, um título, é tornado líquido pelo banco central e imediatamente convertido em dólares novos. Os bancos podem então fazer o que quiserem com esse dinheiro. De uma vez só, o Federal Reserve criou 10 bilhões de dólares que não existiam antes. Nesse caso, está empurrando dinheiro em vez de ser puxado.

Além disso, o Fed fez mais uma coisa. Ele precisava garantir que os bancos emprestariam esse dinheiro novo em vez de o deixarem parado ou comprarem algum outro ativo ideal para guardar. Tradicionalmente, o ativo preferido dos poupadores eram os títulos do Tesouro dos Estados Unidos de 10 anos, que dão retorno razoável. O Fed decidiu comprar esses títulos, retirando-os do mercado e bloqueando esse refúgio de poupança para os bancos. Só restou aos bancos emprestar o dinheiro novo, que foi para seus clientes favoritos. E quem costumam ser esses clientes? Os já ricos. Taxas de juros mais baixas fazem o preço dos ativos subir, e, quando o preço dos ativos sobe, quem se beneficia mais, os ricos ou os pobres? Os ricos, é lógico, porque eles possuem bens – é por isso que são ricos. A pequena minoria de pessoas que depende de ativos, aluguéis e dividendos para viver se beneficia bem mais que a grande maioria de nós que depende dos salários. A elevação na desigualdade de renda não foi o resultado acidental da flexibilização quantitativa – foi o objetivo.

Cada vez mais pessoas se viram excluídas da festa da riqueza e sua participação na sociedade diminuiu. Essas pessoas podem não ter participação, mas têm direito a voto; elas votam na pessoa ou ideia que parece estar resolvendo o problema delas. Movimentos com frases de efeito simples, oferecendo conforto nesse mundo desigual, começam a soar atraentes. Donald Trump e o Brexit são, entre outras coisas, o resultado político da flexibilização quantitativa – ambos os movimentos nacionalistas mostram sintonia com aqueles "deixados para trás" e são alimentados pela desigualdade de renda. O populismo nasceu nos bancos centrais, criado pela mesma elite que o populismo considera inimiga.

À medida que a desigualdade no Ocidente aumentava e os bancos eram socorridos enquanto se impunha austeridade às pessoas comuns, o respeito pelas instituições monetárias e pela capacidade das autoridades dos bancos centrais de fazer seu trabalho foi enfraquecido. Com a confiança no sistema financeiro global em baixa e a política monetária estabelecida exacerbando a desigualdade de renda, seria possível haver uma nova forma de dinheiro no horizonte, uma nova promessa?

21

A EVOLUÇÃO DO DINHEIRO

Privado vs. público

No dia 13 de outubro de 2023, uma sexta-feira, na Catedral de St. Patrick, em Dublin, eu me sentei diante do púlpito onde, de 1713 a 1745, o reitor Jonathan Swift proferia seus sermões. O escritor americano Michael Lewis estava lá para falar sobre uma nova forma de dinheiro, a criptomoeda. Ele se concentrava especificamente em seu livro de sucesso *Going Infinite* [Rumo ao infinito], que documenta a ascensão e queda do chamado "J. P. Morgan das Cripto", Sam Bankman-Fried, aclamado como o futuro do dinheiro, festejado por jornalistas, celebridades e políticos.[1]

Sua empresa, a FTX, era avaliada em bilhões de dólares e todos os investidores experientes disputaram uma fatia do negócio. No fim, assim como as tulipas, os apartamentos absurdamente alavancados e toda uma série de ativos que dispararam e despencaram, a coisa toda não passava de uma enorme bolha, inflada pelo ar quente e pelas taxas de juros historicamente baixas. A flexibilização quantitativa que se seguiu à crise de 2008 criou uma bonança de empréstimos e, com as taxas de juros de curto prazo em zero, os bancos, para adquirir rentabilidade, eram forçados a conceder empréstimos de prazos muito mais longos a empreendimentos muito mais arriscados. Com esse dinheiro "grátis", os bancos começaram a fazer apostas mais arriscadas. Estávamos testemunhando um experimento gigantesco que nunca havia sido testado. Os brâmanes da economia podiam ter brincado com essa ideia nos livros didáticos e nos quadros-negros, mas, na realidade, taxas de juro zero nunca tinham existido. De uma perspectiva macroeconômica, taxas de juro zero fazem sentido por um período curto, pois em algum momento o balanço se corrigirá. Mas, se as taxas são mantidas baixas demais por tempo demais, todo tipo de esquema estranho é financiado, sem muitas perguntas. A FTX foi um desses empreendimentos.

Lewis, generoso e empático até o último fio de cabelo, considerava Bankman-Fried, com quem havia passado muitas horas, não exatamente um criminoso dissimulado. Segundo Lewis, Fried estava mais para uma personalidade de incompetência extravagante e inaptidão emocional para administrar uma barraca de doces, que dirá uma empresa com bilhões de dólares de depósitos de clientes em custódia. Porém o júri do julgamento penal de Bankman-Fried em 2023, em Nova York, não o viu sob uma luz tão benevolente, e o juiz o considerou culpado de roubar dinheiro de outras pessoas.

Parecia adequado discutir mais um boom e colapso monetário naquele local de culto específico. Em 1720, quando a Grã-Bretanha e a Irlanda sofriam as consequências econômicas e políticas do estouro da bolha da Companhia dos Mares do Sul, Jonathan Swift – que, juntamente com Isaac Newton, foi prejudicado pela fraude – produziu o poema satírico "The Bubble" [A bolha]. Atacando os diretores de uma empresa especulativa que enganava inocentes, ele escreveu:

> A nação então descobrirá tarde demais,
> Calculando todo o custo e incômodo,
> Promessas dos diretores não passam de vento,
> Mares do Sul, no máximo, uma bolha poderosa.

Bankman-Fried foi para a década de 2020 o que esses operadores foram para a década de 1720. Em matéria de dinheiro, especulação, natureza humana e ciclo de crédito, o que valia há 300 anos ainda vale hoje. Será que algum dia aprenderemos? Bankman-Fried e seus apoiadores não estavam apenas brincando com um novo ativo em uma terra distante; eles faziam parte de um novo movimento, encantados pelos avanços tecnológicos que alegavam controlar um tipo de dinheiro completamente novo: a criptomoeda.

As cripto podem ser uma novidade em formato, mas a batalha sobre quem controla e cria dinheiro tem sido travada há milênios por imperadores, governantes e monarcas uns contra os outros e contra os mercadores e a classe bancária que foram pioneiros e disseminaram as finanças. Ao longo dos últimos 500 anos essa luta teve altos e baixos, mas, no século XXI, o mundo monetário chegou a uma síntese – uma trégua, se preferir – entre o empurrão do controle do banco central e o puxão dos bancos comerciais. O Estado emite a moeda, por meio do banco central, que responde ao governo. Os bancos comerciais criam crédito, orquestrando as finanças sob a vigilância dos reguladores dos bancos centrais. Como vimos no Capítulo 19, a teoria do empurrão defendida pelos teóricos de economia está equivocada em essência. A moeda fiduciária tem mais a ver com o puxão dos bancos comerciais, mas, apesar de seu poder e tamanho, eles ainda podem ser tributados e regulados. Washington pode decidir impor boas maneiras a Wall Street. Dessa forma, o dinheiro continua na esfera das competências do Estado – ele é público. Você consegue imaginar o Estado abrindo mão desse poder?

Ao longo dos milênios, repetidas vezes, um elenco de personagens tão diversos como o imperador Nero, que depreciou a moeda, o falsificador de Dante, mestre Adamo, e até mesmo Adolf Hitler tentou controlar o dinheiro pela manipulação. Todos esses esforços foram destinados a privatizar o dinheiro público, e o exemplo mais recente nessa ilustre lista são as criptomoedas. Ainda que disfarçadas pela retórica da libertação para as pessoas comuns, elas são uma forma de dinheiro privado. Não se iludam: os ricos são os que mais se beneficiarão com o dinheiro privado – afinal, os proprietários serão eles. Nos próximos anos, uma grande batalha se dará entre o dinheiro emitido por entidades privadas e o dinheiro emitido pelas instituições do Estado em nome do cidadão.

Criptovertigem

Grande parte da euforia das criptomoedas parece pouco mais que falsificação digital para a geração TikTok. Isso não quer dizer que o dinheiro não vai se ajustar e assumir novas formas em nossa era orientada por dados, mas alguns especialistas em tecnologia emitindo tokens e chamando esses cupons de "moeda" não são o futuro do dinheiro. Quase uma fraude elaborada, as cripto se capitalizaram em uma época em que a confiança do público nas instituições democráticas e nos mercados atingira um novo mínimo.

A promessa das cripto era ser uma nova forma de dinheiro democrática, igualitária e honesta, e seu manifesto envolvia uma espécie de apelo revolucionário – esmagando o domínio do poder tradicional sobre o sistema financeiro e abrindo o mundo do dinheiro para além de Wall Street. Pelo menos era isso que diziam.

Em vez de serem emitidas por governos supostamente corruptos, criptomoedas como o Bitcoin são governadas por algoritmos incorruptíveis, sustentados por uma nova tecnologia chamada blockchain, tornada possível pela revolução global de dados em andamento. O blockchain é uma câmara de compensação e liquidação para todas as negociações em criptomoedas e foi projetado para eliminar o papel do sistema bancário na compensação de transações. No entanto, o número de Bitcoins que podem ser minerados é finito. No total, existem 19,6 milhões de Bitcoins disponíveis. Isso significa que mais de 93% do total possível já foi minerado, e o restante continua a ser extraído pelos chamados mineradores. Quem está ganhando todo o dinheiro com o Bitcoin? As *exchanges* (corretoras de criptomoedas), que cobram uma comissão cada vez que ele é negociado, e as pessoas que já possuem Bitcoins e os adquiriram a preços muito mais baixos que os de hoje.

Embora o status do Bitcoin como criptomoeda seja às vezes contestado por seus defensores, ele costuma ser considerado parte da família das criptomoedas. Sua oferta finita o distingue de outras formas, emitidas por diversas empresas de cripto, que são pouco mais que casas da moeda "caseiras". Quem vai fazer dinheiro com esse segundo tipo de criptomoeda? As pessoas que a emitem, obviamente, como sempre aconteceu. Esse segundo tipo de cripto, personificado por Sam Bankman-Fried e a FTX, não tem limites sobre a quantidade que pode ser emitida, desde que o hype se mantenha. Mas sabemos o que acontece quando a maré baixa. Se uma empresa privada e não regulada emite tokens e chama esses tokens de dinheiro, o risco de ser o último comprador deveria ser razoavelmente óbvio. Pelo menos com o Bitcoin há uma quantidade fixa disponível, e quando acabar, acabou.

Alguns argumentam que, mesmo que as criptomoedas acabem como meros itens colecionáveis da era da internet, como as cartas Pokémon digitais, o blockchain ainda é uma tecnologia transformadora. Mas que problema ele está resolvendo? A ideia de que existe um sistema de pagamentos global grande e ineficiente cujo desperdício pode ser resolvido pelo blockchain parece ser, se não infundada, um problema menos importante do que se alega. Já existem muitos sistemas de pagamento digital que processam bilhões de transações on-line precificadas em dinheiro normal, sobretudo em dólar. É necessário adicionar a dimensão extra de um dinheiro novo a um sistema cambial em que o dinheiro antigo está funcionando? A tecnologia blockchain – em essência, uma versão digital da talha numérica da Antiguidade – ainda é um livro-razão extremamente lento e com elevado consumo de energia, que parece não ser escalável para atender os trilhões de dólares em transações que são feitas a cada hora utilizando as tecnologias existentes. Em comparação com o velho cartão de crédito ou com os sistemas de liquidação bancária globais – por mais problemáticos e suscetíveis a invasões ocasionais que alguns sejam –, o blockchain ainda está engatinhando.

A mais conhecida e mais negociada de todas as moedas digitais, o Bitcoin, tem um problema óbvio: a afirmação de que "Bitcoin é dinheiro" é evidentemente falsa. Como vimos, a história sugere que uma das características principais necessárias para que o dinheiro seja verdadeiramente útil é que seu valor seja estável. Isso significa que ele deve ser administrado. Para as transações cotidianas, o Bitcoin é imprestável em termos práticos, porque seu preço oscila demais. Essa instabilidade é uma questão de economia tradicional básica: o preço sobe e desce justamente porque a oferta é limitada. Como vimos no caso do ouro, uma oferta limitada de qualquer coisa não permite ajustes dinâmicos em resposta a alterações na demanda.

À medida que o Bitcoin se torna popular e mais pessoas o compram, seu preço sobe depressa demais. Isso vai contra seu uso para transações. Quem o defende e o promove às vezes usa um aumento no preço como prova de que ele *é* dinheiro, quando na verdade acontece o oposto. Por que gastar Bitcoin quando seu valor está subindo em relação a todo o resto? Por conta de sua oferta fixa, ele não pode funcionar como meio de troca estável, portanto acaba sendo acumulado para ganho de capital. Assim, em vez de funcionar como dinheiro, torna-se uma espécie de ativo.

A tecnologia não escalável e frágil, aliada às realidades básicas de oferta e demanda, implica que os criptoativos são incapazes de cumprir até mesmo as três funções essenciais do dinheiro, que são: 1) ser uma unidade monetária; 2) ser um meio de troca; e 3) ser uma reserva de valor. Os criptoativos não merecem ser chamadas de criptomoedas porque não são moedas. São tokens que representam algum valor para algumas pessoas – e constituem um veículo perfeito para especulação pura e simples. A propriedade das cripto que as torna ideais para especulação e apostas é sua volatilidade. Quem apostaria em um ativo chato e estável? Mas essa mesma propriedade as torna disfuncionais como meio de pagamento e, portanto, como dinheiro.

Um ativo?

Um pouco de reflexão sobre especulação e investimento levanta outro sinal vermelho: os "criptotokens" são mesmo ativos? Um ativo deve ter um fluxo de rendimento que remunera seu proprietário pelo investimento. Ao contrário de um título de dívida ou de uma participação acionária, as criptomoedas não geram fluxo de caixa nem rendimento. Criptomoedas não dão direito legal a nada.

Quando compra uma ação, você está comprando uma parcela de uma empresa real. Quando compra um título, está comprando também um direito sobre os ativos subjacentes ao título, seja ele de uma empresa ou de um Estado. Já as criptomoedas não contribuem para a formação de capital de nenhuma forma. Quando você compra ações de uma empresa, entende-se que seu dinheiro vai para a empresa e poderá ser usado na compra de equipamentos ou no processo de expansão para um novo mercado, com os quais você espera lucrar. A expectativa desse investimento dependerá, entre outros fatores, da atividade econômica ligada a essas ações.

As cripto, por outro lado, são a aposta especulativa definitiva, um contrato negociável de apostas, já que as transações ocorrem com base no *feeling*. O "mercado" para esses tokens é um jogo de soma zero em que o ganho de qualquer participante implica necessariamente a perda de outro. A negociação de criptomoedas não tem nada a ver com a economia – é uma aposta. A excitação e o vício que elas oferecem são idênticos aos dos jogos de azar, com a única diferença de que não são mercados regulamentados. São deslocalizados, obscuros e sujeitos a um grau elevado de manipulação interna, como continuaremos a ver em julgamentos de fraudes como o de Bankman-Fried. O emissor estatal de dinheiro presta contas ao povo, ao contrário da fantasia cripto, em que o emissor pode ser uma empresa privada – uma impressora digital com um departamento de marketing criativo.

Existem outros tipos de cripto, as *stablecoins*, ou moedas estáveis, que são tokens lastreados em reservas de moeda fiduciária. Isso faz deles nada mais que fundos do mercado monetário disfarçados de outra coisa. Não importa a forma que assumam, o fato é que os tokens digitais emitidos por uma empresa privada que tenta fazê-los passar por dinheiro são um golpe. Existe uma espécie de moeda digital que deverá ser lançada em breve pelos bancos centrais, mas na verdade isso nada mais é que papel-moeda com outro formato, ainda emitido por um órgão do Estado.

Para a sociedade em geral, as criptomoedas resultam em uma transferência líquida da riqueza de apostadores geralmente mais pobres – isso inclui os defensores furiosos e obcecados por X e Reddit – para sofisticados cartéis privados que operam as *exchanges* offshore, apoiados de forma incongruente pelas mesmas firmas de Wall Street que as criptomoedas deveriam destruir. No conjunto, as criptomoedas, pelo menos por enquanto, falham tanto como investimento quanto como dinheiro. A tecnologia por trás delas, que já tem quase 20 anos – a mesma idade do iPhone –, encontrou pouca ou nenhuma aplicação para além da atividade criminosa e da aposta. Se a quantidade de uma criptomoeda for fixa, isso beneficiará apenas as pessoas que já a possuem, como aconteceu com o ouro em tempos passados. Quanto mais o preço sobe, mais ricas essas pessoas se tornam. Não importa se é ouro digital, como gostam de dizer os defensores das criptomoedas, ou ouro real – as desvantagens de uma oferta limitada são evidentes.

O Bitcoin deveria ser usado para comprar coisas – aquela ideia antiga de "dinheiro como meio de troca" –, mas isso nunca aconteceu. Em vez disso, passou a ser visto como uma reserva de riqueza em que muitos milhões de pessoas acreditam. À medida que seu preço aumenta, mais gente será atraída para o esquema, apesar de não ter nenhum valor fundamental nem oferecer rendimento algum. Sabemos que a melhor maneira de manter um ativo inflacionado é ter cada vez mais pessoas com participação nele. Com o tempo, haverá um grupo significativo de indivíduos interessados em manter seu valor, falando a seu favor. Afinal, a riqueza deles está atrelada ao Bitcoin. Eles se apoiarão nos reguladores para reforçá-lo, protegê-lo, disseminá-lo e, em última análise, aumentar ou pelo menos manter seu preço. A melhor maneira de fazer isso é através de canais de distribuição estendidos. No intuito de proteger a própria riqueza, os *bitcoiners* recrutaram Wall Street para comercializar Bitcoin para as massas por meio de ETFs ou fundos de índice, mecanismo que permite aos investidores comprar e vender Bitcoin em maior quantidade e de forma mais transparente. Os *bitcoiners* foram para a cama com as mesmas empresas que antes acusavam de corruptas, mercenárias e destrutivas. O investimento alternativo original de protesto se tornou mainstream.

Aliar-se com Wall Street e fazer lobby junto aos reguladores está muito longe do ímpeto original do Bitcoin, que de início era uma aposta no desmoronamento total da ordem política ocidental e no fim da moeda fiduciária. Os primeiros a adotá-lo faziam parte de uma seita do Juízo Final; acreditavam que os regimes fiduciários estavam prestes a ruir em um surto de hiperinflação que desvalorizaria todas as principais moedas, mas do qual o Bitcoin emergiria como o grande salvador. Dadas essas tendências apocalípticas, os promotores mais extremistas do Bitcoin tendiam a apoiar forças políticas que poderiam enfraquecer o Ocidente, por isso encontrá-los nas redes sociais aplaudindo regimes como a Rússia de Putin, hostil ao poder ocidental, não é surpresa para ninguém.

Não me entendam mal – isto não é uma recomendação. As pessoas podem fazer o que quiserem com seu dinheiro, inclusive comprar Bitcoin. Meu argumento aqui é que Bitcoin não é dinheiro em nenhuma definição de dinheiro que eu compreenda. É mais um grupo de lobby financeiro que uma nova forma de dinheiro. E, assim como a maioria dos grupos de lobby, o jogo consiste em impor sua pauta às autoridades para reforçar os interesses de seus proprietários, aqueles que mais se beneficiam de sua oferta limitada.

Em janeiro de 2024, após enorme pressão, a Comissão de Valores Mobiliários dos Estados Unidos aprovou pela primeira vez fundos Bitcoin, permitindo que fossem negociados no mercado convencional sem que os investidores tivessem que passar diretamente pelo processo de aquisição da criptomoeda. Quando pessoas muito ricas – nesse caso, os pioneiros que compraram Bitcoin por centavos de dólar e fizeram uma fortuna astronômica – fazem pressão sobre o Estado para legitimar algo que foi concebido de maneira explícita para ser ilegítimo e procuram convocar e enriquecer Wall Street, deveriam soar sinais de alarme. Quando isso é realizado de forma a abrir caminho para a venda a pequenos investidores, que ficarão entusiasmados com os preços mais elevados que resultam da aprovação dos fundos pelo governo, esses sinais deveriam soar mais alto ainda.

Ao longo dos anos, vimos que o dinheiro é uma tecnologia projetada para resolver um problema. Estou quebrando a cabeça para saber qual problema o Bitcoin e as criptomoedas em geral de fato resolvem. Apesar da pequena base que o Bitcoin conquistou no mercado de investimentos tradicional americano, as criptomoedas parecem destinadas a permanecer à margem, uma fonte de obsessão para seus apoiadores e aficionados, mas não muito útil ou prática na vida real. O Bitcoin está para o dinheiro assim como o esperanto está para a linguagem.

O problema mais crítico das criptomoedas é que elas são privadas, ao passo que o dinheiro, quando funcional e gerenciado corretamente, é sempre público. Apesar de todos os seus defeitos, o sistema fiduciário ainda é um sistema administrado pelo Estado. Mesmo os bancos comerciais mais poderosos estão sob supervisão estatal e poderiam estar ainda mais caso se julgasse necessário, assim como seria tecnicamente possível trazer o mercado de eurodólares para dentro do âmbito do Estado americano. Não existe universo em que eu possa imaginar o Estado desistindo do poder de emitir dinheiro em sua própria jurisdição, porque fazê-lo seria dar ao setor privado o controle sobre a substância mais potente do arsenal estatal. A menos que o Estado desapareça, substituído por outra coisa, é impossível imaginar circunstâncias em que o dinheiro não seja domínio do Estado ou de apêndices do Estado. É simplesmente uma ferramenta poderosa demais para se abrir mão dela. E perigosa demais nas mãos erradas.

Teoria monetária moderna

Mais ou menos na mesma época em que os entusiastas das criptomoedas imaginaram pela primeira vez um mundo de dinheiro privado, alguns teóricos da economia estavam sugerindo, dos fundos de seus departamentos universitários, que o futuro do dinheiro seria público. Os defensores da teoria monetária moderna (MMT, na sigla em inglês), como a americana

Stephanie Kelton, argumentam que a forma tradicional de encarar os gastos públicos – e as restrições a eles – está equivocada. A visão tradicional sustenta que primeiro se aumentam os impostos e depois o governo gasta o dinheiro arrecadado. A MMT afirma que acontece o inverso e que, na realidade, o Estado primeiro imprime dinheiro e só depois os impostos são pagos. Portanto, gasta-se primeiro e tributa-se depois, em vez do inverso. Isso significaria que a obsessão política por equilibrar as contas – em que os políticos tratam as finanças do Estado como se fossem as de famílias com um orçamento limitado – se baseia em pressupostos falsos. Os defensores da MMT alegam que, por ter a prerrogativa de emitir dinheiro, não existe isso de um Estado ficar sem dinheiro.

A consequência desse tipo de raciocínio é que os déficits fiscais nacionais não importam de fato, ou pelo menos não importam da forma como tendemos a pensar. Ouvimos muitos analistas e economistas falarem sobre a necessidade de estabelecer tetos para a dívida, como se, quando a dívida nacional atingisse um número arbitrário, o país fosse ficar sem um tostão no bolso. A MMT sugere que isso não pode acontecer em países que emitem a própria moeda; segundo eles, a única restrição à quantidade de dinheiro que o governo pode imprimir é a inflação, que seria determinada pelos recursos da economia. Eles argumentam que, quando os preços começassem a subir, o governo deveria aumentar os impostos para aliviar a demanda do consumo, de forma que a economia iria arrefecer, assim como a pressão inflacionária.

Para uma economia gigantesca como a dos Estados Unidos, que emite a moeda de reserva global, a implicação da MMT é que o governo tem arbítrio sobre a quantidade de dinheiro que cria e sobre onde escolhe gastá-lo. De fato, a experiência durante a pandemia de Covid, quando vários países forneceram renda para populações forçadas a ficar em casa, é vista pelos discípulos da MMT como prova de que um governo pode simplesmente imprimir dinheiro e distribuí-lo ao povo sem a necessidade de passar pelo sistema bancário.

Tenho alguma simpatia pela ideia de que os governos possam ter um orçamento com mais espaço para operar do que se pensava e também compreendo que muitas das vozes que argumentam contra os gastos públicos e a intervenção do Estado são enviesadas ideologicamente. Mas não estou tão certo de que o futuro do dinheiro será bem-sucedido como esperam os teóricos da MMT. Há uma série de dificuldades práticas enfrentadas. Na zona do euro, por exemplo, os países utilizam uma moeda comum (o euro), emitida pelo Banco Central Europeu, em vez de emitir a própria moeda. Os governos dos países do grupo não são, portanto, capazes de criar e gastar dinheiro da forma descrita pelos proponentes da MMT.

Mesmo aqueles que emitem a própria moeda, como o Reino Unido, terão restrições orçamentárias práticas determinadas pela percepção dos mercados financeiros em relação à disciplina monetária do país. Em 2022, a tentativa fracassada do governo de Liz Truss de impulsionar a taxa de crescimento britânica por meio do aumento do endividamento e da redução de impostos levou a uma corrida para vender a moeda e os títulos públicos. Os investidores abandonaram ativos do Reino Unido, temendo a inflação. Embora, teoricamente, o Reino Unido possa emitir quantas libras esterlinas quiser, na prática está limitado pela realidade dos mercados financeiros internacionais e pela visão deles de probidade política.

O principal obstáculo para os proponentes de dinheiro exclusivamente privado, como o Bitcoin, ou dinheiro exclusivamente público, como endossado por alguns dos economistas da MMT, é que ambas as opções, embora interessantes do ponto de vista teórico, são impraticáveis. As criptomoedas, como vimos, não são um meio de troca sério, ao passo que as duras restrições da inflação e do mercado de títulos são reais e tornam a MMT muito menos radical do que parece.

De volta à África

Ao longo deste livro vimos inovações progressivas em relação ao dinheiro para atender às demandas da economia. Assim como a linguagem, o dinheiro é uma coisa viva, e, da mesma forma que a adoção de uma palavra, locução ou expressão idiomática novas, cada inovação tornava o dinheiro mais útil; quanto mais útil era, mais utilizado se tornava. Estamos vendo um exemplo desse processo de tentativa e erro em inovação monetária ocorrer neste momento na África.

Para atingir seu potencial, o dinheiro deve ser utilizável e aceitável pelo maior público possível. Além disso, deve ser abundante e difuso em vez de escasso e concentrado. Se o dinheiro puder ser colocado nas mãos de mais pessoas e for aceito como um meio de troca estável por aquelas que antes estavam excluídas do mundo monetário, o impacto poderá ser imediato e as consequências, espantosas.

Enquanto as redes sociais e Wall Street anunciavam as criptomoedas e celebridades as exaltavam em anúncios durante o Superbowl, uma forma de dinheiro muito mais atrativa emergia, organicamente, em uma região improvável. Em boa parte da África, um grande obstáculo ao desenvolvimento é a falta de crédito e de serviços bancários, duas inovações que tornam o dinheiro mais eficaz: o crédito porque permite às pessoas investir no futuro, e o sistema bancário porque é a plataforma onde as pessoas poupam dinheiro e contraem empréstimos. Muitos africanos, sobretudo de áreas rurais, raramente se deparam com um banco em seu cotidiano, mas têm telefone celular. Em 2007, mesmo ano em que o Bitcoin chegou, uma moeda mais engenhosa chamada M-Pesa estava sendo introduzida, com pouco alarde e reduzido investimento. Ela acabaria por ser tão útil como o dinheiro, resolvendo um problema – ao contrário das criptomoedas, que seguem sendo uma solução em busca de um problema.

O M-Pesa ("M" é uma referência à tecnologia móvel e *pesa* significa dinheiro em suaíli) transforma o crédito do celular em dinheiro. É uma adaptação "de baixo para cima" que respondeu a uma demanda real e resolveu um problema real, além de ter sido amplamente adotada. Nas esquinas do Quênia, vendedores ambulantes vendem recargas para celulares pré-pagos. Eles são agentes de uma incipiente transformação monetária e social. Usando tecnologia básica de mensagens de texto, o M-Pesa permite que os quenianos depositem dinheiro em seu telefone, comprem e vendam utilizando as funções de débito e crédito do seu telefone, transfiram dinheiro através de seu telefone e contraiam empréstimos e façam aplicações por meio do crédito telefônico. A Safaricom, principal operadora de telefonia móvel do país, começou a trocar os minutos de telefonia móvel pela moeda local, o xelim. Essa medida permitiu que os minutos do celular se tornassem moeda, e os bancos comerciais facilitaram a troca. Nas zonas rurais do Quênia, pequenos empréstimos são concedidos para ajudar os agricultores de colheita em colheita, não muito diferente do sistema de *putting out* que descrevemos no início do período medieval. O "dinheiro" emprestado é o crédito telefônico, cujo valor é compreendido por todos. Assim que as pessoas mais pobres acessaram essa ferramenta bancária básica, o dinheiro baseado no celular se popularizou.

O M-Pesa reduziu o custo bancário e aumentou o acesso ao dinheiro. Sem um sistema bancário funcional, a forma de enviar dinheiro para o interior do Quênia antes do M-Pesa era dar um saco de dinheiro a um motorista de ônibus, que cobrava até 30% do valor para entregá-lo em uma aldeia distante. Muitas vezes o dinheiro simplesmente desaparecia. Com o M-Pesa, o dinheiro é transferido por meio de crédito telefônico, que então é usado para comprar artigos na mercearia local. Sem um intermediário, não há mais risco. Hoje existem 50 mil agentes registrados que atuam como microbancos em todo o Quênia e 70% da população utiliza o M-Pesa, ao passo que 30% do PIB do país é gerado via M-Pesa.[2]

O dinheiro evolui porque a economia evolui. Veja a diferença entre a criptomoeda e o M-Pesa. A primeira atraiu bilhões de dólares de investimento, ampla cobertura jornalística, campanhas publicitárias incessantes e o apoio da carteira de Wall Street, e mesmo assim não conseguiu atender as expectativas. Por outro lado, o M-Pesa – que foi concebido em resposta à pobreza e não à riqueza – está crescendo com sucesso e poderá ser o modelo para o dinheiro em grande parte da África. A criptomoeda tem enfrentado dificuldades porque falhou no teste evolutivo pelo qual todas as inovações econômicas devem passar. Que problema ela resolveu? Nenhum. Foi o melhor projeto para atender ao desafio ou à exigência do momento? Não. O M-Pesa, uma solução improvisada e orgânica, foi o melhor projeto para resolver o dilema queniano do momento? Sim.

Recentemente, ao cruzar o portão da Trinity College, em Dublin, onde estudei economia monetária pela primeira vez há muitos anos, refleti sobre a evolução do dinheiro. Com uma agradável sensação de circularidade, eu estava prestes a ensinar a mesma disciplina que me fascinava quando era estudante. Nesse intervalo de três décadas, o progresso do dinheiro foi e está sendo implacável, em todas as partes do mundo. Hoje uma trabalhadora no Quênia pode enviar dinheiro na hora, pelo celular, para a mãe que mora na área rural.

Nossa civilização avançada tem carros elétricos, smartphones, vacinas, cafeteiras, boates, cidades pujantes, arte abstrata, música pop, redes sociais, armas nucleares, drogas recreativas, pílulas anticoncepcionais, ortodontia cosmética, engenharia de precisão, inteligência artificial, comida indiana para viagem e cadeias de abastecimento globais – e 8 bilhões de pessoas conseguem viver neste planeta populoso. Essas façanhas de organização, produtividade, inovação e capacidade intelectual coletiva não são possibilitadas pela ideologia ou pela religião, nem mesmo pela força, mas pelo dinheiro. O dinheiro atua como o sistema nervoso central daquele organismo altamente complexo e em constante adaptação que chamamos de economia global. Uma ferramenta prometeica, o dinheiro impulsionou e continua a impulsionar a humanidade. Ele está inextricavelmente tecido na trama da civilização humana. É uma tecnologia que nos define e, ao longo dos últimos cinco milênios, nós, *Homo sapiens*, nos tornamos plutófitos – uma espécie adaptada pelo dinheiro e em constante evolução com ele.

O M-Pesa é a personificação da evolução do dinheiro, adaptando-se e prosperando de maneira espontânea em resposta ao seu ambiente. O dinheiro sempre se desenvolveu organicamente e continuará a fazê-lo. Quem teria imaginado que, apenas alguns anos depois de serem amplamente adotados, os telefones celulares se tornariam bancos e o crédito telefônico se tornaria dinheiro? Nos últimos anos, o M-Pesa foi adotado na República Democrática do Congo por pessoas que vivem na mesma bacia hidrográfica onde nossas investigações começaram, milhares de anos atrás, com o Osso de Ishango. A evolução do dinheiro, assim como a evolução da humanidade, nos surpreende o tempo todo.

AGRADECIMENTOS

Escrever um livro como este, essencialmente uma história econômica popular do dinheiro, é um enorme feito de organização, e não sou uma pessoa muito organizada, portanto eu não poderia tê-lo escrito sozinho. Para colocar tudo no papel, é preciso acumular uma quantidade imensa de fatos e números, familiarizando-se com o que é completamente desconhecido, e depois transformar essas ideias desconexas em uma narrativa que faça algum sentido lógico. Não basta conectar os pontos; o objetivo é contar a história de uma forma vívida que agrade um leitor real, não apenas o autor obsessivo. E não sou um desses escritores solitários; sou do tipo conversador, que gosta de trocar ideias com os outros, que se distrai e que esquece tanto quanto memoriza. Sou o que se pode chamar de escritor social; preciso de gente ao meu redor. Que Deus os conforte – eles têm sofrido pela minha arte! Sou eternamente grato por isso.

Este livro é, na verdade, um esforço conjunto com minha esposa e alma gêmea, Sian Smyth, que me guiou ao longo do projeto, me trazendo de volta aos trilhos quando eu me desviava em mais que algumas divagações e, às vezes sem rodeios, me dizendo quando minhas ideias não estavam chegando a lugar algum. Foram muitas longas manhãs, tardes e noites escrevendo, reescrevendo e passando a caneta vermelha em um mar de folhas impressas. Este livro não seria o que é sem ela.

Sou grato a minha agente, Marianne Gunn O'Connor, por ter encomendado a ideia e gerenciado o que acabou sendo um negócio mais longo e complicado que o previsto. Tive muita sorte de contar com uma equipe editorial brilhante na Simon & Schuster, liderada por Assallah Tahir. Com seus comentários sempre úteis, sua atenção aos detalhes e suas excelentes escolhas de palavras, Alex Eccles ajudou a dar forma a este livro – acho que ele nunca mais vai querer ouvir o termo "economia monetária" de novo. Jack Ramm foi recrutado bem no início, quando o livro era uma grande massa de ideias; ele fez cortes e edições, transformando-o em uma história mais coerente – o que não foi tarefa fácil. Sou grato pelo olhar atento da copidesque Tamsin Shelton e do revisor Jonathan Wadman. Minhas duas pesquisadoras por excelência, Alice Marcoux e Eliza Notaro, merecem enormes agradecimentos pelas investigações e pela filtragem, sempre realizadas com sorrisos largos e grande disposição.

As opiniões e os erros são meus, mas, se houver alguma besteira grande, você pode culpar as seguintes pessoas... Brincadeira. A economia é um assunto infinitamente fascinante, mas há tanta coisa para saber que ela é sempre surpreendente, e este livro tem a sorte de ter sido lido por alguns economistas especiais que mantiveram minha sanidade e foram generosos em doar seu tempo e conhecimento. Meus agradecimentos especiais a Brendan Greeley, da Universidade de Princeton, cujo conhecimento enciclopédico da história do dinheiro foi indispensável. Meu professor de economia monetária quando eu estava na graduação, Antoin Murphy, compartilhou comigo seu aprendizado sobre Talleyrand, Hamilton e Direito em caminhadas pandêmicas com distanciamento social ao longo do cais de Dún Laoghaire. Ele é um especialista em John Law, de modo que eu não teria companhia melhor para tentar entender o dinheiro no século XVIII.

Todo mês de novembro organizo um festival de economia e stand-up comedy, e o circo itinerante Kilkenomics de economistas – Mark Blyth, Marla Dukharan, Martín Lousteau, Peter Antonioni, Ronan Lyons – e o historiador Peter Frankopan me deram enorme incentivo, assim como os especialistas em moeda Eric Lonergan e Paul McCulley, que leram alguns dos últimos capítulos. Seus comentários foram inestimáveis. Uma menção especial a Deirdre McCloskey, autora da magnífica trilogia de livros Bourgeois, por suas ideias sobre James Joyce, o Iluminismo e o liberalismo.

A respeito do período modernista, procurei Declan Kiberd e um especialista nos anos de James Joyce em Trieste, John McCourt. Sobre dinheiro na Alemanha de Weimar, Mark Jones foi um dos meus guias. Angus Mitchell me esclareceu sobre Roger Casement, ao passo que Corinna Salvadori Lonergan me instruiu sobre Dante. As sugestões artísticas de Lynda Mulvin foram extremamente úteis, e me sinto em dívida com Nassim Nicholas Taleb por seus comentários.

Dirijo meus agradecimentos também aos amigos que ofereceram conselhos gerais e leram partes dos primeiros rascunhos, entre eles Terence Ward e Idanna Pucci, que me receberam em Florença, me levaram para um tour histórico pela cidade e me mostraram os arquivos do Palácio Pucci. Obrigado a Conor McPherson, pela leitura de alguns materiais iniciais, e a Kathryn Osborne e Owen Medler, por também lerem atentamente esses primeiros esboços. A Gula, a sábia de Zlarin, por me estimular a explorar o impacto da invenção da bicicleta na sociedade. Um agradecimento especial a Bono, que, certa noite de 2019, depois de muita conversa sobre economia, disse: "Sabe de uma coisa, David? Você deveria escrever um livro sobre dinheiro."

Como eu disse, sou um escritor social, portanto muitas das ideias deste livro foram infligidas a quem quisesse ouvi-las. Um dos maiores ouvintes que conheço é meu parceiro de podcast, John Davis. O podcast me permitiu desenvolver noções antes de colocá-las no papel. Valeu, John.

Por fim, volto ao começo, à mesa da cozinha, e, como este foi um livro parcialmente pandêmico, um grande obrigado aos meus filhos, Lucy e Cal, por nos garantir boas risadas durante o lockdown e por usarem o livro do papai, que estava "demorando uma eternidade", como referência pessoal para seus progressos em quaisquer áreas, fosse na música ou na faculdade. Agradeço também a minha mãe, Alice, por nunca ter perguntado se eu já tinha terminado "aquele troço".

UMA OBSERVAÇÃO SOBRE LEITURAS COMPLEMENTARES

Caro leitor,

Se você chegou até aqui, significa que despertei seu interesse. Agradeço demais por seu tempo e sua atenção; espero que tenha gostado da experiência. O tema do papel central do dinheiro no desenvolvimento de nossa civilização me fascina há muitos anos, e qualquer autoridade no assunto que eu possa reivindicar decorre do trabalho no campo da economia monetária e da leitura da obra de especialistas. Muito do que li moldou os argumentos principais deste livro, e às vezes minha leitura me levou a pequenos afluentes que poderiam ser igualmente fascinantes. Aqui farei algumas observações sobre minhas fontes, que espero serem úteis caso você queira pesquisar mais a fundo sobre qualquer um dos assuntos que abordei. Ou, quem sabe, talvez você se interesse simplesmente em folhear com prazer um dos livros a seguir.

Apresentarei o material de leitura em ordem cronológica, capítulo por capítulo, mas, antes disso, devo dizer que um livro que influenciou meu pensamento durante todo o projeto foi ***The Origin of Wealth: The Radical Remaking of Economics and What It Means for Business and Society***, de **Eric D. Beinhocker**, que enxerga a economia como um sistema complexo e vê a criação de riqueza como um processo evolutivo. Essa linha de discussão cristalizou o que eu vinha pensando fazia muitos anos: que a economia é um sistema dinâmico, jamais estático, sempre ativo. Mais importante ainda para nossos propósitos, me fez pensar no dinheiro como uma tecnologia social que desempenhou um papel fundamental na evolução da sociedade humana. Se você está procurando um livro esclarecedor, Beinhocker vale algumas horas da sua concentração.

O Capítulo 1 de *Dinheiro* deve muito de sua essência a **Against the Grain: A Deep History of the Earliest States**, de **James C. Scott**, um livro maravilhoso que descreve, entre outras coisas, o papel central do fogo como tecnologia no desenvolvimento humano. Essa perspectiva me ajudou a pensar sobre o dinheiro como uma tecnologia igualmente fundamental. Mais que isso, me deu uma noção da grande amplitude da história antiga – pré-histórica, se preferir – e do papel da economia antes de a economia ser inventada. Nenhuma perspectiva sobre dinheiro, dívida e contratos antigos está completa sem a leitura de **Dívida: Os primeiros 5.000 anos**, de **David Graeber**, cujas seções sobre dívida na Irlanda druídica me fascinaram. Embora não tenha sido incluído no texto final, esse trabalho acadêmico foi essencial em minhas primeiras leituras pelo sentido que me proporcionou da história econômica aprofundada.

Meu principal companheiro no Capítulo 2 foi **Money Changes Everything: How Finance Made Civilization Possible**, de **William N. Goetzmann**. Detalhado, denso e gostoso de ler, o livro de Goetzmann esteve comigo durante todo o projeto e seu conteúdo sobre os sumérios é excelente. Compreender o papel crítico da taxa de juros me permitiu aprofundar um pouco mais esse capítulo, e meu guia essencial foi o notável **O preço do tempo: A verdadeira história dos juros**, de **Edward Chancellor**. Como tudo que Chancellor escreve, esse livro é um deleite do início ao fim e nos faz pensar sobre a taxa de juros de uma maneira que tenho certeza que a maioria raramente faz.

Ao chegar aos lídios e aos gregos, nos Capítulos 3 e 4, o maravilhoso **O poder do ouro: A história de uma obsessão**, de **Peter L. Bernstein**, foi extremamente contundente, além de muito bem escrito e divertido. Outro livro que me guiou pela economia de Midas, Xenofonte e companhia é uma verdadeira joia escrita pelo antropólogo americano **Jack Weatherford**, *A história do dinheiro*. Para quem não é economista, essa é uma leitura cativante, pois arranca a história do dinheiro do foco estreito da minha tribo de economistas e a amplia, conferindo-lhe um peso antropológico. Enquanto isso, a urbanidade essencial do dinheiro foi reforçada para mim por *Metrópole: A história das cidades, a maior invenção humana*, de **Ben Wilson**. Se urbanismo é a sua praia, esse livro é para você. Em relação aos romanos e às crises de crédito, minhas opiniões foram aguçadas por *Manias, pânicos e crises: Uma história das crises financeiras*, de **Charles P. Kindleberger**, um clássico, pura e simplesmente. Na verdade, nas questões de dinheiro, dívida e ciclos, qualquer coisa escrita por Kindleberger será recompensadora. Sobre o fim do Império Romano, *Escape from Rome: The Failure of Empire and the Road to Prosperity*, de **Walter Scheidel**, é uma fonte brilhante, assim como seu *Violência e a história da desigualdade: Da Idade da Pedra ao século XXI*, sobre a persistência da desigualdade.

Quando avancei para a era medieval e para a introdução decisiva dos algarismos indo-arábicos e do zero na Europa, uma obra preciosa me ajudou enormemente. *Zero: The Biography of a Dangerous Idea*, de **Charles Seife**, conta a história de como o zero acionou o poder da matemática na Europa do início do século XIV, depois de séculos na relativa obscuridade da contagem rudimentar grega e, depois, da romana. Para a Florença de Dante, bem como para *A divina comédia* em si, um amigo maravilhoso foi *Dante's Divine Comedy: A Journey Without End*, de **Ian Thomson**, estudo lindamente conciso da literatura, da vida, da política e da intriga de Florença no final do século XIII e início do século XIV. Se quiser se aprofundar na vida da classe mercantil emergente do período, *The Merchant of Prato: Daily Life in a Medieval Italian City*, de **Iris Origo**, é um guia indispensável, e, para ter uma ideia do mundo pré-renascentista, *A virada: O nascimento do mundo moderno*, de **Stephen Greenblatt**, é obrigatório. O livro sobre o poder das redes *A praça e a torre: Redes, hierarquias e a luta pelo poder global*, de **Niall Ferguson**, esteve sempre por perto nos capítulos sobre as redes dos mercadores e foi útil sobretudo para examinar o impacto da prensa de Gutenberg.

Quando avançamos para a parte "Revoluções", meu pensamento foi influenciado pelos escritos de **Deirdre McCloskey** e, em particular, por sua trilogia essencial sobre os valores burgueses. O primeiro livro da série, *Bourgeois Dignity: Why Economics Can't Explain the Modern World*, abriu minha mente para uma forma inteiramente nova de olhar para a interseção entre economia, cultura e, acredite ou não, costumes sociais, e me deu uma base plausível para examinar o papel do dinheiro do século XVII em diante. Sou também muito grato ao trabalho do meu ex-professor de economia monetária **Antoin E. Murphy**, biógrafo de John Law e professor da Trinity College, em Dublin. Seus pensamentos estão particularmente bem colocados em *John Law: Economic Theorist and Policy-Maker*. A orientação de Antoin nos Capítulos 11, 12 e 13 sobre Direito, Talleyrand e Hamilton foi indispensável.

Para o Capítulo 14, sobre Darwin e a economia evolucionária, minhas inspirações foram *The Origin of Wealth*, de **Beinhocker**, e *The Secret of Our Success: How Culture is Driving Human Evolution, Domesticating Our Species, and Making Us Smarter*, do biólogo evolucionista **Joseph Henrich**. Henrich descreve como a cultura evolui, e isso me levou ao raciocínio sobre o dinheiro ser um conceito cultural e também uma noção financeira. O Capítulo 15 foi fruto de muita pesquisa em várias fontes, mas, quando as coisas pareceram um pouco opressivas – como acontece durante a escrita de um livro grande –, caminhadas diárias até a estátua de Roger Casement em Dún Laoghaire me revigoraram. Se a arte inanimada tem um papel em impulsionar os esforços do escritor, esse é um ótimo exemplo. Da próxima vez que você estiver no sul da cidade de Dublin, vale a pena visitar a estátua de Casement. "A Estrada dos Tijolos Amarelos" e meus pensamentos sobre o papel do dinheiro nas eleições presidenciais americanas de 1896 foram grandemente reforçados por *The People, No: A Brief History of Anti-Populism*, de **Thomas Frank**. Sua descrição do populismo do século XIX resgata esse movimento de libertação em massa do atual reducionismo que considera o populismo de alguma forma atávico. Frank reformula esse movimento e nossa compreensão do poder do dinheiro e da moeda.

O Capítulo 17 apresenta **James Joyce**. Foi uma alegria descobrir *Ulysses* corretamente. Digo "corretamente" porque muitos dublinenses fingem que o leram, e este projeto me forçou a fazer isso do jeito certo, com recompensas generosas. Outra leitura essencial para esse capítulo foi *Ulysses and Us: The Art of Everyday Living*, de **Declan Kiberd**, assim como a biografia de **Richard Ellmann**, *James Joyce*, e, para detalhes sobre Trieste, *The Years of Bloom: James Joyce in Trieste, 1904–1920*, de **John McCourt**, foi inestimável; ele me manteve concentrado na Europa Central, em sua cultura, sua economia e seu dinheiro. Eu li *When Money Dies: The Nightmare of the Weimar Hyperinflation*, de **Adam Fergusson**, há muito tempo, e retornei a ele para o Capítulo 18. Esse livro e *1923: The Forgotten Crisis in the Year of Hitler's Coup*, de **Mark Jones**, oferecem um histórico maravilhoso sobre o caos monetário de Weimar, ao passo que a grande falsificação de Hitler está brilhantemente documentada em *The Devil's Workshop: A Memoir of the Nazi Counterfeiting Operation*, de **Adolf Burger**.

Ao longo dos meses de escrita, dois livros com o mesmo título que este estiveram o tempo todo abertos e agora estão cheios de notas rabiscadas nas margens: *Money*, de **Eric Lonergan**, e *Dinheiro: Uma biografia não autorizada*, de **Felix Martin**. Ambos recompensarão o tempo que você dedicar a eles com juros e correção monetária.

A lista completa de leituras é muito mais abrangente que este inventário, mas espero que chamar sua atenção para alguns desses livros que foram úteis para mim também seja útil para você.

CRÉDITOS DAS IMAGENS

1. Real Instituto Belga de Ciências Naturais, Bruxelas; © 2015 GrandPalaisRmn (Museu do Louvre)/Mathieu Rabeau
2. INTERFOTO/Alamy Stock Photo; ARTGEN/ Alamy Stock Photo
3. Iberfoto/Bridgeman Images; Historic Collection/Alamy Stock Photo; domínio público
4. Ahvenas/Atlas Obscura; The History Collection/Alamy Stock Photo
5. Robert Kawka/Alamy Stock Photo; Ghigo Roli/Bridgeman Images
6. Bridgeman Images; The Picture Art Collection/Alamy Stock Photo; Raffaello Bencini/Bridgeman Images
7. North Wind Picture Archives/Alamy Stock Photo
8. The Unique Maps; Art Media/Print Collector/Getty Images; curadores do Museu Britânico
9. Imago/Kharbine Tapabor; Heritage Image Partnership Ltd/Alamy Stock Photo
10. Zoom Historical/Alamy Stock Photo; Steve Stock/Alamy Stock Photo; Coleção Everett/Shutterstock
11. Arquivo de História Mundial/Alamy; Pintores/Alamy Stock Photo
12. *Punch*; Pictorial Press Ltd/Alamy Stock Photo
13. Archivio GBB/Alamy Stock Photo; Penta Spring Limited/Alamy Stock Photo
14. Arquivo de História Mundial/Alamy Stock Photo; Albert Harlingue/Roger Violet via Getty Images
15. © 2024 The Andy Warhol Foundation for the Visual Arts/Licenciado por DACS, Londres/Foto © Christie's Images/Bridgeman Images; Martin Lubikowski
16. instagram.com/kimkardashian; Bloomberg/Getty Images

NOTAS

INTRODUÇÃO

1 Esta citação foi descoberta pelos economistas Michael V. White e Kurth Schuler em "Retrospectives: Who Said 'Debauch the Currency': Keynes or Lenin?", *Journal of Economic Perspectives*, vol. 23, nº 2, maio 2009, pp. 213-222.
2 Lawrence Malkin, *Krueger's Men: The Secret Nazi Counterfeit Plot and the Prisoners of Block 19*. Nova York: Little, Brown, 2006, p. 177.
3 Ibidem, p. 62.
4 James C. Scott, *Against the Grain: A Deep History of the Early States*. New Haven: Yale University Press, 2017, Cap. 1.

1. OS PRIMÓRDIOS

1 Para uma análise mais detalhada sobre a possível função do Osso de Ishango, consulte o Capítulo 2 de George Gheverghese Joseph, *The Crest of the Peacock: Non-European Roots of Mathematics*, Princeton: Princeton University Press, 1991.
2 Scott, p. 38.
3 Jared Diamond, *Guns, Germs and Steel: A Short History of Everybody for the Last 13,000 Years*, Londres: Vintage, 1998, pp. 111-112. [Edição brasileira: *Armas, germes e aço: os destinos das sociedades humanas*. Rio de Janeiro: Record, 2017.]
4 Scott, p. 38.
5 Scott, pp. 3, 43, 46; Diamond, pp. 111, 142.
6 Robin Dunbar, *Human Evolution: Our Brains and Behavior*. Nova York: Oxford University Press, 2016.

7 David Graeber, *Debt: The First 5,000 Years*. Londres: Melville House, 2014, p. 39. [Edição brasileira: *Dívida: os primeiros 5.000 anos*. São Paulo: Três Estrelas, 2016.]

2. JUNTO AOS RIOS DA BABILÔNIA

1 Também é possível que Kushim não fosse uma pessoa. O nome talvez seja uma referência a uma instituição ou um grupo de administradores. Para mais informações sobre o assunto, veja Yuval Noah Harari, *Sapiens: A Brief History of Humankind*, Londres: Vintage, 2014, pp. 138–140. [Ed. bras.: *Sapiens: uma breve história da humanidade*. São Paulo: Companhia das Letras, 2020.]
2 Edward Chancellor, *The Price of Time: The Real Story of Interest*. Londres: Allen Lane, 2022, p. 10. [Ed. bras.: *O preço do tempo: A verdadeira história dos juros*. Rio de Janeiro: Alta Cult, 2024]
3 Graeber, p. 216.
4 Ibidem, p. 39.
5 Ibidem, p. 214.
6 Reuven Yaron, *The Laws of Eshnunna*. Jerusalém: Magnes Press, 1988, p. 20.
7 Aziz Emmanuel al-Zebari, "Shekels: An Ancient Currency", Ishtar TV, 11 ago. 2011.
8 Nova Versão Internacional da Bíblia, Provérbios 11:1.
9 William N. Goetzmann, *Money Changes Everything: How Finance Made Civilization Possible*. Princeton: Princeton University Press, 2016, pp. 37–40.
10 Para uma análise mais detalhada do tablete de Drehem, veja o fascinante relato no Capítulo 2 de Goetzmann.

3. DOS CONTRATOS ÀS MOEDAS

1 Este mito famoso é brilhantemente recontado por Stephen Fry, *Mythos: The Greek Myths Retold*. Londres: Michael Joseph, 2017, pp. 384–385. [Ed. bras.: *Mythos: as melhores histórias de heróis, deuses e titãs*. São Paulo, Minotauro, 2018.]
2 Peter L. Bernstein, *The Power of Gold: The History of an Obsession*. Nova York: John Wiley & Sons, Inc., 2000, p. 27. [Ed. bras.: *O poder do ouro: a história de uma obsessão*. Rio de Janeiro: Campus, 2001.]
3 Ibidem, p. 28.
4 Ibidem.

5   Para mais informações, veja Jack Weatherford, *The History of Money: From Sandstone to Cyberspace*. Nova York: Crown Publications, 1997, pp. 30–31. [Ed. bras.: *A história do dinheiro*. São Paulo: Campus, 2006.]
6   Karl Polanyi, *The Great Transformation*. Nova York: Farrar & Rinehart, 1944, Capítulo 4. [Ed. bras.: *A grande transformação: as origens políticas e econômicas de nossa época*. Rio de Janeiro: Contraponto, 2021.]
7   Para mais informações sobre o impacto social do valor universal, veja Felix Martin, *Money: The Unauthorized Biography*. Londres: Vintage, 2015, Capítulo 3. [Ed. bras.: *Dinheiro: uma biografia não autorizada: da cunhagem à criptomoeda*. São Paulo: Portfolio-Penguin, 2016.]
8   Heródoto, *The Histories*. Nova York: Barnes & Noble Classics, 2004, Livro I.94. [Ed. bras.: *História: o relato clássico da guerra entre gregos e persas*. Rio de Janeiro: Nova Fronteira, 2019.]
9   Ibidem.
10 Bernstein, p. 30.
11 Este período de tempo é geralmente aceito entre os estudiosos de acordo com Susanne Berndt-Ersöz, "The Chronology and Historical Context of Midas", *Historia: Zeitschrift für Alte Geschichte*, vol. 57, n. 1, 2008, pp. 1–37.
12 Os especialistas em Idade do Bronze poderão argumentar que os fenícios têm o mesmo direito de serem considerados o primeiro império comercial.
13 Para mais informações, veja Bernstein, Cap. 2.

4. O DINHEIRO E O PENSAMENTO GREGO

1   Diogenes Laertius, *Lives of the Eminent Philosophers*. Oxford: Oxford University Press, 2018, Livro 2, pp. 47–48. [Ed. bras.: Diógenes Laércio, *Vidas e doutrinas dos filósofos ilustres*. Brasília: UnB, 2008.]
2   Ivana Marková, *The Dialogical Mind: Common Sense and Ethics*. Cambridge: Cambridge University Press, 2016 [Ed. bras.: *Mente dialógica: senso comum e ética*. Curitiba: PUCPRESS, 2017; William Keith Chambers Guthrie, *A History of Greek Philosophy: Volume 2, The Presocratic Tradition from Parmenides to Democritus*. Cambridge: Cambridge University Press, 1965; Robert L. Fowler, "Mythos and Logos", *Journal of Hellenic Studies*, vol. 131, 2011, pp. 45–66.
3   Para uma discussão animada sobre a diferença entre Homero e Xenofonte, veja Weatherford, Cap. 2.
4   Goetzmann, p. 73.
5   James Watson, "The Origin of Metic Status at Athens", *Cambridge Classical Journal*, vol. 56, 2010, p. 262.

6 James M. Redfield, "The Development of the Market in Archaic Greece", in A. J. H. Latham e B. L. Anderson (orgs.), *The Market in History* (Routledge Revivals), Londres: Routledge, 1986, pp. 45-46.
7 Goetzmann, p. 96.
8 Ibidem, p. 87.
9 Weatherford, p. 38, esclarece esse ponto de forma convincente.
10 Xenophon, *Oeconomicus*, III.x. [Ed. bras.: Xenofonte. *Econômico*. São Paulo: Martins Fontes, 1999.]
11 Ibidem, III.xiv.
12 Diógenes Laércio, Livro 9: pp. 50-53.
13 Veja mais sobre as origens da palavra "democracia" em Raphael Sealey, "The Origins of 'Demokratia'", *California Studies in Classical Antiquity*, vol. 6, 1973, pp. 253-295.
14 Alain Bresson, *The Making of the Ancient Greek Economy: Institutions, Markets, and Growth in the City-States*. Princeton: Princeton University Press, 2016, Parte IV.
15 Citado em ibidem, p. 109.
16 Socrates, in Plato, *Phaedo*, 109b. [Ed. bras.: Sócrates, in Platão, *Fédon*. São Paulo: Rideel, 2005.]
17 Athenaios, *Deipnosophistai* 14.640b-c, citado em Ben Wilson, *Metropolis: A History of the City, Humankind's Greatest Invention*. Londres: Jonathan Cape, 2020, Cap. 3. [Ed. bras.: Ben Wilson, *Metrópole: A história das cidades, a maior invenção humana*. São Paulo: Companhia das Letras, 2024.]
18 Para mais informações sobre Sócrates e a ágora, veja Wilson, Cap. 3.
19 Bresson, p. 104.
20 François de Callataÿ, "Money and Its Ideas: State Control and Military Expenses", in Stefan Krmnicek (org.), *A Cultural History of Money in Antiquity*. Londres: Bloomsbury Academic, 2019.
21 Ibidem.
22 Ibidem, p. 60.

5. O IMPÉRIO DO CRÉDITO

1 Robert I. Curtis, "Archaeological Evidence for Economic Life at Pompeii: A Survey", *Classical Outlook*, vol. 57, n. 5, 1980, pp. 98-102.
2 Ibidem.
3 Plínio, o Velho, *Historia Naturae*, 12.41. "Nos cálculos mais conservadores, a Índia, os seres e a Península Arábica retiram do nosso império 100 milhões de

sestércios todos os anos – quão devotamente pagamos pelo nosso luxo e pelas nossas mulheres. Eu também gostaria de saber que parte grande de todos esses perfumes de fato chega aos deuses do céu e às divindades das sombras abaixo."

4   Miko Flohr e Andrew Wilson, "The Economy of Pompeii", in Miko Flohr e Andrew Wilson (orgs.), *The Economy of Pompeii* (Oxford Studies on the Roman Economy), Oxford: Oxford University Press, 2017, p. 452.
5   Duncan E. MacRae, "Mercury and Materialism: Images of Mercury and the Tabernae of Pompeii", in John F. Miller e Jenny Strauss Clay (orgs.), *Tracking Hermes, Pursuing Mercury*. Oxford: Oxford University Press, 2019, p. 403.
6   Escrito na lápide do ex-escravizado Tibério Cláudio Segundo, citado em Brian K. Harvey, *Daily Life in Ancient Rome: A Sourcebook*, Indianápolis: Focus, p. 256.
7   Marcus Tullius Cicero, *De Officiis*, 1.151. [Ed. bras.: Marco Túlio Cícero, *Dos deveres*. São Paulo: Edipro, 2019.]
8   Citado em Edward Chancellor, *Devil Take the Hindmost: A History of Financial Speculation*. Nova York: Farrar, Straus and Giroux, 1999, p. 5.
9   Falarei mais sobre isso no Capítulo 20.
10 Goetzmann, p. 132.
11 Para mais informações, veja Walter Scheidel, *Escape from Rome: The Failure of Empire and the Road to Prosperity*. Princeton: Princeton University Press, 2019.

6. O CREPÚSCULO DA ECONOMIA FEUDAL

1   Para mais detalhes, veja Peter Spufford, *Money and Its Use in Medieval Europe*. Cambridge: Cambridge University Press, 1988.
2   Ibidem, pp. 9-14.
3   Bernstein, Cap. 3.
4   Bernstein, p. 86.
5   Estudos recentes utilizando dados dinamarqueses indicam que a introdução do arado "é responsável por mais de 40% do aumento da urbanização experimentado na Alta Idade Média na Dinamarca em particular e 15,7% na Europa em geral": Thomas Barnebeck Andersen, Peter Sandholt Jensen e Christian Volmar Skovsgaard, "The Heavy Plough and the Agricultural Revolution in Medieval Europe", *EHES Working Papers in Economic History*, n. 70, 2014.
6   Spufford, Cap. 5.
7   Para mais informações sobre esses desenvolvimentos, veja ibidem.
8   Ibidem.

7. MAGIA SARRACENA

1. Bartel L. van der Waerden, *A History of Algebra: From al-Khwarizmi to Emmy Noether*, Berlim: Springer, 2013, publicado pela primeira vez em 1985.
2. Robert Kaplan, *The Nothing That Is: A Natural History of Zero*, Oxford: Oxford University Press, 1999. [Ed. bras.: *O nada que existe: uma história natural do zero*, Rio de Janeiro: Rocco, 2001.]
3. Timothy James Smit, "Commerce and Coexistence: Muslims in the Economy and Society of Norman Sicily", tese de doutorado apresentada ao corpo docente da Escola de Pós-Graduação da Universidade de Minnesota, 2009, Cap. 1.
4. Para mais informações sobre Fibonacci, veja Goetzmann, Cap. 13, e Niall Ferguson, *The Ascent of Money: A Financial History of the World*, Londres: Penguin Press, 2008, Cap. 1. [Ed. bras.: *A ascensão do dinheiro: A história financeira do mundo*, São Paulo: Crítica, 2020.]

8. DAS TREVAS PARA A LUZ

1. Há muito material sobre Dante, mas recomendo o relato inteligente, vibrante e informativo de Ian Thomson, com algumas belas ilustrações e referências literárias: *Dante's Divine Comedy: A Journey Without End*, Londres: Apollo, 2018.
2. Christopher Hibbert, *Florence: The Biography of a City*, Londres: Penguin, 1993, pp. 50-51.
3. Ibidem.
4. Para mais informações sobre a inovação europeia inicial, veja David S. Landes, *The Wealth and Poverty of Nations: Why Some Are So Rich and Some So Poor*, Nova York: Abacus Press, 1998, pp. 45-59. [Ed. bras.: *A riqueza das nações: por que algumas são tão ricas e outras tão pobres*, Rio de Janeiro: Campus, 1999.]
5. Thomson, p. 59.
6. Hibbert, pp. 50-51.
7. A moeda não era totalmente flutuante. Os florentinos tentavam gerir o valor do florim para mantê-lo estável. Hoje essas atividades são conhecidas como operações de mercado aberto do banco central, por meio das quais o banco central do país com a moeda poderosa vende sua própria moeda para moderar seu valor. Apesar dos esforços dos florentinos, a procura incessante pelo florim fez com que seu valor subisse ao longo do tempo.
8. Iris Origo, *The Merchant of Prato: Daily Life in a Medieval Italian City*, Londres: Penguin, 2017, p. 69.

9　Se quiser ler mais sobre hierarquias horizontais e verticais, recomendo a obra de Niall Ferguson *The Square and the Tower: History's Hidden Networks*, Londres: Allen Lane, 2017. [Ed. bras.: *A praça e a torre: Redes, hierarquias e a luta pelo poder global*, São Paulo: Crítica, 2019.]

9. A IMPRESSORA DE DEUS

1　Citado em "Pope Pius II's Scotland Visit in 1435 Explored", *The National*. A citação provém da autobiografia de 13 volumes do Papa Pio II, os "Comentários".
2　Neil MacGregor, *Germany: Memories of a Nation*, Londres: Allen Lane, 2014, Cap. 16.
3　Ibidem, p. 290.
4　Para mais informações sobre a prensa de Gutenberg, veja Fran Rees, *Johannes Gutenberg: Inventor of the Printing Press*, Mineápolis: Compass Point, 2006.
5　Ibidem.
6　Jeremiah Dittmar, "'Information Technology and Economic Change: The Impact of The Printing Press", *Quarterly Journal of Economics*, vol. 126, n. 3, 2011, pp. 1.133–1.172.
7　Ibidem.
8　Brendan Greeley, *The Almighty Dollar*, Penguin Random House, no prelo.
9　Jared Rubin, "Printing and Protestants: An Empirical Test of the Role of Printing in the Reformation", *Review of Economics and Statistics*, vol. 96, 2. ed., 2014, pp. 270–286.
10　Ibidem.
11　Camilla Townsend, *Fifth Sun: A New History of the Aztecs*, Nova York: Oxford University Press, 2019, p. 98.
12　Bernstein, p. 135.

10. DINHEIRO INVISÍVEL

1　Daniel Brook, *A History of Future Cities*. Nova York: WW Norton & Co., 2013, Cap. 1.
2　Simon Sebag Montefiore, *The Romanovs: 1613–1918*, Londres: Weidenfeld & Nicolson, 2017. [Ed. bras.: *Os Románov: 1613–1918*, São Paulo: Companhia das Letras, 2016.]
3　Chancellor, *Devil Take the Hindmost*, pp. 14–20.

4 Peter M. Garber, *Famous First Bubbles: The Fundamentals of Early Manias*, Cambridge (EUA) e Londres: MIT Press, 2001, p. 83.
5 Ibidem.

11. O PAI DA ECONOMIA MONETÁRIA

1 Joseph Schumpeter, *History of Economic Analysis*, Londres: Routledge, 1997, pp. 295-296, publicado pela primeira vez em 1954. [Ed. bras.: *História da análise econômica*. Rio de Janeiro: Fundo de Cultura, 1964.]
2 Antoin E. Murphy, *John Law: Economic Theorist and Policy-Maker*, Oxford: Clarendon Press, 1997, p. 33.
3 Antoin E. Murphy (org.), *John Law's "Essay on a Land Bank"*, Dublin: Aeon, 1994.
4 Martin, p. 172.
5 Suzanne Vesta Kooloos, "Magic Lanterns and Raree Shows: Metaphors of Financial Speculation during the Bubbles of 1720", *Early Popular Visual Culture*, vol. 20, nº 4, 2022, pp. 368-387.
6 Murphy, *John Law*, p. 303.

12. O BISPO DO DINHEIRO

1 Para saber mais sobre Talleyrand, leia Duff Cooper, *Talleyrand*, Londres: Vintage, 2010, publicado pela primeira vez em 1932. [Ed. Bras.: *Talleyrand*, São Paulo: Companhia Editora Nacional, 1945.]
2 Andrew Dickson White, *Fiat Money Inflation in France*, Nova York: D. Appleton-Century Company, 1933, p. 59.
3 Alexandre Tuetey, *Publications relatives à la Révolution Française. Répertoire général des sources manuscrites de l'histoire de Paris pendant la Révolution Française*, 11 volumes, Paris: Commission des Travaux Historiques de la Ville de Paris, 1890-1914, vol. IV, Prefácio.
4 Bruce Berkowitz, *Playfair: The True Story of the British Secret Agent Who Changed How We See the World*, Fairfax, EUA: George Mason University Press, 2018, Prefácio.

13. A REPÚBLICA AMERICANA

1. Para saber mais sobre o período de Talleyrand nos Estados Unidos, veja Hans Huth e Wilma Pugh (org. e trad.), *Talleyrand in America as a Financial Promoter, 1794-1796: Unpublished Letters and Memoirs*, Nova York: Da Capo Press, 1971, publicado pela primeira vez em 1942.
2. Ron Chernow, *Alexander Hamilton*, Nova York: Penguin Press, 2004, p. 466. [Ed. bras.: *Alexander Hamilton*, Rio de Janeiro: Intrínseca, 2020.]
3. Cooper, p. 270.
4. Chernow, p. 720.
5. Ibidem, Cap. 11.
6. Ibidem, Cap. 26.
7. Robert Nisbet, "Many Tocquevilles", *American Scholar*, vol. 46, n. 1, 1977, pp. 59-75.
8. Ferguson, *The Ascent of Money*, p. 20.
9. Weatherford, p. 119.
10. Alexander Hamilton, *Report Relative to a Provision for the Support of Public Credit*, Departamento do Tesouro dos Estados Unidos, 9 jan. 1790.
11. Chernow, Cap. 15.
12. Chernow, p. 466.
13. Para mais informações sobre o legado de Hamilton, veja Robert Scylla, Robert E. Wright e David J. Cowen, "Alexander Hamilton, Central Banker: Crisis Management during the US Financial Panic of 1792", *Business History Review*, vol. 83, n. 1, A Special Issue on Scandals and Panics, 2009, pp. 61-86.
14. Alexis de Tocqueville, *Selected Letters on Politics and Society*, Berkeley: University of California Press, 1985, p. 39.

14. O EMPIRISMO E A ECONOMIA EVOLUCIONÁRIA

1. Joseph Roth, *Weights and Measures*, Londres: Penguin Books, 2017.
2. A ideia da decimalização havia sido defendida pelos russos já na década de 1550, mas, como a Rússia era considerada atrasada, os patriotas americanos esclarecidos não podiam ser vistos incorporando algo de Moscou ou utilizando o termo russo "copeques".
3. Jean-Baptiste Lamarck propôs (antes de Darwin) a ideia de que as espécies evoluíram, mas Darwin apresentou a teoria da seleção natural e a ideia de que todos temos um ancestral comum.

4 Alfred Marshall, *Principles of Economics*, Londres: Macmillan, 1890, p. XIV. [Ed. bras.: *Princípios de economia*, São Paulo: Nova Cultural, 1996.]
5 Para saber mais sobre os perigos do previsor excessivamente confiante, leia as obras de Nassim Nicholas Taleb *The Black Swan: The Impact of the Highly Improbable* (Londres: Allen Lane, 2007) [Ed. bras.: *A lógica do cisne negro: O impacto do altamente improvável*, Rio de Janeiro: Objetiva, 2021] e *Antifragile: Things That Gain from Disorder* (Londres: Penguin, 2012) [Ed. bras.: *Antifrágil: Coisas que se beneficiam com o caos*, Rio de Janeiro: Objetiva, 2020]. Ambos são clássicos repletos de anedotas divertidas e uma grande dose de sabedoria.

15. O DINHEIRO EM JULGAMENTO

1 Charles C. Mann, *1493: Uncovering the New World Columbus Created*, Nova York: Vintage, 2011, Cap. 7. [Ed. bras.: *1493: Como o intercâmbio entre o Novo e o Velho Mundo moldou os dias de hoje*, Rio de Janeiro: Verus, 2012.]
2 Atividade de patentes nos Estados Unidos, anos civis de 1790 até o presente, Tabela de atividade anual de patentes nos Estados Unidos desde 1970, <www.uspto.gov/web/offices/ac/ido/oeip/taf/h_counts.htm>, acessado em 20 jan. 2024.
3 Albert Fishlow, "Lessons from the Past: Capital Markets During the 19th Century and the Interwar Period", *International Organization*, vol. 39, n. 3, 1985, pp. 383-439.
4 Adam Hochschild, *King Leopold's Ghost: A Story of Greed, Terror and Heroism in Colonial Africa*, Londres: Macmillan, 1999, p. 92. [Ed. bras.: *O fantasma do rei Leopoldo: Uma história de cobiça, terror e heroísmo na África colonial*, São Paulo: Companhia das Letras, 1999.]
5 Félicien Cattier, *Étude sur la situation de l'État indépendant du Congo*, Bruxelas: Larcier, 1906, p. 193; Robert Harms, "The World Abir Made: The Maringa–Lopori Basin, 1885–1903", *African Economic Story*, n. 12, 1983, pp. 125-139.
6 Harms.
7 Ibidem.
8 Hochschild, p. 199.
9 Ward para Morel, 1903, citado na p. 103 de William Roger Louis, "Roger Casement and the Congo", *The Journal of African History*, vol. 5, n. 1, 1964, pp. 99-120.
10 Ibidem, p. 109.
11 Ibidem, p. 114.
12 Ibidem, p. 115.
13 Brian Inglis, *Roger Casement*, Londres: Hodder & Stoughton, 1973, p. 346.

14 Vladimir Ilyich Lenin, *Imperialism, The Highest Stage of Capitalism*, Londres: Wellred Books, 2019, publicado pela primeira vez em 1916.

16. A ESTRADA DOS TIJOLOS AMARELOS

1. Para mais informações sobre a ascensão do populismo americano, veja Thomas Frank, *The People, No: A Brief History of Anti-Populism*, Nova York: Metropolitan Books, 2020.
2. Weatherford, pp. 172-173.
3. R. H. Hooker, "'Farm Prices of Wheat and Maize in America, 1870-99", *Journal of the Royal Statistical Society*, vol. 63, n. 4, 1900, pp. 648-657.
4. Politicamente, uma dinâmica semelhante se desdobrou no início do século XXI. Após a crise financeira global de 2008, causada quase exclusivamente pelo excesso de empréstimos dos banqueiros, muitos governos ocidentais reagiram com austeridade, pressionando o padrão de vida daqueles que estavam na base e que não tinham culpa nenhuma no cartório. Isso levou a uma explosão de partidos, ideias e movimentos políticos populistas e nacionalistas. Os governos centristas opuseram os "deixados para trás" aos "fora da realidade", com resultados populistas.
5. Para mais informações sobre esse movimento populista, veja Thomas Frank.

17. ERA MODERNA

1. Para mais informações sobre James Joyce em Trieste, veja *The Years of Bloom: James Joyce in Trieste, 1904-1920*, de John McCourt (Dublin: Lilliput Press, 2000), a quem sou grato por suas ideias, em especial sobre a ligação de Joyce com o barão Revoltella e Marx em Trieste.
2. Para mais informações sobre os primórdios do jornalismo financeiro, veja Goetzmann, Cap. 23.
3. Ibidem, p. 410.
4. Para mais informações sobre a etnia mista de Trieste, veja McCourt.
5. Karl Marx, "The Maritime Commerce of Austria", <https://marxengels.public-archive.net/en/ME0988en.html>, acessado em 20 jan. 2024.
6. Atividade de patentes nos Estados Unidos, <www.uspto.gov/web/offices/ac/ido/oeip/taf/h_counts.htm>, acessado em 20 jan. 2024.
7. Richard Ellmann, *James Joyce*, Nova York: Oxford University Press, 1959, p. 300. [Ed. bras.: *James Joyce*, São Paulo: Globo, 1989.]

8   McCourt, p. 142.
9   Elmann, p. 303.
10 Para destroçar Gramsci!
11 John Collison, @collision, Twitter, 25 de maio de 2022.
12 Para mais informações sobre a relação entre as sociedades burguesas e a vitalidade econômica, veja Deirdre McCloskey, *Bourgeois Dignity: Why Economics Can't Explain the Modern World*, Chicago: University of Chicago Press, 2010.
13 Como observa Deirdre McCloskey em *Bourgeois Equality: How Ideas, Not Capital or Institutions, Enriched the World* (Chicago: University of Chicago Press, 2017), é um equívoco simplesmente contar o número de inovadores em determinada sociedade, e esse equívoco distanciou o estudo acadêmico do empreendedorismo da sociologia e o aproximou da psicologia.
14 Como McCloskey argumenta em *Bourgeois Dignity* e demonstra ainda em *Bourgeois Equality*, "valores como aceitação, dignidade, esperança e até amor impulsionam a atividade comercial".
15 Para uma investigação brilhante da Viena pré-guerra, veja Florian Illies, *1913: The Year Before the Storm*, Londres: Clerkenwell Press, 2014. [Ed. bras.: *1913: Antes da tempestade*, São Paulo: Estação Liberdade, 2016.]

18. QUEDA LIVRE

1   Adam Fergusson, *When Money Dies: The Nightmare of the Weimar Hyperinflation*, Londres: William Kimber & Co, 1975, p. 87.
2   Ibidem, p. 88.
3   Liaquat Ahamed, *Lords of Finance: The Bankers Who Broke the World*, Londres: William Heinemann, 2009, p. 130. [Ed. bras.: *Os donos do dinheiro: Os banqueiros que quebraram o mundo*, Rio de Janeiro: Campus, 2010.]
4   Ibidem.
5   Ibidem.
6   Ibidem.
7   Para mais informações sobre a genialidade alemã, veja Peter Watson, *The German Genius: Europe's Third Renaissance, the Second Scientific Revolution, and the Twentieth Century*, Nova York: HarperCollins, 2010.
8   Para uma excelente leitura sobre esse período da história alemã, veja Mark Jones, *1923: The Forgotten Crisis in the Year of Hitler's Coup*, Londres: Basic Books, 2023.
9   Ibidem.
10 Isso é muito bem explicado por Mark Jones em *1923*.

11 Citado em J. Hoberman, "An Evil Doctor Who Casts a Spell on Subjects and Viewers Alike", *The New York Times*, 6 maio 2020.
12 Gerald D. Feldman, *The Great Disorder: Politics, Economics, and Society in the German Inflation, 1914–1924*, Nova York: Oxford University Press, 1997.
13 Richard Radford, "The Economic Organisation of a POW Camp", *Economica*, nov. 1945.
14 Para mais informações sobre essa operação de falsificação, veja Malkin.

19. QUEM CONTROLA O DINHEIRO?

1 Oded Galor, *The Journey of Humanity: The Origins of Wealth and Inequality*, Londres: Vintage, 2023, Cap. 7. [Ed. bras.: *A jornada da humanidade: As origens da riqueza e da desigualdade*, Rio de Janeiro: Intrínseca, 2023.]
2 Iñaki Aldasoro e Torsten Ehlers, "The Geography of Dollar Funding of Non-US Banks", *BIS Quarterly Review*, dez. 2018.

20. A PSICOLOGIA DO DINHEIRO

1 Esses termos ("hedge", "especulativo" e "mutuário Ponzi") foram cunhados pelo economista Hyman Minsky.

21. A EVOLUÇÃO DO DINHEIRO

1 Michael Lewis, *Going Infinite: The Rise and Fall of a New Tycoon*, Nova York: WW Norton & Co., 2023.
2 Matt Cooke, "Driven by Purpose: 15 Years of M-Pesa's Evolution", McKinsey & Company, 29 jun. 2022.

CONHEÇA ALGUNS DESTAQUES DE NOSSO CATÁLOGO

- Augusto Cury: Você é insubstituível (2,8 milhões de livros vendidos), Nunca desista de seus sonhos (2,7 milhões de livros vendidos) e O médico da emoção
- Dale Carnegie: Como fazer amigos e influenciar pessoas (16 milhões de livros vendidos) e Como evitar preocupações e começar a viver
- Brené Brown: A coragem de ser imperfeito – Como aceitar a própria vulnerabilidade e vencer a vergonha (900 mil livros vendidos)
- T. Harv Eker: Os segredos da mente milionária (3 milhões de livros vendidos)
- Gustavo Cerbasi: Casais inteligentes enriquecem juntos (1,2 milhão de livros vendidos) e Como organizar sua vida financeira
- Greg McKeown: Essencialismo – A disciplinada busca por menos (700 mil livros vendidos) e Sem esforço – Torne mais fácil o que é mais importante
- Haemin Sunim: As coisas que você só vê quando desacelera (700 mil livros vendidos) e Amor pelas coisas imperfeitas
- Ana Claudia Quintana Arantes: A morte é um dia que vale a pena viver (650 mil livros vendidos) e Pra vida toda valer a pena viver
- Ichiro Kishimi e Fumitake Koga: A coragem de não agradar – Como se libertar da opinião dos outros (350 mil livros vendidos)
- Simon Sinek: Comece pelo porquê (350 mil livros vendidos) e O jogo infinito
- Robert B. Cialdini: As armas da persuasão (500 mil livros vendidos)
- Eckhart Tolle: O poder do agora (1,2 milhão de livros vendidos)
- Edith Eva Eger: A bailarina de Auschwitz (600 mil livros vendidos)
- Cristina Núñez Pereira e Rafael R. Valcárcel: Emocionário – Um guia lúdico para lidar com as emoções (800 mil livros vendidos)
- Nizan Guanaes e Arthur Guerra: Você aguenta ser feliz? – Como cuidar da saúde mental e física para ter qualidade de vida
- Suhas Kshirsagar: Mude seus horários, mude sua vida – Como usar o relógio biológico para perder peso, reduzir o estresse e ter mais saúde e energia